本书为2018年度国家社会科学基金项目《"郝建秀小组"研究》的最终成果

本书出版得到"中央高校基本科研业务费专项资金"资助
（supported by "the Fundamental Research Funds for the Central Universities"）

号召与响应

"郝建秀小组"的七十年

游正林 著

上海三联书店

序　言 ▶▶▶

　　游正林在早年攻读博士学位时,我是他的导师。他现在已经是中国政法大学的社会学教授,最近完成了其国家社会科学基金研究项目,作为最终成果的学术专著《号召与响应——"郝建秀小组"的七十年》即将付梓,邀我为其作序。我作为一个山东人,母亲又曾在山东省总工会工作,从小就对新中国历史上享有盛名的青岛纺织女工郝建秀的名字耳熟能详,但从未想到,这会成为一本社会学学术专著的研究内容。

　　游正林在攻读博士学位时就给我留下非常深刻的印象,特别是他对劳动关系研究的执著和深入收集历史资料的能力。劳动关系的企业史研究,一直是他聚焦的研究领域,从他的《内部分化与流动——一家国有企业的二十年》(社会科学文献出版社,2000),到他的博士论文《西厂劳工——国有企业干群关系研究(1979—2006)》(中国社会科学出版社,2007),再到《地方政府对劳资关系的软性调控——基于浙江省诸暨市的调查》(社会科学文献出版社,2014),最后到这本《号召与响应——"郝建秀小组"的七十年》,形成了一个劳动关系企业史的研究著作系列。

　　本书把郝建秀小组70年的发展历程划分为两个阶段:即从1952年到1992年的"前40年"和从1993年到2022年的"后30年"。这两个阶段的不同,就国有企业发展史来说,就是计划经济和市场经济的大背景。作为一个工业领域的劳动模范和先进生产小组的典型,在长达70年的历史变迁中经久不衰,这是比较罕见的,当然类似的典型范例就是全国闻名的"大庆精神"。但与大庆的石油产业不同,国有纺织产业经历了更加深刻的市场化转型的历史兴衰,所以这种工业领域劳动精神的范例变迁,并不只是受所在行业的影响。

　　这本著作的一个主脉络,或者说是一个理论的解释框架,就是把国家宏大的发展战略目标与一个先进生产典型小组的形成过程联系起来,强调社会结构对社会成员和社会行为的形塑作用。就一般的历史现象来说,人们的普遍感受是,在该书所划分的"前 40 年"和"后 30 年"两个阶段,都发生了根本性的变化。该书所揭示的,却是与一般感受所不同的"巨变中的未变",即宏大的长期持续的社会主义工业化战略目标以及为了实现这一目标所采取的对劳动者的动员和精神激励机制。

在新中国工业史的社会学研究中,就研究方法来说,口述史研究和档案史研究是两大分支学派。我不敢妄言,基于记忆的口述史料和基于文字记载的档案史料哪个离真实的历史更近或更远,二者实际上都会受当事人价值偏好影响并对真实的历史有所遮蔽;我也不敢断言,揭示历史真相更依赖史料的丰富还是科学洞见的能力。但我敢说的是,收集档案史料是一个更加艰辛苦涩的过程,而游正林教授是少有的舍得花费大量时间和下死功夫收集各种企业档案史料的学者。从这本书描述和分析的细节中,你可以体会到,那些平淡无奇和似乎没有理论光环的陈述,凝聚着多少对史料的尊重和对历史真相的追求,堪称是新中国工业史社会学研究一支的代表。

是为序。

2024 年 5 月 30 日于北京

李培林,中国社会科学院学部委员、社会政法学部主任。

目 录 ▸▸▸

目 录

第一章

导　论

一　研究背景与问题的提出

"郝建秀小组"是一个成立于 1952 年的以当时的纺织女工郝建秀的名字命名的生产小组。

1949 年 11 月,年仅 14 岁的郝建秀考入青岛中纺第六纺织厂当细纱养成工。学习三个月之后,她被分配到细纱车间正式从事挡车①工作。郝建秀所在的纺织厂的前身是日商在青岛开办的钟渊纱厂,始建于 1921 年,1923 年开工投产。1945 年日本投降后,该厂由中国纺织建设公司青岛分公司接收,改名为青岛中纺第六纺织厂。截至 1949 年 5 月 31 日(青岛解放前夕),该厂共有员工 3630 人。② 新中国成立后,该厂成为国营企业,并从 1951 年 1 月 1 日起被更名为国营青岛第六棉纺织厂(简称"国棉六厂"或"六厂")。

在 1950 年"红五月"生产竞赛和第四季度的总结评比中,郝建秀因为出的白花(皮辊花)③特别少等优秀事迹而两次被评为国棉六厂的二等劳动模范。1951 年 2 月,山东省工矿检查队听到郝建秀的优秀事迹以后,建议国棉六厂研究、总结郝建

---

① "细纱车间"是生产细纱也即把粗纱纺成细纱的生产车间。"挡车"是指看管一定数量的纺织机器并负责机器上的产品产量和质量。在细纱车间从事挡车工作的工人被称为细纱挡车工人。

② 《中纺青岛第六纺织厂员工人数统计表(1949 年 5 月 31 日)》,青岛市纺织总公司档案管理中心藏,国棉六厂文书档案 30 年类第 8 卷。

③ 在把粗纱线纺成细纱线的过程中,纱线经过由皮辊(上罗拉)与下罗拉组成的牵伸钳口后一旦断头,从牵伸钳口继续送出的纱线就会松开而产生须条,这些须条叫皮辊花,通常也叫白花。

秀少出白花的工作经验和方法并加以宣传报道。经过三次总结,郝建秀的细纱工作方法最终于 1951 年 6 月上旬被正式总结出来,并被命名为"郝建秀工作法"。此后,在中国纺织工会全国委员会和纺织工业部等共同推动下,被誉为"是我们国家的宝贵财富"①的郝建秀工作法被大力推广至全国各个纺织企业(详见第二章)。

　　1952 年 1 月底,为了更好地鼓舞和巩固全组的生产热情,郝建秀所在的生产小组被改称为"郝建秀小组"。接着,经上级领导同意之后,国棉六厂决定把"郝建秀小组"②培养为"典型小组"(详见第三章)。

　　所谓典型,是指具有代表性的人物或事件。③ 我们可以把典型分为先进(或正面)典型与落后(或负面)典型两大类型。本研究所说的典型专指先进典型,并专指先进人物。④ 先进人物又可以分为先进个人与先进集体两大类型,本研究主要关注先进集体。"先进"一词做形容词时,意指"进步比较快,水平比较高,可以作为学习的榜样的"⑤。相应地,所谓先进人物,就是指进步比较快,水平比较高,可以作为学习的榜样的人物。或者说,先进人物就是具有某种或某些先进性的人物。所谓"先进性",是指根据某个或某些评价标准而言,某人或某集体所具有的先进于普通人或普通集体的属性。

　　在不同的历史时期,中国共产党(简称"中共")都十分注重树立、培养和宣传先进典型,新中国成立之后更是如此。在工业生产领域,早在 1951 年 3 月 17 日,中共中央就出台了《关于组织对工厂管理和工会工作典型报道的指示》,指示"各中央局、各分局并转各省市区党委、各级工业部门党组与工会党组":"为了加强工人工作,推广典型经验,望令各党报和工人报纸负责有计划地组织关于工厂管理和工会工作的典型报道。"⑥要做这种"典型报道",首先就要发现、树立和培养相关的典型。当时,具体承担这项工作的主要是各级工会组织。1952 年 7 月 2 日,中国纺织工会全国委员会出台相关文件强调:"培养典型、推动全盘是一个科学的领导方法。每个基层应培养一个或几个小组和车间作为旗帜,以创造经验带动其他前进。""领

---

① 《中国纺织工会一届三次全委会议关于推广郝建秀先进工作法向纺织工业部的建议》(1951 年 8 月 28 日),《中国工会运动史料全书》总编辑委员会、《中国工会运动史料全书》纺织卷编委会编:《中国工会运动史料全书:纺织卷》上册,中国纺织出版社,1999 年,第 642 页。

② 为了行文方便,下文提及"郝建秀小组"时,一般不再添加引号。

③ 中国社会科学院语言研究所词典编辑室编:《现代汉语词典》,商务印书馆,2005 年(第 5 版),第 304 页。

④ 在本研究中,"典型"与"先进""榜样""模范"等词的含义基本相同,在很多情况下,它们可以通用。

⑤ 中国社会科学院语言研究所词典编辑室编:《现代汉语词典》,商务印书馆,2005 年(第 5 版),第 1472 页。

⑥ 《中共中央关于组织对工厂管理和工会工作典型报道的指示》(1951 年 3 月 17 日),中央档案馆、中共中央文献研究室编:《中共中央文件选集(1949 年 10 月—1966 年 5 月)》第五册,人民出版社,2013 年,第 292 页。

导上对典型的培养应当贯彻始终。每一个群众运动,都应使典型前进一步,创造经验,起带头作用。"①由此可见,当时纺织工业系统培养典型的主要目的有两个:一是让典型创造经验(主要是创造先进的生产经验);二是让典型起带头作用。1954年1月15日,中华全国总工会(下文简称"全国总工会"或"全总")党组根据推广五三工厂的经验的情况,在给"毛主席并中央"的报告中提出:"在党委统一领导下,采用创造典型、逐步推广的做法,是教育干部、推动工作、改进领导的有效方法。"②同年4月17日,中共中央批转了全总党组的这个报告,认为它所提出的包括上述意见在内的"五项意见也是正确的"。③ 因此,我们可以认为,创造典型、培养典型的活动都是在各级党委的统一领导下有组织地进行的。尽管直接参与培养活动的培养者即有关机构④往往比较多,通常涉及相关的各级党组织、各级政府部门、各级工会组织、各级团组织等,但最终的培养者是中共。

1952年4月,郝建秀小组在应战来自青岛国棉四厂"黄德洁小组"的友谊挑战的同时,向全国细纱工人发出了爱国主义劳动竞赛的挑战书。随后,在中国纺织工会全国委员会等的引导和号召下,马上在全国纺织行业掀起了"向郝建秀小组应战"和开展"郝建秀小组竞赛"的运动。在这场运动中,郝建秀小组进步神速,几个月之后就被评为国棉六厂唯一的特等劳动模范小组。接着,在1952年10月召开的青岛市第二届职工劳模代表大会上,郝建秀小组又被评为青岛市的特等劳动模范小组。1953年上半年,在纺织工业部和中国纺织工会全国委员会联合开展的评选纺织工业全国劳动模范的活动中,郝建秀小组又进一步被评为"纺织工业模范单位",并被授予一面写有"永远发挥火车头的作用"字样的锦旗(详见第三章)。此后,在有关各方的继续培养下,在不同历史时期,郝建秀小组都能再接再厉,不断前进,因而又一再被评为青岛市级、山东省级(或部级)甚至国家级

---

① 《中国纺织工会一届四次全委会关于国营工厂工会组织爱国增产节约竞赛运动的经验》(1952年7月2日),《中国工会运动史料全书》总编辑委员会、《中国工会运动史料全书》纺织卷编委会编:《中国工会运动史料全书:纺织卷》上册,中国纺织出版社,1999年,第626页。

② 中华全国总工会党组:《第二次全国工会基层工作会议的报告》(1954年1月15日),中央档案馆、中共中央文献研究室编:《中共中央文件选集(1949年10月—1966年5月)》第十六册,人民出版社,2013年,第93页。

③ 《中共中央批转全国总工会党组关于第二次全国工会基层工作会议的报告》(1954年4月17日),中央档案馆、中共中央文献研究室编:《中共中央文件选集(1949年10月—1966年5月)》第十六册,人民出版社,2013年,第91页。

④ "机构"是指机关、团体等工作单位,也指其内部组织(参见商务印书馆出版的《现代汉语词典》第5版第627页)。本研究所说的培养者都是指有关的机构。这些机构在中共的统一领导下,对郝建秀小组进行培养。当然,直接和郝建秀小组打交道或者直接培养郝建秀小组的往往是以这些机构的名义而出现的有关人士。本研究不关注纯粹以私人身份出现的培养者。

的先进典型①,相应地,郝建秀小组的先进事迹也一再被《青岛日报》等重要报刊以较长篇幅加以公开报道或在相关的重要会议上被详细介绍(详见后述)。这种现象绵延至今(截至 2022 年底),已历时 70 年。也就是说,从 1952 年 10 月被评为青岛市的特等劳动模范小组时算起,郝建秀小组已将其先进典型形象保持了 70 年!

针对这种罕见的特殊现象②,我们不禁要问:郝建秀小组为什么能够在长达 70 年的时间里保持其先进典型形象长盛不衰? 本研究试图回答这个基本问题。

研究思路与解释框架

郝建秀小组几乎与新中国同龄,它的发展历程深受新中国的发展历程(尤其是我国纺织工业的发展历程)的影响。主要根据新中国的发展历程,我们把郝建秀小组的发展历程大致划分为两个阶段:第一个阶段是从 1952 年到 1992 年的"前 40 年",第二个阶段是从 1993 年到 2022 年的"后 30 年"。虽然总的来说,郝建秀小组在长达 70 年的发展历程里都是不断前进、长盛不衰的,但在"前 40 年"和"后 30 年"里它前进的具体情形还是有较大差别的。其实,即使是在"前 40 年"或"后 30 年"内部的不同历史时期,它前进的具体情形也是有所不同的。在这里,我们先论述关于它"前 40 年"的研究思路,也即关于"郝建秀小组为什么能够在 1952 年至 1992 年期间保持其先进典型形象长盛不衰"这个问题的研究思路。对这个问题的研究,我们计划分三步走:首先,把它转换为一个比较具体的、容易操作的学术性问题——郝建秀小组何以被表彰? 然后,提出一个解释关于郝建秀小组的"被表彰事件"的形成过程的理论框架;再后,用这个解释框架来解释发生在 1952 年至 1992 年期间的诸多关于郝建秀小组的"被表彰事件"的形成过程。

郝建秀小组为什么能够长期保持其先进典型形象长盛不衰? 这个问题颇为笼统,不便具体回答。我们研究这个问题的第一步,是把它转换为一个比较具体的、容易操作的学术性问题,即郝建秀小组何以被表彰? 如前所述,我们之所以说郝建秀小组长盛不衰,主要是因为:在不同的历史时期,郝建秀小组都能被评为青岛市

---

① "先进典型"只是一种笼统的叫法。在长达 70 年的时间里,郝建秀小组获得了"先进集体(小组)"、"模范集体(小组)"等名目众多的荣誉称号,详见后述。
② 在长期保持先进典型形象上,能够和"郝建秀小组"媲美的生产小组可能只有成立于 1949 年的沈阳第五机器厂(后并入齐齐哈尔第二机床厂)的"马恒昌小组"。

级(含)以上①的先进典型因而受到表彰(简称"被表彰");相应地,郝建秀小组的先进事迹也一再被《青岛日报》等重要报刊以较长篇幅加以公开报道或在相关的重要会议上被详细介绍(简称"被报道")。由于"被表彰"往往伴随着"被报道",故我们可以把"被表彰"与"被报道"合并后将它简化为"被表彰"。我们将把郝建秀小组的每次"被表彰"都视为一个历史事件,即"被表彰事件"。这样,在我们看来,郝建秀小组的"长盛"之路其实主要是由众多的"被表彰事件"所构成的,我们研究"郝建秀小组何以长盛不衰"其实主要是研究"郝建秀小组何以一再被表彰"。经过这种转换之后,诸多关于郝建秀小组的"被表彰事件"就成为了我们研究的重点,或者说,我们要做的主要研究工作就是描述和解释这些"被表彰事件"。

针对每个"被表彰事件",我们主要是研究以下两个问题:(1)郝建秀小组主要是因为具备了哪些先进性而被评为了先进典型(因而被表彰)? 这是一个描述性的问题。(2)郝建秀小组是如何具备那些先进性的? 这是一个解释性的问题。相对来说,第二个问题是我们研究的重点,也即我们更为关注关于郝建秀小组的每个被表彰事件是如何形成的。我们研究这个问题的基本做法是把郝建秀小组的先进性的形成与中共的号召(党的号召)关联起来。

郝建秀小组为什么能够一而再、再而三地成为先进典型(因而一再被表彰)? 究其原因,无外乎外因和内因的共同作用。考虑到郝建秀小组成员的不断更迭以及长期维持其先进典型形象所需的各种投入等因素,我们认为,郝建秀小组这种一再成为先进典型的现象主要是外因反复作用的结果。外因众多,那么,我们应该主要考虑哪个或哪些外因呢? 回答这个问题,需要从郝建秀小组所具有的最突出的模范事迹说起。

如前所述,郝建秀小组被作为典型小组加以培养以后,进步神速,几个月之后就被评为国棉六厂唯一的特等劳动模范小组;接着,1952年10月,又被评为青岛市的特等劳动模范小组。相应地,1952年10月23日,《青岛日报》发表了《郝建秀小组的模范事迹》一文。该文把郝建秀小组的主要模范事迹概括为以下四点:一是积极响应上级号召,在完成各项中心任务中起推动作用和保证作用;二是虚心学习先进经验,超额完成生产任务;三是严格执行郝建秀工作法,掌握了增产节约的有力武器;四是积极参加政治学习,为国家培养了大批干部。② 这些模范事迹是由时任国棉六厂见习副厂长的郭秀菊整理出来的。当时,郭秀菊被责成深入郝建秀小

---

① 本研究不考虑其他"级别"比较低的"被表彰"情况。
② 详见《郝建秀小组的模范事迹》(郭秀菊整理),《青岛日报》1952年10月23日,第2版。

组"具体帮助和掌握该组的情况"①,因此,郭秀菊对郝建秀小组在生产劳动中的具体表现应该是十分了解的,她对郝建秀小组的模范事迹的概括也应该是比较全面而准确的。在上述模范事迹中,第一点即"积极响应上级号召"应该是最突出的一点。约五年以后,1957年10月1日,《青岛日报》刊登了《在前进的道路上——记五年计划期中的郝建秀小组》一文。该文也认为:几年来,郝建秀小组"在每次运动和中心工作中都带头响应上级号召,所以在全厂、全市以及全国纺织工人中,树立了一面先进的旗帜"。② 1959年6月11日,由山东省委工业部、省总工会、青岛市工会联合会组成的工作组出台了调查报告《郝建秀小组在党的培养和关怀下继续前进》(详见第五章)。该调查报告也说:"这个小组在每次运动中都是这样听党的话,以实际行动来响应党的号召,事事起带头作用,从而推动了其他组的工作,保持了先进。"这里所说的"党"是指中国共产党。这里所说的"上级"可以是郝建秀小组所在的国棉六厂,也可以是国棉六厂之外的有关机构(包括党组织、政府机关和工会组织等)。考虑到当时我国的具体国情,如党领导一切、党政不分、工会接受党的领导等,我们可以认为,"上级号召"基本上等同于"党的号召",故我们可以把"上级号召"与"党的号召"视为同义词。再考虑到郝建秀小组后来在生产劳动过程中以及在生产劳动过程之外的具体表现(详见后述),我们认为,概括地讲,当郝建秀小组被作为典型小组加以培养以后,它所具有的最突出的先进表现是积极响应党的号召。因此,当我们研究郝建秀小组的先进性的形成过程也即研究关于郝建秀小组的被表彰事件的形成过程时,应当把它和党的号召(中共的号召)关联起来进行研究。

限于本研究的主题,这里所说的"中共的号召"主要是指中共针对工人阶级发出的号召。那么,中共为什么要向工人阶级发出号召?具体发出了什么号召?这就需要把中共的号召和中共提出的宏伟奋斗目标关联起来。我们认为,就针对工人阶级而言,在1952年至1992年期间(尤其是在1952年至1982年期间),中共提出的宏伟奋斗目标主要是尽快实现国家的工业化③。作为中国工人阶级的政党,中共从诞生那天起,就以在中国实现工业化为己任,并始终不渝地为

---

① 山东省委工业部、山东省总工会、青岛市工会联合会工作组:《郝建秀小组在党的培养和关怀下继续前进》(1959年6月11日),青岛市纺织总公司档案管理中心藏,国棉六厂文书档案永久类第240卷(郝建秀小组专卷)。

② 牟用兰、杨云从:《在前进的道路上——记五年计划期中的郝建秀小组》,《青岛日报》1957年10月1日,第2版。

③ 1953年以后,"国家的工业化"也被表述为"国家的社会主义工业化"。

之奋斗。① 早在 1945 年召开的党的"七大"上,毛泽东就提出:"在新民主主义的政治条件获得之后,中国人民及其政府必须采取切实的步骤,在若干年内逐步地建立重工业和轻工业,使中国由农业国变为工业国。"毛泽东还提出:"中国工人阶级在这个任务中将起伟大的作用。"②1949 年新中国成立后,如何尽快进行大规模的工业化建设、尽快实现国家的工业化,更是成为了中共决策者们考虑的中心问题。1950 年 6 月 29 日,《人民日报》发表社论指出:"工人阶级现在是我们国家的领导阶级。我们国家全部工作的努力目标,是使国家逐步走向工业化。工人阶级正是国家工业化的主力。"③1953 年是我国执行国家建设的第一个五年计划的第一年,《人民日报》因此发表元旦社论指出:"国家建设包括经济建设、国防建设和文化建设,而以经济建设为基础。经济建设的总任务就是要使中国由落后的农业国逐步变为强大的工业国,……。工业化——这是我国人民百年来梦寐以求的理想,这是我国人民不再受帝国主义欺侮不再过穷困生活的基本保证,因此这是全国人民的最高利益。"该社论还强调:"为了实现伟大的国家建设计划,首先需要我国工人阶级的积极努力。"④因此,概而言之,这里所说的"中共的号召"主要是指中共号召被誉为"国家工业化的主力"的工人阶级积极参加国家工业化建设,以便使国家逐步走向工业化。当然,在不同的历史时期甚至在不同的年份,中共的号召的具体内容会有所不同。这样,当我们把关于郝建秀小组的被表彰事件的形成过程和中共的号召关联起来时,其实是把郝建秀小组的命运与中共力求实现其宏伟奋斗目标的历史进程尤其是与我国不断推进工业化的历史进程等关联了起来。

一般来讲,中共向工人阶级发出号召时,为了保证其号召的实现,还会出台相关的政策措施来调动工人阶级的积极性(包括政治积极性和劳动积极性)。关于这些政策措施的类型划分,我们不妨引用刘少奇的一次讲话的内容来加以说明。1953 年 5 月,在北京召开了中国工会第七次全国代表大会,刘少奇代表中共中央在会上致了祝词。刘少奇指出:"我们祖国现正开始进入一个新的历史时期,并向我们提出了新的历史任务,这就是实现我们国家的工业化和逐步过渡到社会主义社会的任务。……我们必须使我们的国家逐步地成为具有高度技术水平的工业国。"刘少奇进一步指出:"为了完成这个新的历史任务的目的,我们必须尽最大的

---

① 参见:(1)朱佳木:《中国工业化与中国共产党》,《当代中国史研究》2002 年第 6 期;(2)黄群慧:《中国共产党领导社会主义工业化建设及其历史经验》,《中国社会科学》2021 年第 7 期。
② 毛泽东:《论联合政府》(1945 年 4 月 24 日),《毛泽东选集》第三卷,人民出版社,1991 年,第 1081 页。
③《彻底实施工会法》,《人民日报》1950 年 6 月 29 日,第 2 版。
④《迎接一九五三年的伟大任务》,《人民日报》1953 年 1 月 1 日,第 1 版。

努力充分地发挥广大工人群众的积极性和创造性,为完成与超额完成国家的经济计划而奋斗!为提高劳动生产率,提高产品质量,严格节约和降低产品成本而奋斗!而这就需要很好地实事求是地去组织工人群众的劳动竞赛,……。为了这个目的,我们必须对工人群众加强共产主义的教育①,提高工人群众的觉悟程度,使他们认识到全体人民的利益、国家利益与个人利益的一致性,……。为了这个目的,我们还必须经常地、密切地关心工人群众的生活状况,在增加生产的基础上,按照必要与可能逐步改善工人的物质与文化生活和工人的工作条件。"②很显然,在刘少奇看来,为了完成"实现我们国家的工业化和逐步过渡到社会主义社会"这个新的历史任务,我们必须充分发挥广大工人群众的积极性和创造性,为此,我们必须采取三类基本的政策措施:一是很好地去组织工人群众的劳动竞赛③;二是对工人群众加强共产主义的教育;三是关心工人群众的生活状况。从后来我国工业化的具体过程来看,我国确实采取了这三类政策措施,其中,第一类和第二类政策措施不但颇具中国特色,而且影响深远,故我们将重点研究这两类政策措施,即重点研究"组织工人群众的劳动竞赛"和"对工人群众加强共产主义的教育"(或通常所说的"思想政治教育")的具体实施过程以及郝建秀小组在其中的具体表现。前面说到,当郝建秀小组被作为典型小组加以培养以后,它最突出的先进表现是积极响应党的号召。具体来讲,郝建秀小组所具有的先进性主要体现在积极响应中共采取的这两类政策措施上。或者说,郝建秀小组所具有的先进性主要是在积极响应中共采取的这两类政策措施的过程中形成的。

在这两类政策措施中,劳动竞赛更是我们关注的重点。之所以如此,主要是因为劳动竞赛还被认为具有"共产主义教育"的功能。时任全国总工会主席的赖若愚认为:"劳动竞赛是发挥群众对于社会主义建设事业的主动性、积极性的最好的方法,是把群众的力量和智慧组织起来向着一个共同的目标前进的最好的方法,是不断地提高劳动生产率、保证全面完成国家计划的最好的方法,总之,它是建设社会

① 张修竹认为:所谓共产主义教育,就是以共产主义思想教育职工群众,帮助职工确立共产主义的人生观、共产主义的道德品质,排除和抵制资产阶级思想的影响和旧社会的恶习,使职工自觉地从事国家的建设事业。张修竹:《对工会宣传工作中几个问题的意见》,《中国工运》1955年第21期。——笔者注
② 《中共中央代表刘少奇同志的祝词》,《中国工运》1953年第7期。
③ 劳动竞赛也叫生产竞赛、爱国主义生产竞赛、社会主义劳动竞赛或社会主义竞赛和先进生产者运动等,本研究不对这些叫法做刻意的区分,而将它们视为同义词。劳动竞赛是一种活动,甚至是一种群众运动,故这里所说的"劳动竞赛"是指"劳动竞赛活动"或"劳动竞赛运动"。

主义的基本方法。"①不仅于此,劳动竞赛还被认为是一个向工人群众灌输共产主义思想从而改造其思想观念的过程。全国总工会于 1954 年 1 月 27 日出台的《关于在国营厂矿企业中进一步开展劳动竞赛的指示》强调:作为国家领导阶级的中国工人阶级,必须采取最有效的办法来不断地提高劳动生产率。为了迅速地提高劳动生产率,全国工人阶级必须以共产主义的劳动态度来对待国家的建设事业。那么,如何才能使工人阶级具备共产主义的劳动态度? 该指示接着指出:"劳动竞赛是共产主义劳动态度的一种具体体现,同时它本身就是一种最好的共产主义教育。劳动竞赛可以根本改变人们对劳动的看法,使人们认识到新社会的劳动是光荣、高尚、勇敢的事业,使人们正确地对待劳动,正确地对待公共财物,克服工人阶级队伍中非工人阶级的思想——小生产者以及资产阶级的思想。劳动竞赛也是一种群众性的实事求是的批评与自我批评,藉助于它可以打破因循守旧的观念,突破一切束缚群众前进的障碍,把蕴藏在工人阶级内部的潜在力量逐步发掘出来。劳动竞赛是工人阶级创造能力的不竭的源泉。"②后来,当全总党组向中共中央请示关于劳动竞赛的叫法问题时,中共中央在答复中也指出:劳动竞赛"是工人阶级共产主义劳动态度的具体表现,同时又是对工人群众的一种最好的共产主义教育"。③ 因此,在中共中央和全总看来,开展劳动竞赛可以取得一举两得的效果。

在企业里组织劳动竞赛,一般来说有三个步骤:首先,根据企业的具体情况,由行政有关部门与工会共同制订竞赛计划,提出确切的竞赛要求,并帮助车间、工段、小组和个人订好竞赛保证条件,展开竞赛。然后,用各种方法帮助落后单位和个人突破定额,完成竞赛保证条件,保证竞赛计划的实现。最后,进行竞赛的总结、评比,奖励竞赛优胜者,推广先进生产者与生产革新者的经验。④ 这几个步骤可以循环往复。事实上,很多先进典型是在劳动竞赛过程中被发现的,也主要是在劳动竞赛过程中得到进一步培养的,其模范带头作用也主要是在劳动竞赛过程中得到充分发挥的。

---

① 赖若愚:《关于劳动竞赛的几个问题》,中华全国总工会办公厅编:《中国工运资料汇编》1955 年第二辑,工人出版社,1955 年,第 51 页。
② 《中华全国总工会关于在国营厂矿企业中进一步开展劳动竞赛的指示》(1954 年 1 月 27 日中华全国总工会第七届执行委员会第二次会议通过),工人出版社编:《开展技术革新运动,把劳动竞赛向前推进一步》,工人出版社,1954 年,第 1 页。
③ 《中共中央对全国总工会党组关于劳动竞赛等几个问题的答复》(1954 年 8 月 30 日),中央档案馆、中共中央文献研究室编:《中共中央文件选集(1949 年 10 月—1966 年 5 月)》第十七册,人民出版社 2013 年,第 104 页。
④ 《中华人民共和国重工业部、中国重工业工会全国委员会关于加强劳动竞赛的指示》(1955 年 4 月 11 日),中华全国总工会办公厅编:《中国工运资料汇编》1955 年第二辑,工人出版社,1955 年,第 65 页。

根据以上论述,我们把中共力求实现其提出的宏伟奋斗目标的基本过程抽象化为以下因果链条:①中共提出宏伟奋斗目标(如尽快实现国家的工业化)→②中共向工人阶级发出相应号召→③中共及其领导的工会等采取两类基本的政策措施(即组织工人群众的劳动竞赛和对工人群众加强共产主义的教育)来调动工人阶级的积极性→④发现、培养、表彰、宣传积极响应中共的号召的先进人物,并大力推广他们的先进经验。鉴于郝建秀小组是积极响应中共的号召的先进集体,当我们把关于它的被表彰事件和中共的号召关联起来进行研究时,其实是把这种被表彰事件的形成放置在这个因果链条中来加以解释。

在一般情况下,郝建秀小组是不会自作主张地响应中共的号召的。究其原因,主要有二:(1)郝建秀小组的工人都忙于生产劳动,而且文化水平都普遍很低,她们[1]不一定能够及时了解并正确地理解中共在号召什么。(2)更为重要的是,她们从事的劳动是工业生产劳动,这种劳动是有组织、有分工、有计划地进行的,牵扯到诸多方面,因此,即使她们及时了解并正确地理解了中共号召的内容,并产生了响应号召的强烈意愿,她们也不太可能擅自去采取相关的行动。她们只有在国棉六厂、细纱车间等机构的具体领导、具体安排和具体帮助之下才会真正进入响应状态。我们可以把有关机构对郝建秀小组的这种具体领导、具体安排和具体帮助视为对郝建秀小组的一种着重培养。相应地,我们可以认为郝建秀小组表现出来的"积极响应党的号召"的状态,主要是有关机构着重培养它而出现的一种结果。因此,就针对郝建秀小组而言,我们可以把上述因果链条中的第①个环节扩展为以下两个相关的环节:一是有关机构着重培养郝建秀小组,从而使郝建秀小组积极响应党的号召;二是郝建秀小组具备相应的先进性,因而被表彰。这样,我们就把关于郝建秀小组的每个被表彰事件的形成过程抽象化为以下因果链条:①中共提出宏伟奋斗目标(如尽快实现国家的工业化)→②中共向工人阶级发出相应号召→③中共及其领导的工会等采取两类基本的政策措施(即组织工人群众的劳动竞赛和对工人群众加强共产主义的教育)来调动工人阶级的积极性→④有关机构着重培养郝建秀小组,从而使郝建秀小组积极响应党的号召→⑤郝建秀小组具备相应的先进性,因而被表彰。这个因果链条便是我们解释关于郝建秀小组的每个被表彰事件的形成过程的理论框架(简称"解释框架")。当然,提出这个解释框架还只是我们对"郝建秀小组何以被表彰"这个问题的一种假设性回答,至于这个解释框架的解释力到底如何,还有待验证。

---

[1] 由于郝建秀小组的成员几乎都是女性,故一般使用"她们"。

在上述因果链条中,出现在末端的"郝建秀小组具备相应的先进性,因而被表彰"是我们从相关报道或相关史料中容易见到的客观结果。见到这个结果之后,我们接下来要做的主要工作就是解释这个结果是如何形成的。这种解释主要是推断促使这个结果得以形成的基本动力及其运作机制。由于"中共提出宏伟奋斗目标"位于上述因果链条的首端,故"中共"是这种基本动力的源头。换句话说,这种基本动力源自中共力求实现其宏伟奋斗目标的坚强意志。接下来的"中共向工人阶级发出相应号召""中共及其领导的工会等采取两类基本的政策措施""有关机构着重培养郝建秀小组"等环节则是这种基本动力的外显及其具体的运作过程。由于中共长期执政,这使得这种基本动力会在不同历史时期反复发生作用,相应地,上述因果链条也会反复出现在不同的历史时期,这就使关于郝建秀小组的被表彰事件的反复出现成为可能,也使郝建秀小组不断前进成为可能。

按照上述因果链条所显示的逻辑,我们对每个"被表彰事件"的研究主要是一个沿着上述因果链条的基本环节从⑤→④→③→②→①进行追溯的过程。这种追溯意味着,我们不但要描述和分析郝建秀小组主要是因为具备了哪些先进性而被表彰的,而且还要进一步解释郝建秀小组是如何具备那些先进性的。这种进一步的解释,意味着需要我们进一步探讨下述四个方面的问题:(1)当时中共提出了什么样的宏伟奋斗目标①? (2)为了实现这种宏伟奋斗目标,中共向工人阶级发出了什么样的号召或向工人阶级提出了什么样的要求?(3)为了实现中共的号召,中共及其领导的工会等是如何组织工人群众的劳动竞赛的? 又是如何对工人群众进行思想政治教育的?(4)有关机构是如何具体地着重培养郝建秀小组从而使之能够积极地响应党的号召的? 很显然,这些问题都是超越郝建秀小组本身的更为宏大也往往是更为深层次的问题。考虑到在1952年至1992年期间(尤其是在1952年至1982年期间),就针对工人阶级而言,中共提出的宏伟奋斗目标主要是尽快实现国家的社会主义工业化,那么,探讨这些问题,其实主要是探讨中共努力调动工人阶级的积极性、竭力构建良好的工业生产秩序,从而力求尽快实现国家的社会主义工业化的基本过程。

值得一提的是,尽管我们的研究过程往往始于上述因果链条的末端,然后沿着这条因果链条的基本环节从⑤→④→③→②→①进行追溯,但当我们叙述每个被表彰事件时,将基本上遵循上述因果链条所显示的顺序。

还有一点需要说明一下:在"前40年",国棉六厂等分别在1982年、1987年和

---

① 这种宏伟奋斗目标往往又被进一步划分为年度的、季度的甚至月度的奋斗目标。

1992 年隆重举行了庆祝郝建秀小组建组 30 周年、35 周年和 40 周年活动。考虑到这种庆祝活动也是对郝建秀小组的一种公开肯定、宣传和鞭策,我们将把这 3 次庆祝活动视为类似"被表彰事件"的事件而加以论述。

上述研究思路和解释框架是针对郝建秀小组的"前 40 年"而提出的。当郝建秀小组步入"后 30 年"之后,也即进入 1993 年以后,我国就进入了旨在建立社会主义市场经济体制的新的发展阶段。由于建立社会主义市场经济体制的中心环节,是转换国有企业特别是大中型国有企业的经营机制,并把国有企业推向市场,故当时建立社会主义市场经济体制的过程主要是一个转换国有企业的经营机制并把国有企业推向市场的过程。事后来看,这是一个对国有企业(尤其是青岛的国有纺织企业)进行深入改革、改造、重组、搬迁甚至破产的过程。在这个过程中,中共继续向工人阶级尤其是国有企业职工发出了相关号召,有关机构也一如既往地着重培养郝建秀小组从而使之积极响应了党的号召。因此,上述解释框架仍然具有一定的解释力。为了充分解释发生在这个时期(尤其是 2002 年以后)的关于郝建秀小组的被表彰事件,我们将增加考虑两种外在因素(外因)对郝建秀小组的影响:一是全国纺织工业主管机构①对郝建秀小组的影响,二是青岛市市域内的有关机构②对郝建秀小组的影响(详见第十章至第十二章)。

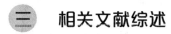

三　相关文献综述

这里综述三个方面的相关文献:一是直接研究"郝建秀小组"的文献;二是研究中共或我国开展劳动竞赛、评选劳模活动的文献;三是研究中共或我国开展"树典型"活动的文献。

(一) 直接研究"郝建秀小组"的文献

自 1952 年以来,虽然《青岛日报》《大众日报》《中国纺织报》甚至《人民日报》等新闻媒体都一再报道过郝建秀小组的优秀事迹,但除了江崇梅曾介绍过计划经济

---

① 先后为纺织工业部、中国纺织总会、国家纺织工业局、中国纺织工业协会、中国纺织工业联合会。
② 包括中共青岛市委、市政府、市纺织总公司、市总工会以及郝建秀小组所在公司的上级公司(青岛纺联控股集团有限公司)等。

时期郝建秀小组的班组管理经验①、管田欣曾撰写过相关的硕士学位论文②以外，至今尚无学者对郝建秀小组进行过严谨的学术研究。

（二）研究中共或我国开展劳动竞赛、评选劳模活动的文献

中共开展劳动竞赛并评选表彰生产建设中的模范（先进）人物的活动，最早出现在中共领导的苏维埃地区。王礼琦与李炳俊③、蒋自饶与刘仲英④、谭琪红与陈信凌⑤、游海华⑥等都先后对苏区开展劳动竞赛、评选劳模的活动做过研究。

从1942年10月开始，在陕甘宁边区广泛开展了以模范工人赵占魁的名字命名的"赵占魁运动"。这项运动得到了毛泽东等中共高层领导的高度重视。在此后的几年里，《解放日报》等新闻媒体对这项运动的开展情况进行了大量的宣传报道。自20世纪80年代以来，一些学者，如张水良⑦、樊明方与胡雅各⑧、王明生与董颖鑫⑨、周海燕⑩等，对当时开展这项运动的基本过程、开展这项运动所带来的某些变化、媒体报道这项运动的方式等进行了研究。笔者则以这项运动作为考察的中心，探讨了革命的劳动伦理是如何被构建而兴起的。⑪

新中国成立之后不久，就在北京召开了全国工农兵劳动模范代表会议。那次会议的总结报告提出："要把评选劳模形成固定的制度。每次总结生产工作时，都必须评选劳动模范，而这种评选要依靠平日的生产成绩的可靠记录，在生产有成绩的小组、车间、工厂，都应该选出有代表性的模范人物，然后在这个基础上产生市、省、大行政区、整个产业以及全国性的劳动模范。"⑫之后，"评选劳模"真的形成了

---

① 江崇梅：《郝建秀小组的生产管理》，《经济管理》1979年第4期。
② 管田欣：《社会主义生产体制中的小组自治：郝建秀小组的个案分析（1956—1966）》，硕士学位论文，中国人民大学，2016年。
③ 王礼琦、李炳俊：《第二次国内革命战争时期中央革命根据地的劳动竞赛》，《经济研究》1979年第4期。
④ 蒋自饶、刘仲英：《中央苏区的劳动竞赛》，《江西社会科学》1991年第6期。
⑤ 谭琪红、陈信凌：《中共革命时期民众动员的生成机制——从中央苏区竞赛活动说起》，《江西社会科学》2017年第6期。
⑥ 游海华：《新价值观构建与引领：苏区时期中国共产党树立劳模的历史考察》，《福建论坛（人文社会科学版）》2020年第11期。
⑦ 张水良：《抗日战争时期陕甘宁边区的赵占魁运动》，《人文杂志》1981年第5期。
⑧ 樊明方、胡雅各：《陕甘宁边区赵占魁运动述论》，《西北大学学报（哲学社会科学版）》1993年第1期。
⑨ 王明生、董颖鑫：《陕甘宁边区劳模运动的政治分析》，《学海》2010年第5期。
⑩ 周海燕：《作为规训的生产——以大生产运动叙事为中心的话语考察》，《开放时代》2012年第8期。
⑪ 游正林：《革命的劳动伦理的兴起——以陕甘宁边区"赵占魁运动"为中心的考察》，《社会》2017年第5期。
⑫ 李立三：《关于全国工农兵劳动模范代表会议的总结报告》，《江西政报》1951年1月15日。

固定的制度并延续至今,相应地,一些学者对一些相关问题进行了研究。比如:林超超①、刘岸冰②、赵志阳③等先后对劳动竞赛活动进行了研究。张婧以个案研究的方式,着重分析了劳模在道德理想和现实的冲突中所处的尴尬地位。④ 姚力回顾了 20 世纪五六十年代的劳模评选表彰活动,认为这种活动对当时的良好社会风气和党风的形成起到了积极的推动作用。⑤ 徐大慰从推广先进技术、彰显劳模精神和发挥榜样作用等三个方面探讨了新中国第一代劳模的社会整合功能。⑥ 还有一些学者对某个特定时期或某个特定区域的劳模群体进行了研究,如王琪琳对 1950 年至 1960 年期间武汉地区的劳模群体的基本特征、社会参与和社会影响等进行了研究。⑦ 李泽军则对新中国成立以来的"东北工业劳模"进行了专门研究,其内容涉及东北工业劳模的发展历史、基本特征、评选机制、当代价值等。⑧

(三) 研究中共或我国开展"树典型"活动的文献

这方面的文献比较多,我们可以把它们大致划分为两大类型:一是研究关于"树典型"的一般性问题的文献。这里所说的"一般性问题"是指关于树典型的历史渊源、树典型的基本目的、树典型的必要性、树典型的基本做法(或运作机制)、树典型的基本作用(或效果)、树典型的弊端等方面的问题;二是研究某个具体典型的文献。

对关于"树典型"的一般性问题的研究,有必要提及苗春凤、刘林平、万向东和冯仕政等学者的观点。苗春凤可能是最早对"树典型"活动进行学术研究的社会学学者。2009 年 6 月,她以《典型中国——当代中国社会树典型活动研究》为题完成了她的博士学位论文。该文论及树典型活动与文化传统的关系、树典型活动与社会变迁的历史联系、树典型活动与权力的关系、树典型活动的运作机制、树典型活动的社会效果等方面的问题。⑨ 刘林平、万向东研究过计划经济体制下的树典型活动,认为"树典型是计划体制之中一种必然的、内生的、普遍的行为模式"。他们

① 林超超:《生产线上的革命——20 世纪 50 年代上海工业企业的劳动竞赛》,《开放时代》2013 年第 1 期。
② 刘岸冰:《1949—1956 年上海国营工业企业劳动竞赛研究》,《当代中国研究》2020 年第 5 期。
③ 赵志阳:《新中国劳动竞赛研究(1949—1966)》,博士学位论文,贵州师范大学,2022 年。
④ 张婧:《劳动模范:在道德与权力之间》,《开放时代》2007 年第 2 期。
⑤ 姚力:《新中国成立初期的劳模表彰及其社会效应》,《党的文献》2013 年第 4 期。
⑥ 徐大慰:《新中国第一代劳动模范的社会整合功能》,《学理论》2014 年第 30 期。
⑦ 王琪琳:《武汉地区劳动模范群体研究(1950—1960 年)——以纺织行业劳模为中心》,硕士学位论文,华中师范大学,2016 年。
⑧ 李泽军:《中华人民共和国建立以来东北工业劳模研究》,博士学位论文,吉林大学,2021 年。
⑨ 苗春凤:《典型中国——当代中国社会树典型活动研究》,博士学位论文,上海大学,2009 年。

着重分析了树典型行为中的行动者(即典型本身、树立典型的领导者和学典型的普通行动者)的利益动机,认为正是行动者的利益驱动才使得树典型最终成为计划经济体制之下的一种普遍化的社会行为模式。他们还分析了树典型的弊端,并指出:市场经济体制和树典型模式是格格不入的。[1] 冯仕政从四个方面对“典型”进行了论述。他首先分析了导致“树典型”这样一种工作方法得到广泛接受和遵循的原因,认为:中国共产党特殊的组织方式和意识形态固然是一个重要因素,但从社会学的角度来看,更深层次的原因还在于中国的社会结构是一种“中心—边陲”二元分立的社会结构,这在政治上造成了两个后果:一是国家对社会的动员和控制能力严重不足;二是精英文化与大众文化的分裂,导致国家的社会整合能力严重不足。树立典型就是中国共产党延伸政治权力和政治文化的一种重要方式。然后,他探讨了政治权威给典型所规定的一整套责任和义务。再后,他探讨了政治权威对所树立的对象进行“重塑”的两种方法:一是利用话语优势,对典型进行包装;二是利用资源优势,从经济上和政治上给予典型以专门的扶持。最后,他解释了为何会发生“典型的逆转”。[2]

历史学、社会学、政治学、思想政治教育等多个专业的学者都对某些具体典型做过个案研究,这些研究具有以下三个基本特点:(1)在研究对象上,大多数都是研究过去的典型,即研究已经不再是典型的旧典型。(2)在研究对象的地域或产业分布上,大多数都是研究农村地区的典型,如研究某位知名的农业劳模或某个知名的村庄(如大寨村、华西村、小岗村、南街村等)。(3)在研究内容上,虽然有些研究(如邢宇宙对大寨村的研究[3])论及典型最初被培养、被塑造的过程,但至今尚未有学者研究某个具体典型“何以长盛不衰”这样的问题。

四　相关资料的收集过程

(一) 相关档案材料的收集过程

笔者对“郝建秀小组”的关注始于 2015 年 10 月下旬。当时,在征求“郝建秀小

---

[1] 刘林平、万向东:《论“树典型”——对一种计划经济体制下政府行为模式的社会学研究》,《中山大学学报》(社会科学版)2000 年第 3 期。
[2] 冯仕政:《典型:一个政治社会学的研究》,《学海》2003 年第 3 期。
[3] 邢宇宙:《典型制造与社会动员——毛泽东时代大寨的个案研究》,博士学位论文,南京大学,2012 年。

组"所在的青岛纺联控股集团有限公司的主要领导的意见并获得同意和支持以后，笔者便开启了研究"郝建秀小组"的进程。

青岛市纺织总公司档案管理中心保存了青岛纺联集团六棉有限公司（原国棉六厂）于2012年4月27日移交的所有档案材料。这些档案材料包括：从1949年至2009年期间的2117卷册文书档案（其中永久保存1308册卷，长期保存809册卷）、从1947年至2008年期间的4015卷册财务档案和4617册卷人事档案。笔者开展这项研究工作的第一步主要是去该档案管理中心收集相关档案资料。在2016年上半年，笔者曾三次前往青岛纺联控股集团有限公司对"郝建秀小组"进行了初步调查。① 这三次调查的主要任务就是去该档案管理中心收集相关档案资料。在青岛纺联控股集团有限公司王立永先生的具体帮助下，我们以拍照的方式收集了大量的有关"郝建秀工作法""郝建秀小组"和国棉六厂基本情况等的档案资料（均为文书档案资料）。当时，王立永先生虽然已退休，但退休后一直被公司返聘，主要从事《青纺联》报纸的编辑工作。《青纺联》报纸由青岛市纺织总公司、青岛纺联控股集团有限公司主办，于2007年7月11日创刊。在调查期间，王立永先生还给我们提供了一些他收藏的相关纸质材料，并允许我们从他使用的办公电脑里下载了不少相关的电子文件，其中包括《青纺联》报纸的PDF版。在王立永先生的具体安排下，我们还对郝建秀小组原组长杨美珍女士（当时77岁）、郭爱珍女士（当时67岁）和仇美春女士（当时62岁）进行了深入访谈。此外，在王立永先生和青岛市总工会王萍女士的陪同下，我们还去青岛市档案馆收集了一些相关资料。

当笔者申请的题为《"郝建秀小组"研究》的课题被立为2018年度国家社会科学基金项目以后，笔者于2018年8月下旬再次前往青岛纺联控股集团有限公司对"郝建秀小组"进行了调查。② 在郝建秀小组原组长姜玲女士的具体帮助下，我们再次去青岛市纺织总公司档案管理中心，以拍照的方式进一步收集了相关档案资料。调查期间，在姜玲女士的具体安排下，我们还访谈了4位郝建秀小组原组员以及原国棉六厂（六棉公司）宣教处处长姜才先生。在姜玲女士、王立永先生和穆晓婷女士的陪同下，我们还去看望并访谈了郝建秀小组原组长牟秀美女士（当时86岁）和杨美珍女士（当时79岁）。

关于本书对所收集的档案资料（有一些是手写稿）的引用，有两点需要说明一下：（1）只有在没有公开的资料（如公开的报刊资料）可以引用的情况下才引用相关

---

① 这三次调查都得到了我指导的硕士研究生李涛和赵熹城的协助。
② 这次调查得到了我指导的硕士研究生周春婷和高畅的协助。

的档案资料。(2)引用档案资料时,已将原文中的繁体字、不规范的异体字改为了现行通用字,并直接订正了原文中显而易见的误字、漏字、衍字以及不正确的标点。此外,为了阅读方便,还把原文中的一些数字改为了现行数字表达方式。

(二) 相关经验资料的收集过程

2016 年上半年,青岛纺联控股集团有限公司在其全资子公司——位于山东省枣庄市的青纺联(枣庄)纤维科技有限公司(简称"枣庄公司")重新组建了一个全新的"郝建秀小组"(详见第十二章第三节)。

2018 年 11 月 23 日至 26 日,在郝建秀小组原组长姜玲女士的陪同和帮助下,笔者第一次去枣庄公司对"郝建秀小组"进行了调查。[1] 我们对郝建秀小组的所有成员进行了深入访谈,还访谈了时任公司副总经理兼公司工会主席的黄杰女士、时任郝建秀小组所在的细纱二车间主任的张善侠女士。我们还去生产车间观察了郝建秀小组成员的劳动情形,并收集了一些相关的文字材料。

2020 年 10 月 31 日至 11 月 2 日,在郝建秀小组原组长姜玲女士的陪同和帮助下,笔者再次去枣庄公司对"郝建秀小组"进行了调查。[2] 这次调查主要是了解近两年以来郝建秀小组的变化情况。我们再次对郝建秀小组的所有成员进行了深入访谈,还深入访谈了几位不是郝建秀小组成员的普通工人。我们再次访谈了时任公司副总经理兼公司工会主席的黄杰女士、时任郝建秀小组所在的细纱二车间主任的张善侠女士,还访谈了时任公司工会副主席的田硕女士。我们还再次去生产车间观察了郝建秀小组成员的劳动情形,并进一步收集了一些相关的文字材料。

除了收集上述相关档案资料和经验资料,笔者还在国家图书馆查阅了大量的相关报刊资料,尤其是查阅了从 1949 年 12 月至 1994 年 12 月期间的所有纸质版《青岛日报》。

五 全书的内容编排

本书内容由 13 章组成。

---

[1] 这次调查得到了我指导的硕士研究生周春婷和黄昕欣的协助。
[2] 这次调查得到了我指导的硕士研究生黄昕欣、马筱迪和刘萱的协助。

第一章是导论。

第二章论述"郝建秀工作法"的总结与推广过程。考虑到在郝建秀、"郝建秀工作法"和"郝建秀小组"三者之间存在密切关系,我们有必要首先回顾一下当年有关机构总结和推广"郝建秀工作法"的基本历史背景、基本过程,并探讨其重要意义。

如前所述,我们把郝建秀小组的发展历程大致划分为两个阶段:第一个阶段是从 1952 年到 1992 年的"前 40 年",第二个阶段是从 1993 年到 2022 年的"后 30 年"。对"前 40 年",我们又进一步把它划分为 1952 年至 1953 年、1954 年至 1957 年、1958 年至 1961 年、1962 年至 1966 年 5 月、1966 年 6 月至 1976 年、1977 年至 1982 年、1983 年至 1992 年等 7 个不同的历史时期;对"后 30 年",我们又进一步把它划分为 1993 年至 2002 年、2003 年至 2012 年、2013 年至 2022 年等 3 个不同的历史时期。对这 10 个不同的历史时期,都将设单章进行论述。

最后一章是研究总结与进一步讨论。

第二章

"郝建秀工作法"的总结与推广[①]

"郝建秀工作法"是以当时的纺织女工郝建秀的名字命名的一种细纱工作方法。它于 1951 年 6 月上旬被总结出来以后,就被迅速推广至全国各个纺织企业。在这种推广过程中,1952 年 1 月底,郝建秀所在的生产小组被改称为"郝建秀小组",随后,"郝建秀小组"被作为"典型小组"来培养(详见第三章)。考虑到郝建秀、"郝建秀工作法"和"郝建秀小组"三者之间的这种渊源关系,再考虑到三者后来的命运也是紧密关联的,我们有必要首先回顾一下当年有关机构总结和推广"郝建秀工作法"的基本历史背景、基本过程,并探讨其重要意义。

一 "郝建秀工作法"产生的历史背景

总结与推广郝建秀工作法是在新中国成立初期发生在我国纺织行业的一个重大历史事件。对这个历史事件的回顾,需要从 1949 年 3 月召开的中共七届二中全会说起。那次会议不但决定将党的工作重心由乡村转移到城市,并要求"从我们接管城市的第一天起,我们的眼睛就要向着这个城市生产事业的恢复和发展",而且还提出必须全心全意地依靠工人阶级来恢复和发展城市中的生产事业。[②] 相应地,新中国成立后,工人阶级被赋予了国家领导阶级和国营企业主人翁的地位。"依靠工人阶级是我党管理工业、办好工厂的基本思想,在企业中一切工作都必须

[①] 本章的基本内容曾以《合作型劳动关系的形成——"郝建秀工作法"的总结与推广过程及其意义》为题发表在《中共党史研究》2021 年第 5 期。

[②] 《中共七届二中全会决议》(1949 年 3 月 13 日),中共中央文献研究室、中央档案馆编:《建党以来重要文献选编(1921——1949)》第 26 册,中央文献出版社,2011 年,第 203—204 页。

贯彻依靠工人阶级的思想。"①在国营企业中贯彻依靠工人阶级的思想,这是当时总结与推广郝建秀工作法这个事件得以发生的基本社会背景。

恢复和发展工业生产当然需要依靠工人阶级,那么,工人阶级是否可靠呢?刘少奇认为:"马克思主义认为,工人阶级是最可靠的。这是一般说的。具体地说,则还有问题,因此,我们必须努力工作,使工人阶级完全可靠。"刘少奇还提出了"加强工人工作,使工人成为完全可靠的"三种主要办法:"尽可能保障工人的生活水平勿使之过低;深入广泛地教育工人;组织工人。"②在这三种办法或工作中,不仅第三项工作(组织工人)需要依靠工会去做,而且第二项工作(教育工人)当时也主要是交给工会去做的。因此,时任中华全国总工会副主席、党组书记的李立三认为,七届二中全会"将工会工作的重要性提高了"③。相应地,七届二中全会闭幕之后仅仅过了三个多月,中共中央就"要求全国总工会于七月二十日召集全国工会工作会议,讨论目前工人运动中若干重要问题,特别是组织问题"④;新中国成立后不足九个月,就于1950年6月29日起公布施行了《中华人民共和国工会法》(下文简称《工会法》)。

《工会法》第九条规定:"工会为保护工人阶级的根本利益,根据其章程及决议进行下列工作:一、教育并组织工人、职员群众,维护人民政府法令,推行人民政府政策,以巩固工人阶级领导的人民政权;二、教育并组织工人、职员群众,树立新的劳动态度,遵守劳动纪律,组织生产竞赛及其他生产运动,以保证生产计划之完成;三、在国营及合作社经营的企业中,在机关、学校中,保护公共财产,反对贪污浪费和官僚主义,并与破坏分子作斗争;四、在私营企业中,推行发展生产、劳资两利政策,反对违背政府法令及妨害生产的行为。"⑤这些规定,不但明确界定了需要工会开展的主要工作,而且大致界定了工会与人民政府、工会与企业行政、工会与职工(职员与工人)等之间的关系,这对重建国营企业内部的劳动关系也具有十分重大

---

① 《中共中央东北局关于党对国营企业领导的决议》(1951年5月经东北城市工作会议讨论通过并经中共中央批准),《大众日报》1951年9月17日,第2版。
② 刘少奇:《关于城市工作的几个问题》(1949年3月12日),《刘少奇选集》上卷,人民出版社,1981年,第421页。
③ 李立三:《在全国工会组织会议上的报告》(1950年4月),中国工运学院编:《李立三赖若愚论工会》,档案出版社,1987年,第124页。
④ 《中央关于召集全国工会工作会议的指示》(1949年6月23日),中央档案馆编:《中共中央文件选集》第18册,中共中央党校出版社,1992年,第338页。
⑤ 《中华人民共和国工会法》,中华全国总工会办公厅编:《建国以来中共中央关于工人运动文件选编》上册,工人出版社,1989年,第5页。

的意义。李立三认为,《工会法》第九条"规定着工会的责任"①。那么,具体到国营企业内部,如何具体地实施《工会法》尤其是工会如何具体地履行这种责任呢?这成为当时亟待解决的难题,中共中央对此极为重视。

在《工会法》公布当天,《人民日报》发表了题为《彻底实施工会法》的社论。该社论首先指出:"这个工会法集中了全国人民,首先是广大工人群众的意志与要求,规定了国家赋予工会组织的广泛权利。"然后,该社论自问自答:"人民政府为什么赋予工会组织这些权利,并给予它这些帮助呢?这是因为:工人阶级现在是我们国家的领导阶级。我们国家全部工作的努力目标,是使国家逐步走向工业化。工人阶级正是国家工业化的主力……政府给予工会各种必要的权利和工作上的便利条件,使工会能把所有的雇佣劳动者组织起来,便可成为人民政府在城市中的最主要的支柱。"②从该社论的这种解释中,我们也看到了当时党和政府力求"使国家逐步走向工业化"的坚强意志。接着(6月30日),中共中央出台了《关于执行中华人民共和国工会法的指示》,要求各级党委开展四项相关工作。其中第二项工作是:"通知各企业管理机关及各工厂企业中的党委或支部召集有党和行政及工会负责同志参加的会议,讨论执行《工会法》的具体计划并检讨过去工作。切实研究行政与工会如何配合工作,搞好生产,而不是各自为政,互相抵消;研究党如何领导工会而不是代替工会,如何通过工会去进行群众工作,而不是抛开工会去直接进行群众工作的具体办法。"这表明在企业中执行《工会法》不是一项孤立的活动,还涉及如何重建企业行政与工会、企业党组织与工会以及工会与群众等之间的关系,或者说,还涉及如何重建企业的劳动关系。其中第四项工作是:"各中央局、分局与省委市委负责同志应将此次讨论经过及所拟定的执行《工会法》的具体办法,过去工会工作中的主要缺点和错误及今后纠正的方法,以及在讨论中提出的各种重要意见和在执行中所遇到的或估计可能遇到的各种困难,作一综合报告于7月底以前电告中央。"③

相应地,中南局于1950年7月中旬召开了中南总工会筹委扩大会议,讨论了《工会法》,并全面检查了一年来的工会工作,其检查结果集中体现在中南局第三书记邓子恢在中南总工会筹委扩大会上所作的报告之中。邓子恢首先简明扼要地肯

① 李立三:《关于劳动政策》(1950年10月10日),中国工运学院编:《李立三赖若愚论工会》,档案出版社,1987年,第142页。
② 《彻底实施工会法》,《人民日报》1950年6月29日,第2版。
③ 《中共中央关于执行中华人民共和国工会法的指示》,中央档案馆、中共中央文献研究室编:《中共中央文件选集(1949年10月—1966年5月)》第三册,人民出版社,2013年,第178—179页。

定了中南各省市的工会工作取得的四点成绩,然后指出工会工作中的缺点"主要表现在严重脱离群众的现象,这应该引起同志们极大的警惕"①。7月29日,邓子恢把这次中南总工会筹委扩大会议的情况,包括他在会上所作报告的基本观点,给毛泽东写了一份报告②。8月4日,中共中央批转了这个报告,其批语说:"工会工作是目前我们党的主要工作之一,但各地党委对于工会工作显然注意不够。望各中央局、分局及省委、区党委和市委照邓子恢同志的做法在最近三个月内认真地检讨一次工会工作并向中央作一次报告,以便加强各级党委对于工会工作的注意,改善工会工作,是为至要。"③

在各中央局、分局等写给中央的相关报告中,西北局的报告反映了工会工作中存在的三个方面的问题,并认为:"直到今天工人运动中存在的问题还这样严重,工会工作还这样薄弱的基本原因是:各地党委重视不够,对工人的问题研究得太少,对工运干部具体帮助和指导太少。"④1950年12月30日,中共中央批转了西北局的报告,并加了毛泽东起草的如下批语:"在一九五一年春季党的四中全会开会以前,请你们负责认真地检查一次工会工作,准备向四中全会作报告。各地工会工作存在着严重的缺点,而各级党委一般地说来注意得很不够,或者完全没有注意,这是不对的。必须改变这种情况。"⑤从这则批语的语气尤其是从提出向党的四中全会作相关的报告来看,此时的毛泽东已经进一步意识到了工会工作方面问题的严重性。

1951年1月24日,毛泽东批转邓小平1月8日的报告给各中央局负责人,指出:在邓小平的报告中,"提到西南已开了一次城市工作会议,着重地批判了党内较为普遍的看不起工人的思想,明确依靠工人阶级应成为党的指导思想,应把它贯彻到各项工作各个部门中去等语……许多同志当然很忙,但请你们考虑,腾出一段时

---

① 《中共中央中南局第三书记邓子恢同志在中南总工会筹委扩大会上的报告》,《长江日报》1950年7月30日,第1、2版。

② 参见《中共中央批转邓子恢关于中南区工会工作的报告》(1950年8月4日)所附邓子恢报告,中央档案馆、中共中央文献研究室编:《中共中央文件选集(1949年10月—1966年5月)》第三册,人民出版社,2013年,第257—263页。

③ 《中共中央批转邓子恢关于中南区工会工作的报告》(1950年8月4日),中央档案馆、中共中央文献研究室编:《中共中央文件选集(1949年10月—1966年5月)》第三册,人民出版社,2013年,第257页。

④ 《西北局关于工会工作会议情况及问题的报告》(1950年12月26日),中央档案馆、中共中央文献研究室编:《中共中央文件选集(1949年10月—1966年5月)》第四册,人民出版社,2013年,第450页。

⑤ 参见中共中央文献研究室编:《毛泽东年谱(1949—1976)》第一卷,中央文献出版社,2013年,第271页;《中共中央批转西北局关于工会工作会议情况的报告》(1950年12月30日),中央档案馆、中共中央文献研究室编:《中共中央文件选集(1949年10月—1966年5月)》第四册,人民出版社,2013年,第448页。

间,在五月一日以前,召开一次城市工作会议,着重地研究和解决依靠工人阶级的思想问题,工厂管理问题,工会工作问题,为四中全会讨论这个问题准备意见。四中全会拟在五月召开①,请你们按照这个时间部署工作"②。

毛泽东明确提出要在中共七届四中全会上讨论依靠工人阶级的思想问题、工厂管理问题和工会工作问题。这表明:在毛泽东看来,这三个问题是城市工作中亟待研究和解决的问题。我们认为,具体到国营企业内部,毛泽东所说的"依靠工人阶级的思想问题"应该是如何在企业的一切工作中贯彻依靠工人阶级的思想的问题。这包含了以下两个较为具体的问题:一是如何让全体职工(尤其是行政管理人员和技术人员)接受依靠工人阶级的思想? 这是因为:"许多同志对依靠工人这一点,思想上起了很大抵触。""许多同志对工人抱着疏远态度,对工人的领导作用抱着怀疑不信任的思想。"③"目前还有不少企业行政管理干部,对于依靠工人群众的帮助来管好工厂企业的基本思想还没有搞通。"④二是在依靠工人阶级的思想的指导下,如何尽快重建生产秩序以便快速恢复和发展工业生产? 这就涉及前面所说的"工厂管理问题"和"工会工作问题"。"工会工作问题"主要是如何在企业内部具体地执行《工会法》的问题,尤其是工会如何具体地履行《工会法》第九条所规定的四项责任的问题。对这个问题的解决涉及如何重建工会与企业行政、工会与党组织以及工会与工人等之间的互动关系。对"工厂管理问题"的理解,有必要提及1950年2月6日《人民日报》社论《学会管理企业》一文。根据该文的观点,"工厂管理问题"主要是一个如何把原先的官僚资本主义企业改造成为新民主主义企业的问题。这种"改造"需要达成相互关联的两个主要目标:一是把工人群众改造成为自觉的劳动者。该文认为,新民主主义的经济与官僚资本主义和一般资本主义经济有两个根本区别,其中之一"就在于一切旧的资本主义企业是依靠压迫方法来强制工人劳动生产……新民主主义的人民企业的管理,则必须启发和依靠工人群众主人翁的感觉⑤,发挥工人群众的生产积极性和创造性,以便工人群众能够自觉地

---

① 这里所说的"四中全会"是指中共七届四中全会,该全会并未在1951年5月召开,而是被推迟至1954年2月才召开。——笔者注

② 中共中央文献研究室编:《毛泽东年谱(1949—1976)》第一卷,中央文献出版社,2013年,第289页。

③ 邓子恢:《论华中城市建设新方针》(1949年10月31日),《邓子恢文集》,人民出版社,1996年,第253—254页。

④ 《学会管理企业》,《人民日报》1950年2月6日,第1版。

⑤ 该文没有界定"主人翁的感觉"的含义。一般来讲,我们可以把它理解为职工对自己作为企业的主人翁所应享有的权利与应承担的责任的一种意识,但从此处的语境来看,它主要指对"责任"的意识,即主要指"主人翁的责任感"。——笔者注

进行劳动。把原来被机器支配的奴隶,变成管理机器的自觉的劳动者,这是一个真正的革命。"二是实现企业管理体制上的破旧立新。该文认为,"在一切国营公营的工厂企业中,必须坚决地改变旧的官僚主义的管理体制,实行管理民主化,建立工厂管理委员会,吸收工人参加生产管理,以启发工人的主人翁的觉悟,发扬工人的自觉的劳动热情。"①如果这么理解成立的话,那么,我们可以把毛泽东所说的上述三个问题概括为两个相互关联的问题:一是在依靠工人阶级的思想的指导下,如何尽快把工人改造成为具有主人翁责任感的自觉的劳动者? 二是在依靠工人阶级的思想的指导下,如何尽快重建工会与企业行政、工会与党组织以及工会与工人等之间的互动关系以便形成一种和谐、高效的生产秩序? 这也是当时党和政府在国营企业中贯彻依靠工人阶级的思想时所遇到的亟待解决的两个主要问题。

几天以后,1951年1月29日,毛泽东主持召开中共中央政治局会议,讨论工会工作。毛泽东说:"各级党委应当专门地经常讨论工会工作。五月间将召开的四中全会,即以工会工作为中心,同时应涉及到依靠工人阶级的思想,工厂管理、工厂支部工作问题。"②毛泽东在会上还说:"工会工作有成绩,但问题甚多,必须全党注意。……领导方法上应注意多介绍经验,好的坏的经常通报,使之交流,工作就会推进的! 总工会过去对此做得不够,应经常通报。"③李立三也参加了这次政治局会议。毛泽东对全总的这种批评,难免令李立三感到压力。2月1日晚,李立三在全总党组扩大会议上传达了毛泽东的指示,他说:"会上主席曾三次提出'为什么不通报'……。主席这种利用下面创造出来的经验,推广全国的领导方法是很好的,是一种很重要的领导方法。"④可以推知,此后,全总会更加重视总结和推广"下面创造出来的经验",各级地方党委会更加忙于为四中全会讨论依靠工人阶级的思想问题、工厂管理问题、工会工作问题等而"准备意见"。

在上述政治氛围下,1950年11月,山东省决定从省级领导机关抽调90余名机

---

① 《学会管理企业》,《人民日报》1950年2月6日,第1版。该社论发表后,1950年2月12日,中共中央出台了《中共中央关于切实执行〈人民日报〉学会管理企业社论的指示》(见中央档案馆、中共中央文献研究室编:《中共中央文件选集(1949年10月—1966年5月)》第二册,人民出版社,2013年,第150页)。该指示说:"《人民日报》在'二七'纪念日发表的《学会管理企业》的社论,应成为目前管理企业,提高生产的指导方针。各地党委应指令和督促企业管理部门及各企业中的行政、党与工会组织负责同志召集共同的会议,切实检讨,根据企业情况,定出具体执行办法,并督促其切实执行。"由此足见该社论的重要性。

② 中共中央文献研究室编:《毛泽东年谱(1949—1976)》第一卷,中央文献出版社,2013年,第295页。

③ 杨尚昆:《杨尚昆日记》上册,中央文献出版社,2017年,第76页。

④ 《李立三在全总党组扩大会议上传达毛主席在中共中央政治局扩大会议讲话中有关工会工作的指示》(1951年2月1日晚7点),中华全国总工会《中国工会运动史料全书》总编辑部编:《中国工会运动史料全书(电子版):综合卷》,中国职工音像出版社,新出音管【1997】51号。

关工作干部联合组成 4 个工矿检查队,分赴青岛、济南、淄博、徐州等地对"工矿工作进行一次认真的与全面的检查"。[①] 1951 年 2 月 19 日,山东分局又作出了加强和改进工会工作的四项决定,其中,第三项决定是针对工矿检查队的,它要求"上述各市、地委继续加强对这一工作的领导,指定几个负责同志亲自参加与领导这一工作"。第四项决定是于本年三月底召开城市工作会议,要求各市、地委"搜集有关材料,研究和总结各项工作的经验教训,并在城工会议以前送来分局"。[②] 在贯彻执行这些决定的过程当中,山东省工矿检查队获知了郝建秀少出白花的模范事迹:"今年二月里,省工矿检查团来厂检查工作,听到我们报告郝建秀少出白花的数字,即很惊讶,认为出 0.25% 的白花数字[③]是全国所没有的,应很好的研究,并推广出去,同时马上在大众日报上报道。"[④]

　　综上所述,我们可以认为,郝建秀少出白花的工作经验是在各地为中共七届四中全会研究和解决贯彻依靠工人阶级的思想所面临的几个主要问题而搜集"下面创造出来的经验"的过程当中才被有关部门和人士高度重视的。后面的论述将表明:总结和推广郝建秀工作法也是在纺织企业贯彻依靠工人阶级的思想的一个重要突破口。

 "郝建秀工作法"的总结过程

(一) 郝建秀在工作中的优秀表现

　　新中国成立初期,百废待兴。郝建秀刚成为正式的挡车工,就立即投身于紧张的生产竞赛运动之中。"生产竞赛"后来也叫劳动竞赛、爱国主义生产竞赛、社会主义劳动竞赛或社会主义竞赛和先进生产者运动等。这种生产竞赛运动的开展,最早出现在中共领导的苏维埃区域。新中国成立后,1950 年出台的《工会法》赋予了

---

① 参见《巩固整风成果密切领导与实际联系,省派出工矿检查队土改工作队》,《大众日报》1950 年 11 月 30 日,第 1 版。

② 参见《山东分局关于加强和改进工会工作的几项决定的电报》(1951 年 2 月 19 日),中央档案馆、中共中央文献研究室编:《中共中央文件选集(1949 年 10 月—1966 年 5 月)》第五册,人民出版社,2013 年,第 191—194 页。

③ "0.25% 的白花数字"是指白花重量与产纱重量之比即白花率为 0.25%。——笔者注

④ 曹春耕(时任国棉六厂军事代表):《我们怎样发现和培养了郝建秀》,《青岛日报》1951 年 8 月 31 日,第 2 版。

工会"组织生产竞赛及其他生产运动,以保证生产计划之完成"①的责任,在各级工会的直接组织下,劳动竞赛被逐渐普及到全国各地的工厂企业之中。

1950年2月6日,上海遭敌机轰炸,电厂被炸坏,上海的工业生产受到了严重影响。因此,2月15日,中央人民政府财经委员会出台了《为发动各厂突击生产的通知》,强调:"今后不能充分供应电源,各工厂除自备发电外大部停工,今后纱布供应必大受影响,为粉碎敌人轰炸破坏阴谋,及解决和保证今后纱布供应问题,必须以全国性地动员和组织各公私营纱厂及工人阶级增加生产,特别是国营纱厂应起领导和推动作用。"该通知还拟了几个"突击生产"纱布的办法,包括:在开工时间上"每周可开六天七夜,每班十一小时或采取十天休息一天,每日夜做工23小时"。② 相应地,中国纺织工会筹备委员会马上出台了《为完成两个月的突击生产任务给全国纺织职工的号召》。该号召说:"弥补上海纺织工厂生产的光荣战斗任务,便必须由我们分担起来。中央人民政府纺织工业部为此在二月十五日发布了命令,决定进行两个月的突击加工增产,这是完全符合于我们工人阶级的利益的,为了保证这个命令的彻底实现,中国纺织工会筹备委员会号召全国纺织职工用自己突击加工增产的实际行动来拥护这一命令,立即有准备、有计划地组织和展开两个月的生产竞赛运动,争取提前完成和超过国家的生产计划,以迎接'五一',粉碎敌人的阴谋。"③具体到青岛市,则号召各纺织厂"在原生产基础上增加产量20%"。具体到国棉六厂,其做法是:"将原工作十小时的时间每日延长一小时,星期天也减少休息时间,结果在工作时间上增加20%。工友们由于生产的高度热情,每日生产的增加也达到并且超过了上级要求增加生产20%的任务。"④

上述"两个月的生产竞赛运动"尚未结束,另一项生产竞赛运动就开始了。1950年3月初,青岛市总工会决定从4月开始在全市范围内开展"红五月"⑤生产

---

① 参见《中华人民共和国工会法》第九条,中华全国总工会办公厅编:《建国以来中共中央关于工人运动文件选编》上册,工人出版社,1989年,第5页。

② 中央人民政府财经委员会:《为发动各厂突击生产的通知》(1950年2月15日),中华全国总工会《中国工会运动史料全书》总编辑部编:《中国工会运动史料全书(电子版):综合卷》,中国职工音像出版社,新出音管【1997】51号。

③ 《中国纺织工会筹备委员会为完成两个月的突击生产任务给全国纺织职工的号召》(1950年2月23日),《中国工会运动史料全书》总编辑委员会、《中国工会运动史料全书》纺织卷编委会编:《中国工会运动史料全书:纺织卷》上册,中国纺织出版社,1999年,第602页。

④ 中国纺织工会青岛市中纺六厂委员会编:《中国纺织工会青岛市中纺六厂委员会1949.9.—1950.9.工作总结》(1950年10月),青岛市纺织总公司档案管理中心藏,国棉六厂文书档案永久类第10卷。

⑤ "红五月"即红色的五月。"因为五月里革命纪念日和国耻纪念日比其他月份里的纪念日多……因为红色象征着革命、流血、光明、胜利、热烈,所以用红色来形容多难的和革命的五月。"参见青岛市总工会文教部:《青岛工人阶级应当怎样来纪念"五一"?》,《青岛工人》(报纸)1950年4月22日,第3版。

竞赛运动,各产业工会纷纷响应。这次生产竞赛除了组与组之间的竞赛,在一个组中工友们为了保证全组的胜利,个人与个人之间也都开展了竞赛。① 在这种竞赛中,郝建秀主要因为出的白花(皮辊花)很少而脱颖而出。对此,她后来回忆说:

> 去年红五月生产竞赛时候,实行个人白花过磅制度,各组的同志都和对面车档的人竞赛,一过磅大家都去看,看谁出白花最少,我就和俺组的一个工友订下竞赛合同,看谁的白花少。竞赛后,他出的白花六、七两,和我差不多,我的白花比较②是经常的出五、六两。我每一次过磅,有些人看到我出花少,就不相信,讽刺打击我,怀疑我把白花藏了,建议行政监视我。这会,我越发不出车档,出的花更少了,他们讽刺我,我不听,休息时间,他们都不和我在一起玩,我就主动地去找他们玩。后来,由于党、政、工、团③的帮助和培养,到红五月生产竞赛结束,评模范的时候,我被评了二等模范。④

国棉六厂参加此次生产竞赛的共有 3400 人,厂评判委员会最终评出一等模范 36 人、二等模范 57 人、三等模范 106 人。⑤ 郝建秀能被评为二等模范,表明她在工作上的表现确实相当优秀。

1950 年秋,为了抑制华北、华中地区的纱价,中央人民政府财经委员会决定在 1950 年 10 月至 11 月期间加紧生产 20 支纱,并把生产任务主要交给上海、青岛、天津三地的纺织企业去完成。经过两个月的突击生产,三地都超额完成了任务,其中,青岛完成了 138.68%。⑥ 郝建秀在这次突击生产中又有十分优秀的表现,因此,1950 年第四季度她又被评为国棉六厂的二等模范⑦。据当时记载,郝建秀的模范事迹共有以下六点:

---

① 中国纺织工会青岛市中纺六厂委员会编:《中国纺织工会青岛市中纺六厂委员会 1949.9—1950.9. 工作总结》(1950 年 10 月),青岛市纺织总公司档案管理中心藏,国棉六厂文书档案永久类第 10 卷。
② "比较"二字的用法似乎欠妥,但原文如此。——笔者注
③ "党、政、工、团"是党组织、行政组织、工会组织和团组织的简称。——笔者注
④ 郝建秀:《郝建秀的讲话》,《青岛日报》1951 年 8 月 18 日,第 1 版。
⑤ 《倾听群众意见认真评比,纺六评模工作胜利结束,评出模范一九九人暨八个模范组》,《青岛日报》1950 年 8 月 4 日,第 1 版。
⑥ 《全国总工会通报表扬全国铁路工人提前完成全年运输任务和全国纺织工人超额完成突击任务》(1951 年 1 月 1 日),《工人日报》1951 年 1 月 1 日。
⑦ 此次国棉六厂共评出一等模范 20 人,二等模范 41 人,三等模范 118 人。详见《国棉六厂 1950 年第四季度评模总结》,青岛市纺织总公司档案管理中心藏,国棉六厂文书档案 30 年类第 13 卷。

（1）工作很负责，不离车档，白花在全班细纱是第一名的少，看一台23′最多没超过十一盎司。

（2）不旷工，不迟到和早退，常是提前上班来整理机台的一切。

（3）在十、十一、十二月份中，没请过一天假。

（4）交接班时，接班的不来她不走。

（5）工作积极，遵守纪律，工作有三勤（手勤、脚勤、眼勤），车底清洁。

（6）她的产量在纺二工场是最好榜样。①

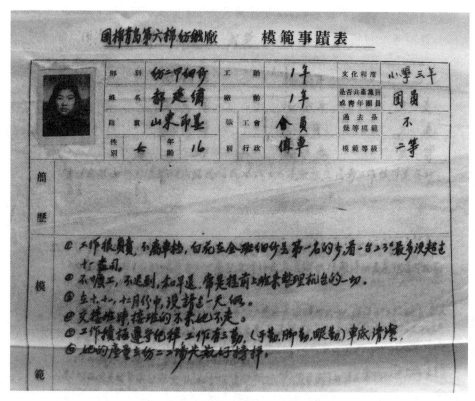

郝建秀的模范事迹表（1951 年 1 月填写）

（笔者摄于 2016 年 3 月 30 日）

---

① 《国棉青岛第六棉纺织厂模范事迹表》之郝建秀的模范事迹表（1951 年 1 月填写），青岛市纺织总公司档案管理中心藏，国棉六厂文书档案 30 年类第 12 卷。

这些模范事迹可以大致分为两类:一类是关于郝建秀工作态度的事迹;另一类是关于郝建秀工作成绩的事迹。从这些事迹来看,此时的郝建秀已率先成为了具有主人翁责任感的自觉劳动者。

(二) 三次总结郝建秀的工作经验

1951 年 2 月,前来国棉六厂检查工作的山东省工矿检查队听到郝建秀少出白花的事迹之后,要求国棉六厂研究并推广郝建秀的工作经验。可是,国棉六厂有关人员并未认真对待此事:"一面也找郝建秀谈话,总结她的经验,但这时郝建秀说:'我什么也不会,处处赶不上老工人,光知道好好干活,不出车档,有断头马上去接,这样就少出了白花。'我们就根据她的话总结了'三勤三快',而没有围绕着少出白花的一系列工作去做深入详细的研究。"[①]所谓"总结了'三勤三快'",就是认为郝建秀之所以少出了白花,只是她干活比其他工人"勤快"而已。

在前述郝建秀的模范事迹中,就有"工作有三勤(手勤、脚勤、眼勤)"的内容,故把郝建秀的工作经验总结为"三勤三快"并不令人感到十分意外。提高工人干活的"勤快"程度,在一定程度上对减少白花数量等当然是有效果的,当时在国棉六厂推广"三勤三快"经验所产生的良好效果也说明了这一点:"根据我们的总结(三勤三快),在全细纱间就推行开了,那时正值'三八'节,即号召全细纱间女工学习郝建秀的工作法,以纪念妇女自己的节日。这样,在很短的时间内竟收到很好的效果,使整个细纱间的白花减低三分之一。"[②]推广"三勤三快"经验产生了这么明显的效果,于是,1951 年 3 月 13 日《青岛日报》便以《国棉六厂细纱工郝建秀创少出白花新纪录》为题,公开报道了郝建秀少出白花的经验,文中说道:

> 解放以后,她认识到干活是给自己干的,便下决心向别人学习技术。
> 自一九五〇年红五月生产竞赛到现在,放白花顶数她少,……
> ……
> 皮辊花的多少,不仅影响成本,而且也影响质量,因为皮辊花多说明断头多,也易出节纱,因此细纱间值车工如何动脑筋想办法少出白花是非常重要的事。

---

① 曹春耕(时任国棉六厂军事代表):《我们怎样发现和培养了郝建秀》,《青岛日报》1951 年 8 月 31 日,第 2 版。
② 曹春耕(时任国棉六厂军事代表):《我们怎样发现和培养了郝建秀》,《青岛日报》1951 年 8 月 31 日,第 2 版。

厂工会领导上和工友们都随时到她车边去看和学习她的工作办法。郝建秀说:"我知道我的技术不行,不如别人,总感到这点成绩还是不够的,还要好好的学。"接着介绍她的经验:"少出皮辊花并没有特别的办法,只是我天天心里想:多亏毛主席解放了我们,我们才得到了幸福,再不好好的干,对不起毛主席。我就下决心想办法,看车时不离车档,时常把自己看的车子上的花毛扫好,把大小木棍上的花及时撕掉,使其不能沾在线上,这样就少断头,少出白花,少出节纱,又匀又多出线。"最后她说:"我的办法是三勤三快,眼要勤看快看,看车子上是否有花毛和断头,或有坏了的等事情发生,若看见车子上有断头或车子坏了,要腿勤跑的快,若发现有断头有花毛,要手勤接的快,扫的快。"①

从这份报道中可知,郝建秀少出白花的经验可以分为思想和操作两方面,思想上的积极变化与操作上的"三勤三快"相辅而行。两天之后(3 月 15 日),《大众日报》以《国棉六厂十七岁女工郝建秀创造少出白花新纪录》为题也报道了郝建秀的工作经验。② 此时,中共中央出台了相关指示,要求"各党报和工人报纸负责有计划地组织关于工厂管理和工会工作的典型报道"③。于是,没过多久(4 月 5 日),《大众日报》再次报道了郝建秀的"三勤三快"经验及其效果:"郝建秀已成为全厂细纱工的榜样和努力的目标,许多小组在学习了郝建秀的经验后,亦迭创惊人记录。郝建秀所在的生产小组,由于采纳了她的三勤三快的经验,据三月二十四日至二十八日五天的统计:白花数已由每台车平均 1 磅以上降低到 0.53 磅。"④十天后,《青岛日报》也刊发了这篇报道。⑤

然而,时任中国纺织工会全国委员会主席的陈少敏看到这些报道之后,却对"三勤三快"的结论并不满意,认为"纯粹是官僚主义的胡编",于是,"亲自打长途电话给青岛纺织工会主席王伯泉,让他派人再去总结郝建秀的经验"。⑥ 时任中国纺织工会青岛市委员会主席的王伯泉回忆说:"'三勤三快'的经验在报纸上发表以

---

① 姜昭明:《国棉六厂细纱工郝建秀创少出白花新纪录》,《青岛日报》1951 年 3 月 13 日,第 2 版。
② 这篇报道的作者也是姜昭明,其内容与前述《青岛日报》的那篇报道几乎一样,只有个别文字上的差别。
③ 《中共中央关于组织对工厂管理和工会工作典型报道的指示》(1951 年 3 月 17 日),中央档案馆、中共中央文献研究室编:《中共中央文件选集(1949 年 10 月—1966 年 5 月)》第五册,人民出版社,2013 年,第292 页。
④ 姜昭明:《国棉青岛六厂细纱工郝建秀再创少出白花新纪录》,《大众日报》1951 年 4 月 5 日,第 1 版。
⑤ 姜昭明:《国棉青岛六厂细纱工郝建秀再创少出白花新纪录》,《青岛日报》1951 年 4 月 15 日,第 2 版。
⑥ 张李文、陈承模:《杰出女性陈少敏》,纺织工业出版社,1993 年,第 333 页。

后,不少的先进小组在学习,但学习的结果是腿痛腰酸,皮辊花并未减少。陈大姐[①]知道了'三勤三快'的工作法以后,给我们指出'三勤三快'是增加劳动强度,没有推广的必要,指示我们进一步的总结。"[②]

上文提及陈少敏,这里有必要介绍一下她与青岛纺织工业之间的特殊关系。1902年,陈少敏生于山东省寿光县。1921年冬天,陈少敏曾步行来到青岛,进入日本人办的内外棉纱厂(新中国成立后的国棉二厂)当纺织女工。她在这个棉纱厂工作了大约四年。1925年5月,她因参与了中共领导的工人罢工斗争而被厂方开除。1928年11月,陈少敏被批准为中共正式党员,之后,她被派到中共青岛市委职工运动委员会工作,并兼任一个街道的党支部书记。1949年6月2日青岛获得解放,同年7月,党中央派陈少敏以中央特派员的身份到青岛主持工作。1949年10月1日新中国成立以后,陈少敏奉命回到北京。[③] 由此可以推知:陈少敏应该十分了解纺织工厂的生产过程以及少出白花的重要意义。凭她做过纺织女工的经历,她不难判断出仅仅用"三勤三快"是不能科学地概括郝建秀少出白花的经验的。此外,在新中国成立初期,青岛的纺织工业和上海、天津的纺织工业一样,在全国占有十分重要的地位,一起位居前列。为了更好地贯彻依靠工人阶级的思想,各级工会亟需搜集、总结并推广"下面创造出来的经验",作为中国纺织工会全国委员会主席,陈少敏无疑会对青岛纺织工人寄予厚望。

遵照陈少敏的指示,国棉六厂又对郝建秀的工作经验进行了第二次总结。我们尚未见到有关媒体对第二次总结出来的具体结论进行过公开报道,不过,我们从国棉六厂的档案材料中查到了写于1951年5月的《郝建秀同志创造出皮辊花最少的新纪录的报道》一文,该文介绍了郝建秀少出皮辊花的8点经验。根据该文出台的时间,我们推测这8点经验很可能是国棉六厂第二次总结出来的基本结论。从中可见,与第一次的"三勤三快"相比,这次的基本结论虽然仍然强调了"三勤",但有两点重要变化:一是在内容上增多了(多达8点),尤其是增加了反映郝建秀在思想、认识上的积极变化的第8点:"她在团的教育培养下逐渐地提高了她的政治水平,她能很清楚地认识到今天的活是给谁干的,工人阶级今天在新中国的地位,新中国今天在世界上的地位是怎么样。她拿自己的家庭过去的状况和今天对比一下,使她明确了只有积极生产充实国家经济财富,才能巩固胜利的果实和提高全国

---

① "陈大姐"是指陈少敏。——笔者注
② 王伯泉:《从发现总结推广郝建秀工作法过程中我们应得到的几点体会》,《青岛日报》1951年8月13日,第2版。
③ 呙玉临:《陈少敏》,《中国工人运动的先驱》(第四集),工人出版社,1985年,第3—7页和第61—62页。

人民的生活水平。"二是强调了"做好清洁工作"的重要性。① 尽管如此,陈少敏认为:"第二次总结的结果,仍旧是'三勤三快',不过着重指出了清洁工作。这一次总结还是未能把郝建秀少出皮辊花的经验正确地总结出来"。② 于是,中国纺织工会全国委员会便"于五月间提议与中央纺织工业部共同组织工作组帮助青岛总结",即帮助青岛方面第三次总结郝建秀少出皮辊花的经验,只是"当时纺织部派不出人来","便单独派出工作组"③。

中国纺织工会全国委员会派出的工作组来到青岛后,协助青岛纺织行政和工会组建了"郝建秀工作法研究委员会"。该研究委员会中包括四位工程师、二十多位优秀的细纱工人,并有党、团、工会干部参加。这次总结的目的是要找出郝建秀少出皮辊花的原因,并分析这些原因,找出操作规律。该研究委员会于1951年6月4日开始工作,第一天上午先大概地观察了一下郝建秀的工作情形,下午即确定将研究委员会的全部人员分成接头动作、接头时间、清洁时间、清洁动作和动作顺序等五个组,对郝建秀的操作进行具体的测定,并用同样的方法测定了其他工人的操作。然后,根据测定的结果进行反复比较、研究和讨论。这样,经过五天的努力,郝建秀少出皮辊花的先进经验或曰"郝建秀工作法"就被科学地总结出来了。④

对这次总结出来的郝建秀工作法的基本内容或基本特点的介绍有两类版本:第一类是比较专业的版本,如中央纺织工业部郝建秀工作法研究小组撰写的《郝建秀工作法的研究与分析(初稿)》⑤。第二类是比较通俗的版本。在这类版本中,影响最大的可能是中国纺织工会全国委员会生产部编写的小册子《郝建秀工作法》,它把郝建秀工作法的基本特点概括为以下四点:(1)工作主动,有规律。(2)善于分配时间,工作有轻重缓急。(3)善于组织自己的力量,把几件工作结合起来做。(4)抓住了细纱工作的主要环节——清洁工作。⑥ 这些特点,与其说是郝建秀少出白花的具体方法,不如说是郝建秀对待劳动的基本态度以及她在劳动过程中遵循

① 《郝建秀同志创造出皮辊花最少的新纪录的报道》(1951年5月),青岛市纺织总公司档案管理中心藏,国棉六厂文书档案永久类第20卷。
② 陈少敏:《大力推广郝建秀工作法——在青岛市棉纺细纱职工代表会议上的讲话》,《青岛日报》1951年8月20日,第2版。
③ 《中国纺织工会全国委员会分党组关于郝建秀工作法给中共中央的报告》(1951年9月9日),《中国工会运动史料全书》总编辑委员会、《中国工会运动史料全书》纺织卷编委会编:《中国工会运动史料全书:纺织卷》上册,中国纺织出版社,1999年,第643—644页。
④ 详见郝建秀工作法研究委员会:《郝建秀工作法研究委员会工作总结》,《青岛日报》1951年8月19日,第3版。
⑤ 该文连载于《中国纺织》1951年第12期、1952年第1、2、8、9期。
⑥ 中国纺织工会全国委员会生产部编:《郝建秀工作法》,中国纺织工人出版社,1952年,第1—3页。

的一些基本原则。因此,1951年9月9日,中国纺织工会全国委员会分党组在写给中共中央的相关报告中认为:"郝建秀工作法的基本精神不仅适用于细纱工作,也适用于其他生产部门。任何一个生产部门只要把郝建秀工作法的基本精神与自己的具体情况相结合,生产效率就会大大提高。"①

 ## 三 "郝建秀工作法"的推广过程

中国纺织工会全国委员会等之所以要一而再、再而三地总结郝建秀的工作经验,其直接目的就是为了推广它。然而,当时推广郝建秀工作法,至少面临以下三个主要难题:(1)郝建秀工作法看上去很平凡。由于由粗纱纺成细纱是利用机器(细纱机)自动完成的,细纱工人(挡车工)的工作主要是换粗纱、接头(发现哪根纱线断了就及时把它接上)和做清洁工作(把缠在皮辊上、落在机器和地面上的棉絮及时清理干净)等,因此,细纱工人的工作看起来都很简单而平凡,即使是郝建秀,看上去也是这么操作。"郝建秀工作法的可贵,就在于她平凡到大家都懂,都很容易学会。"②那么,如何让管理人员、技术人员和细纱工人充分认识到"平凡到大家都懂"的郝建秀工作法所具有的科学性和先进性? 这无疑是一个难题。(2)推广郝建秀工作法,意味着要细纱工人放弃自己原有的、熟悉的操作方法,再去学习一种新的操作方法。要细纱工人在较短的时间之内完成这个破旧立新的过程无疑是一件很困难的事情,何况使用这种新的操作方法还可能会增加劳动强度。③ 因此,推广郝建秀工作法,难免会遭到细纱工人的抵制。(3)在工厂里推广郝建秀工作法,不是一项只涉及细纱工人的孤立行动,它还需要工厂的党组织、行政和工会等的高度配合与积极支持,这种有关各方高度配合与积极支持的推广局面能否顺利形成? 这无疑也充满了不确定性。由于存在以上难题,在推广郝建秀工作法的过程中,以中国纺织工会全国委员会为首的推广者不得不想方设法扫清所遇到

---

① 《中国纺织工会全国委员会分党组关于郝建秀工作法给中共中央的报告》(1951年9月9日),《中国工会运动史料全书》总编辑委员会、《中国工会运动史料全书》纺织卷编委会编:《中国工会运动史料全书·纺织卷》上册,中国纺织出版社,1999年,第643页。
② 李竹平(时任华东纺织管理局青岛分局局长):《努力推广郝建秀工作法,为祖国创造更多的财富——李竹平局长在青岛棉纺细纱会议闭幕时的讲话》,《青岛日报》1951年8月23日,第2版。
③ 因为要想进一步减少白花,就必须进一步做好清洁工作,以便减少纱线断头的机会;纱线一旦断头就必须尽快把它接上,以便缩短断头开花的时间。所有这些,都可能会增加工人的劳动强度,当工人还未熟练掌握这种新的操作方法时更可能如此。

的各种障碍,尤其是各种思想障碍。因此,事后来看,推广郝建秀工作法的过程,也是一场深刻的思想改造的过程。这个过程大致分为三个阶段:首先在青岛进行试验性推广,然后为在全国范围内大力推广做一些准备工作,再后才在全国范围内大力推广。

(一) 在青岛进行试验性推广

1951 年 6 月上旬,郝建秀工作法被正式总结出来之后,中国纺织工会全国委员会即派生产部副部长朱次复去青岛做推广试验,于是,青岛纺织管理分局、纺织工会和市总工会等抽调干部组成了郝建秀工作法推广组。推广组首先在国棉一厂进行了试验性推广,"吸取经验后即至三、六、七厂推广,二、四、五、八及私营华新等厂都派了技术人员和细纱工人随着推广组学习。这批学员回去后,各厂都组织了郝建秀工作法推广委员会,自己进行推广工作。"①

在青岛推广期间,纺织工会青岛市委员会和青岛纺织管理分局、中共青岛纺织管理分局党委会、青年团青岛纺织管理分局委员会于 1951 年 7 月 20 日联合召开了郝建秀工作法座谈会。参加这次大会的有各厂党、政、工、团负责干部及先进工作者以及郝建秀工作法推广组等三百余人。中国纺织工会全国委员会主席陈少敏出席了这次会议并作了报告。陈少敏指出:郝建秀工作法的出现,说明了工人阶级具有无穷的智慧和创造力。郝建秀工作法的领会与掌握,不仅在工业生产上能起提高产量、改良品质、降低成本的作用,而且也可使我们的领导作风、领导水平提高一步。郝建秀工作法不仅是细纱的工作法,而且是全纺织业的工作法。它不但可以运用于整个工业生产的作业过程当中,并可运用于所有企业管理者、工会工作者以及技术工程人员的工作当中。② 十天后,中共青岛市委于 7 月 31 日召开了推广郝建秀工作法专门会议,参加会议的有郝建秀工作法研究委员会委员、郝建秀工作法推广组组员、市总工会、纺织工会及各产业工会、市民主妇联、团市委等团体的主要干部、各企业工厂党委会或总支书记或厂长等。中共青岛市委书记赖可可出席了会议并做了总结发言。③ 在青岛推广期间,不但在全市层面召开了上述两个会议,而且,"各厂分别召开大会小会向职工群众进行教育,宣传郝建秀工作法的精神

---

① 《郝建秀工作法推广组工作总结》,《青岛日报》1951 年 8 月 20 日,第 2 版。
② 《市纺织工会与青岛纺管分局等单位联合召开郝建秀工作法座谈会》,《青岛日报》1951 年 7 月 25 日,第 2 版。
③ 《进一步研究推广郝建秀工作法,市委召开专门会议,市委书记赖可可同志作总结发言》,《青岛日报》1951 年 8 月 4 日,第 1 版。

及价值。经过这许多工作以后,郝建秀工作法终于被广大职工接受了。八月中旬郝建秀工作法已在全市细纱工人中普遍推广。"[1]

在青岛的推广工作取得了三个方面的成绩:(1)降低了皮辊花,以厂为单位计算,一般的都降低了30%至51%左右。(2)由于这一运动的开展,造成了青岛纺织工人前所未有的技术学习高潮,都纷纷地投入了这一学习热潮中。(3)由于郝建秀同志善于虚心学习吸取别人的经验,通过这一推广工作,发展了郝建秀工作法。[2] 那么,这些成绩是如何取得的?推广组分析了取得这些成绩的六个原因,其中第四个原因是"掌握思想情况,及时纠正偏向",认为推广过程是一个新与旧之间的思想斗争过程:"在推广初期,工人中就产生了以下主要的三种不正确的思想认识:……。在了解了以上几种思想情况后,就应用了各种方式来扫清这些思想障碍和解除这些思想顾虑。对不服气的人进行了个别谈话,又召集会议,……,这样基本上消灭了反抗思想。"[3]因此,可以认为,在青岛的试验性推广,不但在降低皮辊花、提高工人学习技术的热情等方面取得了显著的成绩,而且取得了如何扫清相关思想障碍的经验。

(二) 为在全国范围内推广做准备工作

在青岛进行试验性推广获得成功之后,中国纺织工会全国委员会等又主要做了以下准备工作,才正式在全国范围内推广郝建秀工作法。

(1)在青岛召开棉纺细纱职工代表会议并举办郝建秀工作法学习班。在中国纺织工会全国委员会的倡议下,中国纺织工会青岛市委员会和华东纺织管理局青岛分局于1951年8月17日至19日联合召开了青岛市棉纺细纱职工代表会议,全国各地的优秀细纱工人代表和技术人员、纺织工会某些地区省市委员会的生产部长以及出席在青岛召开的中国纺织工会全国委员第3次全体会议的委员参加了这次会议。中国纺织工会全国委员会主席陈少敏在会上做了题为《大力推广郝建秀工作法》的报告,强调"全国纺织工人应打破保守思想好好学习郝建秀工作法,减少皮辊花,增加生产,为祖国贡献更大的力量。纺织工会各级组织应有计划地把郝

---

[1]《中国纺织工会全国委员会分党组关于郝建秀工作法给中共中央的报告》(1951年9月9日),《中国工会运动史料全书》总编辑委员会、《中国工会运动史料全书》纺织卷编委会编:《中国工会运动史料全书:纺织卷》上册,中国纺织出版社,1999年,第644页。

[2]《郝建秀工作法推广组工作总结》,《青岛日报》1951年8月20日,第2版。

[3]《郝建秀工作法推广组工作总结》,《青岛日报》1951年8月20日,第2版。

建秀工作法在全国迅速推广。"①会上,中国纺织工会全国委员给郝建秀颁发了一面写有"发挥工人阶级的创造性和积极性,推动人民纺织工业胜利前进!"字样的巨幅奖旗。② 会后(8 月 22 日至 30 日),又接着在青岛举办了有来自全国各地的 119人参加的郝建秀工作法学习班。③

(2)进一步宣传、报道郝建秀工作法的优越性以及推广它的必要性。比如:1951 年 8 月 7 日《工人日报》发表了社论《重视和推广郝建秀工作法》;《中国纺织》1951 年第 3 期刊登了关于推广郝建秀工作法的三篇文章,并发表了短评《把郝建秀工作法推广到每个纺织工厂去!》;1951 年 8 月 25 日《大众日报》发表了社论《学习一个重要的领导生产的方法》,认为"郝建秀工作法,不只是在所有的纱厂要大力推广,就是在一般的工厂,也应该注意研究其精神实质,运用到自己的工作中去"。

(3)争取纺织工业部的配合与支持。1951 年 8 月下旬,在青岛召开了中国纺织工会全国委员会第一届第三次全体会议,会议"建议中央纺织工业部确定郝建秀工作法为细纱工作法,切实配合工会大力推广郝建秀工作法,发展郝建秀工作法,把纺织生产水平提高一步"。④

(4)报请党中央通知各地党委领导这一推广工作。1951 年 9 月 9 日,中国纺织工会全国委员会分党组就郝建秀工作法的主要特点、创造的价值、总结郝建秀工作法的经过和在青岛推广郝建秀工作法的经过等专门给中共中央写了一份报告,该报告最后说:"郝建秀工作法已在各地开始推广,并收到初步成绩,但各地党委、总工会尚未能像青岛一样大力支持,工会干部有顾虑。纺织工会各地干部一再要求由党中央通知各地党委领导这一推广工作,把纺织生产再提高一步。"⑤

---

① 陈少敏:《大力推广郝建秀工作法——在青岛市棉纺细纱职工代表会议上的讲话》,《青岛日报》1951 年 8月 20 日,第 2 版。

② 参见《本市棉纺细纱职工代表会议开幕》(该文附有郝建秀领取奖旗的照片),《青岛日报》1951 年 8 月 18日,第 1 版。

③ 《郝建秀工作法学习班结业》,《青岛日报》1951 年 9 月 3 日,第 2 版。

④ 《中国纺织工会一届三次全委会议关于推广郝建秀先进工作法向纺织工业部的建议》(1951 年 8 月 28日),《中国工会运动史料全书》总编辑委员会、《中国工会运动史料全书》纺织卷编委会编:《中国工会运动史料全书:纺织卷》上册,中国纺织出版社,1999 年,第 642 页。

⑤ 《中国纺织工会全国委员会分党组关于郝建秀工作法给中共中央的报告》(1951 年 9 月 9 日),《中国工会运动史料全书》总编辑委员会、《中国工会运动史料全书》纺织卷编委会编:《中国工会运动史料全书:纺织卷》上册,中国纺织出版社,1999 年,第 643—645 页。

(三) 在全国范围内大力推广

在 1951 年 8 月下旬,中国纺织工会全国委员会在青岛召开了第一届第三次全体会议,会议提出:"纺织工会各级组织应结合当地具体情况,有组织有计划地把郝建秀工作法推广到全国纺织生产中去。"[①]此后,由纺织工会各级组织牵头开展的在全国范围内大力推广郝建秀工作法的运动就开始了。接着,1951 年 9 月 13 日,纺织工业部出台了相关文件,通报各地大力展开郝建秀工作法的推广,并于 9 月份会同中国纺织工会全国委员会组织工作组推动这一工作。[②] 1951 年 10 月 15 日,中央人民政府纺织工业部又出台了《关于普遍开展郝建秀工作法的指示》,强调"郝建秀工作法是中国纺织生产工作上一个重大的事件",指出:"推广时,首先碰到的困难是职工的思想顾虑和因受旧工作法的束缚以致对郝建秀工作法抱着怀疑的态度。为此,必须及时揭发保守思想与对抗情绪,才能使推广工作顺利进行,但同时亦必须耐心地以先进理论和实际资料说服他们,采取学习和研究的态度,让他们充分发表意见,以便真正解决思想问题。"[③]那么,在实际推广过程中,相关的推广者又是如何具体地解决"思想问题"的? 事后来看,他们采取的主要措施主要有以下七种:

(1) 对职工进行相关的思想政治教育,把这项推广活动与新民主主义建设、抗美援朝等伟大目标联系起来,使职工进一步认识到开展这项推广活动的重大意义。比如(青岛市)青年团在推广郝建秀工作法时就采取过这种做法:"首先在全体干部和团员中,充分进行思想动员,明确说明郝建秀工作法在新民主主义建设事业中的作用;说明学习和推广郝建秀工作法对开展抗美援朝增产捐献飞机大炮运动的重大意义,以提高每个团员干部的爱国主义的政治觉悟,树立社会主义的劳动态度,引起全团对郝建秀工作法的重视。"[④]武汉的一些纺织工厂也是这么做的:"在整个

---

① 《中国纺织工会一届三次全委会关于进一步面向生产的决议》(1951 年 8 月 28 日),《中国工会运动史料全书》总编辑委员会、《中国工会运动史料全书》纺织卷编委会编:《中国工会运动史料全书:纺织卷》上册,中国纺织出版社,1999 年,第 619 页。

② 参见《中央人民政府纺织工业部关于普遍开展郝建秀工作法的指示》(1951 年 10 月 15 日),《中国纺织》1951 年第 8 期。

③ 《中央人民政府纺织工业部关于普遍开展郝建秀工作法的指示》(1951 年 10 月 15 日),《中国纺织》1951 年第 8 期。

④ 鲁剑(时任青年团青岛市委书记):《青年团是怎样推广郝建秀工作法的?》,《青岛日报》1951 年 9 月 18 日,第 2 版。

推广过程中,反复说明掌握郝建秀工作法的重大政治意义与经济意义,……。把推广中的具体思想问题提高到共产主义的原则进行教育,使群众把学习郝建秀工作法与建设社会主义与抗美援朝联系起来,通过学会郝建秀工作法把个人利益与国家利益统一起来。"①

(2) 评选、表彰相关的模范(先进)人物。上述纺织工业部出台的《关于普遍开展郝建秀工作法的指示》中的第五点指示强调"推广郝建秀工作法应和奖励工作相结合"。据此,各地做了不少"奖励工作",其中,影响最大的可能是在全国范围内评选"纺织工业劳动模范"的活动。1953年3月18日,中央人民政府纺织工业部、中国纺织工会全国委员会发出联合通知:在全国范围内评选纺织工业劳动模范。此后,中央人民政府纺织工业部与中国纺织工会全国委员会共同组成了评模委员会。经过评模委员会的审查、评选,共有106人被评选为纺织工业劳动模范,其中包括郝建秀和5名"郝建秀工作法优秀执行者"。②

(3) 建立检查制度。1951年11月24日,中国纺织工会全国委员会办公室发出通知,要求各级纺织企业的工会组织普遍检查郝建秀工作法的推广工作。该通知在肯定了各地推广郝建秀工作法的成绩后,指出目前郝建秀工作法推广工作中还存在许多严重问题,特别严重的是个别单位的领导干部到现在还对郝建秀工作法的优越性认识不足,存在着保守思想和自满情绪,因而助长了某些技术人员和工人对郝建秀工作法的对抗态度,甚至打击了郝建秀工作者。因此,该通知要求纺织工会各级组织立即组织检查组,在各级共产党组织的领导下,和行政、青年团密切配合,吸收郝建秀工作者及优秀的技术人员和工人参加,切实检查郝建秀工作法的推广工作。③ 接着,12月7日《人民日报》发表了《必须检查郝建秀工作法的推广工作》一文,指出:"郝建秀工作法的不能普遍推广,除了某些工厂现在还没有进行民主改革暂时无法实行外,主要原因是和某些领导干部的不重视群众先进经验的错误思想分不开的。这种错误思想,是棉纺织厂增产节约运动的最大障碍。因此,必须立即进行检查,深入地了解郝建秀工作法推广的程度,发现并克服推广工作中的各种障碍,才能把郝建秀工作法逐步推广。"该文还强调:"各地推广郝建秀工作法

① 《一纱北场细纱支部一九五三年政治工作的基本总结》,中共武汉市委企业部编印《一纱厂一九五三年推广郝建秀工作法的基本总结》(1954年2月)(内部文件),第20页。
② 《中央人民政府纺织工业部、中国纺织工会全国委员会评模委员会关于评选奖励纺织工业劳动模范的报告》及其附录的《纺织工业劳动模范名单》,《中国纺织工人》1953年第17期。
③ 《中国纺织工会全委会通知各级纺织企业检查郝建秀工作法的推广工作》,《青岛日报》1951年12月1日,第1版。

的成绩已经证明,郝建秀工作法的普遍推广,将为祖国增产节约大量财富。纺织工会的各级组织应该立即执行中国纺织工会全国委员会办公室的通知,深入检查郝建秀工作法的推广工作,在增产节约运动中做出更大的成绩来。"①

(4)公开批评某些领导干部,甚至让他们在报、刊上公开检讨自己的错误做法。在此仅举两例。作为郝建秀工作法的发源地,国棉六厂推广郝建秀工作法虽然曾经取得过不错的成绩,然而,此后有些领导干部却骄傲自满起来,逐渐放松了对推广工作的领导,导致在推广工作中出现了比较严重的混乱现象。1952年7月底,中国纺织工会全国委员会主席陈少敏来到国棉六厂,对这种混乱现象提出了严厉的批评,并指示国棉六厂对执行郝建秀工作法的情况进行了一次全面的检查、整顿,其措施之一是:自上而下地进行了一次思想检查,并向群众作了公开检讨。② 国棉六厂厂长、副厂长合写的《关于推广郝建秀工作法的检讨》还发表在《中国纺织工人》1952年第17期上。青岛的其他纺织厂在推广郝建秀工作法的过程中也不同程度地存在着混乱现象。中共青岛市委会、青岛市总工会及青岛市纺织工会、青岛纺织管理分局等单位,曾组成了郝建秀工作法、一九五一织布工作法③检查组,在青岛国棉二厂、五厂及三厂进行了重点检查,着重检查郝建秀工作法的推广工作。在检查中,发现工作法的推广存在着严重的混乱现象,甚至郝建秀工作法在个别厂已经基本上不存在。④ 这种混乱现象的存在,青岛市纺织工会是负有领导责任的,因此,他们也公开作了检讨,表示"应当接受这次教训,坚决肃清这种自满情绪和保守思想"。⑤

(5)中央纺织工业部出台《关于巩固先进经验工作的指示》。该指示认为:在

---

① 《必须检查郝建秀工作法的推广工作》,《人民日报》1951年12月7日,第2版。

② 详见以下三篇报道:《国棉六厂检查郝建秀工作法推广情况,针对混乱现象进行整顿》,《青岛日报》1952年9月1日,第1版;《国棉六厂整顿与推广郝建秀工作法工作,批判自满情绪后取得显著成绩》,《青岛日报》1953年1月30日,第1版;《国棉六厂是怎样整顿与深入推广郝建秀工作法的?》,《青岛日报》1953年1月30日,第1版。

③ 郝建秀工作法推广开后,织布模范们积极学习郝建秀工作法的基本精神,钻研技术,进一步改进自己的操作方法,技术人员、工会干部们积极学习郭瓦廖夫工作法和总结郝建秀工作法的经验,进行观察、测定,和织布模范们共同分析、研究,集中织布模范们操作上的优点,抛弃某些缺点,终于于1951年11月总结出了先进的织布工作法——一九五一织布工作法。随后,中央人民政府纺织工业部于1951年11月29日出台了《关于推行"一九五一织布工作法"的指示》。分别参见刊于《中国纺织》1951年第11期的《一九五一织布工作法》和《中央人民政府纺织工业部关于推行"一九五一织布工作法"的指示》。

④ 《青岛国棉二、五厂推广郝建秀工作法与一九五一织布工作法中存在严重纷乱现象》,《大众日报》1952年9月4日,第2版。

⑤ 中国纺织工会青岛市委员会:《对造成执行郝建秀工作法混乱的检讨》,《青岛日报》1952年8月25日,第2版。

全国范围内推广郝建秀工作法和一九五一织布工作法获得了显著的成绩,但这一可贵的成绩不仅没有巩固起来,相反的,还产生了自流的现象。"因而全国80%左右学会了两个工作法的工人,实际上在坚决而有系统地执行的仅占20%左右。这种现象的普遍存在不仅是这两个工作法的本身问题了,而是纺织工业今后在生产上能不能取得胜利的问题了。"该指示进一步认为:"这两个先进工作法之所以未能很好推广和巩固起来,其主要的障碍是各厂某些领导干部和某些技术人员的盲目自满、固步自封的保守思想和不深入研究、不依靠群众的官僚主义作风,他们漠视群众的创造,忽视接受新鲜事物,……。为了迅速扭转这种现象,必须对一切障碍先进经验的推广与巩固的错误思想和做法展开无情的斗争,坚决有效地加以克服。"①

(6)宣传、奖励、培养郝建秀。在有关机构采取的相关诸多措施中,包括:1951年国庆前夕,郝建秀被邀请去北京参加了国庆观礼,郝建秀不但见到了毛主席,而且在宴会上代表华东劳模给毛主席敬了酒。② 1953年,郝建秀被评为"纺织工业劳动模范"(见前述)。起初,团中央特派来一位同志帮助郝建秀学习政治、文化,后来,郝建秀又先后被保送进入山东大学和中国人民大学的附设工农速成中学学习(详见本章第四节)。

(7)成立郝建秀小组,开展"郝建秀小组竞赛"运动。1952年1月底,郝建秀所在的生产小组被改称为"郝建秀小组",随后,郝建秀小组被作为"典型小组"来培养。1952年4月中旬,郝建秀小组接到了青岛国棉四厂"黄德洁小组"的生产竞赛挑战书,在向"黄德洁小组"应战的同时,郝建秀小组又向全国细纱工人发出了爱国主义劳动竞赛的挑战书(详见第三章)。接着,1952年5月14日,中国纺织工会全国委员会办公室出台了《关于组织全国细纱工人向郝建秀小组应战的通知》,要求"各级委员会立即组织各地细纱工人……奋起应战"。③ 此后,又在中央人民政府纺织工业部、中国纺织工会全国委员会的指示下开展了"郝建秀小组竞赛"运动。这项运动的开展,不但改变了生产竞赛的形式、进一步促进了郝建秀工作法的推广,而且促使郝建秀小组迅速成长为国棉六厂的特等劳动模范小组(1952年)、青岛市的特等劳动模范小组(1952年)和全国的"纺织工业模范单位"(1953年)(详见

① 《中央纺织工业部关于巩固先进经验工作的指示》(1952年10月17日),《中国纺织》1952年第5期。
② 参见《郝建秀写信给国棉六厂职工,报告她见到毛主席的欢乐心情》,《青岛日报》1951年10月27日,第1版。
③ 《中国纺织工会全国委员会办公室关于组织全国细纱工人向郝建秀小组应战的通知》(1952年5月14日),《中国纺织工人》1952年第11期。

第三章)。

这项在全国范围内大力推广郝建秀工作法的运动大致持续到 1954 年上半年才接近尾声。1954 年 4 月 21 日至 6 月 5 日,中央人民政府纺织工业部、中国纺织工会全国委员会工作法检查组去天津、青岛和上海三地调查研究了郝建秀工作法、一九五一织布工作法的推广情况,得出了以下结论:(1)两个工作法推广以来,绝大部分工人已经掌握了工作法的基本精神,绝大部分细纱、织布工人已经基本上执行了郝建秀工作法、一九五一织布工作法,所不同的只是程度上的差别。(2)细纱、织布挡车工执行工作法后,技术水平有了显著提高。(3)三年来的推广,由于群众的智慧和创造性,工作法得到了进一步的发展和提高。[①] 据此,我们可以认为,至 1954 年上半年,这项在全国范围内大力推广郝建秀工作法的运动已取得了令人满意的结果。这在一定程度上也这意味着:在全国范围内,绝大部分细纱工人已基本上认同了郝建秀式的劳动态度,推广过程中所遇到的各种思想障碍已基本上被清除,相应地,围绕总结与推广工人的先进经验,一种新的生产秩序已在纺织企业内部基本形成。

四　总结与推广"郝建秀工作法"的重要意义

总结与推广郝建秀工作法是当时发生在我国纺织行业的一个重大历史事件。事后来看,这一事件对减少皮辊花、提高纺织生产效率、改造职工的思想观念、重建生产秩序以及对郝建秀的成长等都具有重要意义或影响。

(一) 对减少皮辊花、提高纺织生产效率的意义

从前面的叙述可知,在郝建秀的工作经验中,最被看重的是少出白花(皮辊花)的经验,因此,总结郝建秀的工作经验,其显而易见的意义就体现在减少白花上。正因为如此,郝建秀工作法被正式总结出来之后,中国纺织工会全国委员会生产部就专门写了《郝建秀创少出皮辊花新记录的成绩和意义》一文。该文指出:从 1950 年 10 月至 1951 年 4 月期间(共 7 个月),郝建秀所在车间的平均皮辊花率为

---

① 中央人民政府纺织工业部、中国纺织工会全国委员会工作法检查组:《目前国营纺织企业推广郝建秀工作法和一九五一织布工作法的情况、问题以及今后进一步巩固与提高的意见》,《中国纺织工人》1954 年第 17 期。

0.67%,而在此期间郝建秀的平均皮辊花率仅为 0.25%。"皮辊花率出得少就等于多纺了棉纱,所以,减少皮辊花是增加棉纱产量的一个很重要的因素。"该文还进一步认为:"郝建秀工作法的意义不仅在少出皮辊花增加产量方面,而且能节省大量的电力与人工,大大降低了成本。同时,更提高了棉纱品质,……这对我们国家的经济建设,尤其是纺织工业的发展,具有极大意义。"①

1951 年 8 月 17—19 日,中国纺织工业部与中国纺织工会全国委员会在青岛市召开了全国棉纺细纱职工代表会议,陈少敏(时任中国纺织工会全国委员会主席)在会上作了题为《大力推广郝建秀工作法》的发言。陈少敏认为,从青岛纺织工人的实际行动来看,郝建秀工作法创造了四个方面的价值,其中第一个方面的价值是"使生产增加,原料节约,成本降低,机器寿命延长"。她说:"青岛推广郝建秀工作法收到了显著成绩,如果全国细纱工人都学习郝建秀工作法,增产数字就更可观了。假设全国细纱职工学习郝建秀工作法,使皮辊花率平均降低到青岛今天的平均水平(0.803%),一年可以多产 27113 件纱。假若全国都能达到六厂②的水平(0.497%),一年可以多产 36738 件纱。假若全国皮辊花率能和郝建秀一样,一年可多产 44460 件纱。这些数字是很可观的,只要全国皮辊花率降低到 0.803%,那么因少出皮辊花增加生产的超额利润就可以买五十架战斗机;假若能达到0.497%,则超额利润可以买六十八架战斗机。把这些飞机去支援朝鲜人民军和中国人民志愿军,就会消灭更多的侵略军。"她所说的另外三个方面的价值分别是:节省社会劳动力,提高工人看台能力;郝建秀工作法也适用于前纺、织布和保全;为定额打下基础,从而给经济核算创造了条件。③

1951 年 8 月 28 日,中国纺织工会一届三次全委会议给纺织工业部写了《关于推广郝建秀先进工作法向纺织工业部的建议》。该建议认为:"郝建秀工作法是经过长期的实践,和保守思想不断地斗争,开动脑筋,集中细纱工人操作上的各种优点而创造出来的,这是中国纺织生产上的革新,是我们国家的宝贵财富。中国纺织生产将因郝建秀工作法的运用,为国家社会创造更多的财富,节省更多的社会劳动

---

① 中国纺织工会全国委员会生产部:《郝建秀创少出皮辊花新记录的成绩和意义》,《中国纺织工人》1951 年第 5 期。
② "六厂"指青岛国棉六厂。——笔者注
③ 陈少敏:《大力推广郝建秀工作法——在青岛市棉纺细纱职工代表会议上的讲话》,《青岛日报》1951 年 8 月 20 日,第 2 版。

力。同时郝建秀工作法为定额工作开辟了道路。"①

那么,在全国范围内推广郝建秀工作法所取得的成绩到底如何?这里不妨引用发表在 1952 年 6 月 6 日《人民日报》上的《郝建秀工作法推广中的成绩和缺点》一文中的相关观点和数据来加以说明:"去年八月,中央人民政府纺织工业部接受了中国纺织工会全国委员会的建议,确定在全国范围内推广郝建秀工作法。十个月来,全国已经有百分之九十的细纱工人,学习了这个工作法。纺织厂比较集中的青岛、天津,大部分纺织厂中的百分之九十的细纱工人,已经学会了郝建秀工作法。青岛纺织业的领导机关,比较重视郝建秀工作法,因此,该市的推广工作也做得比较好。国营青岛第六棉纺织厂的三百零一个细纱工人中,已经有二百五十四人精通郝建秀工作法,其中一百多人减少皮辊花的纪录已经超过了郝建秀(郝建秀的皮辊花率是零点二五)。""过去,我国纺织生产中长期无法减少的皮辊花,在推广郝建秀工作法以后,便普遍减少了。在推广郝建秀工作法以前,我国纺织生产中皮辊花平均率为 1.85%,推广郝建秀工作法以后,已降到 1% 以下。皮辊花率降低的结果,全国每年约可增产 26550 件纱。推广郝建秀工作法后,纺织厂细纱产量,一般比过去提高了 3% 至 5%。质量也大大提高。""各纺织厂的工人学会郝建秀科学的操作技术,已由机器的奴隶变成了机器的主人,由盲目的无计划的工作变成不慌不忙的有节奏的工作,从而减轻了劳动强度。""推广了郝建秀工作法的纺织厂,除细纱车间以外,其他部门的工人,也本着郝建秀工作法的基本精神,改进了自己的技术,这就进一步帮助了细纱车间顺利推广郝建秀工作法。"②

因此,仅就减少皮辊花以及提高纺织生产效率而言,总结郝建秀的工作经验并推广它也是具有重要意义的。

(二) 对改造职工的思想观念、重建生产秩序等的意义

总结与推广郝建秀的工作经验,其意义不仅体现在减少皮辊花以及提高纺织生产效率上,而且休现在对纺织职工的思想改造上。

总结郝建秀的工作经验,其实产生了两个主要成果:一是总结出来了"郝建秀工作法";二是发现了郝建秀这样的模范工人。因此,总结郝建秀工作法对思想改

---

① 《中国纺织工会一届三次全委会议关于推广郝建秀先进工作法向纺织工业部的建议》(1951 年 8 月 28 日),《中国工会运动史料全书》总编辑委员会、《中国工会运动史料全书》纺织卷编委会编:《中国工会运动史料全书:纺织卷》上册,中国纺织出版社,1999 年,第 642 页。

② 《郝建秀工作法推广中的成绩和缺点》,《人民日报》1952 年 6 月 6 日,第 2 版。

造的意义可以分为两个主要方面：一是郝建秀本人的思想变化及其相应的模范行为对其他工人的示范意义；二是这次总结活动本身及其产生的两个主要成果对管理人员、技术人员和工会工作者等的思想教育意义。

先说第一方面的意义。郝建秀工作法被正式总结出来以后，《大众日报》率先刊发了郝建秀工作法研究委员会撰写的介绍郝建秀少出皮辊花的经验的文章。在谈及郝建秀在工作中的表现时，该文描述了郝建秀的思想变化："（郝建秀）全家八口，早先连饭也吃不饱。解放后，她到六厂做工，把所得工资全部帮助父亲维持家中生活，日子才一天天的好起来。……。1950 年红五月轰轰烈烈的生产竞赛展开后，车间内各种检查、记录制度相继建立起来，细纱间也建立了个人白花过磅记录制度。这时，郝建秀的白花就出得最少，得到表扬。这使她想起往日半饥半饱的生活，想起了只有在共产党领导下，才能有今天的好日子，于是，对工作的积极性更加提高了，决心干出个好样来。"①紧接着，《中国纺织工人》也发表了《为什么郝建秀能创造少出皮辊花的新纪录》一文。该文认为："郝建秀同志的新纪录不是一件偶然的事。这是新中国解放了千千万万的工人，在中国共产党领导下，以主人翁姿态，发挥自己创造才能的一个突出的表现。"该文也描述了郝建秀的思想变化："郝建秀同志一家八口人，解放前全家生活靠她父亲赶大车维持，非常贫困。解放后，物价稳定了，她自己又找到了工作，生活逐渐好转起来。十七岁的郝建秀心里老是这么想：'要不是毛主席和共产党的领导，使我们获得了解放，今天哪能进厂干活？哪能有今天的幸福生活呢？再不好好的学，好好的干，怎对得起毛主席和共产党？'1950 年 11 月入团后，在党和团的教育下，更提高了阶级觉悟，使她认识了今天积极生产完全是为了自己，因而对工作非常认真负责，从不迟到早退。"②上述报道表明：进入国棉六厂工作后，郝建秀在思想上发生了积极变化，进而在劳动过程中成为了具有主人翁责任感的自觉的劳动者。中共当然希望其他工人以郝建秀为榜样，也成为像郝建秀那样的劳动者。

再说第二方面的意义。这从当时的相关新闻报道等材料中可见一斑。1951 年 7 月 31 日，中共青岛市委召开了推广郝建秀工作法会议。中国纺织工会青岛市委员会主席王伯泉在会上报告了发现、总结与推广郝建秀工作法的经过，并谈了以下几点体会：(1)发现一个先进工作法，必须明确全心全意依靠工人阶级的观念，必

---

① 郝建秀工作法研究委员会：《青岛国棉六厂细纱值车工郝建秀创少出皮辊花新纪录的经验介绍》，《大众日报》1951 年 6 月 27 日，第 1 版。

② 中国纺织工会全国委员会生产部：《为什么郝建秀能创造少出皮辊花的新纪录》，《中国纺织工人》1951 年第 5 期。

须树立深入实际的工作作风,必须是虚心的,打破成见和保守观点,这样,才会把新生的东西发现出来;否则,便什么也看不到。(2)总结一个先进的工作法,必须踏踏实实,把这个先进工作法的每一个动作都加以注意和科学的测定、分析与研究,必须反对一切粗枝大叶不动脑筋的作风。(3)总结先进工作法,必须领导与群众相结合,理论与实际相结合。郝建秀工作法研究委员会主任委员刘祚民①也在会上谈了此次总结郝建秀工作法的体会,他说:"通过此次工作之后,我们深刻认识到总结先进工作法的重要性,纠正了过去在工作中粗枝大叶不注意细节的思想。同时,也初步明确了依靠工人阶级的思想。解放后,工人的才能和智慧也从长期的被压抑之下解放出来,随着政治觉悟的提高,工人阶级涌现出多少劳动英雄,创造了多少先进工作方法,但由于许多技术人员和行政管理人员依靠工人阶级的思想没有明确树立,所以,就忽视了工人日常工作中的一些平凡动作,使得许多先进的工作法未能得到表扬而被埋没。这种不肯虚心向工人学习、缺乏依靠工人阶级思想的、脱离实际的保守主义,在工人的进步和创造中不知起了多少阻碍作用。通过此次总结郝建秀工作法,提醒了我们:要搞好生产,必须全心全意的依靠工人阶级,必须加强技术人员与工人的团结。"中共青岛市委书记赖可可在会上作了总结发言,他说:"郝建秀工作法的产生只有在今天的环境与条件下才有可能,过去工人中的任何创造是不会被重视的,只有在今天为国家为人民的自由劳动中,在民主管理制度下,工人的智慧才能充分发挥,工人的创造才会被重视。"②1951年8月19日,《青岛日报》刊登了郝建秀工作法研究委员会的工作总结。该文认为:"郝建秀工作法的创造,表现了工人阶级无穷的智慧和创造性,表现了工人阶级对国家建设事业的无限忠诚,不仅从理论上,而且从实际中更说明了我们必须全心全意依靠工人阶级。解放后,工人的才能和智慧从长期的压抑下解放出来,随着政治觉悟的提高,涌现出不少劳动模范,创造了不少的先进工作法,但是由于我们工会工作干部和企业管理干部都存在着官僚主义作风,和群众观点不强,对工人群众的创造重视不够,不能及时的发现、总结、研究,因此,过去不知有多少像郝建秀(工作法)一样优良的工作法被埋没了。"③1951年9月9日,中国纺织工会全国委员会分党组给中共中央写了关于郝建秀工作法的报告。该报告说:"总结郝建秀工作法时,有些技术人员认为'少出点皮辊花没有什么了不起',这是'小题大作','再总结也不过如此'。可是

---

① 刘祚民,时任中国纺织工会青岛市委员会副主席、国营青岛第二棉纺织厂工程师。——笔者注

② 《进一步研究推广郝建秀工作法,市委召开专门会议,市委书记赖可可同志作总结发言》,《青岛日报》1951年8月4日,第1版。

③ 《郝建秀工作法研究委员会工作总结》,《青岛日报》1951年8月19日,第3版。

经过总结工作,他们的保守思想被打破了。工程师李汉卿①说:'我过去不相信郝建秀有这样好的成绩,认为是不可能的事。这次总结,给我上了一大课!'工人的实际经验教育了技术人员,同时技术人员把工人的实际经验提高到理论原则上来,这次总结做到了技术人员的理论与工人的实际经验相结合。"②曾亲自参与这次总结活动的国棉六厂的技术员王尔镶更是从中"上了一大课",后来,他就当初把郝建秀的工作经验总结为"三勤三快"做了如下检讨:

> "三勤三快"这四个字庸俗了郝建秀的工作法,使大家错误的认识了郝建秀工作法,因此在推进工作当中起了极大的阻碍作用,使工作遭受了不可弥补的损失,回忆起来真是痛心的很,为什么会这样呢? 今天严格的来批判一下,这首先是由于没有群众观点,没有树立起依靠工人群众搞好生产的思想。要是能够重视工人的创造性,那么郝建秀少出皮辊花的记录,早就该引起我们重视,而去很好的进行研究与总结的。绝不会拖拉了好几个月,也不会再总结出个"三勤三快"了! 其次我还存在着不相信工人群众的思想。……。这些事实教育了我,要是还存着保守思想,不去团结群众依靠工人,要想来搞好生产,那是不可能的。③

在新中国成立初期,国营企业基本上都是原国民党政府企业,这类企业中的职员几乎都是原国民党政府企业中的职员,也被称为旧职员或旧人员。李立三认为,虽然旧人员一般都有"懂得生产、有管理经验"的长处,但他们通常具有四个弱点:一是缺乏为人民服务的观点;二是官僚主义作风,不懂得依靠群众;三是看不起工人,看不起体力劳动,视他们为低人一等;四是广大工人群众对他们不满意,有反感,他们在工人面前没有威信。④ 因此,需要对旧人员进行教育、改造。怎样教育、改造他们呢? 李立三认为:"这些同志在旧社会数十年,要改变对于他们是一个痛苦的过程,旧东西根深蒂固,不是听一次讲话、上一次训练班就可以改变的,必须要

---

① 李汉卿,时任郝建秀工作法研究委员会副主任委员。——笔者注
② 《中国纺织工会全国委员会分党组关于郝建秀工作法给中共中央的报告》(1951 年 9 月 9 日),《中国工会运动史料全书》总编辑委员会、《中国工会运动史料全书》纺织卷编委会编:《中国工会运动史料全书:纺织卷》上册,中国纺织出版社,1999 年,第 644 页。
③ 王尔镶(时任国棉六厂技术员):《我对郝建秀工作法的体会》,武汉市总工会办公室编辑:《大力推广郝建秀工作法》,武汉工人出版社,1951 年,第 46—47 页。
④ 李立三:《怎样把官僚资本的旧企业改造为新民主主义的新企业》(1949 年 9 月 7 日),中国工运学院编:《李立三赖若愚论工会》,档案出版社,1987 年,第 101 页。

依靠群众,首先是群众的模范作用,其次是群众的教育作用。""模范作用是指群众都不敷衍塞责,积极工作,使他们感到现在天下变了……改变了整个社会的空气,自自然然地他们就会改变了。""群众的教育作用是指,讲几次话和开训练班是需要的,但单是这些还不够,还需要有社会舆论的制裁。"①综上所述,我们可以把这次总结活动本身及其产生的两个主要成果对旧职员(主要是管理人员、技术人员)的教育作用概括为四点。第一,使他们进一步认识到以郝建秀为代表的工人阶级具有两个主要优点:一是具有无穷的智慧和创造性;二是对毛主席和共产党充满了感激之情,在党和政府的进一步培养和教育下,能够忠于国家建设事业,能够表现出高度的政治积极性与劳动积极性,能够以主人翁的姿态自觉地努力工作,也能够创造出许多先进工作经验。第二,使他们进一步认识到以郝建秀为代表的工人阶级是值得依靠的,要想搞好生产,必须明确树立依靠工人阶级的思想。第三,使他们进一步认识到发现、研究和总结工人的先进工作经验的重要性。第四,使他们进一步意识到以往在发现、研究和总结工人的先进经验的工作方法和态度上所存在的问题。因此,一而再、再而三地总结郝建秀的工作经验,其意义不仅在于最终总结出来了科学的郝建秀工作法,而且在一定程度上也起到了在工人和职员中贯彻依靠工人阶级思想的作用。

从前面的叙述可知,推广郝建秀工作法的过程,也是一个扫清各种思想障碍、宣传和再生产郝建秀式模范工人,以及在依靠工人阶级的思想的指导下重建生产秩序的过程。至于这个过程的累积性后果,我们可以从陈少敏于1953年8月对三年来纺织工会工作所作的基本总结中可见一斑。陈少敏认为:三年来,纺织工会在党的领导下,贯彻了"面向生产"的方针,把一切工作都围绕着生产来进行,在工作中摸索到了几点主要经验,其中之一是"总结与推广先进经验是提高劳动生产率、改进企业管理的最好方法",其意义具体表现为:

> 纺织工会干部从总结与推广先进经验的过程中,摸到了面向生产的门径。技术人员体会到了工人群众的智慧,改变了轻视工人的错误观点,从而积极地与工人一道钻研技术,改进技术指导,使技术与劳动相结合。纺织工人掌握了新的工作法以后,技术水平和熟练程度大大提高,看台能力空前扩大。郝建秀工作法的推广,掀起了纺织生产的革新运动,各个部门的职工群

---

① 李立三:《怎样把官僚资本的旧企业改造为新民主主义的新企业》(1949年9月7日),中国工运学院编:《李立三赖若愚论工会》,档案出版社,1987年,第102—103页。

众都开动脑筋,改良工作方法,使劳动竞赛由突击走向经常。郝建秀工作法和一九五一织布工作法推广以后,暴露了企业管理中一系列的问题。原来的生产定额、工资标准被突破了,劳动组织不适合生产需要了,断头多——这一纺织生产中的灾难也明显地暴露出来了。工会协助行政改革工资、改善劳动组织,并组织群众集中力量从各方面围绕着减少断头作了一系列的工作,使断头率大大降低,因而改进了全面工作,提高了劳动生产率。①

至此,我们可以得出以下基本结论:总结与推广郝建秀工作法的过程,不但是在技术层面上总结与推广一种工作方法的过程,而且是在国营纺织企业内部贯彻依靠工人阶级的思想的过程,对所有职员和工人而言,这是一个破旧立新的思想改造过程。经过这番工作方法的推广与思想改造之后,大约到1953年下半年或迟至1954年上半年,在国营纺织企业内部已发生三方面的明显变化:一是细纱工人普遍掌握了郝建秀工作法,提高了技术水平。二是对所有职员和工人进行了深刻的思想改造,使他们(尤其是行政管理人员与技术人员)普遍树立了依靠工人阶级的思想,并使一大批工人成为了像郝建秀那样的自觉劳动者。三是重建了工会与企业行政、工会与党组织、工会与生产工人、工会与技术人员以及工人与技术人员等彼此之间的合作关系,因而基本上形成了比较和谐、高效的生产秩序。

(三) 对郝建秀的成长的意义

就对个人的影响而言,总结与推广"郝建秀工作法"这个事件无疑对郝建秀本人的成长的影响最大。

在推广"郝建秀工作法"期间,有关机构不但对郝建秀进行了大量的宣传、报道,而且对郝建秀进行了悉心培养。事后来看,在当时所采取的诸多培养措施中,对郝建秀的成长影响最大的可能是想方设法提高了她的文化水平。

郝建秀出生于1935年11月。在1949年11月进入纺织厂工作之前,"名义上她曾经上过两三年小学,实际上最后连自己的名字都还签不在一起。"②郝建秀工作法被总结出来之后,"郝建秀对她的贡献一点不感到骄傲,她总觉着对祖国的贡

① 陈少敏:《三年来中国纺织工会工作的基本总结和今后任务——一九五三年八月五日在中国纺织工会第二次全国代表大会上的报告》,《中国纺织工人》1953年第17期。
② 张陶普(解放日报记者):《一个工人阶级知识分子的成长——访华东纺织工学院毕业生郝建秀》,《青岛日报》1962年8月9日,第1版。

献还不够,跟不上祖国工业飞速发展的需要。每天下了班,她便积极的学习政治、技术和文化,迎接即将开始的祖国大规模建设。党、团在这方面,给了她尽量的培养和教育。团中央特派来一位同志帮助她学习政治、文化。"①1952 年 12 月,郝建秀由中共青岛市委保送进入山东大学附设工农速成中学第一期学习。② 1953 年秋天,郝建秀又被转学进入中国人民大学附设工农速成中学学习。③ 从此,郝建秀从青岛来到北京,她的学习和生活环境发生了巨大变化。1958 年 6 月从中国人民大学附设工农速成中学毕业后,郝建秀又考入华东纺织工学院纺织系继续学习,并于 1962 年 7 月 21 日通过了毕业设计答辩。④

1962 年 10 月,郝建秀大学毕业后,被国家正式分配到她原先所在的工厂——青岛国棉六厂,担任技术员工作。⑤ 1965 年 6 月,郝建秀被调往青岛国棉八厂担任该厂的副厂长。⑥ 从此,郝建秀走向了领导岗位,并在仕途上不断前进,直至 2003 年当选为第十届全国政协副主席。后来的事实表明,郝建秀在仕途上的不断前进,对以她的名字命名的"郝建秀小组"的发展也产生了积极影响(详见后述)。

---

① 陈月美、木青:《新中国工人阶级的优秀女儿郝建秀》,《青岛日报》1952 年 9 月 30 日,第 3 版。
② 刘桂馥:《郝建秀在学习》,《中国纺织工人》1953 年第 13 期。
③ 郝建秀:《永远不辜负党的培养和教育,坚决按照党指引的方向前进》,《青岛日报》1964 年 3 月 24 日,第 2 版。
④ 《郝建秀大学毕业了》,《青岛日报》1962 年 7 月 27 日,第 1 版。
⑤ 《郝建秀被分配到青岛,回国棉六厂任技术员》,《青岛日报》1962 年 10 月 13 日,第 1 版。
⑥ 郝建秀:《做革命"良种",接好革命班》,《青岛日报》1965 年 11 月 20 日,第 2 版。

成为"纺织工业模范单位"(1952—1953)

"郝建秀工作法"于 1951 年 6 月上旬被正式总结出来并被大力推广以后,有关机构着重对郝建秀进行了奖励、宣传和培养。相应地,郝建秀所在的生产小组的命运也随之发生了深刻变化:它不但被改称为"郝建秀小组",而且被作为"典型小组"来培养。

当时,国棉六厂细纱车间有第一、第二两个工场,郝建秀所在的生产小组是第二工场的第三小组。郝建秀在学徒满期后,被分配到这个小组工作。① 1951 年底工资改革之后,细纱车间为了提高劳动生产率,便改进了劳动组织,把第二工场原先的三个生产小组改编为两个生产小组,郝建秀被安排在改编后的第二小组工作。第二小组为了更好地鼓舞和巩固全组的生产热情,提出以创造细纱先进工作法的郝建秀作为小组的光荣称号,这个提议立刻得到了大家的拥护,于是,第二小组被改称为"郝建秀小组"。② 具体来说,把第二小组改称为"郝建秀小组"这个事件发生在 1952 年 1 月底。③

郝建秀小组诞生后,"为了'郝建秀'这一光辉名字不断鼓舞全厂职工起见",国棉六厂"便请示领导上同意培养郝建秀典型小组"④。无疑,"领导上"是"同意"了

---

① 中共青岛国棉六厂总支委员会、中国纺织工会全国委员会工作组:《郝建秀小组工作总结》,中国纺织工人社编:《郝建秀小组工作总结》,中国纺织工人社出版,1953 年,第 5 页。

② 《郝建秀小组向全国细纱工人挑战以来的总结》(1952 年 6 月 20 日),青岛市纺织总公司档案管理中心藏,国棉六厂文书档案永久类第 44 卷。

③ 参见《郝建秀小组向全国细纱工人发起竞赛以来的基本情况与主要经验教训的报告》(郭秀菊执笔,1952 年 9 月),青岛市纺织总公司档案管理中心藏,国棉六厂文书档案永久类第 44 卷。

④ 李克锐(时任国棉六厂党委书记)、杨琳(时任国棉六厂厂长):《国营青岛第六棉纺织厂报告》(中共中央办公厅机要室于 1956 年 9 月 6 日印发),青岛市纺织总公司档案管理中心藏,国棉六厂文书档案永久类第 117 卷。

国棉六厂的请示的,即同意国棉六厂把郝建秀小组培养为典型小组。至于被请示的领导具体是谁,他或他们又是什么时候同意的,现在都已无从可考,但从相关档案资料和报道来看,"领导上同意"的时间很可能是 1952 年 4 月或 5 月。因此,对郝建秀小组是什么时候成立(建组)的这个问题,有两种理解:一是指把郝建秀所在的生产小组改称为"郝建秀小组"的时间(1952 年 1 月);二是指"领导上同意"把郝建秀小组培养为"典型小组"的时间(很可能是 1952 年 4 月或 5 月)。

当时,这种"培养典型"的活动是在中共的领导下有组织地进行的。尽管直接参与这种培养活动的有关机构比较多,但具体出力最多的无疑是郝建秀小组所在的国棉六厂。有关机构对郝建秀小组的培养可谓立竿见影,只用了几个月的时间,就把郝建秀小组从一个普通的小组培养成为了国棉六厂的特等劳动模范小组和青岛市的特等劳动模范小组。1953 年上半年,在中央纺织工业部和中国纺织工会全国委员会联合开展的评选纺织工业全国劳动模范的活动中,郝建秀小组又进一步被评为"纺织工业模范单位"(详见后述)。也即仅用了一年多的时间(从 1952 年 2 月算起),有关机构就把郝建秀小组从一个普通的小组培养成为了全国著名的先进典型。那么,有关机构是如何具体地培养郝建秀小组从而使之顺利地实现这个巨大跨越的? 本章将回答这个问题。

  一 向全国细纱工人挑战

当时,直接参与培养郝建秀小组的活动的有关机构比较多,我们可以把这些机构大致分为两类:一类来自国棉六厂内部,包括其内部的党组织、行政机构、工会组织和青年团组织(简称党、政、工、团);另一类来自国棉六厂之外,其中,下功夫最多的可能是中国纺织工会全国委员会。该委员会曾直接参与过总结与推广"郝建秀工作法"的活动,当郝建秀小组被作为"典型小组"来培养以后,它就顺理成章地直接参与了相关的培养活动。[①]

在上一章介绍"郝建秀工作法"产生的历史背景时,我们曾提及于 1949 年 3 月召开的中共七届二中全会,那次会议提出必须全心全意地依靠工人阶级来恢复和发展城市中的生产事业。新中国成立后,工人阶级被赋予国家领导阶级和国营企业主人翁的地位,与此同时,"依靠工人阶级的思想"便成为了"我党管理工业、办好

---

① 从相关史料得知,当时中国纺织工会全国委员会给国棉六厂派去了一个工作组。

工厂的基本思想"①。中共如此高度强调依靠工人阶级,自然会对工人阶级在恢复和发展工业生产中的实际表现寄予了很高的期待。

当时,中共对工人阶级的高度期待主要体现在两个方面:一是在国家层面上,期待工人阶级具备领导阶级应有的思想和品质,能够承担起作为国家领导阶级的责任。这种期待从 1950 年 2 月 6 日《人民日报》发表的社论《学会管理企业》一文中即可见一斑:"现在我们工人阶级站上了国家主人的地位了。我们应该使国家面目一新。我们应该首先替国家打算,替全国人民打算。我们要负起责任来,……,领导人民一直走向我们理想的幸福的社会,社会主义的社会。"②二是在国营企业层面上,期待甚至要求"一切职工就应当以领导阶级地位负担起发展生产的责任,就应当以主人翁的新的劳动态度对待自己所参加的劳动"③。很自然地,中共对被称为"工人阶级自愿结合的群众组织"④的工会组织也会寄予很高的期待,并因而比以往更加关注工会工作。

如上章第一节所述,新中国成立后不久,我国就于 1950 年 6 月 29 日颁布施行了《工会法》。该法第九条规定了工会应该开展的四项工作,其中第二项是:"教育并组织工人、职员群众,树立新的劳动态度,遵守劳动纪律,组织生产竞赛及其他生产运动,以保证生产计划之完成。"⑤这种规定意味着,党和政府不但十分重视"生产竞赛及其他生产运动",而且以法律的形式将组织劳动竞赛的责任交给了工会。

施行《工会法》一年以后,李立三在《人民日报》发表了《开展劳动竞赛,庆祝党的三十周年纪念》一文。李立三认为:"工人阶级在解放胜利以后,摆脱了过去遭受帝国主义、封建势力和资产阶级三重压迫的奴隶生活,从贫穷、饥饿、黑暗的深渊中站立起来,接受了党所给予的马克思、列宁主义——毛泽东思想的阶级教育,了解了自己已从过去的奴隶地位变成了国家的领导阶级,就自然要发生国家主人翁的思想,树立起新的主人翁的劳动态度。这种新的劳动态度的主要表现就是劳动竞赛。"李立三还认为:"通过劳动竞赛,可以发扬工人群众的劳动热情,提高与巩固主

---

① 《中共中央东北局关于党对国营企业领导的决议》(1951 年 5 月经东北城市工作会议讨论通过并经中共中央批准),《大众日报》1951 年 9 月 17 日,第 2 版。

② 《学会管理企业》,《人民日报》1950 年 2 月 6 日,第 1 版。

③ 《东北局关于工业工作会议的总结》(1950 年 8 月 9 日),中央档案馆、中共中央文献研究室编:《中共中央文件选集(1949 年 10 月—1966 年 5 月)》第四册,人民出版社,2013 年,第 91 页。

④ 参见 1950 年 6 月出台的《中华人民共和国工会法》第一条,中华全国总工会办公厅编:《建国以来中共中央关于工人运动文件选编》上册,工人出版社,1989 年,第 4 页。

⑤ 《中华人民共和国工会法》,中华全国总工会办公厅编:《建国以来中共中央关于工人运动文件选编》上册,工人出版社,1989 年,第 5 页。

人翁的劳动态度；可以推动群众学习技术、钻研技术，使劳动与技术结合；可以推动技术人员，改变旧的技术观点，使技术人员与工人结合起来改进生产。通过劳动竞赛，可以改进工作方法，改变陈旧的工作规程……。劳动竞赛不只是可以改造旧的制度规章，而且可以改造人、改造参加这个运动所波及的一切人，打破他们的旧的腐朽的观念：……。其结果就是建立起焕然一新的新民主主义的、也就是社会主义的新企业。"[1]相应地，李立三强调：工会主要的工作是搞生产，工会面向生产基本上就是组织生产竞赛，组织生产竞赛是工会的经常工作。劳动竞赛应当成为劳动者的经常工作与生活方式。[2]

那么，工会如何才能搞好劳动竞赛呢？李立三强调要抓好小组工作，"搞好小组工作是一个基础工作。不仅是我们工会一切工作都靠小组，小组不好工会任何工作都是空的。生产工作也是一样。小组工作搞不好，那工厂的生产工作一定搞不好。"他还强调要"创造一些先进的小组、模范的小组，然后用这个先进的小组、模范的小组去带动其它小组和推动车间的工作"。[3] 有关机构创造或培养先进（模范）小组的一种基本做法，就是动员或授意先进小组在劳动竞赛中向所在车间、所在工厂、所在行业的工人甚至向全国的工人提出某种倡议或发起挑战，然后，有关机构再引导其他工人应战。开展这种挑战与应战活动也是发挥先进小组的模范带头作用的一种基本做法。

在有关机构大力培养郝建秀小组之前，在工业生产领域开展的各类挑战与应战活动中，影响最大的可能是沈阳第五机器厂（后并入齐齐哈尔第二机床厂）的"马恒昌小组"发起的倡议与相应的应战活动。在 1950 年召开的首届全国工农兵劳动模范代表大会上，马恒昌和他所在的小组分别被授予"全国劳动模范"和"全国劳动模范小组"的称号。1951 年 1 月，马恒昌小组提出以下 5 项竞赛条件向全国工人阶级发出了开展爱国主义劳动竞赛的倡议：(1)团结技术人员，加强技术学习，改进操作方法，在保证质量的基础上提前完成生产任务；(2)履行师徒合同；(3)遵守劳动纪律；(4)保证安全生产；(5)加强政治学习。[4] 接着，1951 年 1 月 23 日，《工人日

---

[1] 李立三：《开展劳动竞赛，庆祝党的三十周年纪念》，《人民日报》1951 年 7 月 1 日，第 6 版。

[2] 李立三：《李立三在全国工会第二次生产工作会议上的总结报告》(1951 年 7 月 18 日)，中华全国总工会《中国工会运动史料全书》总编辑部编：《中国工会运动史料全书（电子版）：综合卷》第六卷第 84 页，中国职工音像出版社，新出音管【1997】51 号。

[3] 李立三：《李立三在全国工会第二次生产工作会议上的总结报告》(1951 年 7 月 18 日)，中华全国总工会《中国工会运动史料全书》总编辑部编：《中国工会运动史料全书（电子版）：综合卷》第六卷第 87 页，中国职工音像出版社，新出音管【1997】51 号。

[4] 《马恒昌小组向全国工人挑战的条件》，《工人日报》1951 年 1 月 17 日，第 1 版。

报》就此发表了题为《开展马恒昌小组比赛运动》的社论;1951年2月,中华全国总工会又出台了《关于开展马恒昌小组竞赛运动的决议》,于是,就在全国范围内迅速掀起了一场"马恒昌小组竞赛运动"。截至1951年4月21日,全国已有5522个生产小组向马恒昌小组应战。①

有关机构培养郝建秀小组(当然也是发挥其模范带头作用)的基本做法之一,也是在劳动竞赛中开展这种挑战与应战活动。

郝建秀所在的生产小组被改名为"郝建秀小组"之后,工人们的工作热情高涨,1952年第一季度平均值车能力由446锭提高到了502锭。② 郝建秀工作法测定评分由一月份的平均89.25分提高到了三月份的平均94.1分。1952年4月13日,国棉六厂工会召开全厂骨干分子大会,动员开展生产预赛以迎接红五月生产竞赛。在这个大会上,郝建秀小组的工会小组长③王淑美第一个代表郝建秀小组向全厂挑战。"接着,小组又接到青岛国棉四厂黄德洁小组为迎接五一劳动节的挑战书。在讨论向黄德洁小组的应战条件时,他们觉得'起火车头作用'的黄德洁小组的挑战条件并不高,再加上四月份预赛成绩,他们的信心很大,仅向黄德洁小组应战已不能满足他们的要求,于是,经团委④同志的启发,他们提出:一面向黄德洁小组应战,一面向全国提出挑战。"⑤可见,后来在纺织行业引起巨大反响的郝建秀小组"向全国细纱工人挑战"之事是在"团委同志的启发"之下才发生的。

在向全国细纱工人提出挑战之时,郝建秀小组共有39名工人,其中包括老技术工人14名,青年工人25名,新民主主义青年团员16名,没有党员。她们看管26台细纱机,纺23支纱。在生产技术上,郝建秀小组处于全车间的中等水平以下。1952年5月份全车间平均看锭能力为511锭,而郝建秀小组平均是503锭。同时,细纱车间第二工场(郝建秀小组所在的工场)的环境、机器设备都比第一工场差,原

---

① 中华全国总工会生产部:《全国二百多万职工参加爱国主义生产竞赛,某些单位竞赛运动向正常方向发展》,《人民日报》1951年4月21日,第2版。
② "锭"指"纱锭"。郝建秀小组工人主要从事两种工作:一是值车(也叫挡车或看车),二是落纱。一个小组看管(含值车和落纱)的纱锭越多,就表明其值车能力(也叫看锭能力)越强。——笔者注
③ "工会小组长"或"工会组长"是郝建秀小组内部分管工会工作的人。在郝建秀小组内部,还有行政或生产组长、党小组长和团小组长。——笔者注
④ "团委"中的"团"应指"中国新民主主义青年团"("中国共产主义青年团"的前身)。据相关史料,当时国棉六厂成立了"团总支委员会",故这里所说的"团委"可能是指国棉六厂的"团总支委员会"。——笔者注
⑤ 《郝建秀小组向全国细纱工人挑战以来的总结》(1952年6月20日),青岛市纺织总公司档案管理中心藏,国棉六厂文书档案永久类第44卷。

棉品级较次，且经常变换，还掺用 6.5% 最多曾用至 9% 的抄斩花[①]，断头率经常在 160 根左右。而第一工场纺 18 支自用纱，使用最好的原棉，断头率低到经常保持 100 根左右。[②] 那么，郝建秀小组为什么敢在如此不利的条件下向全国细纱工人挑战？这当然和"团委同志的启发"有关。那么，"团委同志"为什么要给予郝建秀小组以那样的"启发"呢？我们认为，"团委同志"的做法是理性的、严肃的，他们之所以要那样"启发"郝建秀小组，主要是为了贯彻上级的相关指示或为了响应上级的相关号召。

"黄德洁小组"的挑战条件刊于《青岛日报》的相关报道之中，该报道说：

> 国棉四厂黄德洁小组在"三反"运动中，胜利超额完成第一季度生产任务。该组二十一支纱计划产量是每锭 0.601 磅，但实际产量达到 0.604 磅。在这胜利的基础上，全组工人讨论订立了 4 月份竞赛计划，并向国棉二厂高桂兰、五厂黄人美和六厂郝建秀等小组发起友谊挑战。她们的条件是：一、巩固和提高郝建秀工作法，履行检查制度，争取全组成绩平均达到 95 分以上。二、做好清洁工作，保证不出条杆不匀的纱、错支纱、节粗节细纱、羽毛纱、毛头及毛脚纱纱，成形大小要一致，在质量上要达到中央纺织工业部规定标准。三、二十一支纱保证巩固每锭 0.606 磅的产量。四、皮辊花保证只占产量 0.5%，全组 12 台车只产回丝 10.56 盎司。五、运转有效率（四十锭，落纱工十人），保证每次落纱不超过 30 秒钟。六、出勤率：做好个人及公共卫生，保证出勤率达到 95% 以上。七、做好团结互助，掌握批评与自我批评的武器，每星期五开好检讨会一次。八、本组带头扑灭细菌毒虫，积极参加打虎[③]搜集材料、研究情况，提高警惕，做好保卫工作；并做好宣传工作，动员家属参加打虎、防疫，以保证在打虎、生产、防疫三大战线上的彻底胜利。目前该组工人正以百倍高涨的战斗情绪和胜利的信心，为完成竞赛计划而奋斗。[④]

[①] "抄斩花"为"抄针花"与"斩刀花"的合称。"抄针花"是梳棉机抄针时，抄辊从锡林、道夫上剥下的带杂纤维；"斩刀花"是梳棉机盖板沿屈轨走出机外时，上斩刀从盖板针布上剥下的带杂纤维。参见钱宝钧主编：《纺织词典》，上海辞书出版社，1991 年，第 428、554 页。——笔者注

[②] 中共青岛国棉六厂总支委员会、中国纺织工会全国委员会工作组：《郝建秀小组工作总结》，中国纺织工人社编：《郝建秀小组工作总结》，中国纺织工人社出版，1953 年，第 5 页。

[③] "打虎"主要指打击贪污腐败分子。——笔者注

[④] 王以瑜：《黄德洁小组订出四月份竞赛计划，向郝建秀、黄人美等小组发起挑战》，《青岛日报》1952 年 4 月 24 日，第 2 版。

面对"黄德洁小组"的挑战,"经团委同志的启发"之后,郝建秀小组采取了一个重大举措——向全国细纱工人挑战!其挑战书公开发表在 4 月 29 日《青岛日报》第 1 版,全文[①]如下:

亲爱的全国各棉纺织厂细纱车间同志们:

我们劳动人民的伟大节日"五一"国际劳动节,就要到来了。我们全组同志们,为了迎接自己的节日,决定在五月份增产节约小米二十六万九千二百六十五斤(与一九五一年第四季比),作为对支援中国人民志愿军和建设伟大祖国的献礼,并特订出如下条件,向你们作友谊的爱国主义劳动竞赛:

一、产量,二十三支纱十小时达到 0.52 磅(12.26 亨司),空锭不超过万分之一,落纱时间平均每台停车不超过 26 秒(以 400 锭、26 台、落纱工 10 人计);

二、全组团结互助,做好清洁工作,坚决与节纱、夹纱、羽毛纱作斗争,坏纱平均不超过万分之四,全组每日出回丝总量平均不超过十两;

三、学习和提高郝建秀工作法,全组平均达到 96 分以上(按青岛市各纺织厂郝建秀工作法统一测定评分标准);

四、皮辊花全组平均对产量百分比不超过 0.33%;

五、提高警惕,防止造谣破坏,做好交接班工作,消灭一切事故;

六、继续搜集材料宣传政策,做好追赃定案工作,争取"三反"运动的彻底胜利;

七、做好卫生防疫工作,出勤率达到 96% 以上;

八、开动脑筋,找窍门,多提合理化建议,每星期六开检讨会一次,掌握批评与自我批评,加强学习,进一步提高政治、文化、技术水平。

国营青岛第六棉纺织厂郝建秀小组启

与"黄德洁小组"的挑战书的内容相比,郝建秀小组的挑战书主要有以下三点变化:(1)挑战的时限由四月份变为了五月份。(2)挑战的理由由似乎是几个生产小组之间的争强好胜升级为"作为对支援中国人民志愿军和建设伟大祖国的献

---

① 《郝建秀小组迎接红五月,向全国棉纺厂细纱小组挑战》,《青岛日报》1952 年 4 月 29 日,第 1 版。

礼"。(3)一些挑战条件,比如在学习"郝建秀工作法"的成绩、降低皮辊花率、提高出勤率等指标上,变得更加严格了。我们把郝建秀小组的这份挑战书称为"第一份挑战书"。之所以说它是"第一份",是因为郝建秀小组发起这次全国性的"挑战与应战"活动之后不久,又出现了另一份挑战书,我们把它称为郝建秀小组的"第二份挑战书"(详见下述)。

郝建秀小组向全国细纱工人挑战之后,如何让郝建秀小组率先做到自己提出的那些挑战条件就成了郝建秀小组的培养者所面临的一个难题。具体来讲,挑战开始后,在培养郝建秀小组上,培养者面临的主要问题至少有三个:一是如何让郝建秀小组成员充分认识到这次挑战的重要意义从而相应地使他们充分意识到自己肩上的责任? 二是如何克服存在于郝建秀小组内部的一些相关问题? 比如,如何加强小组内部不同工人群体之间尤其是值车工(挡车工、看车工)与落纱工之间的团结? 三是如何培养郝建秀小组的核心干部尤其是如何培养组长的管理能力和威望? 下则史料大致反映了当时的主要培养者之一——团组织对这些问题的解决情况。

郝建秀小组向全国挑战以后,大家的情绪都很高涨,并且充满了信心。但由于大家对全国挑战的意义缺乏足够的认识,多数的同志只是感觉到"咱们能向全国挑战真光荣",……,因而部分存在着自满的情绪,领导来问的时候,一致说"没有什么困难"。在这个时候,坏纱和皮辊花率就逐渐上升了。坏纱和皮辊花率上升的主要原因是由于落纱工和值车工的团结互助不够好,如有的落纱工认为皮辊花出多出少是看车工的责任,与自己无大关系,因而对看车工的帮助不够;另一方面,看车工也不大帮助落纱工做清洁工作,有的连自己的罗拉都不大拈,于是,彼此之间存在着意见,有时说些风凉话,……。发现这种情况以后,工会小组长王淑美、团小组长王秀英抓紧研究,一致认为这种思想不对头,应该赶快召开团员和骨干分子会,并请落纱长赵秀兰同志参加。团员和骨干分子中多是看车工,大家一致在会上反映,落纱工对我们的帮助不大够,上茅房连找个人替都没有。团支委员把这种情况向团总支汇报了,团总支书记和大家研究,决定明天把看车工和落纱工分开开会,赵秀兰和王淑美分别掌握。过去全线是在一起开会,落纱工中有七个是中老年工人,平常开会的时候不大发言,有意见要说不好意思,不说又害气得慌,这次分开来以后,大家都谈出了心中的话。……。团总支书记紧接着在第二天向大家进行补课,讲述挑战的意义,并报告了挑战以来的成绩,每个人都认识到挑战对国家的好处,越发鼓舞了大家的勇气和情绪。这时已是五月中旬了。大家的工作是那样愉快,早晨做准备工作的时候,一面唱着歌曲……"①

可能出乎所有郝建秀小组成员的意料的是,在"那样愉快"的工作氛围中,他们迎来了这次挑战与应战活动的升级:中国纺织工会全国委员会对这次活动极为重视,其办公室于1952年5月14日就此发出了《关于组织全国细纱工人向郝建秀小组应战的通知》。该通知认为:"创造科学细纱工作法的郝建秀同志所在小组,……向全国细纱工人发起了友谊的爱国增产节约竞赛的挑战。我们认为这一竞赛的开展,对进一步深入广泛推广郝建秀工作法和完成增产节约任务有很大的推动作用。"因此,该通知"特通知各级委员会立即组织各地细纱工人认真研究郝建秀小组的挑战条件,提出具体切实的以进一步推广和巩固郝建秀工作法为主要内容的竞赛条件,奋起应战,并在竞赛中建立经常的检查制度,以便在'三反'、'五反'运动的胜利基础上,在全国范围内积极开展增产节约运动,为实现毛主席增产节约的伟大号召,为超额完成纺织工业增产节约37844亿元的任务而奋斗。"②该通知的出台对这次挑战与应战活动的开展具有三点重要意义:一是能够同时提升这次挑战与应战活动的重要性;二是以这种方式通知各级委员会立即组织各地细纱工人"奋起应战",不但可能会提高各地细纱工人应战的积极性,而且会使这种应战变成了一种有组织的行为;三是可能会增加郝建秀小组和国棉六厂的相关责任与压力。

1952年6月1日出版的《中国纺织工人》在刊登上述"应战的通知"的同时,还刊登了另一份"郝建秀小组向全国细纱工人的挑战书",我们把这份挑战书称为郝建秀小组的"第二份挑战书",其全文③如下:

亲爱的全国细纱工人同志们:

"三反"运动扫清了我们增产节约道路上的障碍,大大的鼓舞了我们的生产热情。为了巩固"三反"运动的胜利成果,为了开展爱国增产节约运动,以增强祖国的国防力量和经济力量,支援中国人民志愿军,迎接全

① 《郝建秀小组向全国细纱工人挑战以来的总结》(1952年6月20日),青岛市纺织总公司档案管理中心藏,国棉六厂文书档案永久类第44卷。
② 《中国纺织工会全国委员会办公室关于组织全国细纱工人向郝建秀小组应战的通知》,《中国纺织工人》1952年第11期。
③ 《郝建秀小组向全国细纱工人的挑战书》,《中国纺织工人》1952年第11期。

国经济建设的高潮。我们小组特订出了计划,计划在年内(从五月份开始)增产棉纱318.54件,减少回丝和坏纱相当于2841斤小米的价值,我们愿以此目标和以下条件向全国细纱工人同志们提出友谊的爱国增产节约竞赛挑战。

一、积极学习郝建秀工作法,保证23支纱每锭十小时产量达到0.52磅(12.26亨司),皮辊花率不超过0.33%,空锭子不超过万分之一,每台车落纱时间不超过26秒(400锭26台,落纱工10人),执行郝建秀工作法的成绩,按青岛市郝建秀工作法统一测定评分标准平均达到96分,每月全组为国家多增产棉纱39.8175件(同一九五一年第四季比)。注:如生产任务改变为18支纱时,则18支纱每锭十小时产量达到0.714磅(13.05亨司),每月多增产棉纱30件,余同23支。

二、加强互助团结和清洁工作,坚决与节纱、夹线、羽毛纱作斗争。保证坏纱平均不超过万分之四,回丝总量每日不超过13两。

三、做好交接班工作和安全卫生工作,消灭人身与机器的事故,保证出勤率达到96%以上。

四、加强文化学习,保证全部参加速成识字法学习,争取在第三季终全组消灭文盲。

五、每周开一次检查会议,开展批评与自我批评,检查竞赛计划的执行情况。

与上述第一份挑战书的内容相比,这份(第二份)挑战书主要有以下七点变化:(1)挑战对象由"全国各棉纺织厂细纱车间同志们"变为"全国细纱工人同志们",显得更加明确了。(2)提升了这次挑战的重要意义。由"为了迎接自己的节日"升级为"为了巩固'三反'运动的胜利成果,为了开展爱国增产节约运动,……"。(3)把学习郝建秀工作法放在了第一位,并提出了"每月全组为国家多增产棉纱39.8175件"等具体的生产目标。(4)全组每日出回丝总量由"平均不超过十两"变为"不超过13两",标准有所降低。(5)竞赛的时限由一个月(五月份)延长至八个月(从五月份起至1952年底)。(6)增加了关于文化学习的具体目标。

《中国纺织工人》在刊登第二份挑战书时,并没有标明这份挑战书出台的具体时间,但考虑到它是与上述"应战的通知"同时刊登的,我们可以认为它也是1952年5月14日出台的,也即它的出台时间比第一份挑战书晚了半个月。郝建秀小组为什么会在半个月之内发出两份内容不太一样的挑战书? 我们估计,第二份挑战书是在第一份挑战书的基础上根据当时全国纺织工业生产的实际需要修改而成的,其主要修改者很可能是中国纺织工会全国委员会,或者说,这种修改很可能主要体现了中国纺织工会全国委员会的意图。如果真的如此,则可以把第二份挑战书视为该委员会以郝建秀小组的名义向全国细纱工人发出的一种号召。当然,在修改过程中,该委员会很可能和国棉六厂协商过。由于第二份挑战书所说的竞赛时限长达八个月,全国各地的应战活动应该主要是针对第二份挑战书中的挑战条件来开展的。

二　厂长、副厂长公开做检讨

上述"应战的通知"发出去半个月之后,1952 年 5 月 31 日,中国纺织工会全国委员会又发出了《关于组织郝建秀小组竞赛的指示》。该指示首先指出:"郝建秀小组的挑战,已经在纺织工业各个部门中,得到了热烈的响应。全面地深入地开展郝建秀小组竞赛,不仅对进一步推广先进生产经验起极大的作用,而且对推广增产节约运动,改进企业管理,降低成本有重大作用,这是超额完成国家生产计划和增产节约三万七千八百四十四亿元任务的重要保证。"然后,该指示提出了如下指示:"纺织工会各级组织应该有组织有计划的领导这一竞赛,把这一竞赛作为目前开展爱国增产节约运动的中心一环,通过这一竞赛,把一切工作的重点转到组织增产节约运动上来。纺织工会各级组织应大力展开宣传,广泛组织纺织工业各个部门的工人群众,认真讨论郝建秀小组竞赛的意义和研究郝建秀小组的挑战书,根据自己单位的具体情况,拟定自己的具体的应战条件,奋起应战,并向同一部门工人挑战,把竞赛全面展开起来。"该指示最后强调:"组织郝建秀小组竞赛,是纺织工会组织爱国增产节约运动的关键。纺织工会各级组织,应立即在党与地方总工会的领导下,认真研究这一指示,根据当地具体情况,做出统盘计划,有步骤有领导的通过郝建秀小组竞赛,全面开展爱国增产节约运动,改进工会工作、协助行政改进企业管理,为迎接国家大规模的经济建设做好准备工作。"[1]与上述"应战的通知"相比,该指示的内容主要有以下几点变化:(1)把针对郝建秀小组挑战的"应战"活动改为了"郝建秀小组竞赛"。(2)文件的出台者由"中国纺织工会全国委员会办公室"升级为"中国纺织工会全国委员会"。(3)对"纺织工会各级组织"提出了更加严格的要

---

[1]《中国纺织工会全国委员会关于组织郝建秀小组竞赛的指示》,《中国纺织工人》1952 年第 12 期。

求,由"特通知各级委员会立即组织各地细纱工人……奋起应战"升级为"纺织工会各级组织应该有组织有计划的领导这一竞赛"。(4)强调了纺织工会各级组织在领导这一竞赛时"应立即在党与地方总工会的领导下"进行。可以认为,该指示的出台意味着这次"挑战与应战"活动再次被升级了:不但它的重要性提高了,而且变为了有组织、有计划、有领导的以郝建秀小组的名字命名的一项竞赛活动。这么做,也意味着对郝建秀小组在各方面的表现(尤其是在完成生产计划方面的表现)提出了更高的要求。同时,也对郝建秀小组的培养者尤其是对国棉六厂的主要领导提出了更高的相关要求。

然而,天有不测风云。该指示发出去不久,国棉六厂所用的原棉成分就发生了很大的变化,致使郝建秀小组在完成原订竞赛条件上遇到了很大的困难。"6 月 9 日混棉成分开始改变,由原来全部混用不同品级的山东棉,改为掺用 15％至 75％的巴基斯坦棉。由于原棉质量的降低,直接影响到产量质量,并随之发生了一系列的变化,特别是断头率千锭时由 176.8 根,增到 285.4 根。"①考虑到郝建秀小组可能完不成竞赛条件,当时,"少数领导干部曾一度想把好纺的 18 支纱,移到该组去纺;又想把别组用的好纲领②换到郝建秀小组。但当时因为群众不满,同时领导上也发现了这一情况,就及时加以纠正,这才肃清了以前的错误思想,认真地发动小组内在力量来克服困难。"③在这种情况下,"郝建秀小组曾积极要求修订竞赛条件。当时由于行政方面没有及时根据原棉情况的变化修改行政生产计划,因而使小组竞赛条件无从修订。"④这样,就导致郝建秀小组六七月份没有完成原订条件。⑤ 这难免令作为挑战者的郝建秀小组感到尴尬,也难免令国棉六厂主要领导感到内疚和压力。

进入 1952 年 7 月以后,又发生了可能令国棉六厂主要领导进一步感到压力的

---

① 郭秀菊:《适应当前情况在现有基础上提高一步,郝建秀小组修订竞赛条件》,《青岛日报》1952 年 7 月 30 日,第 1 版。
② "纲领"疑为"钢领"。钱宝钧主编的《纺织词典》(上海辞书出版社,1991 年第 1 版,第 741 页)对"钢领(ring)"一词的解释是:"环锭细纱机和环锭拈线(丝)机的加拈卷绕机件。为一钢制圆环,环锭的'环'即指钢领,是钢丝圈运行的轨道。它随钢领板作有规律的升降,引导纱线在筒管上绕成一定形式的卷装。"——笔者注
③ 中共青岛国棉六厂总支委员会、中国纺织工会全国委员会工作组:《青岛国棉六厂是怎样培养郝建秀小组的》(1953 年 4 月),中国纺织工人社编:《郝建秀小组工作总结》,中国纺织工人社出版,1953 年,第 36 页。
④ 郭秀菊:《适应当前情况在现有基础上提高一步,郝建秀小组修订竞赛条件》,《青岛日报》1952 年 7 月 30 日,第 1 版。
⑤ 《郝建秀小组向全国细纱工人发起竞赛以来的基本情况与主要经验教训的报告》(郭秀菊执笔)(1952 年 9 月),青岛市纺织总公司档案管理中心藏,国棉六厂文书档案永久类第 44 卷。

两件事情:(1)7月2日,中国纺织工会一届四次全委会出台了《关于国营工厂工会组织爱国增产节约竞赛运动的经验》一文。该文强调:"培养典型、推动全盘是一个科学的领导方法。每个基层应培养一个或几个小组和车间作为旗帜,以创造经验带动其他前进。"文中还谈及培养典型应当注意的几个问题,强调:"对典型的选择和培养,党、政、工、团领导上应当认识一致,力量统一。""领导上对典型的培养应当贯彻始终。每一个群众运动,都应使典型前进一步,创造经验,起带头作用,必须反对忽松忽紧,前紧后松,和半途而废等偏向。"①也即该文不但强调了培养典型的重要性,而且对"领导上"应该如何培养典型提出了一些要求。(2)7月25日,中央人民政府纺织工业部、中国纺织工会全国委员会出台了《关于进一步开展郝建秀小组竞赛的联合指示》。该指示指出:"通过郝建秀小组竞赛已有力地推动了增产节约运动,不少地区和不少工厂已掀起了全面竞赛热潮,并在生产上出现了新气象,新的生产纪录和先进经验正在不断涌现。但是这一竞赛的发展还不平衡,有些地区只是发动了几个先进小组应战,还未形成为一种群众运动,有些地区竞赛虽已开展起来,但缺乏领导,陷于自流现象。"因此,该指示强调:"为了进一步全面深入地开展郝建秀小组竞赛,关键在于加强领导,各级纺织行政和工会组织必须密切配合,在党的领导下,把郝建秀小组竞赛作为目前开展爱国增产节约运动的中心环节。"②可见,该指示不但再次强调了开展"郝建秀小组竞赛"的重要性,而且强调要加强对这一竞赛的领导,尤其强调"各级纺织行政和工会组织必须密切配合"。如前所述,我国于1950年6月颁布的《工会法》第九条规定了工会的生产责任,即"保证生产计划之完成"的责任,不仅如此,它还规定了完成生产计划的基本方法——"组织生产竞赛及其他生产运动"。相应地,李立三认为,工会是工人群众自己的组织,生产竞赛是工人群众的互相竞赛,因此,生产竞赛应当由工会来领导。党和行政当然也要领导生产竞赛,但他们都需要通过工会去组织和领导生产竞赛。③由于当时的生产竞赛是由工会去组织和领导的,故在开展生产竞赛的过程中存在一个"行政"与"工会"如何配合的问题。针对这个问题,该指示给出了答案:"各级纺

---

① 《中国纺织工会一届四次全委会关于国营工厂工会组织爱国增产节约竞赛运动的经验》,《中国工会运动史料全书》总编辑委员会、《中国工会运动史料全书》纺织卷编委会编:《中国工会运动史料全书:纺织卷》上册,中国纺织出版社,1999年,第624—626页。

② 《中央人民政府纺织工业部、中国纺织工会全国委员会关于进一步开展郝建秀小组竞赛的联合指示》,《中国纺织工人》1952年第15期。

③ 《李立三在全国工会生产工作会议上的总结报告(摘要)》(1950年6月5日),中华全国总工会《中国工会运动史料全书》总编辑部编:《中国工会运动史料全书(电子版):综合卷》,中国职工音像出版社,新出音管【1997】51号。

织行政和工会组织必须密切配合"。

在上述局势下，国棉六厂厂长章若明、副厂长万程之便就"拖延修订郝建秀小组计划"之事合写了一份"检讨"，并公开发表在《青岛日报》1952 年 7 月 30 日第 1 版。该检讨全文①如下：

我们对拖延修订郝建秀小组计划的检讨

国营青岛第六棉纺织厂厂长章若明、副厂长万程之

本厂细纱车间郝建秀小组自红五月向全国细纱工人发起竞赛后，由于全组同志的努力，在五月份除了回丝一项，其他各项都超过完成了竞赛条件，产量方面也超额完成了行政计划锭扯达到 0.528 磅（按行政计划为 0.52 磅）。在六月初旬，该组仍能保持五月份的水平；中旬以后，因二十三支纱原棉成分一再变更，起初混用 25％ 的巴基斯坦棉，继改用 50％ 巴基斯坦棉，后来又增加到 75％，平均长度为三十二分之二八点二至二八点七吋，品级在次中与下级之间；此时断头率增加，粗纱供应不足，前罗拉速度乃由 227 转降低到 219 转。进入 7 月后，原棉情况继续改变，长度平均为三十二分之二七点九吋，品级为九三点九分，较六月份还低，同时长度由三十二分之二七至三一吋，参差不齐，因之前罗拉速度再度降低至 212 转。此时生活虽比较稳定，但产量则未能恢复原状，因此小组无法完成既定生产计划。而我们行政领导上也未能及时帮助他们提出修改，以致使他们在一个时间内产生了苦闷情绪，影响了他们小组和全国各先进小组的竞赛运动，这是我们应该首先负责和认真检讨的。

（一）原棉供应情况发生变化后，我们行政管理方面未能紧紧掌握原棉的长度、品级及用巴基斯坦棉之多少等变化情况，随时提出具体要求和改变生产计划，以致影响该小组生产计划的及时修订。

（二）红五月竞赛后，适值我们总结六月份工作，布置与讨论第二季度工作任务。在此期间，由于我们对于贯彻生产改革发动劳动竞赛的具体方法特别是对小组如何修订竞赛计划的问题，还未考虑成熟，因而拖延了郝建秀小组以及其他小组的竞赛计划的及时修订。

---

① 国营青岛第六棉纺织厂厂长章若明、副厂长万程之：《我们对拖延修订郝建秀小组计划的检讨》，《青岛日报》1952 年 7 月 30 日，第 1 版。

（三）最重要的原因，则是我们对郝建秀小组向全国发起竞赛后所起的作用和影响认识不足，忙于事务工作，未能想各种可能的办法，主动帮助郝建秀小组及时修改计划。郝建秀小组曾一再督促我们及时确定生产任务，而一直未能引起我们很好的重视。直到本月二十日各项工作大体布置就绪后，才开始注意到以郝建秀小组为重点的普遍修订小组竞赛计划的工作。郝建秀小组竞赛条件迟至今日才得以修正公布，这是我们对全国细纱工人与郝建秀小组的竞赛运动的一种不负责任的表现。

趁此郝建秀小组修订竞赛条件之际，我们谨向郝建秀小组及全国所有参加竞赛的单位表示歉意，并保证今后加强对郝建秀小组的领导，努力推动这一竞赛，以弥补过去的损失。

从这份检讨中，我们可以看到以下四点：一是可以看到作为挑战者的郝建秀小组所面临的压力——它自己务必"完成既定生产计划"；二是可以看到国棉六厂主要领导"主动帮助"郝建秀小组的必要性；三是可以看到国棉六厂主要领导在如何主动帮助、培养、领导郝建秀小组上所面临的压力；四是可以看到开展"郝建秀小组竞赛运动"的重要性。

与这份检讨一起刊发的还有《郝建秀小组修订的八、九月份竞赛条件》（其内容包括"计划指标"和"具体措施"）和《适应当前情况在现有基础上提高一步，郝建秀小组修订竞赛条件》两篇文章。

紧接着，1952年8月5日《大众日报》第2版也发表了国棉六厂厂长、副厂长合写的上述检讨，同时还刊登了郝建秀小组重新修订后的挑战条件，并附加了中国纺织工会全国委员会办公室写的按语。该按语强调："现在青岛国棉六厂的厂长和副厂长已对此作了检讨，并与工会一起帮助郝建秀小组按照目前原棉情况和生产情况，从实际出发修订了竞赛条件。我们认为这样作法是正确的，只有适时地修订竞赛条件，才能使郝建秀小组竞赛真正切合实际并有明确的奋斗目标，才能正确地总结竞赛成绩和巩固群众的热情，使运动更加深入地开展起来。"

此后，《中国纺织工人》1952年第16期（8月16日出版）也刊登了国棉六厂厂长、副厂长合写的上述检讨，同时还刊登了《郝建秀小组修订的八、九月份竞赛条件》《郝建秀小组为什么修订了八、九月份竞赛条件？》和《研究郝建秀小组竞赛条件的精神，进一步开展爱国增产节约运动》等文章。

在没有外力的督促下，作为国营大厂厂长、副厂长的他俩通常是不会主动写检讨的，更不会如此公开地一再检讨自己。他俩之所以那么做，应该是受到了来自国棉六厂之外的相关上级领导的压力。那么，相关的上级领导为什么要求（或授意）他俩公开检讨？对此，比较合理的解释是：主要是为了督促他俩重视对郝建秀小组的先进典型形象的维护，以便把郝建秀小组竞赛顺利开展下去。

郝建秀小组向全国细纱工人挑战以及由此掀起的应战活动与郝建秀小组竞赛活动，是当时发生在我国纺织行业的一个重要的历史事件。这个事件不但对郝建秀小组的成长具有十分重要的意义，而且对国棉六厂的发展也产生了巨大影响。

就对郝建秀小组的成长而言，这个事件的意义主要体现在以下两个方面：（1）这个事件把郝建秀小组和外界[1]更加紧密地联系了起来，从而深刻地改变了郝建秀小组在国棉六厂以及在全国纺织工业系统中的地位。从此，作为挑战者，郝建秀小组在生产劳动过程中的具体表现所产生的影响就不再主要只限于郝建秀小组所在的车间和国棉六厂，而会扩展至全国纺织工业系统。很自然地，郝建秀小组也就成为了外界有关各方高度关注的对象，同时，它也就成为了被重点帮助、培养的对象。对此，国棉六厂党委书记、厂长后来回忆说："郝建秀小组自向全国挑战以后，由于上级领导的重视，不断选派得力干部来到我厂帮助，也有不少干部长期驻到我厂工作，……。"[2]有关各方对郝建秀小组的这种高度关注和重点帮助，可能会转化为有关各方对郝建秀小组在生产劳动等各方面的表现的高度期待。这种高度期待，不但可能会促进郝建秀小组的快速成长，而且可能会转化为对郝建秀小组的主要培育者的巨大压力——他们不但要让郝建秀小组率先做到自己提出的那些挑战条件，而且还要想方设法让它继续保持先进状态。（2）这个事件不但把郝建秀小组和外界更加紧密地联系了起来，而且把郝建秀小组工人的日常生产劳动与"支援中国人民志愿军和建设伟大祖国"等国家层次上的宏大目标更加紧密地联系了起来，从而改变或拓展了郝建秀小组工人的日常生产劳动的意义。这种劳动意义的改变或拓展容易使郝建秀小组工人在日常生产劳动过程中产生崇高感和使命感，进而容易改变他们对待日常生产劳动和对待企业的态度。因此，就上述意义而言，"启发"郝建秀小组向全国细纱工人挑战，不失为一种良好的培养郝建秀小组的方式。

就对国棉六厂的发展而言，这个事件的意义或影响主要体现在以下三个方面：（1）国棉六厂作为郝建秀小组的主要培养者，它面临如何把郝建秀小组培养成为先进典型的巨大压力，它必须想方设法让郝建秀小组率先做到自己提出的那些挑战

---

[1] 这里所说的"外界"主要是指国棉六厂之外的全国纺织行业。

[2] 李克锐（时任国棉六厂党委书记）、杨琳（时任国棉六厂厂长）：《国营青岛第六棉纺织厂报告》（中共中央办公厅机要室于1956年9月6日印发），第13页，青岛市纺织总公司档案管理中心藏，国棉六厂文书档案永久类第117卷。

条件,并使之继续保持先进状态。(2)这个事件也把国棉六厂和外界(尤其是中国纺织工会全国委员会①)更加紧密地联系了起来,国棉六厂成为了外界有关各方高度关注和高度期待的对象,包括期待国棉六厂能够创造出关于培养先进典型的先进经验,并向外界传播。(3)国棉六厂当然也可以让郝建秀小组在本车间、本厂内部发挥其模范带头作用,以此来推动相关工作,比如推动下节将要论述的"改三班"工作。

 三   在"改三班"前后向全厂发起挑战

厂长、副厂长公开做了检讨之后,国棉六厂进一步加强了对郝建秀小组的领导和培养,与此同时,也进一步重视在国棉六厂内部发挥郝建秀小组的模范带头作用。比如,在"改三班"过程中,国棉六厂领导便对郝建秀小组提出了相关的要求,相应地,郝建秀小组积极响应了这些要求,前后两次向全厂发起了挑战。这种做法不但进一步培养了郝建秀小组,而且很好地在国棉六厂内部发挥了郝建秀小组的模范带头作用。

郝建秀小组所在的细纱车间原先实行两班制,分为甲班和乙班,每班工作 10 个小时。1952 年 8 月,根据上级的要求,国棉六厂决定把细纱车间的两班制改为三班制(简称"改三班")。改为三班制以后,每班工作 8 小时,这不但缩短了每班的工作时间,而且提高了设备的利用率(设备可以每天 24 小时运转),从而可以达到多产棉纱的目的。因此,这是当时我国为了增加棉纱产量而采取的一个重要举措。1953 年 12 月 23 日,《人民日报》发表社论指出:"近年来,随着我国人民物质生活的逐步改善,人民群众,特别是广大农民,对纺织品的需要量正在迅速增长……。显然,人民需要的迅速增长,已经与我国纺织工业的现状形成了很大的矛盾,如果我们不及早地来注意解决这个矛盾,那么我们就可能因为纺织品的不能充分供应而影响人民生活的改善,就可能影响到工农联盟的巩固和国家建设工作的正常进行。"那么,如何解决这个矛盾呢? 该社论强调:除了建设许多新的工厂,还需要继续发挥现有工厂的潜在能力。"事实上各地纺织工厂在现有生产水准的基础上继续提高一步的可能性是完全存在的,诸如凡尚未实行三班生产制的,可改开三班,

---

① 当时,中国纺织工会全国委员会专门派了一个工作组去国棉六厂工作。该工作组和中共青岛国棉六厂总支委员会一起撰写了《郝建秀小组工作总结》和《青岛国棉六厂是怎样培养郝建秀小组的》两篇文章。这两篇文章均收入中国纺织工人社于 1953 年出版的《郝建秀小组工作总结》一书中。

这样一般将可增加产量约百分之十五以上。"①然而，改三班意味着需要增加一个班，即增加一个丙班，可是，当时上级要求改三班要在"基本不添人"的原则下进行，也即基本上只能分别从甲班和乙班中抽出一部分工人来组建丙班。这样做，意味着改三班之后各班的人数将有所减少，这就要求必须提高看车工人的看车能力和落纱工人的落纱能力，此外，还需要进一步提高工人的出勤率，否则，就将出现人手不够的局面。当时，对于在"基本不添人"的原则下改三班，技术人员普遍信心不足，他们认为，"解放以来生产率已提高很大，潜力也已挖光"，根据本厂的机器设备条件，要改三班必须增加八百工人，至少也得增加五百工人，否则，只有停一部分车。面对这种形势，国棉六厂党委便把这项改三班的工作交给广大工人群众讨论，请大家献计献策，提出关于如何降低断头率、提高出勤率、扩大看台能力的建议。② 与此同时，国棉六厂领导也对郝建秀小组提出了相关要求：必须提高看锭能力，提高出勤率，带动全厂保证顺利完成改三班的任务。③ 郝建秀小组积极回应了国棉六厂领导对她们的要求。在改三班之前的 8 月 14 日，她们做出了如下三点"保证"并向全厂发起了挑战：

> 我们小组为改好三班、更好地开展劳动竞赛、完成生产改革和一九五二年增产节约任务，我们保证做好下列三条并向全厂发起竞赛，希全厂全体同志帮助我们提出意见完成我们大家的共同任务。1、保证以积极愉快的情绪完成改三班任务，克服一切困难，为工作的需要服从组织的分配。2、保证练好郝建秀工作法，在巩固质量的条件下提高看车和落纱能力，达到基本上不添人改好三班。3、保证按时吃饭按时睡觉，注意清洁卫生，进厂工作精神饱满，出勤率达到 95％。④

郝建秀小组的这三点"保证"抓住了改三班的要害：第一点是针对工人们不太愿意被分到丙班去而提出的。当时，工友们都不太愿意离开自己的小组和调动车档，尤其是郝建秀小组的工人，她们都觉得"离开了郝建秀小组脸上不光荣"⑤。第

---

① 《发展纺织工业，满足人民需要》，《人民日报》1953 年 12 月 23 日，第 2 版。
② 《国营青岛第六棉纺织厂厂史》第四辑上册（1949 年—1959 年）（手写稿，完成于 1959 年 8 月），第 103 页。
③ 中共青岛国棉六厂总支委员会、中国纺织工会全国委员会工作组：《青岛国棉六厂是怎样培养郝建秀小组的》（1953 年 4 月），中国纺织工人社编：《郝建秀小组工作总结》，中国纺织工人社出版，1953 年，第 35 页。
④ 《郝建秀小组的情况与主要经验教训报告提纲》之附件三，青岛市纺织总公司档案管理中心藏，国棉六厂文书档案永久类第 44 卷。
⑤ 《郝建秀小组在改三班运动中》，青岛市纺织总公司档案管理中心藏，国棉六厂文书档案永久类第 44 卷。

二点是出于技术上的考虑,因为要想在"基本上不添人"的原则下改三班,就必须提高工人的看车能力和落纱能力,这就需要"练好郝建秀工作法"。第三点的重要性也是不言而喻的:本来就人手不足,如果再有人缺勤,那就只好停车了。在改三班之前,郝建秀小组工人疾病多,出勤率比较低。为了提高郝建秀小组的出勤率,国棉六厂领导上还帮助郝建秀小组建立了生活互助组。①

郝建秀小组做出上述三点保证并向全厂发起挑战后,马上就在国棉六厂掀起了改三班前的挑战、应战热潮。② 在这个"挑战、应战热潮"中,郝建秀小组工人虚心学习多台制的巡回路线,大胆扩大看台能力,并找出了互相看车的新方法(即两人看三台,今天你看两台,明天我看两台,交替进行),结果使看台能力得到了大幅提高,给全车间细纱工友提高看台能力带来了信心。③ 后来(1952年9月25日),郝建秀小组还在信中把这一成绩报告给了给毛主席:"在整顿了工作法的基础上我们提出三项条件来向全厂发起了保证改好三班的竞赛,我们小组带头提高了看锭数,全组由平均547锭提高到757锭,保证了出勤率,完成了改三班的重大任务。"④

改三班之前,郝建秀小组看管26台细纱机,共有38名工人,其中,看车工人25名、落纱工人10名。改三班之后,郝建秀小组看管27台细纱机,共有30名成员,其中,看车工人18名,落纱工人7名。⑤ 可见,改三班之后,郝建秀小组的人数虽然减少了8名,看管的细纱机却增加了1台。

完成改三班任务之后⑥,郝建秀小组并没有放松对自己的要求。1952年9月25日,在给毛主席的信中,郝建秀小组报告了她们改三班之后在工作上的表现:"改三班以后,我们一直保证着出勤率,最近一个星期都达到百分之百,九月份平均在百分之九十六以上,大家都知道,厂里刚改了三班,又没添人,因此,谁都不肯歇工,怕厂里开不齐车。陈秀珍、赵桂兰病了,我们劝她们休息,可是,她们还是带着病来了。"她们还对毛主席说:"我们的生产上是有成绩的,可是我们并不满足。九月初我们又根据八月底改了三班的新情况,为了迎接国庆节,迎接将要在我国首都

① 中共青岛国棉六厂总支委员会、中国纺织工会全国委员会工作组:《青岛国棉六厂是怎样培养郝建秀小组的》(1953年4月),中国纺织工人社编:《郝建秀小组工作总结》,中国纺织工人社出版,1953年,第35页。
② 《郝建秀小组在改三班运动中》,青岛市纺织总公司档案管理中心藏,国棉六厂文书档案永久类第44卷。
③ 《郝建秀小组在改三班运动中》,青岛市纺织总公司档案管理中心藏,国棉六厂文书档案永久类第44卷。
④ 《郝建秀小组庆祝国庆节给毛主席的一封信》(1952年9月25日),《中国纺织工人》1952年第19期。
⑤ 《关于郝建秀小组四个月抽走五个生产骨干问题的调查》(1952年9月4日),青岛市纺织总公司档案管理中心藏,国棉六厂文书档案永久类第44卷。按:此文为时任中国纺织工会青岛市委员会主席的王伯泉写给李竹平(时任华东纺织管理局青岛分局局长)和高扬的信。
⑥ 改三班之后,细纱车间每个工作班有7个生产小组,三班(甲班、乙班和丙班)共21个生产小组。参见郭秀菊:《青岛国棉六厂细纱车间做好小组工作,全面完成生产计划》,《中国纺织工人》1953年第20期。

举行的亚洲及太平洋区域和平会议和巩固改三班的成绩,我们订出了保证出勤率,认真执行郝建秀工作法作好清洁工作,巩固看锭能力等三个条件,向全厂发起了竞赛。"[①]也即改三班之后,郝建秀小组又马上向全厂发起了第二次挑战。这次挑战不但是为了巩固改三班的成绩,而且是为了迎接国庆节和"亚洲及太平洋区域和平会议",可谓意义更加重大。

这样,在改三班前后,郝建秀小组通过两次向全厂挑战,帮助国棉六厂顺利解决了因为改三班而出现的诸多问题。国棉六厂尝到这种充分发挥典型小组的模范带头作用的甜头之后,更加重视了对郝建秀小组的培养和教育。"过去六厂虽然也曾经培养过典型小组,但多不能坚持到底,致使典型小组常常垮台。这次对郝建秀小组的培养,由于中国纺织工会全国委员会及上级党委、工会的注意和关心,由于该组向全国发起竞赛,因而加重了六厂领导上的责任。特别是通过竞赛,郝建秀小组带动了全厂超额完成国家生产计划,在改三班的几个主要问题上起了带头作用,使领导上进一步体会到培养典型的意义和作用,因而六厂的党、政、工、团便下定决心统一步调,通过各种具体工作,对该组进行了不断的培养和教育。党总支委员会指定专人经常深入小组了解思想情况和存在的问题,并与郝建秀小组建立了经常的联系。党的总支委员会更经常研究郝建秀小组的工作,针对小组情况,指出方向和解决问题的道路,使小组工作逐步提高。"[②]尽管如此,在未来的日子里,如何让郝建秀小组不断前进,对国棉六厂的主要领导来说,仍然是一个难题。

四　第一次给毛主席写信

中共青岛国棉六厂总支委员会、中国纺织工会全国委员会工作组曾于1953年4月合写了《青岛国棉六厂是怎样培养郝建秀小组的》一文。该文介绍了国棉六厂培养郝建秀小组的六点做法,其中,第一点是"领导重视,步调一致",第二点是"加强政治思想领导,提高小组的阶级觉悟"。在谈论第二点时,该文认为:"培养典型小组,首先要提高小组的阶级觉悟。国棉六厂领导上不放松任何机会对郝建秀小组进行了阶级教育。如组织她们参加了'三反'运动和'三反'以后对非工人阶级思想的检查,使她们进一步认识到资产阶级思想对国家的危害。在检查非工人阶级

---

① 《郝建秀小组庆祝国庆节给毛主席的一封信》（1952年9月25日）,《中国纺织工人》1952年第19期。
② 中共青岛国棉六厂总支委员会、中国纺织工会全国委员会工作组:《青岛国棉六厂是怎样培养郝建秀小组的》（1953年4月）,中国纺织工人社编:《郝建秀小组工作总结》,中国纺织工人社出版,1953年,第31页。

思想时,她们批判和检讨了自己的轻视劳动和羡慕资产阶级生活等非工人阶级思想。……。六厂领导组织郝建秀小组积极地参加了共产主义学习,通过学习使她们端正了对共产主义的若干糊涂观念,认识到建设共产主义社会是工人阶级的最高理想,也是工人阶级的责任,进一步明确了劳动竞赛和国家建设的关系。"该文还说:"为了加强对郝建秀小组的政治思想领导,逐步提高郝建秀小组的工作水平,六厂领导上根据郝建秀小组存在的问题,及时地、明确地指出小组在一定时期努力的方向。"①因此,郝建秀小组不但在开展劳动竞赛、完成生产计划、加强小组内部团结等方面发挥了模范带头作用,而且在政治思想方面也取得了长足的进步,发挥了表率作用,其具体表现之一就是给毛泽东主席写公开信。

在新中国成立初期,在"五一""七一""十一"和元旦等重要节日前后,《人民日报》等报刊往往会刊登一些民众写给毛主席的信。这些信的内容主要涉及三个方面:一是进行新旧对比,着重谈及现在的幸福生活和工作,向毛主席表示感谢;二是向毛主席报告自己或自己所在的工作单位所取得的成绩,以这些成绩来向毛主席献礼;三是向毛主席表示决心——表示将坚决响应毛主席的号召,再接再厉,继续奋勇前进! 1951 年 6 月 27 日《人民日报》(第 6 版)集中刊登了 14 封这样的信;几天之后,7 月 4 日《人民日报》(第 6 版)再次集中刊登了 10 封这样的信。1951 年 10 月 3 日《人民日报》刊登了著名的"马恒昌小组"写的这样的信。② 1952 年 5 月 1 日《人民日报》(第 6 版)则集中刊登了 8 封"各地工人职员"写的这样的信。

1952 年 9 月 25 日,也即在国庆节前夕,"郝建秀小组生产组长盛秀英、工会组长王秀英及全体组员"也给毛主席写了一封信,并公开发表在《中国纺织工人》1952 年第 19 期(10 月 1 日出版)。这是郝建秀小组第一次给毛主席写信。该信③正文由四部分内容组成。首先,该信谈了小组成员在"生活条件"上的变化,信中说:

先从生活条件说起吧:想起过去真是苦处说不完。就拿何秀英说吧,她是我们小组里一个看车工,有六口家,全靠她一人干工。解放前家里吃地瓜干都挺勉强,差不多得去要着吃。成年穿不上一件新衣裳,整天发

---

① 中共青岛国棉六厂总支委员会、中国纺织工会全国委员会工作组:《青岛国棉六厂是怎样培养郝建秀小组的》(1953 年 4 月),中国纺织工人社编:《郝建秀小组工作总结》,中国纺织工人社出版,1953 年,第 32—33 页。

② 《马恒昌小组写信给毛主席祝贺国庆,提前完成生产任务并创造新纪录作为献礼,决心不骄不躁继续努力进行祖国经济建设》,《人民日报》1951 年 10 月 3 日,第 2 版。

③ 《郝建秀小组庆祝国庆节给毛主席的一封信》,《中国纺织工人》1952 年第 19 期。

愁,好容易盼着开工资了,可是,物价又涨得那么厉害!拿到的钱什么事
也不顶。这会儿呢?生活比过去不知道提高了多少倍,何秀英说:"我一
个月挣六十斤苞米、二袋面,还有五十来万人民币,天天像过年一样。"我
们都和何秀英一样,再也不发愁了。物价平稳了,开了钱就打算着买件什
么样的衣服穿。我们小组平均每人都有件新列宁服。生活提高,不光是
比过去吃得好穿得好,更要紧的是精神痛快了。我们都觉得越过越年轻
了。我们还上了业余学校,文化提高了很多。刘桂芳说:"告诉毛主席吧!
解放前我一个字不识,现在都能认到五百来字了。"赵秀兰过去念了四册
书,为了吃饭、养家,才十二岁就开始干工,现在都能参加业余学校中一班
了。工厂对我们真关心,给我们盖了又大又漂亮的澡堂子,我们每人每星
期平均洗二次澡,食堂也办得那么好。还有业余休养所,营养食堂,我们
小组有十二个人被评选到营养食堂吃过饭。托儿所、子弟小学校也都扩
大了。过去女工生了孩子厂里就不要了,现在不光厂里有了三个托儿所,
连宿舍里都建立了托儿站。上班时孩子在托儿所里,下班后就到托儿站
里。保姆们像爱护自己的孩子一样看护着他们,使妈妈们能睡好觉,生产
也安心。敬爱的毛主席,这都是您给我们带来的幸福!

然后,该信谈了工人在政治地位和社会地位上的变化,信中说:

过去在厂里干工净受气。旧社会里职员瞧不起工人。在您的领导
下,他们也变了,和我们打成一片,大伙一块研究生产。我们车间的管理
员郭宗传同志常和我们一块研究少出坏纱、减少皮辊花的事。我们开会
他帮着记录,真好!过去我们捞不着学技术,封建把头压制着我们,他说:
"上来干什么就干一辈子什么。"民主改革运动后,改造了他们,大家可高
兴啦!真痛快!周惠英她们摆木管的①也能学看车了。她们学的真好,
才七、八个月就能看八百锭子了。毛主席!您领导着革命使我们得到了
解放。我们成了国家的主人,我们都不断进步着。解放以来,我们小组先
后有王秀兰、纪淑鉴、刘桂芳、于桂兰、钟桂兰、张秀兰、赵秀兰等十个人被
提拔参加了各方面的领导工作,王秀兰还当了我们车间的副主任。我们

---

① "摆木管的"是细纱车间的一个辅助工种(称为"摆管工"),其工作内容是把空的木管一盒一盒地码好并摆
放在指定区域。——笔者注

都觉得光荣,这是工人阶级的光荣! 是您给我们的光荣!

再后,该信介绍了郝建秀小组在生产劳动上的优异表现,信中说:

解放三年来,变化可大了,说三天三夜都说不完,您的恩情更说不完。怎样才能报答您的恩情呢? 我们想的很简单,就是要好好生产,把工厂办好,建设我们的国家! 一看到现在的幸福日子,想到您,我们生产的劲就更足了。红五月,我们向全国细纱工人发起了竞赛,在这一个月当中,我们为国家超额完成了四十一点九九五件棉纱。六月以后,国家改用了棉花,断头很多,不好纺,可是,我们并没有向困难低头。老大姐石秀英说:"这么点小困难都克服不了,还怎么能到社会主义呢?"通过共产主义和共产党的学习,阶级觉悟都提高了,共产主义社会的美好远景给了我们很大的力量,我们都想着它,要朝着这个方向努力。不管有什么困难,都能克服了。在生产条件较差的情况下,党领导着我们重新修订了竞赛条件,我们更紧张了。在竞赛当中,我们抓紧了执行郝建秀工作法,一个星期一检查,有执行不好和技术较差的就互相帮助。比方,……。为了搞好生产我们都团结起来了。我们还试行了小组经济核算工作,大家都学着算细账,能给国家节约一点就节约一点。在这次改三班当中,我们更紧张,先参加了郝建秀工作法整顿补课,执行郝建秀工作法好的王秀英同志还表演给大家看,我们小组抽出三个小先生下来检查,具体帮助我们纠正缺点。在整顿了工作法的基础上我们提出三项条件来向全厂发起了保证改好三班的竞赛,我们小组带头提高了看锭数,全组由平均五百四十七锭提高到七百五十七锭,保证了出勤率,完成了改三班的重大任务。改三班以后,我们一直保证着出勤率,最近一个星期都达到百分之百,九月份平均在百分之九十六以上,大家都知道,厂里刚改了三班,又没添人,因此,谁都不肯歇工,怕厂里开不齐车。陈秀珍、赵桂兰病了,我们劝她们休息,可是,她们还是带着病来了。我们的生产上是有成绩的,可是我们并不满足。九月初我们又根据八月底改了三班的新情况,为了迎接国庆节,迎接将要在我国首都举行的亚洲及太平洋区域和平会议和巩固改三班的成绩,我们订出了保证出勤率,认真执行郝建秀工作法作好清洁工作,巩固看锭能力等三个条件,向全厂发起了竞赛。

最后，该信说："现在我们又准备着订第四季竞赛条件，为了完成一九五二年的生产节约任务，为了迎接国家大规模经济建设，为了我们过更好、更幸福的日子，我们什么时候都不松劲，永远在您的领导下继续努力！"

从其内容来看，这封信首先对工人的生活条件进行了新旧对比，然后又对职员与工人之间的关系、工人的政治与社会地位等进行了新旧对比，由此得出了毛主席给广大工人带来了幸福和光荣的结论，并因此而对毛主席产生了感恩之情。那么，"怎样才能报答您的恩情呢？"郝建秀小组自问自答："就是要好好生产，把工厂办好，建设我们的国家！"在信的最后，郝建秀小组还进一步向毛主席表示了决心。由此足见郝建秀小组"全体组员"对毛主席的感恩之情和对新政权的高度认同。给毛主席写这样的公开信，充分体现了郝建秀小组在政治思想上的进步。

郝建秀小组给毛主席写信这种做法，除了公开展现郝建秀小组在政治思想上的进步以外，还可能会对郝建秀小组本身产生一种约束力，即进一步约束或引导郝建秀小组的言行，促使郝建秀小组履行自己的承诺，激励郝建秀小组再接再厉，故也可以把这种做法视为对郝建秀小组的一种培养方式。

值得一提的是，考虑到当时郝建秀小组成员的文化水平都很低，基本上都是文盲和半文盲[1]，她们是不太可能亲自写出这种文笔流畅的长信的。她们可能只是口述了该信的大致内容，然后由其主要培养者（如中国纺织工会全国委员会派往国棉六厂的工作组）代笔。

五　被评为国棉六厂和青岛市的特等模范小组

1952年8月完成"改三班"之后，国棉六厂于当年9月发动全厂职工进行了检查总结生产、评选劳动模范运动。全厂共评选出模范人物258名，占全厂职工总数4144人的6.2%；共评选出模范小组17个，占全厂小组总数200个的8.5%。其中，郝建秀等3人被评为特等劳动模范，郝建秀小组被评为唯一的特等模范小组。10月2日，国棉六厂召集全厂职工举行了庆功授奖大会。[2]在这次授奖大会上，中

---

[1] 在当时的郝建秀小组成员中，文化水平最高的可能是赵秀兰，如上述给毛主席的信中所言，她"过去念了四册书"。

[2] 中国纺织工会国营青岛第六棉纺织厂委员会：《国营青岛第六棉纺织厂一九五二年度评选劳动模范工作总结》（1952年10月15日），青岛市纺织总公司档案管理中心藏，国棉六厂文书档案30年类第27卷。

国纺织工会全国委员会文教部部长张则荪讲了话,青岛市纺织工会王延鸿也讲了话。① 由此足见中国纺织工会全国委员会和青岛市纺织工会对国棉六厂的劳模评选工作的高度重视。郝建秀小组这次被评为国棉六厂唯一的特等模范小组,这意味着,仅仅用了约8个月的时间(从1952年2月算起),有关机构就把它从一个普通的小组培养成为了国棉六厂最先进的小组。

接着,郝建秀和郝建秀小组的代表出席了于1952年10月17日至19日召开的青岛市第二届职工劳动模范代表大会。会上,郝建秀等5人被授予"特等奖",奖品为"每人脚踏车一辆,纪念册一本"。② 郝建秀小组则被评为青岛市特等劳动模范小组。③ 这是郝建秀小组首次被评为青岛市级(含)以上的先进典型。

1952年10月,郝建秀小组被评为青岛市特等劳动模范小组,这是当时的小组合影。照片中间手持"国棉六厂模范组"锦旗者为郝建秀
(此照片取自王立永的办公电脑)

---

① 参见《国棉六厂评选劳动模范工作胜利结束,郝建秀等三人被评为特等劳模》,《青岛日报》1952年10月8日,第2版。
② 《本市第二届职工劳模代表大会隆重举行授奖典礼后闭幕》,《青岛日报》1952年10月20日,第1版。
③ 参见《郝建秀小组的模范事迹》(郭秀菊整理),《青岛日报》1952年10月23日,第2版

第三章
成为"纺织工业模范单位"（1952—1953）

相应地，1952年10月23日，《青岛日报》发表了《郝建秀小组的模范事迹》一文。这很可能是重要报纸首次专门报道郝建秀小组的模范事迹。该文把郝建秀小组的主要模范事迹概括为以下四点：第一，积极响应上级号召，在完成各项中心任务中起推动作用和保证作用。第二，虚心学习先进经验，超额完成生产任务。第三，严格执行郝建秀工作法，掌握了增产节约的有力武器。第四，积极参加政治学习，为国家培养了大批干部。其中，对于第一点，该文例举了以下具体事实：

> "三反"运动中，郝建秀小组一面抽出人力到外面积极"打虎"，一面完成生产任务，保证了"打虎"和生产两条战线上的胜利。四月底，郝建秀小组首先制订了增产节约计划，向全国细纱工人发起了爱国主义劳动竞赛，获得了全国五百四十四个先进小组的热烈响应，把群众在"三反"运动中高涨的爱国热情及时地转到生产竞赛高潮中。由于这一竞赛的开展，对全国纺织业进一步深入、广泛地推广郝建秀工作法和完成增产节约计划有很大的推动作用。这次被评为三等模范小组的蓝淑美小组全体组员，都公认她们小组的进步是郝建秀小组带起来的。六月份，全市增产节约三万亿元的劳动竞赛开始后，郝建秀小组首先结合了当前生产情况，修订了增产节约计划，对全厂其他小组起了示范作用。当全厂准备改行三班制时，郝建秀小组向全厂发起了以保证改好三班制为主要内容的竞赛运动；一面又积极参加整顿郝建秀工作法的工作。看台能力由平均547锭提高到757锭，并且经常保持住98%以上的出勤率。这一竞赛运动的开展，是全厂在不添人的原则下胜利改三班的有力保证。[1]

郝建秀小组的这些模范事迹是由时任国棉六厂见习副厂长的郭秀菊整理出来的。当时，郭秀菊被责成深入郝建秀小组"具体帮助和掌握该组的情况"[2]，因此，她对郝建秀小组在生产劳动中的具体表现应该是十分了解的，她对郝建秀小组的模范事迹的概括也应该是比较全面而准确的。从中可见，在郝建秀小组的模范事迹中，最突出的一点是第一点，即"积极响应上级号召"。后来更多的事实将进一步证明：概括地讲，当郝建秀小组被作为"典型小组"加以培养以后，它在生产劳动中甚至在日常生活中最突出的先进表现就是积极响应上级号召（详见后述）。当然，

---

[1] 《郝建秀小组的模范事迹》（郭秀菊整理），《青岛日报》1952年10月23日，第2版。
[2] 山东省委工业部、山东省总工会、青岛市工会联合会工作组：《郝建秀小组在党的培养和关怀下继续前进》（1959年6月11日），青岛市纺织总公司档案管理中心藏，国棉六厂文书档案永久类第240卷。

郝建秀小组并不是天生就是这样的,它之所以能够如此,主要得益于有关机构对它的悉心培养。换句话说,郝建秀小组之所以能够积极响应上级号召,主要是有关机构悉心培养它而出现的结果。

六　第二次给毛主席写信

郝建秀小组毕竟是一个生产小组,它的先进性首先应该体现在完成生产计划上。那么,当郝建秀小组被评为国棉六厂和青岛市的特等模范小组之后,如何让它继续保持先进状态并更上一层楼?这就成为郝建秀小组的培养者需要重点考虑的一个问题。当时,他们采取的主要措施之一是进一步制订切实可行的小组生产计划,并在小组内部实行"增产节约单"和"生产进度表"。

郝建秀小组在向全国细纱工人发起竞赛以前,对讨论小组生产计划是不够注意的。发起竞赛以后,为了切实地保证完成竞赛条件,把国家计划变为群众自觉的行动,就抓住了按时制订小组生产计划这一环节。在开始制订小组计划时,由于缺乏经验,对国家要求和领导意图领会得不够,对小组的实际困难,如不团结,特别是技术水平低等情况估计不足,因而,计划订得不够科学,执行起来很费劲。后来,郝建秀小组经过了实际工作的锻炼,提高了对制订小组计划的认识,记取了教训,才逐渐地使小组计划变为全组群众切实可行的、一致的行动指标。[1]

郝建秀小组制订小组计划的过程,同时就是提高小组阶级觉悟、展开劳动竞赛的过程,就是解决小组关键问题、使小组工作不断全面提高的过程。在制订小组计划的过程中,小组不但讨论了完成国家计划的意义,提高了自己的阶级觉悟,而且认真地、全面地总结和检查了上次计划的执行情况,并根据国家要求和检查结果,找出小组存在的关键问题,针对小组的薄弱环节,研究解决的办法。因此,郝建秀小组的小组计划,不但订出了产量、质量、节约、出勤等项指标,而且根据小组当前存在的关键问题,订出了保证完成指标的具体措施计划。如:从1952年8月份到1952年底,郝建秀小组在领导上的具体帮助下,集中力量深入地进行了贯彻郝建秀工作法的工作。在这个时期,在八、九月份的计划中,小组首先强调了巡回规律

---

[1] 中共青岛国棉六厂总支委员会、中国纺织工会全国委员会工作组:《郝建秀小组工作总结》(1953年4月),中国纺织工人社编:《郝建秀小组工作总结》,中国纺织工人社出版,1953年,第7页。

和加强团结,并结合了贯彻生产改革的中心任务,逐步实行了小组"增产节约单"。①

刚开始试行"增产节约单"时,许多工人由于文化程度低,不会记录,不会算账,在实行中遇到了困难。因此小组中骨干分子分工进行帮助,经过一个月的时间,全组普遍学会了简单的记录工作,不仅在生产上收到了成绩,同时还提高了学文化的兴趣。1952年10月份正式开始实行"增产节约单",大家对此都很热心,保证能按时填好"增产节约单"。过去因为大家不懂生产效率对生产量的关系,谁也不关心生产效率的高低。经过算细账,大家懂得了生产效率的重要性,每个人都注意到控制停台时间,连换齿轮的停台时间都抓的很紧,不允许多停一秒钟。有一天,落纱时间达到47秒,超过计划7秒钟。落纱工一听说就着了急,马上开会研究原因,互相进行了批评和检讨,第二天停车时间就减到37秒,以后很少超过40秒。实行"增产节约单",能够随时发现生产中的问题,做到心中有数,及时改进工作,吸引群众参加经济核算工作,对保证按时完成生产计划起了很大作用。②

进入1953年以后,郝建秀小组面临的生产任务更加艰巨了。

1953年是我国执行国家建设的第一个五年计划的第一年,故是十分重要的一年,《人民日报》因此发表了题为《迎接一九五三年的伟大任务》的元旦社论,指出:"国家建设包括经济建设、国防建设和文化建设,而以经济建设为基础。经济建设的总任务就是要使中国由落后的农业国逐步变为强大的工业国,……。工业化——这是我国人民百年来梦寐以求的理想,这是我国人民不再受帝国主义欺侮不再过穷困生活的基本保证,因此这是我国人民的最高利益。全国人民必须同心同德,为这个最高利益而积极奋斗。""我国的工业化的速度需要大大超过任何资本主义国家所曾经历的速度,而采取苏联和各人民民主国家在工业化和工业发展过程中所采取的那种高速度。""为了实现伟大的国家建设计划,首先需要我国工人阶级的积极努力。我国的一切公私企业中的工人,工程技术人员,工业、建筑业和交通运输业管理人员,都应该广泛开展爱国主义的生产竞赛,……,为完成、提前完成和超额完成生产计划、基本建设计划和交通运输计划而斗争。"③1953年2月7日,《人民日报》再次发表相关社论,指出:"我国工业在一九五三年内将有巨大的增涨,例如生铁将增长百分之一十四,钢锭将增长百分之二十三,电力将增长百分之二十

---

① 中共青岛国棉六厂总支委员会、中国纺织工会全国委员会工作组:《郝建秀小组工作总结》(1953年4月),中国纺织工人社编:《郝建秀小组工作总结》,中国纺织工人社出版,1953年,第7—8页。
② 中共青岛国棉六厂总支委员会、中国纺织工会全国委员会工作组:《郝建秀小组工作总结》(1953年4月),中国纺织工人社编:《郝建秀小组工作总结》,中国纺织工人社出版,1953年,第9—10页。
③ 《迎接一九五三年的伟大任务》,《人民日报》1953年1月1日,第1版。

七,石油将增长百分之四十二,工具机将增长百分之三十四,烧碱将增长百分之三十一,木材将增长百分之三十八,水泥将增长百分之一十七,棉布将增长百分之一十六。这些数字说明我国工人阶级正在负担着领导全体人民逐步地实现国家工业化的伟大任务。全国工人必须万众一心,展开增加产品数量、提高产品质量、降低产品成本的生产竞赛,为完成和超额完成一九五三年的生产计划而奋斗。"①很显然,我国开始执行国家建设的第一个五年计划之后,就对作为国家的领导阶级的工人阶级及其群众组织(工会)提出了更高、更直观的要求——完成并争取超额完成国家计划。相应地,有关各方对郝建秀小组的期望和要求也进一步提高,这从下面这则报道中可见一斑。

1953 年 3 月 28 日,《青岛日报》刊登了关于郝建秀小组重新讨论生产计划、重订"爱国公约"的报道。该报道说:

> 在开始订计划的时候,由于领导上对郝建秀小组的思想领导不够,工人们存在着自满保守思想,只是照着行政上的指标,一般化的订了个计划。开始订计划时,一部分工人光是满足于过去的成就,认为去年管什么工作都跑在前头,觉得今年再没有更大的作用可起了;一部分人觉得行政上规定的质量指标太高,没法达到,出坏纱是个老问题。在这种情况下,领导上不但没有抓住自满保守思想进行教育,而且没有引导大家围绕生产关键问题,找原因想办法,只是经过组内简单的讨论之后,少数积极分子照着行政上的指标订上去了,大部分人怕计划完不成,像是背上了包袱。讨论的保证完成计划的具体措施,也只是泛泛地提出"保证执行郝建秀工作法"、"加强团结"、"照顾好职工生活"等口号,未能根据今年国家建设的需要和上半年中心工作,订出新的具体措施。

> 三月十三日,该厂党总支委员会分析研究了郝建秀小组订的计划,决定重新进行大规模经济建设和前途教育,克服领导上和这组的自满保守思想,使大家进一步认识当前的新形势和新任务,把计划订得更好。

> 厂行政领导同志在郝建秀小组的干部会议上和党员团员会议上,检讨了对国家大规模经济建设认识不足和保守自满思想。小组里的干部和党团员也开展了自我批评。……党、政、工、团小组长们又在全组会议

---

① 《坚持工人运动的正确方针,为国家工业化而奋斗——纪念"二七"三十周年》,《人民日报》1953 年 2 月 7 日,第 1 版。

上作了检查，工人们也批判了自满思想。

职工们检查了自满思想，进一步认识了订计划的重要意义后，全组便重新讨论爱国公约。……

这组由于在想出办法的基础上订好指标，因此计划不但订得切实可行，而且三月份的不少生产指标订得超过了行政的规定。①

从中可见，国棉六厂"党总支委员会"不满意郝建秀小组原订的爱国公约，于是，"决定重新进行大规模经济建设和前途教育"，相应地，从厂行政领导到郝建秀小组的干部、党员和团员，再到郝建秀小组的普通工人，都检讨或自我批评了对国家大规模经济建设认识不足和保守自满思想，这样，才终于订出了"不少生产指标订得超过了行政的规定"的"更好"的爱国公约。这种"更好"的爱国公约的订立，意味着郝建秀小组面临的生产任务更加艰巨了。"1953年国家第一个五年建设计划开始了，要求小组用提高质量、减少坏纱、扩大现有成绩的实际行动来参加国家建设。任务更加艰巨了，……"②

面对更加艰巨的生产任务，郝建秀小组进一步实行了"增产节约单"和"生产进度表"。"实行了增产节约单以后，就给实行生产进度表创造了有利的条件。生产进度表能够保证全面均衡地完成生产计划。工人们按照生产进度表订出每周、每日的具体计划，逐日实现，防止前松后紧的不正常现象。全组工人保证在红五月中充分发挥生产进度表的优越性。正像工人周惠英所说的：'增产节约单和生产进度表……是专治对生产心中无数和前松后紧的好药方，有了它我们就能保证生产计划全面、均衡地完成。'"③

这样，在1953年上半年，郝建秀小组再次取得了优异的生产成绩。于是，在"七一"前夕，郝建秀小组又给毛主席写了一封信——向毛主席报告小组的工作。这封信被发表在《中国纺织工人》1953年第13期④，其全文内容如下：

敬爱的毛主席：

---

① 民生：《郝建秀小组工人克服自满保守思想，订好了上半年的爱国公约》，《青岛日报》1953年3月28日，第2版。

② 中共青岛国棉六厂总支委员会、中国纺织工会全国委员会工作组：《郝建秀小组工作总结》（1953年4月），中国纺织工人社编：《郝建秀小组工作总结》，中国纺织工人社出版，1953年，第8页。

③ 王凤海：《郝建秀小组送给"五一"的礼物》，《青岛日报》1953年5月1日，第2版。

④ 《庆祝"七一"郝建秀小组向毛主席报告工作》，《中国纺织工人》1953年第13期（7月1日出版）。

在庆祝我们伟大的党诞生三十二周年的时候,我们全组工友谨向您致以热烈的崇高的敬礼!

我们小组是在党的培养下成长起来的。现在,我们以无比兴奋的心情向您报告我们小组的工作:

1953年1月至5月,我们小组月月都全面地完成了国家交给的生产任务。产量:五个月平均二十三支经纱每锭时0.0532磅,超过计划1.06%;三十二支售纱每锭时0.0336磅,超过计划1.45%。皮辊花率:五个月平均二十三支0.6%,比计划低1.64%;三十二支0.75%,比计划低6.25%。坏纱:五个月平均二十三支全组每天36.31只,比计划少17.66%;三十二支每天3.85只,比计划少58.6%。出勤率:五个月内平均每月98.47%。

我们小组大多数是青年工人。我们组织青年工人向老工人学习技术,并组织全组工友在学习与执行先进工作法中提高了自己的技术水平和操作熟练程度。1952年1月,我们全组平均看锭是450枚;1953年5月,我们全组平均看锭已提高到了891枚。其中有9个人已经能看一千枚锭子了。

在提高生产的基础上,我们小组工人的生活也在不断地改善:现在已有13个人买了新手表,24个人每月参加有奖储蓄;24人参加了业余文化学习。我们小组的郝建秀在去年到山东大学附设工农速成中学去读书了。这样幸福的生活是党和毛主席给我们的。

敬爱的毛主席,我们小组在党的领导下作出了一些成绩,但是比起祖国对我们的要求来还差的很远。我们决不骄傲自满,我们要虚心学习各地纺织工人的先进经验,加倍努力,进一步提高政治水平、技术水平和文化水平,为继续提高质量、保证产量、减低成本,全面完成国家计划,为实现国家的工业化和逐步过渡到社会主义社会而奋斗。

敬爱的毛主席,我们祝您身体健康!

中国共产党为岁!

毛主席万岁!

郝建秀小组全体工人
一九五三年六月二十一日

7月12日,中共中央办公厅秘书室给郝建秀小组回了信。8月4日《青岛日报》刊登了相关报道,该报道说:"今年七月一日党的生日,郝建秀小组给毛主席写了一封信,向毛主席报告一年来的生产情况。7月22日,她们接到了中共中央办公厅秘书室的回信,大家高兴得跳起来,一遍又一遍地读着这封信。"接着,该报道转发了这封回信的全文:

郝建秀小组全体同志:

七月一日由中国纺织工人社转来致毛主席的信已经收到了。祝贺你们按月全面地完成了国家的生产任务。希望大家进一步团结起来,努力学习,加强劳动纪律,提高生产质量,为争取更高的生产记录而奋斗。

祝你们健康

中共中央办公厅秘书室

一九五三年七月十二日

该报道还说:

这天下班,大家就凑在一块开了个座谈会。刘桂花说:"以前我还挺注意组里的生产情况,最近松了一些劲,现在想起来是不对的,毛主席和党中央多么关心我们,我们要抖起精神来干啊!"这次,全厂在进行今年上半年评模时,郝建秀小组又被评为一等模范小组,但是这半年来,这个组进步得还不够快,还存在着一些缺点。所以,在座谈会上,生产组长盛秀英就说:"党中央嘱咐我们要进一步团结起来,提高生产质量,但是我们小组的批评与自我批评还没开展好,还不能及时暴露缺点,这怎么能提高工作呢?今后一定要大胆开展批评与自我批评,才能进一步搞好团结,搞好生产。"接着,大家相互展开了批评,批判了松劲思想,并且对行政上、工会上提出了一些意见。最后,工会小组长王秀英说:"我们有信心照着党中央的嘱咐去做,继续保持郝建秀小组的光荣称号,在国家大规模经济建设中,更好地发挥作用。"①

毫无疑问,中共中央办公厅秘书室的这封回信,对郝建秀小组来说,既是一种鼓舞,也是一种鞭策。

---

① 《中共中央办公厅秘书室的回信鼓舞了郝建秀小组全体工人》,《青岛日报》1953年8月4日,第2版。

七 被评为"纺织工业模范单位"

如果说中共中央办公厅秘书室给郝建秀小组回信是一件令"大家高兴得跳起来"的喜事,那么,接着郝建秀小组又迎来了另一件喜事——被评为"纺织工业模范单位"。

1953年3月,中国纺织工会全国委员会商得中央纺织工业部的同意,决定在本年召开的中国纺织工会第二次全国代表大会上,奖励纺织工业全国劳动模范以扩大影响,进一步推进纺织生产。在请示政务院与全总批准后,中国纺织工会全国委员会与中央纺织工业部于3月18日发出了"关于总结、评选推广郝建秀工作法、一九五一织布工作法的模范及其他部门创造与推广先进经验的模范的联合通知",并附发了"评选纺织工业全国劳动模范的条件"。① 该通知要求"各省、市应于5月底以前评选出全国模范候选名单,连同模范事迹分别呈报中央纺织工业部和纺织工会全国委员会,以便中纺部和全委会于6月内审查评定。"②这次评选工作进展顺利。在1953年8月召开的中国纺织工会第二次全国代表大会上,中央人民政府纺织工业部、中国纺织工会全国委员会如期举行了授奖仪式,郝建秀被授予"纺织工业全国劳动模范"荣誉称号,郝建秀小组则被授予"纺织工业模范单位"荣誉称号。③ 郝建秀小组还被授予一面写有"永远发挥火车头的作用"字样的红色锦旗(详见下图)。④ 这意味着,仅用了大约一年零4个月的时间(从1952年2月算起,截至1953年5月),有关机构就把郝建秀小组从一个普通的小组培养成为了"纺织工业模范单位",也即"全国模范小组"⑤。

---

① 参见《中国纺织工会全国委员会分党组为评选纺织工业全国劳动模范的工作情况给全总党组并中央的报告》(1953年6月9日),《中国工会运动史料全书》总编辑委员会、《中国工会运动史料全书》纺织卷编委会编:《中国工会运动史料全书:纺织卷》下册,中国纺织出版社,1999年,第104页。

② 《纺织工业部、纺织工会全国委员会关于总结、评选推广郝建秀工作法、一九五一织布工作法的模范及其他部门创造与推广先进经验的模范的联合通知》,《中国工会运动史料全书》总编辑委员会、《中国工会运动史料全书》纺织卷编委会编:《中国工会运动史料全书:纺织卷》下册,中国纺织出版社,1999年,第103页。

③ 参见《纺织工会二次全国代表大会闭幕,通过陈少敏的报告,选出纺织工会第二届全国委员会》和《纺织工会第二次全国代表大会上,举行纺织工业劳动模范、模范单位授奖仪式》,《青岛日报》1953年8月13日,第1版。

④ 关于这次评选的具体过程与评选结果,详见《中央人民政府纺织工业部、中国纺织工会全国委员会评模委员会关于评选奖励纺织工业劳动模范的报告》,《中国纺织工人》1953年第17期。

⑤ 在当时的相关文件中,这次被评选为"纺织工业模范单位"的小组也被称为"全国模范小组"。

郝建秀小组获得的"永远发挥火车头的作用"锦旗
（此照片由郝建秀小组原组长姜玲提供）

　　郝建秀小组这次被评为"纺织工业模范单位"，至少具有以下两点重要意义：首先，如国棉六厂书记李克锐、厂长杨琳所言：这证明郝建秀小组已由一个一般的小组提高到一个先进小组了。[①] 其次，郝建秀小组被授予一面写有"永远发挥火车头的作用"字样的红色锦旗，从此，新闻媒体宣传报道郝建秀小组的模范事迹或它发

---

① 李克锐（时任国棉六厂党委书记）、杨琳（时任国棉六厂厂长）：《国营青岛第六棉纺织厂报告》（中共中央办公厅机要室于 1956 年 9 月 6 日印发），青岛市纺织总公司档案管理中心藏，国棉六厂文书档案永久类第 117 卷。

挥的模范带头作用时,往往就特别强调它发挥了"火车头的作用"。相应地,"永远发挥火车头的作用"也就成为了有关各方对郝建秀小组的一种期盼。

八　团结教育进步慢的工人

郝建秀小组被评为"纺织工业模范单位"之后,我国对工业发展尤其是对纺织工业的发展速度提出了更高的要求。

1953年8月28日,中共中央发出了《关于增加生产、增加收入、厉行节约、紧缩开支、平衡国家预算的紧急指示》,指出:"根据最近全国财经会议的检查,由于今年财政部门的错误所造成的财政预算收入上的虚假现象,由于对建设工作缺乏经验而产生的贪多冒进的偏向,以致在今年的财政收支问题上发生了严重的赤字。……,今年收支相抵,赤字约为二十一万五千亿元。这说明今年财政上的问题是很严重的。""这种情况,加上今年上半年有些工业生产部门的计划完成得不好,农业因春季中部地区的霜灾和最近时期的南旱北涝等灾害所造成的减产,以及国营企业的利润没有完成计划而益形严重。"因此,该指示强调:"尽一切可能超额完成国家计划,增加收入,厉行节约,紧缩开支,平衡国家预算,就是当前全党在财政经济工作方面最迫切的任务。"[①]

几天之后,配合上述紧急指示,《人民日报》发表了相关社论,也指出:"今年是我国第一个五年计划的头一个年度。完成今年的计划,无论对于我国当前的和长远的建设事业来说,无论对于国内外的影响来说,都是有极其重大的意义的。因此,必须增加生产、增加收入、厉行节约、紧缩开支,以保证国家计划胜利地、超额地完成。"[②]

相应地,全国总工会于9月15日出台了《关于进一步开展增产节约劳动竞赛保证全面地完成国家生产计划的紧急通知》。该通知也指出:"1953年已过去近四分之三,许多繁重任务须在第四季度完成,时间十分紧迫。同时,今年由于某些地区遭受灾害,使农业生产不能达到预定的产量,这就更加重了增产节约的重要性。因此,工会各级组织必须教育全体工人、技术人员、职员充分认识这一问题的严重

①《中共中央关于增加生产、增加收入、厉行节约、紧缩开支、平衡国家预算的紧急指示》(1953年8月28日),中央档案馆、中共中央文献研究室编:《中共中央文件选集(1949年10月—1966年5月)》第十三册,人民出版社,2013年,第239—245页。
②《增加生产、增加收入、厉行节约、紧缩开支、超额完成国家计划》,《人民日报》1953年9月6日,第1版。

性,紧急动员起来,增加生产,厉行节约,保证全面完成并争取超额完成国家计划,把这作为自己的当前的首要任务。"①

接着（9月21日）,纺织工业部、纺织工会全国委员会出台了《关于增加生产、厉行节约的联合指示》。在增加生产方面,该指示具体地提出:"棉纺织工业主要的是努力增加生产,提高质量,降低成本,国营棉纺织业除补足因改线锭及提高纱支而减少的2万件棉纱外,并再增产棉纱2万件,棉布73万匹。"②

与此同时,中国纺织工会全国委员会还出台了《关于开展增产节约劳动竞赛,保证全面完成和超额完成国家计划的号召》,强调:"我们纺织工业担负着为实现国家工业化积累资金和满足人民衣着需要的光荣任务。纺织工业生产计划能否全面地完成,对国家建设和人民生活都有很大影响。……。我们纺织工人应当充分认识增产节约的重要意义,紧急动员起来,响应中央关于'增加生产、增加收入、厉行节约、紧缩开支、超额完成国家计划'的伟大号召,……,保证全面地超额完成1953年的国家计划。国营棉纺织职工,应在完成今年国家计划的基础上,以增产补足因改线锭及提高纱支而减少的2万件棉纱外,并再超计划增产棉纱2万件,棉布73万匹。"为了保证增产节约任务的完成,该号召分别向纺织运转工人们、保全工人们、纺织机械、针织工人们、毛、丝、印染工人们、麻纺织工人们、基本建设工人们、技术人员们、管理人员们、医务人员们、炊事人员们、保育人员们、职工家属们等一一发出了号召。③

在上述"紧急指示""紧急通知""联合指示"和"号召"等的综合作用之下,国棉六厂制订了1953年第四季度的《增产节约计划》,该计划中的"第四季产值和产量预计完成的依据和主要措施"共有5点,分别为:

（1）响应上级增加生产、增加收入、厉行节约、紧缩开支的号召,广泛深入动员群众克服薄弱环节、解决关键问题、发挥潜在力量、提高效率并

---

① 《关于进一步开展增产节约劳动竞赛保证全面地完成国家生产计划的紧急通知》（1953年9月15日）,中华全国总工会《中国工会运动史料全书》总编辑部编:《中国工会运动史料全书（电子版）:综合卷》,中国职工音像出版社,新出音管【1997】51号。

② 《纺织工业部、纺织工会全国委员会关于增加生产、厉行节约的联合指示》（1953年9月21日）,《中国工会运动史料全书》总编辑委员会、《中国工会运动史料全书》纺织卷编委会编:《中国工会运动史料全书:纺织卷》下册,中国纺织出版社,1999年,第46—48页。

③ 详见《中国纺织工会全国委员会关于开展增产节约劳动竞赛,保证全面完成和超额完成国家计划的号召》（1953年9月21日）,《中国工会运动史料全书》总编辑委员会、《中国工会运动史料全书》纺织卷编委会编:《中国工会运动史料全书:纺织卷》下册,中国纺织出版社,1999年,第48—50页。

合理调整机器速度以提高产量。

（2）在第三季末期开展质量运动的基础上，严格贯彻技术措施，提高产品质量，减少差异率，使各工程牵伸正常条干均匀，大力巩固和降低断头率。

（3）提高保全工作效率，推行1953保全工作法，在保证机器保养检修质量的前提下，提高运转率。

（4）加强计划管理，加强小组工作，试行和逐步推广作业计划来保证均衡地全面地完成计划。

（5）经常检查和整顿郝建秀工作法、1951织布工作法，减少空锭，减少■①动和停台，加强巡回和清洁工作，防止拆大布，提高效率。②

那么，在落实上述措施的过程中，郝建秀小组又是如何表现的？对这个问题的回答，我们不妨看看组里"进步慢的工人"王×兰把皮辊花带回家去的过程：

组里王×兰是个青年工人，过去摆木管，改三班后才下来看车。王×兰在生产上比较落后，好玩，睡不好觉，进厂就打盹放大花。后来不叫她看车，要她下来帮接头，她还是不好好干，有时成半天找不着她。有的工人说："干脆撵她出去算了。"……，在这种情况下，领导上给小组指出了方向，要求小组首先克服撵王×兰走的思想，应以高度阶级友爱的精神，像亲姐妹似地关心她，耐心帮助她提高阶级觉悟，并帮助她解决具体困难。经过领导上的帮助，小组深入地调查了王×兰的出身、家庭情况、具体困难和要求。原来王×兰是个孤儿，三岁时就死去了父母，后来被卖给人家作养女（其实是丫头）。……。解放后，她被送进厂里做工，……。为了帮助王×兰进步，党和青年团小组专门分工党员宗瑞兰和团员栾淑英去具体帮助她。……。还指定工会组长王秀英帮助她提高技术和工作法。这样王×兰已经开始转变。（1953年）八月份和九月上半月的计划都完成了，在生活上也比过去好些，和小组的人也团结好了。③

---

① 此字模糊不清，疑为"机"。——笔者注
② 《国营青岛第六棉纺织厂增产节约计划》，青岛市纺织总公司档案管理中心藏，国棉六厂文书档案永久类第58卷。
③ 《郝建秀小组完成生产计划的经验（续完）》，《青岛日报》1953年10月20日，第2版。

第三章
成为"纺织工业模范单位"（1952—1953）

然而,进入 1953 年 10 月份以后,随着"增产节约"运动的深入,尤其是实行"作业计划"之后,王×兰就又跟不上形势了,以至于产生了藏白花(皮辊花)现象。

郝建秀小组在 1953 年第四季度实行作业计划以来,对小组计划抓得特别紧,特别是抓了个人计划。全组的奋斗目标是按日完成小组计划,要求每人必须保证做到按日完成个人计划。王×兰由于技术水平低,又加上个人的恋爱问题,在工作上思想不集中,以致经常完不成自己的生产计划,小组常对她进行批评。她个人皮辊花出得多时,怕受小组的批评,就产生了藏白花现象。在 10 月份曾藏过 3 次,有两次是藏在自己的车底下,被落纱工仇兰英发现了以后,又告诉了全组,在下班后对她进行了教育,同时告诉她:我们是模范组,每个同志应该正确地用自己的努力,实事求是地完成个人计划,决不要用些不正当的手段。当时王×兰同志承认了自己的错误。过了十几天,她又拿了一把白花给大组放在油花里,被大组的同志看见了,向她提出了批评。虽然小组对她进行了一些教育,但在方法上也有些缺点,批评多甚至不是批评而是训斥,没有具体地帮她解决思想上的问题,小组对她批评得越多,而在她思想上对小组就更有意见,造成了对立。

在十月份为便于进一步开展劳动竞赛,行政方面决定调整小组的劳动组织,当时全组一致的意见要将王×兰调出组去,团员王素娥说:王×兰在咱们组使得全组永远搞不好。由于小组对她这种态度,促成王×兰对小组更有意见。在十一月三十日(本日星期六),她把一两多白花放在工作饭单①口袋内带回家去(她住在单身宿舍内),到第二天,适纺一第一组团员在王×兰房间内开会,其中有一个团员看到了王×兰同志的饭单,经解开后看见口袋内有白花。散会后,就告诉了郝建秀小组的党的小组长宗瑞兰同志。经给王×兰提出批评后,王×兰不承认错误。她说:拿回家去还有什么关系?

郝建秀小组在十二月十四日召开了全组会议,在会上大家对王×兰进行了进一步的批判、帮助和教育。小组中的干部在会议上向大家做了检讨,并承认过去对王×兰同志教育和帮助不够,使她犯了严重的错误(藏白花)。通过这次会议,不但对王×兰同志是直接的帮助,对其他同志

---

① "工作饭单"的含义不明,但原文如此。——笔者注

也是一次很大的教育。在会上,大家提出在十一月份全面完成了小组计划所得到的一面红旗是不应该的(因为王×兰藏白花),大家一致自动提出取消本组红旗资格,并主动交出了红旗。工会组长代表小组在全车间大会上做了检讨,并向行政提出要求:把王×兰撤换下来(不看车),让她摆木管。经行政同意,现在王×兰已下来做摆木管的工作了。①

从上述引文中,我们不只是看到了"王×兰把皮辊花带回家去的过程",还可以得出以下3个方面的初步结论:

(1) 关于当时国棉六厂落实其"增产节约计划"的大致氛围:进入1953年第四季度以后,也即国棉六厂开始落实其"增产节约计划"以后,郝建秀小组实行了作业计划,特别是抓了个人计划,全组的奋斗目标是按日完成小组计划,这要求每人必须保证做到按日完成个人计划。当时要做到"按日完成个人计划"很可能并不是一件容易做到的事情,因此,技术水平低、在工作上思想不集中的王×兰就经常完不成自己的生产计划。这说明:国棉六厂开始落实其"增产节约计划"以后,工人尤其是郝建秀小组的工人的生产任务又加重了。

(2) 关于进步慢的工人的处境:王×兰经常完不成自己的生产计划,这可能会导致她所在的郝建秀小组也难以完成全组的生产计划,这样,就会影响到郝建秀小组的先进典型形象的保持,故"小组常对她进行批评"。由此可知,王×兰在完成自己的生产计划上是面临很大的压力的。为了缓解这种压力,她便一而再、再而三地藏白花。可是,她每次藏白花都未能得逞——都被别人发现,并且都被批评教育。这种情形的出现,意味着王×兰已陷入了两难困境:如果不藏白花,她可能会因为完不成生产计划而被批评;如果藏白花,她也可能会被别人发现而被批评。由此可知,像王×兰这样的进步慢的工人在郝建秀小组这样的先进小组里的处境是比较艰难的。

(3) 关于郝建秀小组对其先进典型形象的维护:郝建秀小组之所以要批评王×兰未能完成自己的生产计划或藏白花,主要目的之一是维护本组的先进典型形象。后来,郝建秀小组主动提出取消本组红旗资格,并主动交出了红旗,这也是一种维护其先进典型形象的做法。郝建秀小组为了保持住自己的先进典型形象,当然是不希望像王×兰这样的进步慢的工人出现在本组的,故希望"撵她

---

① 《郝建秀小组在第四季度十一月份因工人王×兰把皮辊花带回家去的过程》(1954年1月14日),青岛市纺织总公司档案管理中心藏,国棉六厂文书档案永久类第105卷。

出去"，但领导上不同意这样做。其实，这也是"领导上"维护郝建秀小组的先进典型形象的一种做法。再后来，工会组长向行政提出要求：把王×兰撤换下来（不再看车），让她摆木管。行政同意了郝建秀小组的要求。行政的这种做法，不但化解了王×兰的两难困境，而且清除了郝建秀小组内部的一个"拖后腿"的因素，因此，我们也可以把这种做法视为对郝建秀小组的先进典型形象的一种维护。

解决了王×兰的问题（不让她看车）之后，郝建秀小组又面临了新的工业生产形势和"光荣而艰巨的任务"。

九　第三次给毛主席写信

1953 年 12 月 13 日，《人民日报》发表了题为《工人们！为实现社会主义工业化而奋斗！》的社论。该社论首先指出："有着光荣革命传统的伟大的中国工人阶级，在战胜了强大的敌人，取得了全国胜利以后，在中华人民共和国成立以后的三年中间，胜利地恢复了全国的工业。……。这说明了在国家经济的恢复和发展过程中，工人阶级出了最大的力量，作了最大的贡献，在全国人民面前显示了自己确实不愧是国家的领导阶级和国家企业的主人。"接着，该社论又指出："现在，更重大的任务摆在我们的面前。我们工人阶级的先锋队——中国共产党号召我们，要在我们这一代的手里把社会主义社会在中国建立起来。并且指出，要达到这一目标，最主要的条件就是实现国家的社会主义工业化。""要实现国家的工业化，就必须建设许多新的工厂、矿井、电站，就必须进一步挖掘现有企业设备的潜在能力，提高现有企业的生产。这一切，都必须通过我们工人的双手才能完成。因此，建立社会主义社会这一历史使命，主要地就落在了我们工人的肩上。这个任务是十分伟大，十分光荣的。"该社论还指出："从现在起，到实现国家的工业化，并不是一段平坦的路，而是一个艰苦的斗争过程。"在列举一些需要克服的主要困难之后，该社论自问自答："要克服这些困难，实现国家的社会主义工业化，我们工人应该具体地从哪些方面着手呢？首先，也是最主要的，就是全面地完成和争取超额完成国家的计划。因为，国家社会主义工业化的基本要求，具体体现在国家长期的和年度的计划里面。国家的计划，又分配给各个企业，变成了企业的具体计划。这个计划，就是我们每个工人奋斗的具体目标。"该社论最后指出："发挥高度的积极性和创造性，全面完成和争取超额完成国家的计划，努力学习技术，以适应国家建设的要求；提高阶级觉悟,使个人利益服从国家利益,眼前利益服从长远利益;这就是我们工人阶级为实现社会主义的国家工业化而斗争的具体途径。"①

　　具体到纺织工业,1953 年 12 月 23 日,《人民日报》发表了题为《发展纺织工业,满足人民需要》的社论,指出:"我国纺织工业四年来虽然有了相当的发展,但是对于我们这样一个拥有五亿以上人口的大国来说,却仍然是不相适应的。……。苏联在一九二八年时,也就是第一个五年计划的第一年,棉织品的产量全国平均每人每年约为 20.1 公尺,而我国今年的产纱量全以织物计算,每人平均还只能达到 9 公尺,比二十五年以前的苏联相差一倍多。这也就是说:我国纺织工业还远远不能适应我国这个占有世界四分之一人口的巨大市场的需要。……。显然,人民需要的迅速增长,已经与我国纺织工业的现状形成了很大的矛盾,如果我们不及早地来注意解决这个矛盾,那么我们就可能因为纺织品的不能充分供应而影响人民生活的改善,就可能影响到工农联盟的巩固和国家建设工作的正常进行。"那么,如何解决这个矛盾呢? 该社论继续指出:"这就是在保证主要力量建设重工业的前提之下,同时必须相应地发展纺织工业。为此,国家已决定在第一个五年计划期间,拨出相当比重的资金,迅速的发展纺织工业。在完成了这个建设计划之后,我国棉纺织工业设备将比现在增加百分之五十以上,毛、丝、麻等纺织工业亦将有一个适当的增长。这是一个十分英明的措施。这对于全国人民是一个重大的喜讯。对于全体纺织工业工作者来说,是一项光荣而艰巨的任务。"该社论最后强调:"纺织工业所担负的任务是重大的,纺织工业部门的全体职工和领导干部,必须努力提高自己的政治思想与技术业务水平,克服保守思想,不要为已经取得的若干成绩而骄傲。应当继续努力寻找窍门,挖掘潜力,提高企业管理水平,进一步提高劳动生产率,以增加产量、提高质量、降低成本,为完成增产节约计划,迎接新的建设任务而奋斗。"②

　　面对这项"光荣而艰巨的任务",在新年(1954 年)到来之际,郝建秀小组又给毛主席写了一封信——向毛主席报告一年来的进步并向毛主席表示决心。1954 年 1 月 1 日《青岛日报》刊登了该信全文。③ 该信首先向毛主席报告了小组在完成生产任务方面取得的优异成绩,信中说:"一九五三年,我们小组全面地完成了国家交给我们的生产任务,并且提前十六天超额完成了全年生产计划。"然后,向毛主席报告了小组在生活上的变化,信中说:"在这一年中,我们小组的郝建秀同志到北京人民大学附设工农中学念书去了,王淑美同志当选了区人民代表大会代表,大家参

① 《工人们! 为实现社会主义工业化而奋斗!》,《人民日报》1953 年 12 月 13 日,第 1 版。
② 《发展纺织工业,满足人民需要》,《人民日报》1953 年 12 月 23 日,第 2 版。
③ 《郝建秀小组工人在新年前夕写信,向毛主席报告一年来的进步》,《青岛日报》1954 年 1 月 1 日,第 1 版。

加了业余文化学习,提高了文化。……。小组同志有的同志住上了国家盖的新宿舍,在生产发展的基础上,在国家不断的关怀下,我们生活都有显著的提高。"最后,向毛主席表示了决心,信中说:

> 敬爱的毛主席！我们小组每个同志,都热乎乎地想和您说心里话:是党和您领导着中国工人阶级和全国人民从过去的苦难日子里斗争出来。四年多啦,我们每个人都感到自己已经变成了新人,生产得更有劲啦,特别是最近学习了党和国家在过渡时期的总路线总任务以后,心里更亮堂了。老工人马兰芬和盛秀英都说:"总路线和毛主席,就像一盏灯在前面照着路,我们一定继续努力,团结一致,加紧学习文化、政治、技术和各地纺织工人的先进经验,争取达到更高的生产记录。"这也是我们小组大家的决心,并向您提出保证:我们一定响应祖国和您的号召,为实现我国的社会主义工业化,使全国人民能过长远的幸福生活,而继续艰苦奋斗,进一步开展增产节约运动,创造更多的财富,积累更多的资金,为早日过渡到社会主义社会而奋斗!

这样,在不断响应上级号召的忙碌之中,郝建秀小组度过了它成立之后的最初两年。概括前面的叙述可知,在这两年里,郝建秀小组积极响应了来自上级的四次号召:一是在1952年4月至5月,积极响应上级号召,"向全国细纱工人发起了友谊的爱国增产节约竞赛的挑战";二是在1952年8月至9月"改三班"的前后,两次向全厂发起了相关劳动竞赛之挑战;三是进入1953年以后,也即我国开始实施国家建设第一个五年计划之后,面对更加艰巨的生产任务,郝建秀小组重订了"爱国公约",提高了小组的生产指标;四是进入1953年9月以后,面对中共中央的"紧急指示"、全国总工会的"紧急通知"以及纺织工业部与纺织工会全国委员会的具体指示和号召,郝建秀小组又进一步采取了相关措施来"保证全面地完成国家生产计划"。当然,郝建秀小组的这种积极响应是在有关机构的具体领导和具体帮助下进行的,这其实也是有关机构培养郝建秀小组的一种基本方式。这样,郝建秀小组在积极响应上级号召的同时,也得以迅速成长。

后来(1956年),国棉六厂党委书记、厂长在回忆这两年的盛况时说:"当郝建秀小组最先向全国发起挑战的时候,外地到小组帮助工作的,体验生活的(最多时曾有不同机关的三人同在),来采访消息的,学习经验的,拍电影的,照相片的等等,真可说熙熙攘攘,络绎不绝,那时在报纸上(主要是地方报纸),我们也常常可以看到郝建秀小组的消息,有是生产上的,有是学习上的,也有是生活上的,总之,都是成功的经验,没有失败的教训,真可说轰轰烈烈,风行全国。"①

然而,进入 1954 年以后,这种盛况就不复存在了(详见下章)。

①　李克锐(时任国棉六厂党委书记)、杨琳(时任国棉六厂厂长):《国营青岛第六棉纺织厂报告》(中共中央办公厅机要室于 1956 年 9 月 6 日印发),第 15 页,青岛市纺织总公司档案管理中心藏,国棉六厂文书档案永久类第 117 卷。

两次被调查（1954—1957）

从上一章的论述可知,自从1952年4月底向全国细纱工人发起挑战之后,郝建秀小组就进入了一种被有关各方大力培养和被有关媒体大力宣传报道的状态之中,从而迅速地成为了全国知名的先进典型。然而,进入1954年以后,这种盛况就不复存在了,相应地,郝建秀小组也变得平庸起来。国棉六厂党委书记、厂长后来(1956年)回忆说:"但从1954年以来又一反过去情况,到郝建秀小组帮助工作和体验生活的等等基本上绝了迹,偶尔来几人多半是检查问题的,而且行色匆匆,一去不返,更奇怪的是报纸上从此也看不到郝建秀小组的消息——成功的经验自然没有,而失败的教训也找不到。""该组近两年来在每次评选模范中虽然每次挂名,但事迹并不突出,而且还是逐步下降的。如1954年本厂共评选过两次模范,第一季度该组被评为一等模范组,第四季度被评为二等模范组,1955年该组虽为细纱车间三个先锋工区之一,但成绩一般而未能出席本市先进生产者代表会议,这一事实说明郝建秀小组是从先进水平又降到了一般的水平。"①不过,从郝建秀小组的实际发展历程来看,郝建秀小组的培养者并没有听凭郝建秀小组这样平庸下去,而是一再对它存在的问题进行了调查研究,并采取了相应的培养对策,从而使它逐渐从平庸中走了出来。

一　订立春节回乡公约

进入1954年以后,虽然有关各方大力培养和宣传郝建秀小组的盛况不再,郝

---

① 李克锐(时任国棉六厂党委书记)、杨琳(时任国棉六厂厂长):《国营青岛第六棉纺织厂报告》(中共中央办公厅机要室于1956年9月6日印发),第12、15页,青岛市纺织总公司档案管理中心藏,国棉六厂文书档案永久类第117卷。

建秀小组在完成生产计划上的表现逐渐趋于平庸,但在进入这种状态之初,在国棉六厂党总支和工会的帮助下,郝建秀小组再次积极响应了中共中央的号召,订出并公布了有助于巩固工农联盟的"春节回乡公约",从而在工业生产之外的领域也发挥了它的模范带头作用。

1953 年 12 月 27 日,中共中央出台了《关于在春节期间进行工农联盟教育和组织工农联欢的指示》。该指示说:"近年有不少地方的工农关系发生了一些不正常的现象,农民对工人产生了一些误解和不满。""因此,应当抓紧一九五四年春节有大批工人回乡休假的机会,采取工农互相访问联欢的方式,来对工农群众集中地进行一次关于工农联盟的教育,造成相互信任、相互支持、相互友爱的空气。"为此,中央作出了以下四点指示:(1)在从新年到春节期间,各地应结合目前正在全国范围内进行的关于总路线的宣传,对厂矿职工集中地进行一次关于工农联盟的教育。(2)在从新年到春节前后期间,各地也应在农民群众中适当地进行关于工农联盟的教育。(3)各地党委特别是厂矿党委,要经常注意在职工群众中进行巩固工农联盟的教育,并在厂矿所在地附近的农民群众中进行一定范围的必要的政治工作。(4)各地报纸应重视宣传巩固工农联盟的思想,把宣传工农联盟的思想当做总路线宣传的基本内容之一。[①]

为了贯彻执行上述指示,国棉六厂采取了让郝建秀小组和"王建德小组"[②]率先制订"春节回乡公约"的做法:"为了帮助这两个小组学好巩固工农联盟的道理,厂党总支和工会派了专人在小组中进行讲课,教育工人认识巩固工农联盟的重要意义。再经过讨论,工人除了懂得了一般的道理以外,大家特别联系到纺织工业的特点,如果没有农民供给粮食,生产就不能进行,如果农民种不好棉花,积极支援纺织工业生产,纺织工人就不可能很好地提高产量,提高质量,因此也不可能更好地满足人民的需要,为国家积累更多的资金。……。在提高认识的基础上,工人深刻地检查批判了自己过去对农民和工农联盟存在的错误认识。"最后,两个小组都认真地订出了春节回乡公约,保证认真执行。郝建秀小组的回乡公约是:"(1)积极向农民宣传总路线,宣传四年来国家建设的伟大成就,把本厂的生产成就和超额完成国家计划的情况等都很好地告诉农民;(2)动员家属和亲友把余粮卖给国家,支援工业建设;动员家属和亲友积极参加互助合作组织;(3)回乡后在一切行动中一定

[①]《中共中央关于在春节期间进行工农联盟教育和组织工农联欢的指示》(1953 年 12 月 27 日),中央档案馆、中共中央文献研究室编:《中共中央文件选集(1949 年 10 月—1966 年 5 月)》第十四册,人民出版社,2013 年,第 486—490 页。

[②]"王建德小组"是国棉六厂织布车间的先进小组。

要显示出工人阶级的组织性和纪律性,在农村中树立良好的榜样,尊重农民,不和农民吵嘴,遵守农村一切秩序;(4)自己不进行迷信活动,并动员说服家属不浪费,不大吃大喝;(5)保证春节前后全勤,作好环境卫生和个人卫生,穿好衣服,防止感冒,保证生产,作好安全工作,保证在春节前订好二月份小组计划,春节后上班时,保证睡好觉,不迟到,不缺勤,超额完成个人与小组的生产计划。"①

　　郝建秀小组这种在工业生产之外的领域展示其先进性的做法只是一时所为,它发挥模范带头作用的基本领域仍然是工业生产领域,它发挥模范带头作用的基本方式仍然是在劳动竞赛过程中扮演挑战者或倡议者的角色并带头完成国家生产计划。然而,在进入1954年以后的大约一年半的时间里,它在完成生产计划上的表现却逐渐趋于平庸,甚至还出现过"一度垮台"的情况,因此,有关机构不得不一再过问郝建秀小组,相应地,国棉六厂工会先后两次对郝建秀小组存在的问题进行了专门的调查研究。

　　首次被调查

　　1954年是我国进一步重视劳动竞赛和强调培养先进典型的一年。1954年1月15日,全总党组在给"毛主席并中央"的报告中提出:"根据过去一年来关于推广五三工厂②经验的情况看来,在党委统一领导下,采用创造典型、逐步推广的做法,是教育干部、推动工作、改进领导的有效方法。""在今年推广五三工厂经验时,各产业、各地区都应培养出自己的典型厂矿来,树立各地区、各产业自己的旗帜。"③接着,1954年1月27日,全总出台了《关于在国营厂矿企业中进一步开展劳动竞赛的指示》。该指示指出:"劳动竞赛是建设我们祖国的基本方法,所以组织劳动竞赛不

① 王慕陶:《国棉五厂细纱车间各组职工为加强工农团结纷纷订出春节回乡公约,国棉六厂郝建秀等组也订了公约》,《青岛日报》1954年1月28日,第1版。

② "五三工厂"位于沈阳市,是一个老牌军工企业,1948年被中共接管。由于"五三工厂党、政、工、团组织,在明确的依靠工人阶级搞好生产的思想基础上,领导全体职工,高度发挥了职工群众的积极性和创造性,克服了各种困难,改造了旧企业,建立了科学的经营管理制度,逐年超额完成国家计划,创造了优越的成绩和先进经验",1952年12月24日,五三工厂被中央人民政府政务院财政经济委员会和中华全国总工会授予"模范工厂"称号。参见工人出版社编:《五三工厂工会工作经验》,工人出版社,1953年。——笔者注

③ 中华全国总工会党组:《第二次全国工会基层工作会议的报告》(1954年1月15日),中央档案馆、中共中央文献研究室:《中共中央文件选集(1949年10月—1966年5月)》第十六册,人民出版社,2013年,第93页。1954年4月17日,中共中央批转了全总党组的这个报告,认为它所提的包括上述意见在内的五项意见也是正确的。参见《中共中央批转全国总工会党组关于第二次全国工会基层工作会议的报告》(1954年4月17日),中央档案馆、中共中央文献研究室编:《中共中央文件选集(1949年10月—1966年5月)》第十六册,人民出版社,2013年,第91页。

仅是工会组织的任务,也是企业行政方面的任务,是全党的事业。……。工会组织要在党的统一领导下,会同行政部门实事求是地组织劳动竞赛,不断地以共产主义精神教育群众,发挥工人阶级的主动性和创造性,为全面地完成与争取超额完成国家计划,为更高的劳动生产率,为加速实现国家的社会主义工业化的进程而斗争。"①相应地,1954年2月13日,中国纺织工会第二届全国委员会召开了第二次全体会议,会议时间长达16天,其中13天是与纺织工业部召开的全国国营纺织厂厂长会议联合进行的。"这次会议明确了组织劳动竞赛是社会主义建设的基本方法,是全党的事业,是工会组织的中心任务,也是企业行政的任务。许多厂长和工会干部都检讨了过去认为组织竞赛只是工会的工作的片面思想。"②这次会议还出台了《关于贯彻中华全国总工会"关于在国营厂矿企业中进一步开展劳动竞赛的指示"的决议》。该决议强调:"纺织工业在国家社会主义建设的事业中担负着供应人民衣着需要、为国家工业化积累资金的重大任务。1954年许多新的纺织厂要建立,原有工厂的生产水平必须继续提高。纺织工会各级组织必须在党的领导下,协同行政,向广大职工群众经常深入地宣传党在过渡时期的总路线,不断提高职工群众的觉悟程度与组织程度,积极学习苏联经验,广泛深入地开展劳动竞赛,使之成为职工群众经常的劳动方式,以保证全面地均衡地完成并争取超额完成国家计划。"③

在这种日益重视劳动竞赛的背景下,有关各方(尤其是上级工会组织)自然就会对已创造出来的先进典型、已树立起来的"旗帜"在完成生产计划等方面的表现寄予厚望,对已闻名全国的郝建秀小组更是如此。因此,当得知郝建秀小组在完成生产计划等方面的表现欠佳,或者说,不太符合上级有关机构对它的预期时,国棉六厂工会便派人对郝建秀小组进行了专门的调查研究,并于1954年4月11日完成了题为《关于郝建秀小组目前的基本情况和意见》④的调查报告。

---

① 《中华全国总工会关于在国营厂矿企业中进一步开展劳动竞赛的指示》(1954年1月27日中华全国总工会第七届执行委员会第二次会议通过),工人出版社编:《开展技术革新运动,把劳动竞赛向前推进一步》,工人出版社,1954年。

② 《中国纺织工会全国委员会分党组关于中国纺织工会第二届全国委员会第二次全体会议情况给全总党组的报告》(1954年3月15日),《中国工会运动史料全书》总编辑委员会、《中国工会运动史料全书》纺织卷编委会编:《中国工会运动史料全书:纺织卷》下册,中国纺织出版社,1999年,第72—75页。

③ 《中国纺织工会二届二次全委会议关于贯彻全总"关于在国营厂矿企业中进一步开展劳动竞赛的指示"的决议》(1954年3月1日),《中国工会运动史料全书》总编辑委员会、《中国工会运动史料全书》纺织卷编委会编:《中国工会运动史料全书:纺织卷》下册,中国纺织出版社,1999年,第70—72页。

④ 《关于郝建秀小组目前的基本情况和意见》(1954年4月11日),青岛市纺织总公司档案管理中心藏,国棉六厂文书档案永久类第105卷。此文为手写稿,文末署名为"邓评、刘桂清",并加盖了"中国纺织工会国营青岛第六棉纺织厂委员会"的红色公章。

该报告首先介绍了郝建秀小组目前的基本特点，文中说：

> 郝建秀小组的生产计划，在全车间来说，总是先进的，小组干部善于掌握车间计划，并根据每周工作时间和具体条件，制订出符合实际情况的周计划，保证了国家生产计划的均衡完成。……
>
> 郝建秀小组敢于对行政领导提出意见，对每件事情采取认真负责的态度，对生产管理起了某种程度的推动作用。……
>
> 小组政治水平较一般组为高，全组23人中有7个党员、4个团员，大道理能懂也能讲一套，批评与自我批评一般进行的并不坏，干部和本组群众的联系普遍而经常，生活上能打成一片，对工人发生的问题也能及时了解和掌握。

然后，该报告着重指出了郝建秀小组中存在的4点主要问题：

> 1. 由于领导上（包括党总支在内）对小组的重视和培养，不断派干部专门到小组帮助工作，派去的干部一方面多少有些急于求成的思想，对小组实际情况还不完全理解，就想做出成绩来，因而亲自动手帮助小组做了许多工作；另一方面，对小组的要求很高，工作方法有些简单化，通过工作和在工作中进行耐心说服教育来培育干部做的不够，这样就使小组干部在某些方面产生了某种程度的依赖思想。派来的干部一走，她们就认为："上级对咱组不重视了，不派干部帮助咱们组了。"工作松动，有些制度不能坚持，生活抓不紧，在这种情况之下，领导上又派干部去帮助工作，这就又使小组干部认为："咱们组是全国的模范小组，搞不好领导上要负责，垮了台首先领导挨批评。"因而又产生了一种"有恃无恐"的自满情绪和特殊思想，只要求领导上对本组的特殊照顾，不懂得领导上培养她们小组的政治意义，把向别人传播经验的光荣任务当作负担，也不知道先进小组在领导群众前进时的作用，带动全班、全车间共同前进就做得很差，使小组脱离群众，引起其他组工人不满。
>
> 2. 批评与自我批评限于表面的现象，不敢接触思想，而且停留于检讨会上的多，认真改正错误则少。比如小组会上经常检讨工作法执行得不好（不打拉板、巡回不均匀等），执行不好的仍然执行不好；有些干部反复检讨自己对生产不关心，没抓紧小组工作，互相主动联系不够，直到现

在,这种情况仍然存在。由于这种情况的存在,干部的团结也仅限于表面,谁对谁都有意见,谁对谁都不太服气。

3. 对老技术工人①在生产中的作用缺乏足够的认识,缺乏真诚的尊重。干部经常到老工人家串门子,但在生活中、工作中发生了问题就很少征求老工人的意见。对老工人的政治与生活都不够关心,七个党员中没有一个老工人。老工人孩子生病既不允许请假,也不帮助解决实际困难,使老工人对青年干部不满,在思想上和行动上都保持了一定的距离,绝大多数采取旁观态度,内心不服气,认为:"你们能说会讲的,就能当上积极分子。"干部对老工人的思想情绪和问题虽能及时了解,但未做进一步分析研究,根据具体情况进行解决。比如:石×英是组里的"老落后",大家都感到没法改造她,而对于她那种政治上的对立情绪,却没有进行过研究分析和批判。

4. 最根本的问题是政治空气不浓厚,组织生活不健全,核心领导没有树立起来,党团员对自己在群众中的作用认识不明确,党内外分不清界限,斤斤计较一言一语和一个动作,常为无原则的琐事在群众面前争吵,在群众中造成不良的印象。学习情绪不高,缺乏要求进步团结一致的基础。

再后,针对郝建秀小组中存在的主要问题,该报告提出了"对今后工作的意见"。这些意见其实是对当时存在争议的关于先进小组是否应该永远先进、先进小组是否要领导上培养、应该怎样培养等问题②的一个初步回答。

关于"先进小组是否应该永远先进"的问题:该报告强调:"在车间领导思想上要明确郝建秀小组在纺织工人中的政治意义,小组的成败不是一个人、一个车间、一个厂的问题,而是培养模范、树立旗帜的方针政策问题。"它还强调说:"毛主席相信'人是可以改造的',甚至连资本家也包括在内,因此,对郝建秀小组没有理由放

---

① 当时,国棉六厂把郝建秀工作法看成是细纱工人的技术,执行郝建秀工作法好的工人就是技术好的工人,工龄长的、执行郝建秀工作法好的技术工人就叫作老技术工人。参见中国纺织工人社编:《郝建秀小组工作总结》,中国纺织工人社出版,1953年,第30页。——笔者注

② 1956年,国棉六厂党委书记李克锐、厂长杨琳在他俩合写的《国营青岛第六棉纺织厂报告》一文中说:"在过去我们便常常争论先进小组是否应该永远先进、先进小组是否要领导上培养、应该怎样培养等问题,由于在这些问题上缺乏坚定而明确的认识,有的干部不敢大胆地到小组去进行工作,有的不敢承认郝建秀小组生产一度低落的事实,也有的认为'去帮助吧怕别的组说闲话,不帮助吧怕郝建秀小组发牢骚',因而左右为难,裹足不前。"(详见本章第四节)

弃对它的培养。"

关于"先进小组是否要领导上培养"的问题：该报告强调："我们应当积极起来，把培养郝建秀小组当作车间的事，当作每个人自己的事，搞好了是车间，在党的领导下，集体的光荣。搞不好是车间每个人的责任。"它还要求："车间党、政、工、团必须积极行动起来，经常研究郝建秀小组的问题，分工负责，帮助小组的工作。"很显然，它是主张先进小组应该由领导上来培养的，只是它所说的"领导上"主要是指郝建秀小组所在的生产车间。

关于"应该怎样培养"的问题：该报告首先"诊断"出了"郝建秀小组其所以还存在这些缺点"的两个主要原因：一是"被派到组里具体帮助工作的干部没有很好地掌握培养模范的政策，犯了某种程度的急性病和包办代替作风，对小组干部缺少耐心的说服教育和具体帮助"；二是"车间领导没有严格执行党总支决定，放松了对小组的领导、检查和帮助"。然后，相应地，该报告提出了关于应该怎样进一步培养郝建秀小组的三点基本意见：首先，郝建秀小组的主要培养者是车间领导，因此，"车间领导的几种思想必须转变。一种是认为郝建秀小组是全国的模范组，好坏是党总支的责任，怕自己插手进去搞不好，挨批评，背包袱，乐得让派来的干部去搞，可以减轻自己的责任。另一种是认为小组干部要求高，怕到小组碰钉子，就避免和小组的接触，而不是以小组的要求来检查自己的工作，藉以推进车间的生产管理。再一种是认为培养郝建秀小组是党支部的事，而党支部又认为是党支部书记的事，搞垮了由党支部书记负责，与我无关。"其次，"车间领导对郝建秀小组的制度（据了解小组先后有过十多种制度）应进行一次认真的审查，肯定几种对生产有利、对提高干部、工人有益而又是切实可行的，把它巩固起来。对不好的或不完全的给以批判、充实或取消。必须扭转这种时搞时垮的自流现象。"最后，"有计划、有系统地向小组成员进行一些基本政治认识方面的教育，提高她们的政治觉悟，启发其自觉性，认真研究她们的工作，耐心教育她们进行工作的办法，在工作中培养她们的主动精神和独立工作的能力，帮助她们建立必要的学习制度，使她们在共同进步的基础上，团结起来，逐步提高。"

可见，该报告将郝建秀小组还存在缺点的责任主要归咎于车间领导，并将培养郝建秀小组的希望也主要寄托在车间领导身上[1]。这种"诊断"及其"药方"的针对性可能不太强，这是因为，培养郝建秀小组是一件具有"政治意义"的事情，要做好

---

[1] 后来，改由厂里直接管理郝建秀小组。不过，这样做，仍然存在一些相关的问题。1959年"工作组"的调查报告说："从车间领导上来看：对该组的领导存在着依赖思想，因为厂里直接管，就不加强领导，……"（详见第五章第五节）

这项培养工作需要解决各种相关的问题并进行相关的各种投入,很显然,车间领导是难以全部解决这些相关问题的。

至于郝建秀小组在 1954 年里在完成生产计划方面的表现,相关资料表明:"郝建秀小组在党的领导与培养下,生产上有一定的成绩,除 4 月份坏纱一项未完成计划外,都按月均衡地完成了国家计划。"①因此,郝建秀小组在 1954 年国棉六厂的两次评选模范活动中,第一季度被评为一等模范组,第四季度被评为二等模范组。不过,国棉六厂党委书记、厂长后来(1956 年)认为:郝建秀小组"近两年来在每次评选模范中虽然每次挂名,但事迹并不突出"②。

在郝建秀小组于 1954 年表现出来的先进性中,有一点值得一提:1954 年 11 月,郝建秀小组写信给青岛市纺织工人,建议为国家节约更多棉花。郝建秀小组写作该信的基本背景是:1954 年 9 月 9 日,中央人民政府政务院政务会议通过了《关于实行棉布计划收购和计划供应的命令》和《关于实行棉花计划收购的命令》,决定自 1954 年 9 月 15 日起在全国范围内实行棉布的计划收购和计划供应,自 1954 年秋季新棉上市时起在全国范围内实行棉花的计划收购。《人民日报》就此发表社论指出:"为什么目前必须实行这种办法呢? 这是因为棉花和棉布生产增长的速度赶不上人民需要增长的速度。""在目前的条件下,要解决棉花棉布生产增长的速度赶不上需要增长的速度这一矛盾的办法只能是:由国家把棉花棉布全部掌握起来,统筹统支,实行计划收购;同时实行棉布的计划供应,由国家适当控制消费,实行合理的分配。"该社论强调:"纺织工人们,应该积极地节约原棉,提高劳动生产率,增加产量,提高品质,降低成本,供应全国人民更多的价廉耐用的棉布。"③因此,郝建秀小组写作该信也是一种积极响应上级号召的行为。该信的篇幅比较长,被公开发表在 1954 年 11 月 12 日《青岛日报》第 1 版。该信首先强调:"节约是我们为建设社会主义积累资金的最重要的方法之一,是我们经常要注意的一件大事。在建设社会主义中能为国家节约更多的财富是我们最大的光荣,也是我们应尽的义务。"之后,该信谈及郝建秀小组在节约用棉方面取得的成绩:"拿我们小组来说,全组二十个人,共看二十三台车,今年一到九月就给国家节约了 746 磅棉花。看起来数字

---

① 《国棉六厂一九五四年模范小组事迹表》之郝建秀小组事迹表(填写于 1955 年 3 月 21 日),青岛市纺织总公司档案管理中心藏,国棉六厂文书档案永久类第 105 卷。

② 李克锐(时任国棉六厂党委书记)、杨琳(时任国棉六厂厂长):《国营青岛第六棉纺织厂报告》(中共中央办公厅机要室于 1956 年 9 月 6 日印发),青岛市纺织总公司档案管理中心藏,国棉六厂文书档案永久类第 117 卷。

③ 《实行棉布统购统销和棉花统购》,《人民日报》1954 年 9 月 14 日,第 1 版。

并不大，但如果全市纺织工人都能这样做的话，数字可就大了。"接着，该信着重介绍了郝建秀小组在提高产品质量、节约用棉等方面所采取的一些具体措施和存在的一些缺点。然后，该信公布了郝建秀小组所订的"小组的十一月份计划"，并承诺说："我们保证完成行政要求的产量计划，达到减少坏纱、回丝的指标，白花方面行政要求每台平均不超过 10.1 两，我们保证不超过 9.8 两，全月要比行政计划多节约 172 两棉花。"该信最后倡议："为了使大家共同做好节约用棉，提高质量这个工作，我们诚恳地向全市纺织工人同志们提出努力节约一两棉花、一寸纱的建议，让我们紧紧地挽起手来，为了实现国家的社会主义工业化，贡献出我们所有的力量吧！"①《青岛日报》在刊登该信的同时，还在同版刊登了中国纺织工会青岛市委员会出台的《关于支持郝建秀小组建议号召开展以提高质量、节约用棉为主的劳动竞赛的决定》。该决定肯定了郝建秀小组的做法："国棉六厂郝建秀小组积极响应中央的号召，围绕着提高质量和节约用棉提出具体措施，并向全市纺织职工提出建议，我们认为这是非常正确和适时的。我们除了同意和支持这一建议外，并号召各个基层工会组织，进一步组织教育全体纺织职工做好以下工作。"该决定所说的"以下工作"有两项：一是继续正确地开展以技术革新为主要内容的劳动竞赛；二是为了保证技术革新运动的正确开展，全体纺织职工应该积极参加并认真学习时事、政策、文化、技术，提高社会主义思想觉悟，认真遵守劳动纪律，提高技术水平，树立建设社会主义的主人翁的责任感。该决定最后要求："纺织工业劳动模范、先进工作者和老技术工人们，要发挥骨干作用，紧密地和全体纺织职工团结一致，互相学习，交流经验，发挥生产积极性和创造性。"②

 三　再次被调查

1955 年伊始，《人民日报》发表社论指出：一九五五年"将是我国第一个五年计划建设具有决定意义的一年"，为什么这么说呢？"首先因为今年基本建设的工作量将远比过去任何一年为多，国家对基本建设的投资，约比去年增加百分之四十以上；我国第一个五年计划的骨干——苏联政府帮助我国建设的一百四十一项重点工程，已经开工的今年将进入最紧张的施工阶段，未开工的今年大部要完成准备工

---

① 《郝建秀小组写信给全市纺织工人，建议为国家节约更多棉花》，《青岛日报》1954 年 11 月 12 日，第 1 版。
② 参见《市纺织工会执委会议通过决定，同意和支持郝建秀小组建议号召开展以提高质量节约用棉为主的劳动竞赛》，《青岛日报》1954 年 11 月 12 日，第 1 版。

作。同时,五年计划的最后两年还将完成基本建设的百分之五十左右的工作量,如果今年赶不上进度,把工程推迟下去,就会严重影响后两年基本建设计划的完成。"该社论进一步指出:"这些都说明,今年经济工作的任务是非常重大的,我们必须使各项工作都能按照计划的指标,准确地完成,而特别是在工业生产和农业生产方面,应力求争取超额完成。"①

1955年3月31日,中国共产党全国代表会议同意中央委员会提出的关于中华人民共和国发展国民经济的第一个五年计划草案的内容和陈云同志代表中央委员会所作的关于发展国民经济的第一个五年计划的报告,认为这个计划是实现党在过渡时期总路线的一个重大步骤。② 接着,1955年4月7日,《人民日报》发表相关社论指出:"第一个五年计划的基本任务,概括地说来就是:集中主要力量进行以苏联帮助我国设计的一五六个单位为中心的、由限额以上的六九四个建设单位组成的工业建设,建立我国的社会主义工业化的初步基础;……。""五年计划草案中规定的各项基本建设投资,在经济建设拨款总数中占有很大比重;只就工业说,建设项目除限额以上的六百多个而外,限额以下的还有两千多个。不难想象,我们的建设事业是多么的伟大,我们的任务又是多么的艰巨而光荣。但是以上还仅仅是工业计划的一部分。实行新的工业建设的同时,还必须充分地和合理地利用原有工业企业(包括地方工业企业),发挥它们的潜在生产力量。因为在第一个五年计划期间内,重工业和轻工业生产任务的完成,主要地还是依靠原有企业。"该社论最后说:"我国第一个五年计划已经执行了两年多,前两年计划执行的情况基本上是好的。后三年是五年计划中最重要的年份,完满地完成后三年的工作,是保证五年计划完成的重要关键。全党和全国人民必须加倍努力,为完成后三年,首先是完成和超额完成一九五五年的国家计划而奋斗!"③

那么,各级工会组织等如何动员工人阶级去完成和超额完成这个艰巨而光荣的工业生产任务?从当时的实际情况来看,仍然主要是采用被誉为"是建设我们祖国的基本方法"④的劳动竞赛。

1955年5月1日,《人民日报》发表了题为《用我们的英勇劳动来建设社会主义

① 《迎接一九五五年的任务》,《人民日报》1955年1月1日,第1版。
② 《中国共产党全国代表会议关于中华人民共和国发展国民经济的第一个五年计划草案的决议》(一九五五年三月三十一日通过),《人民日报》1955年4月5日,第1版。
③ 《第一个五年计划的基本任务》,《人民日报》1955年4月7日,第1版。
④ 《中华全国总工会关于在国营厂矿企业中进一步开展劳动竞赛的指示》(1954年1月27日中华全国总工会第七届执行委员会第二次会议通过),工人出版社编:《开展技术革新运动,把劳动竞赛向前推进一步》,工人出版社,1954年。

社会》的社论,强调:一九五五年,国民经济各部门的任务都将比一九五四年更为繁重。"一切国营企业和公私合营企业的职工,应该以更大的规模,更加深入地开展劳动竞赛,通过劳动竞赛来发掘工业中的潜力,充分地利用一切可能利用的技术设备,学习和掌握新技术,不断地提高劳动生产率,提高产品的数量并保证它们的质量,不断地降低生产成本,争取超过国家计划的指标。"①1955 年 5 月 29 日,《人民日报》再次发表了有关劳动竞赛的社论,认为:"劳动竞赛是发动工人群众的创造性和积极性进行社会主义建设的重要方法;是提高劳动生产率和改进生产的动力。为了保证国家建设计划的实现,建立国家工业化和国防现代化的基础,大力支援解放台湾的斗争,动员全体职工继续深入开展劳动竞赛,争取全面完成和超额完成国家计划,是社会主义企业中的党、行政和工会组织的重大政治任务。"该社论还强调:"劳动竞赛则是多数人的事,甚至是具有全民性质的事,必须使劳动竞赛成为广大职工的群众运动。这是一切企业领导工作人员的迫切的政治任务。"②这篇社论把企业中的党、行政和工会组织合作开展劳动竞赛的重要性和紧迫性推到了一个前所未有的高度。

1955 年 7 月 30 日,全国人大通过了《关于发展国民经济的第一个五年计划的决议》。相应地,1955 年 8 月 5 日至 10 日,全总召开了第七届执行委员会第三次全体会议,这次会议指出:"我国工人阶级实现第一个五年计划的基本方法,就是广泛地开展劳动竞赛。"③这次会议还通过了《中华全国总工会为保证完成和超额完成发展国民经济的第一个五年计划告全国职工书》。该倡议书强调:"开展劳动竞赛是完成五年计划、不断地提高劳动生产率的最有效的办法!……我们一定要把劳动竞赛推向新的高涨! 这就是我们全面地完成第一个五年计划的最好的保证!"④

劳动竞赛的过程,也是产生劳动模范(竞赛中的优胜者)的过程。当时,在劳动竞赛方面存在的主要问题之一,是一些劳动模范未能"不断前进"。据当时北京市铁路、邮电、印刷、纺织、机械和地方工业局所属厂矿等企业单位统计,1953 年度共有 270 名市劳动模范,其中 1954 年继续被评为劳动模范的有 169 人,由于调出学习、工作或长期患病休养而未能参加评选的有 36 人,落选的有 65 人。落选的劳动

---

① 《用我们的英勇劳动来建设社会主义社会》,《人民日报》1955 年 5 月 1 日,第 1 版。
② 《使劳动竞赛成为广大职工的群众运动》,《人民日报》1955 年 5 月 29 日,第 1 版。
③ 《中华全国总工会第七届执行委员会第三次全体会议》,中华全国总工会办公厅编:《中国工运资料汇编》1955 年第三辑,工人出版社,1956 年,第 20 页。
④ 《中华全国总工会为保证完成和超额完成发展国民经济的第一个五年计划告全国职工书》,《中国工运》1955 年第 17 期。

模范约占劳动模范总数的四分之一。①《人民日报》为此发文分析了这些劳动模范"落选"的主要原因,强调:"为了改变这种状况,各厂矿的党政工团组织,必须认真加强对劳动模范的培养和教育,关心他们的工作和生活,及时防止他们产生骄傲自满的情绪。只有这样,才能使劳动模范在工作中继续前进。这不仅是劳动模范们个人的荣誉问题,而是关系着我国企业发展速度和国家工业化前途的问题。必须想办法使现有劳动模范不断提高、前进,才能推动一般职工群众不断前进,推动更多的劳动模范人物出现。"②

在这种高度重视劳动竞赛并强调"必须想办法使现有劳动模范不断提高、前进"的紧迫形势下,如何让郝建秀小组不断提高、不断前进就成为了它的培育者高度关注的一个问题。令人遗憾的是,此时(从1954年下半年到1955年上半年),郝建秀小组在完成生产计划等方面不但未能"不断提高",反而走了下坡路!

"郝建秀小组在前进的道路上也有过波折。那是1954年年底和1955年上半年这一阶段,生产走了下坡路,原因是组里一些骨干都调走了,大家泄了气,对保持先进失去了信心;加上组里干部互相依赖,所以计划完成得不好,最糟糕的一个月份③,生产成绩曾经是全车间的倒数第一名。以后,中共中央第三办公室的检查组到厂里检查一长制时,帮助她们检查、整顿了工作,问题解决了,大家的劲头才又大了。"④这里所说的"中共中央第三办公室的检查组",其全称为"中共中央书记处第三办公室青岛市工作组"。1955年8月,该工作组来到国棉六厂调查了解"工厂企业管理问题",其任务是"了解与研究实行一长制过程中的情况与问题,以及一长制建立后党组织如何进行保证监督和如何进行思想政治工作的问题"。⑤ 这里所说的"一长制"⑥是一种企业领导制度,也叫厂长负责制。在企业领导制度上,国棉六厂自解放到1952年是实行军事代表制,此后至1954年7月是实行党委领导下的

---

① 朱波(本报记者):《应该让劳动模范不断前进》,《人民日报》1955年2月13日,第2版。

② 朱波(本报记者):《应该让劳动模范不断前进》,《人民日报》1955年2月13日,第2版。

③ "最糟糕的一个月份"是1955年5月。参见《党的培养,党的光荣——青岛国棉六厂细纱车间郝建秀小组王秀英代表的发言》(1959年10月9日),青岛市纺织总公司档案管理中心藏,国棉六厂文书档案永久类第240卷。——笔者注

④ 牟用兰、杨云从:《在前进的道路上——记五年计划期中的郝建秀小组》,《青岛日报》1957年10月1日,第2版。

⑤ 中共中央书记处第三办公室青岛市工作组:《工厂企业管理问题调查提纲》(1955年8月7日),青岛市纺织总公司档案管理中心藏,国棉六厂文书档案永久类第88卷。

⑥ 1956年9月,中共八大召开,这次会议确定了在企业中试行党委领导下的职工代表制度。此后,各地进行了试点工作。党的八届三中全会又进一步肯定了这一制度,从此就放弃了"一长制"。

厂长负责制,1954 年 8 月以后开始实行一长制。① 经过调查了解之后,该工作组于
1955 年 9 月 17 日出台了《关于国营青岛第六棉纺织厂企业领导问题的调查报告
(初稿)》②,并于 1955 年 11 月 30 日出台了正式的《关于国营青岛第六棉纺织厂企
业领导问题的调查报告》。该报告认为:行政干部对一长制有错误的认识,在思想
中滋长着一种忽视党的领导与忽视群众意见的倾向。"党的群众工作也很不够。
表现在对工会、团组织的领导上如何发挥他们的作用缺乏研究,对劳动竞赛、生产
会议也未注意,对先进小组、先进人物的总结、培养和推广工作也比以前放松,如全
国闻名的郝建秀小组,现在已降为普通小组了,领导上很少过问。"③对于该工作组
的这次调查及其产生的效果,国棉六厂党委书记李克锐、厂长杨琳后来(1956 年)
做了如下回忆:"关于郝建秀小组的问题,去年第三季度中共中央第三办公室的同
志们在来我厂检查工作时,作了比较深入的检查,同时也给我们提出了指示和意
见。这些指示和意见有力地提醒了我们,促使我们正视了郝建秀小组问题的严重
性并研究采取了措施。"④他们所采取的主要措施之一便是"党委责成工会对该组
的情况做了专门检查"⑤。经过调查之后,国棉六厂工会出台了《国棉六厂工会对
郝建秀小组的检查报告》⑥。该报告的出台,"引起了各级领导的重视,除领导做了
检查外,先后在该组由党内到党外,由干部到群众曾召开过 7 次会议,作了普遍的
检查,扭转了这种走下坡路的局面。"⑦

《国棉六厂工会对郝建秀小组的检查报告》首先描述了郝建秀小组"走下坡路"

---

① 中共中央书记处第三办公室青岛市工作组:《关于国营青岛第六棉纺织厂企业领导问题的调查报告》
(1955 年 11 月 30 日),青岛市纺织总公司档案管理中心藏,国棉六厂文书档案永久类第 88 卷。
② 中共中央书记处第三办公室青岛市工作组:《关于国营青岛第六棉纺织厂企业领导问题的调查报告(初
稿)》(1955 年 9 月 17 日),青岛市纺织总公司档案管理中心藏,国棉六厂文书档案永久类第 88 卷。
③ 中共中央书记处第三办公室青岛市工作组:《关于国营青岛第六棉纺织厂企业领导问题的调查报告》
(1955 年 11 月 30 日),青岛市纺织总公司档案管理中心藏,国棉六厂文书档案永久类第 88 卷。
④ 李克锐(时任国棉六厂党委书记)、杨琳(时任国棉六厂厂长):《国营青岛第六棉纺织厂报告》(中共中央办
公厅机要室于 1956 年 9 月 6 日印发),第 14 页,青岛市纺织总公司档案管理中心藏,国棉六厂文书档案永
久类第 117 卷。
⑤ 山东省委工业部、山东省总工会、青岛市工会联合会工作组:《郝建秀小组在党的培养和关怀下继续前进》
(1959 年 6 月 11 日),第 3 页,青岛市纺织总公司档案管理中心藏,国棉六厂文书档案永久类第 240 卷。
⑥《国棉六厂工会对郝建秀小组的检查报告》,青岛市纺织总公司档案管理中心藏,国棉六厂文书档案永久
类第 105 卷。这份检查报告为手写稿,没有注明出台的具体时间,根据文中提到"十月份"的情况来推断,
它可能完成于 1955 年 11 月。
⑦ 山东省委工业部、山东省总工会、青岛市工会联合会工作组:《郝建秀小组在党的培养和关怀下继续前进》
(1959 年 6 月 11 日),第 1—2 页,青岛市纺织总公司档案管理中心藏,国棉六厂文书档案永久类第
240 卷。

的具体情况,文中说:"今年一月份小组建区①时,把组内的党团骨干分子多半调出,在新生力量尚缺乏办法,旧有骨干即多半调走,对该组生产是不利的,我们却没提出意见。由于长时间放松教育培养,因而该组的生产自去年下半年开始是逐渐下降。从今年一月至八月的生产情况看,细纱车间共有18个小组,按月全部均衡完成计划的有3个组,八个月中七个月均衡完成计划的有4个小组,八个月中六个月均衡完成计划的有4个小组(其中包括郝建秀小组)……。由于以上统计看来,郝建秀小组的生产位列第四②,成为中等小组了。"然后,该报告指出了郝建秀小组存在的两个方面的问题,文中说:

郝建秀小组存在的问题我们是知道一些,但究竟是什么问题,如何解决,心中无数,今年八月份,在党中央三办工作组的帮助下,发现郝建秀小组存在以下问题。

(1)骄傲自满情绪。看人下菜碟:有一次市纺织工会王部长来该组了解情况,小组人们都看不起他,心想:"连中央来的干部都搞不好,你能够搞出什么名堂?"不搭理人家。周惠英说:"有时小干部到俺家谈话,心里即不高兴,掉脸子给人家看。"小组里驻有外来干部时,很少找车间干部解决问题,看不起车间干部,有次纺纱分场党总支书记找小组干部研究小组里存在的问题,都低着头不放声,书记费了很大唇舌才说了话,但毫不承认小组的缺点,不是都是人家的。

本位主义也是较严重的。与乙、丙二班交接班时经常吵架,闹不团结。在这次支部改选大会上,曾有三个小组的党员代表给该组副工长提出批评,"你不但在厂里交接班时与人家吵架,即在宿舍里也和人吵架。"

(2)消极依赖、埋怨松动的情绪在该组也是个突出的问题。自建区来组内有了副工长后,党的小组长认为:正好副工长是党员,有事依赖副工长,自己除了做自己的工作外,对小组内的事就不过问了。工会小组长认为:自己完成计划不好,不好意思领导别人,故工作抓不紧。生产组长"落纱长"自有了副工长后即不抓工作了,怕人家说狗咬耗子多管闲事。副工长是由外边新调进来的,情况不很摸底,就依赖大家,自己主动地抓工作就差。团支书记依赖团小组长,抱着叫我干什么就干什么的态度。

---

① "建区"指建立工区,郝建秀小组被改为"细纱车间甲班第六工区"。——笔者注
② "位列第四"的说法似乎有误,但原文如此。——笔者注

由于小组干部对生产抓得不紧，小组内的工人就产生松动，如……。由于小组内存在较普遍的消极松动思想，自 1954 年下半年以来，生产是逐步下降的。……

再后，针对郝建秀小组存在的上述问题，该报告介绍了国棉六厂工会所采取的主要措施（有较多删节）：

在上级党和本厂党委的指示和帮助下，我们开始重视了这些问题，在该组连续开了 7 个会议，首先由组内党员检查起，统一思想。然后开小组干部会、团员会、小组全体会，较深地检查了以上的问题，认识了以上问题是阻碍该组前进的障碍。在此基础上健全恢复了以下几项制度：

一、星期六小组干部会：研究这周生产工作，决定下周工作，和星期六的走访对象。

二、上班前的组内干部碰头会：根据昨天生产情况研究当天应注意事项。

三、生产互助组每日分配计划：按不同的技术，分配不同的计划要求。

四、生产会议上要及时地展开批评与自我批评。

通过这样做来，组内每个同志增加了信心，在此同时讨论了行政的节约指标，并根据纺纱场的特点在分场行政的大力支持下恢复了小组原棉废料的经济核算，……。由于实行了经济核算，提高了组内人们的技术水平，下脚数量大为减少，自推行来 9 月份全面完成作业计划和节约指标，……

通过原棉废料的经济核算，加强了组员的互助友爱和创造性的主动精神：如……。

加强了行政管理：副工长过去对组内的修机是认真的，但对皮辊花等问题不够注意，经过核算后引起了重视，因此加强了检查，过去每人每周检查一二次，这回每日检查，轮班长通过核算数字的变化，加强了检查与布置工作。

……

通过这次整顿和检查，工会和该组建立了每周组长向工会汇报一次工作的制度，并责成董俊喜具体帮助该组；行政每周用书面材料报告该组生产情况和工作动态,通过汇报发现问题及时解决;另外加强该组新生力量的培养,及时帮助他们解决工作中的困难和交待工作中的方法,发挥该组的集体智慧。

该报告还说:"郝建秀小组的检查,给我们一个很大的教育。该组的问题除以上我们所说的以外,另外主要是厂工会对模范组的意义作用认识不足,没有认识到通过点带动面是做好工作的重要办法之一,对该组在全国的责任作用更缺乏深刻的认识,政治思想领导差,单纯使用观点,表扬得多,缺点及时帮助纠正、批评的少。这说明我们对上级的指示文件的学习是有问题的,也说明我们的工作作风是不踏实的,缺乏兢兢业业克服困难的精神。"在上一节谈及的、国棉六厂工会于1954年4月11日完成的《关于郝建秀小组目前的基本情况和意见》的调查报告中,曾说郝建秀小组"不懂得领导上培养她们小组的政治意义",并建议车间领导要在思想上明确郝建秀小组在纺织工人中的政治意义。时隔一年多以后,在这份"检查报告"中,国棉六厂工会又做出了上述反省,这说明:要让郝建秀小组、郝建秀小组所在的车间的领导、国棉六厂工会等都深刻认识到培养郝建秀小组的意义尤其是其政治意义并不是一件十分容易的事情。①

除了上述"检查报告"中所说的那些措施(这是国棉六厂工会所能采取的措施),国棉六厂(党组织、行政)还采取了其他的措施,如:"以分场为主在该组建立了每周情况汇报和定期接见制度,使得我们领导上对该组每周生产情况有个全面了解,同时还加强了领导和全组工人的直接联系,因而有些问题解决得较前及时了。其次,我们在组内加强了思想领导,进一步加强了团结,原来调出去的王秀英现在回到小组担任了副工长,改善了小组对外的关系。大家的信心恢复了,生产也逐步向上发展。"②

这样,在有关各方的高度重视和大力培养下,郝建秀小组终于扭转了走下坡路的局面,满怀希望地迎接1956年的到来。

1956年1月1日,《人民日报》发表了题为《为全面地提早完成和超额完成五年

---

① 1959年"工作组"对郝建秀小组的调查也指出"领导上对培养郝建秀小组不断前进的深远意义认识不甚足"(详见第五章第五节);1975年,国棉六厂革委党的核心领导小组在"推广学习郝建秀小组的班组工作经验"上再次做了类似认识上的反省(详见第七章第七节)。

② 李克锐(时任国棉六厂党委书记)、杨琳(时任国棉六厂厂长):《国营青岛第六棉纺织厂报告》(中共中央办公厅机要室于1956年9月6日印发),第14页,青岛市纺织总公司档案管理中心藏,国棉六厂文书档案永久类第117卷。

计划而奋斗》的社论。该社论指出："我国过渡时期的总任务,是以社会主义工业化为主体,而对农业、手工业的社会主义改造和对资本主义工商业的社会主义改造是两个不可缺少的组成部分,这三者是互相配合的。""第一个五年计划通过之后,半年时间中,情形却发生了巨大的变化。"这里所说的"发生了巨大的变化"的"情形"主要是指:"农业和资本主义工商业的社会主义改造突破了原来计划的指标向前猛进,这就给予了可能,也提出了要求,使以发展重工业为中心的社会主义工业化的工作提早完成和超额完成五年计划。"①基于这种形势判断,1956 年 1 月 6 日至 13 日,全总召开了第七届执行委员会第四次全体会议,讨论了号召全国职工提前完成第一个五年计划的问题,通过了《关于动员全国职工迎接中国共产党第八次全国代表大会,开展社会主义竞赛,提前完成第一个五年计划的决议》等 4 个决议。1956 年 2 月 29 日,《人民日报》刊载了这 4 个决议,并发表了题为《积极开展社会主义竞赛,为提早完成五年计划而奋斗》的社论。该社论指出:"1956 年将是我国的国民经济空前活跃和趋于全面高涨的一年。和 1955 年相比,今年的工业总产值将增长 18.6％,基本建设投资额增长 60％左右。这个指标是十分先进而又可靠的,只要我们全面地、均衡地完成了 1956 年的计划,我们就有可能在工业建设的主要指标方面,提早半年到一年完成第一个五年计划。只要我们把已经开始的社会主义竞赛的新的高潮继续开展下去,不断地打破已经达到的技术经济定额,提高劳动生产率,我们就一定能够全面地、均衡地超额完成 1956 年的年度计划和提前完成第一个五年计划。"②

相应地,纺织工业部在 1955 年底召开了全国纺织厂厂长会议,具体讨论并制定了保证完成 1956 年生产计划的措施。纺织工业部的负责人在会上提出:纺织工业部门必须采取各种有效措施,生产出更多物美价廉的纺织品,保证提前并且超额完成第一个五年计划。③ 根据上级的指示精神,青岛纺织管理局及时制订出了 1956 年的全面规划。根据这个规划,1956 年要达到 1957 年的生产水平,提前一年完成五年计划。"今年该局所属各厂生产的各种棉纱、棉布、印染品、针织品的产量,都将比去午增加很多。例如,棉纱产量将比去午增加 22.36％,棉布产量也将比去年增加 22.47％,另外还要增加许多新品种。"该规划对产品质量也提出了更高的要求。④ 这样,进入 1956 年以后,青岛纺织工人面临的完成生产计划的压力就

① 《为全面地提早完成和超额完成五年计划而奋斗》,《人民日报》1956 年 1 月 1 日,第 1 版。
② 《积极开展社会主义竞赛,为提早完成五年计划而奋斗》,《人民日报》1956 年 2 月 29 日,第 1 版。
③ 《纺织工业部要求各企业提前完成五年计划》,《青岛日报》1956 年 1 月 1 日,第 1 版。
④ 《青岛纺织局订出今年全面规划确定提前一年完成五年计划》,《青岛日报》1956 年 2 月 23 日,第 1 版。

比以往更大了！在这种局势下,更需要郝建秀小组这样的先进典型发挥其模范带头作用。

郝建秀小组也确实发挥了它的模范带头作用:"为迎接社会主义建设高潮,她们在今年1月21日向全厂发起了竞赛,表示要和全厂职工一道前进,为社会主义建设立功。在全组工人的努力下,仅仅6天时间,就全部实现了小组的竞赛保证条件。"①不仅如此,从1955年12月到1956年2月,郝建秀小组(细纱车间甲班第六工区)在竞赛中还连续3个月被评为优秀工区。② 至此,我们可以认为,郝建秀小组走出了平庸。

四 被作为典型事例汇报给毛主席

从1955年12月开始的一段时间内,毛主席和刘少奇同志等中央领导人在处理繁忙的日常国务之余,抽出大量的时间,从事调查研究和听取汇报的活动。③ 其中,从1956年2月14日开始,毛泽东在中南海颐年堂听取了国务院35个部门的工作汇报。④ 这种汇报开始不久,"李富春同志向毛主席建议,通知工交部门约200到300个重要工厂、建设工地也向党中央、毛主席写一书面汇报。毛主席采纳了这个建议。不久,几百个工厂和工地的书面汇报,也雪片似地飞向中南海。"⑤在这些"飞向中南海"的"书面汇报"中,就有国棉六厂书记李克锐、厂长杨琳合写的《国营青岛第六棉纺织厂报告》。

1956年2月20日晚上,毛泽东听取了建筑工程部的汇报,当刘秀峰汇报到劳动生产率提高的例子和措施时,毛泽东说:"每讲一个问题,总要讲例证,讲措施,然后讲结果。要发议论,要有典型,要有前后的比较,引人入胜,使人想看下去。这样的文章不限字数,一万字也好,三万字也好。每个部写一报告,三月份交我。将来每一个局都要写一个报告,然后再发展到每一个厂都要写一个报告。……。写一

---

① 赵友明、王云海:《郝建秀小组在不断前进》,《青岛日报》1956年5月1日,第3版。
② 赵友明、王云海:《郝建秀小组在不断前进》,《青岛日报》1956年5月1日,第3版。
③ 薄一波:《若干重大决策与事件的回顾》(上),中共党史出版社,2008年,第329页。
④ 中共中央文献研究室编《毛泽东年谱(一九四九——一九七六)》第二卷,中央文献出版社,2013年,第528页。
⑤ 薄一波:《若干重大决策与事件的回顾》(上),中共党史出版社,2008年第1版,第329页。

个工厂要有历史,要有发展过程,有它的艰苦创业。"①1956 年 3 月 2 日下午,毛泽东听取了地方工业部的汇报。毛泽东开头讲了一段怎样作汇报、写文件的问题,说:"有什么办法使人听了不致忘记? 讲存在的问题,要举事例,把人指出来。不举事例等于无用,别人不好懂。文件重要的是要使人懂,为了使人懂,长一点也不要紧。文字方面不是要反对标语口号吗? 就是要有具体形象,有人物。没有具体形象,作品就没有生命。"②

相应地,1956 年 3 月 7 日,纺织工业部副部长钱之光给青岛纺织管理局局长去了一封信。该信说:"主席为了了解和研究工业问题,指示各工业部、各工业管理局及各个工厂企业均应向他写一比较能全面说明本单位情况的报告。报告内容应注意:1、要有本单位的发展历史和目前基本情况,要有前后比较,要说明本单位在发展过程中遇到些什么困难,这些困难是如何解决的,以及有何重要的经验教训。2、报告内容要有具体分析,要有典型事例,也就是既要有骨头,又要有肉,不要只提出几条抽象原则,没有生动的典型的事例可以说明;也不要光堆砌一些具体事实,没有深入的分析。要做到能逐渐引人入胜,使人想读下去。文字 5000 或 10000 以上均可,以写好为原则。3、对报告中所涉及的各项问题,要提出自己的看法,要发议论,要有解决问题的措施和办法。4、报告要写明某地某管理局或某厂(公司)于某月某日写,并应有局长或厂长(经理)党委书记签名。"在这四点注意事项中,前 3 点应该是为了满足毛泽东对报告的要求而提出的。该信还强调:"各单位在写报告时,应很好掌握本单位的特点,抓住自己本单位发展的主要过程和主要问题,内容应该突出。不要什么问题都想谈,但什么问题都谈得不透。"该信最后强调说:"为了能够把报告写好,各管理局及各企业均应由领导同志亲自负责,组织力量,搜集材料,进行研究。各管理局应负责指导所属工厂企业写好报告,各工厂企业报告写好后,首先应经过管理局详细审阅,写的不好的应退回去重写。"③

接着,(1956 年)3 月 13 日,青岛纺织管理局给"国营、合营青、济十六个厂各厂厂长"写了信,并把钱之光的上述信件作为附件抄转给了各厂厂长,请各厂厂长"抓

---

① 中共中央文献研究室编:《毛泽东年谱(一九四九——一九七六)》第二卷,中央文献出版社,2013 年,第534 页。

② 中共中央文献研究室编:《毛泽东年谱(一九四九——一九七六)》第二卷,中央文献出版社,2013 年,第540 页。

③《青岛纺织管理局(56)青纺办秘便字第 0005 号》(1956 年 3 月 13 日)之附件,青岛市纺织总公司档案管理中心藏,国棉六厂文书档案永久类第 117 卷。

紧时间,积极准备,按期报送"。①

在上述具体要求之下,国棉六厂书记李克锐、厂长杨琳合写了《国营青岛第六棉纺织厂报告》。中共中央办公厅机要室于 1956 年 9 月 6 日印发了该报告。该报告的篇幅比较长,共 17.5 页,全文约 12000 字,其内容分为五部分:第一部分介绍了国棉六厂的基本情况(约占 1.2 页),其中谈到:"到目前为止,全厂共有纱锭 55768 枚,布机 2116 台,职工总数 4208 人,其中女职工 1711 人,生产工人 3272 人,十年以上厂龄的工人占 13.8%。"第二部分的小标题是"发现总结郝建秀的先进经验"(约占 3 页)。第三部分的小标题是"培养郝建秀典型小组"(约占 6.8 页),它主要回答了"我厂领导是怎样培养和提高郝建秀小组的呢?"这个问题,它着重谈了三点培养经验:一是加强政治思想领导,以生产为中心,搞好小组团结。二是在提高阶级觉悟的基础上,提高全组的技术水平。三是发挥小组基点作用,推动全盘,以求共同提高。第四部分的小标题是"郝建秀小组的一度垮台"(约占 4 页),它首先指出:"数年来由于上级领导的具体帮助,郝建秀小组发挥了很大作用。但也不能否认,该组当前存在的问题还是不少的,这些问题集中表现在生产上的是从 1954 年以来完成计划的先进性和均衡性比过去差了。……另一方面,表现在小组的自满情绪上是生产计划完成得好大家沾沾自喜,完成得不好,大家便相互埋怨:埋怨领导,埋怨原棉,埋怨温湿度,有时埋怨到别班。自满情绪的另一表现是过于相信自己的优点,而不尊重别人的意见。"之后,它分析了产生这些问题的主要原因,并得出结论认为:"郝建秀小组在这一时期的问题证明:领导经常重视和适当帮助是一个典型小组成败的关键。"最后第五部分的内容与郝建秀工作法和郝建秀小组无关(约占 2.5 页)。② 总之,该报告约用了 62%的篇幅(约 10.8 页)来谈论郝建秀小组。很显然,在国棉六厂书记、厂长看来,国棉六厂最值得向毛主席汇报的"典型事例"就是培养郝建秀小组的经验与教训。

利用撰写这个报告的机会,国棉六厂书记、厂长对培养郝建秀小组的经验与教训等进行了认真总结,这种总结应该有助于国棉六厂领导进一步制订培养郝建秀小组的具体措施。这个报告得到了中共中央办公厅机要室的印发,这说明它是一份被认可的、被重视的报告。这种被认可、被重视可能会对国棉六厂领导产生一定

---

① 《青岛纺织管理局(56)青纺办秘便字第 0005 号》(1956 年 3 月 13 日),青岛市纺织总公司档案管理中心藏,国棉六厂文书档案永久类第 117 卷。

② 李克锐(时任国棉六厂党委书记)、杨琳(时任国棉六厂厂长):《国营青岛第六棉纺织厂报告》(中共中央办公厅机要室于 1956 年 9 月 6 日印发),青岛市纺织总公司档案管理中心藏,国棉六厂文书档案永久类第 117 卷。

的激励作用,即进一步激励国棉六厂领导吸取培养过程中的经验与教训,再接再厉,继续培养郝建秀小组。此外,这个报告被印发,也可能扩大了国棉六厂和郝建秀小组在中共高层领导中的影响,从而可能会进一步引起中共高层领导(如毛泽东)对国棉六厂和郝建秀小组的高度关注与期待。因此,这个报告的撰写与印发,应当有助于进一步推动郝建秀小组向前发展。

五　参加增产节约运动

1957 年 1 月 12 日,纺织工业部、纺织工会全国委员会出台了《关于响应党中央增产节约号召,开展以提高产品质量、厉行全面节约为中心内容的先进生产者运动,把社会主义竞赛更加深入地推向前进的联合指示》。该指示指出:"1957 年是执行国家第一个五年计划的最后一年,党的八届二中全会①已提出在全党和全国人民中发出增产节约的号召。我们全体纺织职工必须一致动员起来,积极响应中央号召,从纺织工业的实际情况出发,继续提高产品质量,厉行全面节约,保证全面地超额地完成国家计划。"为此,该指示提出了四点指示:一是必须明确竞赛目标,组织各种形式的竞赛;二是必须围绕提高产品质量和厉行全面节约的要求,全面贯彻提高技术、改进技术、学习和掌握新技术的方针,做好总结推广先进经验和开展合理化建议的工作;三是必须组织职工积极参加企业管理,推动企业管理的不断改进;四是为了把社会主义竞赛更加深入地推向前进,行政和工会组织必须共同加强竞赛中的思想教育和组织工作。该指示最后要求:"各纺织管理局和纺织工会省、市委员会接到本联合指示后,应即认真贯彻,并将贯彻情况,于第一季度末向纺织工业部和纺织工会全国委员会作一报告。"②

接着,1957 年 2 月 15 日,中共中央出台了《关于一九五七年开展增产节约运动的指示》,指出:"一九五七年是我国第一个五年计划的最后一年。这一年的经济发展,不但要保证完满地实现第一个五年计划,而且要为第二个五年计划准备巩固的基础。因此,必须在一九五七年大力地开展增产节约运动,保证一九五七年的国民

---

① 中共八届二中全会于 1956 年 11 月在北京召开。——笔者注

② 《纺织工业部、纺织工会全国委员会关于响应党中央增产节约号召,开展以提高产品质量、厉行全面节约为中心内容的先进生产者运动,把社会主义竞赛更加深入地推向前进的联合指示》(1957 年 1 月 12 日),《中国工会运动史料全书》总编辑委员会、《中国工会运动史料全书》纺织卷编委会编:《中国工会运动史料全书:纺织卷》下册,中国纺织出版社,1999 年,第 299—302 页。

经济计划和财政收支计划的顺利实现。""增产节约是发展社会主义经济、扩大社会主义积累的基本方法。……。因此,开展群众性的增产节约运动,是一个经常性的任务。在一九五七年,开展这一运动尤其具有特殊重大的意义。"该指示还具体地指出:"原材料的节约是一九五七年工业节约的主要任务。机器制造、化学、纺织、食品、造纸、医药等制造工业部门,必须在保证质量的条件下,大力降低原材料消耗定额,建立和健全材料管理制度,并且加强企业之间的协作,以减少原材料的耗损而增加生产。"①

面对这个增产节约任务,刚在青岛市第二届先进生产者代表会议上被评为"先进单位"②的郝建秀小组③马上于 2 月 23 日制订出了《郝建秀小组 1957 年规划》。为了"保证全年增产节约任务的完成,迎接第二个五年计划的到来",该规划提出了以下"1957 年的指标":"(1)产量:按日完成计划。(2)质量:坏纱比行政计划减少30％。(3)白花:比行政计划减少 15％。(4)技术:百分之百执行解捻接头和顺向接头,上半年接平头全组平均达到 95％,下半年达到 97.5％,上半年学会设备使用规则。(5)节约:按清洁进度表做好清洁,减少飞花附入和油纱,上半年二台车出白花达到 450 公分④、台半车出 325 公分以内,钢丝圈每周六将剩的收回,发时少发,用完再领,各种工具要仔细爱护,并采取以旧换新。(6)出勤率:保证达到 98％以上。"该规划还制订了保证完成上述指标的三点措施:一是在党的领导下加强政治学习,提高觉悟水平。二是在小组内部进行职责划分,具体地规定了组长、副组长、女工代表、宣传副组长、落纱工等的职责。三是把本组 24 人划分为 7 个互助组,开展互助组之间的劳动竞赛。⑤ 我们估计,上述指标与措施并不是郝建秀小组独自制订出来的,而是有关各方共同商讨之后的结果,从中可以看出有关各方在"增产节约"上对郝建秀小组提出了很高的要求,或者说,对郝建秀小组寄予了很高的期望。

鉴于郝建秀小组的优秀表现,1957 年 10 月 1 日,《青岛日报》以《在前进的道路上——记五年计划期中的郝建秀小组》为题,再次用较大的篇幅报道了郝建秀小组。该文虽然"记"的是郝建秀小组,却一开头就指出了郝建秀小组与郝建秀的关

---

① 《中共中央关于一九五七年开展增产节约运动的指示》(1957 年 2 月 8 日政治局通过),中央档案馆、中共中央文献研究室编:《中共中央文件选集(1949 年 10 月—1966 年 5 月)》第二十五册,人民出版社,2013年,第 112—127 页。
② 参见《青岛市第二届先进生产(工作)者及先进单位名单》,《青岛日报》1957 年 2 月 14 日,第 2 版。
③ 当时,郝建秀小组也叫细纱车间甲班第六工区。
④ "公分"一词可能有误,但原文如此。——笔者注
⑤ 详见《郝建秀小组 1957 年工作规划》(1957 年 2 月 23 日),青岛市纺织总公司档案管理中心藏,档案号:国棉六厂文书档案永久类第 105 卷。

系："青岛国棉六厂出了个郝建秀,就像鞍钢出了个王崇伦[1]一样,为新中国工人创造了光辉的形象。原先郝建秀所在的组——郝建秀小组(现在是该厂细纱甲班六工区),几年来也一直被公认为是纺织工业的'火车头'。她们在第一个五年计划中,为社会主义建设贡献出了很大的力量。"该文接着说:"五年计划开始的第一年,郝建秀小组就在获得全市特等模范小组称号的基础上,全面地完成了国家计划,被厂里评为一等模范小组。从那以后,她们每年都按年完成了国家计划。如果从1953年1月算到今年8月,在这56个月中,她们就有50个月全面完成了计划,其中并有许多月份是按周甚至按日地完成计划的。特别是从去年3月份开展先进生产者运动以来,到今年8月份,在已经评比的17个月中,她们有15个月被评为先进工区,并且曾有11个月连续保持了这一光荣称号。"从我们收集到的相关史料来看,这是首次公开报道郝建秀小组连续多少年或多少个月完成了国家计划,因而连续地保持了它的光荣称号。该文还提及1953年中共中央办公厅秘书室给郝建秀小组的回信(详见第三章),并说:"几年来,她们一直遵照这一嘱咐,以'继续保持郝建秀小组的光荣称号'来勉励自己。正因为这样,她们在每次运动和中心工作中都带头响应上级号召,所以在全厂、全市以及全国纺织工人中,树立了一面先进的旗帜。"该文最后谈及"中共中央第三办公室的检查组"帮助郝建秀小组检查、整顿工作之事(详见本章第三节),并说:"她们现在谈起这个问题时,都体会到她们的进步是和党的教育、培养分不开的,而且也坚定地相信:今后在党的教导下,只要团结一致,戒骄戒躁,虚心向别的工区学习,一定可以胜利地前进,再前进!"[2]

　　1957年12月2日至12日,我国工会召开了第八次全国代表大会。会上,刘少奇代表中共中央致了祝词,他在祝词中指出:"我国工人阶级和我国人民在今后十年到十五年内的基本任务,就是要在优先发展重工业的基础上,实行工农业同时并举的方针,把我国建成为一个具有现代工业、现代农业和现代科学文化的社会主义强国。……。在十五年后,苏联的工农业在最重要的产品的产量方面可能赶上或者超过美国,我们应当争取在同一时期,在钢铁和其他重要工业产品的产量方面赶上或者超过英国。那样,社会主义世界就将把帝国主义国家远远地抛在后

---

[1] 王崇伦(1927—2002),男,1949年进入鞍钢工作。1953年创造发明了"万能工具胎",一年完成了四年多的任务,在技术革新方面作出了突出贡献。为此,被鞍山市评为工业战线特等劳动模范,被誉为"走在时间前面的人"。参见《王崇伦同志生平》,《工人日报》2002年2月22日,第5版。——笔者注

[2] 牟用兰、杨云从:《在前进的道路上——记五年计划期中的郝建秀小组》,《青岛日报》1957年10月1日,第2版。

面。"①这次大会闭幕后第二天,《人民日报》发表相关社论也指出:"把我国建成为一个具有现代工业、现代农业和现代科学文化的社会主义强国,十五年后在钢铁和其他重要工业产品的产量方面赶上或者超过英国,这是党向我国工人阶级和我国人民发出的响亮的号召。实现这个号召,是我国人民、首先是我国工人阶级的一项伟大而艰巨的任务。"该社论还进一步指出:"我国工人阶级目前的中心任务,就是掀起新的生产高潮来迎接第二个五年计划,为完成和争取超额完成新的国家计划而斗争。"②相应地,1957 年 12 月下旬,中国纺织工会召开了第三次全国代表大会,全总主席赖若愚到会并讲了话,他说:"在人民生活资料的供应上,纺织品是比较紧张的。……。人民要求我们生产更多更好的纺织品,改变现在的状况。这是群众的要求,也是纺织工人的艰巨任务。"他还说:"纺织工业是积累资金的一个重要部门。以轻工业积累资金来建设重工业,过去和今后相当长时期都需要这样做。纺织工人工作得好,就能为国家积累更多的资金,建设更多更好的重工业企业。"③

这样,在第二个五年计划即将到来之际,党和政府又提出了伟大的奋斗目标,又向工人阶级发出了响亮的号召,相应地,工人阶级尤其是纺织工人又面临十分艰巨的生产任务。

---

① 《刘少奇同志代表中共中央给中国工会第八次全国代表大会的祝词》(1957 年 12 月 2 日),中华全国总工会办公厅编:《建国以来中共中央关于工人运动文件选编》上册,中国工人出版社,1989 年,第 631 页。
② 《掀起新的工业生产高潮》,《人民日报》1957 年 12 月 13 日,第 1 版。
③ 《全总主席赖若愚的指示》(1957 年 12 月 20 日),《中国工会运动史料全书》总编辑委员会、《中国工会运动史料全书》纺织卷编委会编:《中国工会运动史料全书:纺织卷》下册,中国纺织出版社,1999 年,第 278 页。

第五章

迈向长期先进（1958—1961）

1958 年至 1961 年，是我国开展"大跃进"运动的时期。1958 年元旦，《人民日报》发表了题为《乘风破浪》的社论。该社论在宣布"我国第一个五年计划……已经胜利地超额完成了"的同时，指出："第一个五年计划的完成仅仅是把我国建设成为社会主义强国的万里长征中的第一步。在我国建立一个现代化的工业基础和现代化的农业基础，从现在算起，还要十年到十五年的时间。"针对刚刚到来的 1958 年，该社论强调："1958 年是我国第二个五年计划的第一年。我们应该利用整风运动的伟大成就和第一个五年计划的胜利完成以及其他一切有利条件，调动一切积极的因素，根据勤俭建国的方针，又多又快又好又省地进行各项建设工作，为第二个五年计划创造一个胜利的开端。"①那么，如何才能实现这个奋斗目标？1958 年 2 月 3 日《人民日报》发表的社论《鼓足干劲，力争上游！》一文给出了大致的答案：采用力争上游、向前跃进的办法。该社论认为："跃进和冒进有原则的不同。跃进是一种有实际可能性的前进，它不同于通常的前进，它是在有利的革命形势下，在群众运动的高潮中，千方百计，打破常规，采取新的方法或者新的技术，以比通常快得多的速度，迈大步的前进。"该社论还指出："勇于打破妨碍先进事物的'常规'，力争上游，是我们共产主义者在进行一切事业的时候应有的革命态度。""我们的事业是革命的事业，而革命——这就是跃进。我们是无产阶级的革命者而不是改良主义者。""在过去革命斗争的年代里，我们就是力争上游，向前跃进，把压在无产阶级身上的一切剥削制度统统推翻。现在，当无产阶级已经掌握了政权，进行社会主义建设的时候，同样地需要力争上游，向前跃进。"②

---

① 《乘风破浪》，《人民日报》1958 年 1 月 1 日，第 1 版。
② 《鼓足干劲，力争上游！》，《人民日报》1958 年 2 月 3 日，第 1 版。

在这种力争上游、向前跃进的新形势下,为了促进纺织工业生产大跃进,纺织工业部在1958年3月至4月之间先后在青岛、北京、上海分别召开了全国棉纺织、毛麻纺织、印染针织、丝绸等工业生产大跃进会议。其中,1958年4月上旬,在青岛召开了全国棉纺织生产大跃进会议。"这次会议是一次整风会议,是政治与业务相结合的会议。3天的时间中代表们贴出了四千多张大字报①,有力地揭露了企业中存在浪费的保守思想,无情地批判了领导上的'三风'和'五气',并且对棉纺织生产如何全面贯彻中央的多、快、好、省方针进行了大争大辩。"②这次会议还出台了"全体代表给全国棉纺织职工的一封信"。该信希望全国棉纺织职工都能做到以下五点:一是认真地把整风运动、"双反"运动进行到底;二是努力学习政治,学习业务,学习技术,做到又红又专;三是积极改进技术,掀起一个技术革新运动;四是在生产大跃进的同时,要组织安全生产工作大跃进;五是在全国掀起一个比先进、学先进、赶先进运动。要比生产指标、比技术,也要比政治、比领导、比群众工作。做到人人订跃进计划,厂厂提先进指标;先进带动落后,落后赶上先进;小厂促进大厂,大厂推动小厂;前浪引后浪,后浪赶前浪,先进更先进,使棉纺织生产跃进、跃进、再跃进。③

随后,1958年5月,在北京召开了中共八大的第二次会议。这次会议通过了"鼓足干劲、力争上游、多快好省地建设社会主义"的总路线,通过了15年赶上和超过英国的目标,通过了提前五年完成全国农业发展纲要的目标,通过了"苦干三年,基本改变面貌"等口号。这些重人决策的最后确定,表明八大二次会议是一次全面发动"大跃进"的会议。会后,"大跃进"运动在全国范围内从各方面开展起来,其主要标志是片面追求工农业生产和建设的高速度,不断地大幅度地提高和修改计划指标。④

在"大跃进"运动中,郝建秀小组继续发挥了它的"火车头的作用",并因此而被称赞为"一直保持着先进小组的荣誉"。

---

① 简单来讲,"大字报"就是用大字书写的、张贴于墙壁的墙报。——笔者注
② 《全国棉纺织生产大跃进会议全体代表给全国棉纺织职工的一封信》(1958年4月4日),《中国工会运动史料全书》总编辑委员会、《中国工会运动史料全书》纺织卷编委会编:《中国工会运动史料全书:纺织卷》下册,中国纺织出版社,1999年,第362—363页。
③ 《全国棉纺织生产大跃进会议全体代表给全国棉纺织职工的一封信》(1958年4月4日),《中国工会运动史料全书》总编辑委员会、《中国工会运动史料全书》纺织卷编委会编:《中国工会运动史料全书:纺织卷》下册,中国纺织出版社,1999年,第362—363页。
④ 中共中央党史研究室著:《中国共产党历史》第二卷(1949—1978)上册,中共党史出版社,2011年,第480—481页;中共中央党史研究室著(胡绳主编):《中国共产党的七十年》,中共党史出版社,1991年,第363—364页。

一　带头进行"高速生产"

郝建秀小组带头"向前跃进"的先进事迹之一，是在1958年第四季度带头响应"增加车速"的号召。国棉六厂于1959年10月出台的《国营青岛第六棉纺织厂一年来发动群众开展增产节约运动的情况》一文记录了当时的具体情形。该文认为："贯彻执行党的总路线的一个根本问题就是依靠群众、充分发动群众大搞群众运动。只有大搞群众运动，才能多快好省。""群众运动首先是思想运动，大跃进的过程是反右倾、鼓干劲、思想发动步步深入的过程。一年来我厂职工在党的总路线的光辉照耀下，在大跃进形势的鼓舞推动下，大大提高了敢想敢说敢做的共产主义风格，提高了社会主义的思想觉悟，过去不敢想的事情都做出来了。"这里说的"过去不敢想的事情"就包括在1958年第四季度加快细纱机的车速。该文介绍了当时加快车速的具体过程：

在去年第四季度加速的过程中，有的说："马达已超负荷很多了，再增加速度就要起火啦。"有的说："机器已经超过了设计能力，再加速度就要飞起来了。"总之，"速度已经到顶"，"无办法可想了"。但是如果速度加不上去就不能实现高产的目的，完不成计划。生产任务要求我们必须有更高的速度，而且天津、上海有些厂的速度水平都雄辩地说明了所谓"设计能力"是可以大大地超过的。于是，我们向职工进行教育、说明：（1）要跃进必须高产，要高产必须高速。教育他们认识到能否高速的问题实际上是能不能大跃进的问题。（2）专门召开了中层领导干部会议，进行了鸣放辩论，即纱布生产上要不要高速和能不能高速？使他们认识到高速生产既是必需又有可能，墨守成规是右倾保守思想。（3）经过辩论虽已认识到高速生产很有必要，但某些干部仍然信心不足，于是我们便组织一部分干部到上海、天津等处参观学习，大开眼界，树立信心。（4）通过辩论、参观，认识到要跃进必须高产，要高产必须高速，但是马达负荷问题确是实际困难，工程师又一时想不出好门道，于是我们即发动干部去向群众领教，开专业会研究讨论，开展合理化建议，结果由于工程师和电气老工人成立了技术研究小组，进行了刻苦的钻研，经过改极降温、提高电压、改进接线办法等措施以后，提高了马达的出力，加速度前的第一大关被冲破了。(5)在上述工作的基础上,我们便从点到面大家动手夺高产。经过高速机台的典型试验,以及郝建秀小组的带头、群众动手,使速度普遍增加了40—60转,棉纱日产量由8月的242件增加到12月的259件,以广大群众的实际行动彻底打垮了"临界速度论"。①

从中可见,增加细纱机的车速是六厂在"大跃进"形势下不得不向职工提出的一项号召。该号召提出来之后,遇到了不少阻力,为了克服这些阻力,六厂做了很多相关工作,包括"向职工进行教育、说明"。在这个过程中,郝建秀小组的带头响应无疑发挥了重要作用。那么,郝建秀小组又是如何具体地带头响应的?该文说:"在每一项工作当中,我们还注意了首先发挥这些先进人物的带头作用。例如:党委每个时期的中心任务确定以后,除了全面发动群众以外,一般总要在郝建秀小组中先行一步,由郝建秀小组向全厂提倡议,以发挥郝建秀小组的火车头作用。如:第三季度②党委提出加速任务以后,首先由郝建秀小组向领导提出要求加速,然后很快就发展成为细纱车间全体职工的要求。"③后来,郝建秀小组的代表对"要求加速"之事也做了如下回忆:"去年在棉花大丰收和人民需要日益增长的情况下,党提出了'四高四省'④的方针。为了保证增产任务的完成,当领导上普遍地号召加快车速时,我们小组首先自觉地提出了要求增加车速,由原来250转左右增加至最高为375转,一般的也在360转以上,这是历来没有过的高速生产。虽然在开始时没有经验遇到了不少困难,但是由于党的正确领导和大家的冲天干劲加科学的分析,因而今年第一季度超产了40.84件棉纱,折合棉布54332.4公尺,可供应5660余人的全年用布。"⑤

郝建秀小组的优异表现,不只是体现在带头响应加快车速的号召上,还体现在其他诸多方面:"在伟大的1958年内,全组全体同志团结一致,认真地贯彻党的方针路线和党的决议,党指向哪里他们就走向哪里,因此,在各项工作上都是出色地

① 《国营青岛第六棉纺织厂一年来发动群众开展增产节约运动的情况》(1959年10月),青岛市纺织总公司档案管理中心藏,国棉六厂文书档案永久类第220卷。
② "第三季度"疑为"第四季度",即1958年的第四季度。——笔者注
③ 《国营青岛第六棉纺织厂一年来发动群众开展增产节约运动的情况》(1959年10月),青岛市纺织总公司档案管理中心藏,国棉六厂文书档案永久类第220卷。
④ "四高"是指高产、高质、高速度和高技术;"四省"是指省电力、省原材物料、省劳力和省财力。——笔者注
⑤ 《青岛国棉六厂郝建秀小组代表发言稿》(1959年7月7日),青岛市纺织总公司档案管理中心藏,国棉六厂文书档案永久类第240卷。

完成了任务，成了各项工作上的标兵。"①比如，在大搞技术革新、安装拖拉机上，郝建秀小组也取得了不错的成绩：

> 全组大搞技术革新，人人都搞自动化，安装"拖拉机"。因为各个单位都是全力以赴来炼钢炼铁②和支持元帅早日升帐③，而将其他工作要停车让路时候，拖拉机在这种情况下安装是有困难的。党号召大家齐动手来搞，他们听了报告后，马上行动起来，进行分工，每人做两个木轮子，分工后个人回家找料找工具。他们没有工具钻眼，就用铁火棍烧红了钻眼。在忘我的劳动中，上夜班都不睡觉，甚至于把自己的手都烧坏了都坚持工作，克服了一切困难，把拖拉机都安装齐了。④

又比如，郝建秀小组还积极支援了钢铁生产："在支援钢铁生产方面，全组经常保持 100％ 的参加，不管是挖铁石和砸铁石，以及运输铁石，是漏不了这个小组的。……。在其他方面，像运砖吧，都下了中班再到楼山后⑤去运砖，她们都经常参加到 4 个多小时的钢铁生产。"⑥

因此，1959 年 2 月，郝建秀小组出席了青岛市社会主义建设先进单位代表大会。在这次大会上，郝建秀小组不但被评为青岛市 1958 年社会主义建设先进单位⑦，而且还获得了红旗奖励⑧。这次是郝建秀小组第七次被评为青岛市的先进单位。⑨

---

① 参见《青岛市 1958 年先进生产者代表会议集体单位代表登记表》之郝建秀小组的登记表（填写于 1959 年 1 月），2016 年 1 月 12 日从青岛市档案馆查阅。

② 当时国棉六厂也参与了大炼钢铁的运动，《青岛日报》对国棉六厂的"炼钢炼铁"活动进行了大量报道。——笔者注

③ "元帅升帐"是指"钢铁元帅升帐"，即认为钢铁是工业的元帅，要将钢铁工业放在国民经济发展的首位。——笔者注

④ 《青岛市 1958 年先进生产者代表会议集体单位代表登记表》之郝建秀小组的登记表（填写于 1959 年 1 月），2016 年 1 月 12 日从青岛市档案馆查阅。

⑤ "楼山后"可能是指位于楼山北面的楼山后村（生产大队），该村距离国棉六厂约 4 公里。现在该村所在地为楼山后社区。——笔者注

⑥ 《青岛市 1958 年先进生产者代表会议集体单位代表登记表》之郝建秀小组的登记表（填写于 1959 年 1 月），2016 年 1 月 12 日从青岛市档案馆查阅。

⑦ 参见《一九五八年社会主义建设先进单位名单》，《青岛日报》1959 年 2 月 17 日，第 3 版。

⑧ 全市只有 36 个先进单位获得红旗奖励。参见《获得红旗的先进单位名单》，《青岛日报》1959 年 2 月 22 日，第 1 版。

⑨ 参见《遵循着毛主席的教导前进》，《青岛日报》1959 年 2 月 19 日，第 2 版。

参加"六比"红旗竞赛运动

　　1958 年 11 月 28 日至 12 月 10 日,在武昌召开了中共八届六中全会,全会通过了《关于一九五九年国民经济计划的决议》。该决议"是一个压缩高指标的决议","但由于未能摆脱高估产的迷误,对高指标的压缩很不彻底",它还要求 1959 年实现比 1958 年"更大的跃进"。① 相应地,《人民日报》发表 1959 年元旦社论指出:"党的八届六中全会提出 1959 年发展国民经济的几项主要指标是:钢从 1958 年的预计产量一千一百万吨左右增加到一千八百万吨左右,煤炭从 1958 年的预计产量二亿七千万吨左右增加到三亿八千万吨左右,粮食从 1958 年的预计产量七千五百亿斤左右增加到一万零五百亿斤左右,棉花从 1958 年的预计产量六千七百万担左右增加到一亿担左右。根据这些主要指标编制的 1959 年国民经济计划,将是一个宏伟的跃进计划。"② 约一个月以后,《人民日报》再次发表相关社论指出:"不论从哪个方面来说,今年我国人民应该争取一个更大更好更全面的跃进。""1959 年是苦战三年的第二年,也是决定性的一年。我们去年的大跃进已经取得辉煌的成就,但同我们远大的理想比较起来,这不过是刚刚开始。改变我国'一穷二白'的面貌,把我们的国家建设成具有现代工业、现代农业和现代科学文化的社会主义国家,还有待于我们继续苦战。我国人民进行社会主义建设的国际环境,帝国主义侵略威胁的存在,也要求我国人民尽快地使祖国强盛起来。无论从国内的和国际的情况来说,社会主义建设不能是慢吞吞的,而必须是高速度的。要高速度,特别是在原来经济基础比较落后的我国,就必须苦战。"该社论最后发出号召说:"祖国的英雄儿女们,继续鼓足干劲,力争上游,多快好省,把大跃进的战鼓敲得更响,为实现 1959年更大、更好、更全面的跃进英勇奋斗吧!"③

　　具体到山东省,为了实现 1959 年更大更好更全面的跃进,中共山东省委提出要在工业、基建、交通企业中开展一个以技术革命为中心的"六比"红旗竞赛运动。"六比"红旗竞赛是在新形势下的一种新的劳动竞赛形式。所谓"六比",就是从六个方面(思想、产量、质量、成本、劳动生产率和安全)全面地比、全面地赛,达到多快

---

① 中共中央党史研究室著:《中国共产党历史》第二卷(1949—1978)下册,中共党史出版社,2011 年,第 520 页。

② 《迎接新的更伟大的胜利》,《人民日报》1959 年 1 月 1 日,第 1 版。

③ 《把大跃进的战鼓敲得更响》,《人民日报》1959 年 2 月 2 日,第 1 版。

第五章
迈向长期先进（1958—1961）

好省的目的。所谓"红旗"竞赛，就是在竞赛运动中，高举共产主义红旗，发扬共产主义大协作的精神，互相帮助、共同前进。[①]"开展这个运动的意义，就在于把工业、基建、交通企业共同性的主要问题都集中起来了，'六比'中各项要求都获得优越的成绩，那就是各个企业实现全面跃进的重要标志。"[②]

为了动员全省工业、基本建设和交通运输战线上的广大职工立即行动起来，进一步开展"六比"红旗竞赛运动，中共山东省委于1959年3月3日举行了广播大会，省委书记处书记谭启龙在会上向全省职工作了重要报告。[③]谭启龙指出："我省根据国家分配的任务与我省的具体情况提出了全省工业总产值要比去年翻一番。……。这是一个更大更好更全面的跃进计划，也是一个令人鼓舞的计划。"针对这个计划，谭启龙问：依靠什么来实现今年的计划呢？谭启龙的回答是：首先必须统一思想认识，鼓足革命干劲；其次我们必须大搞群众运动，大闹技术革命。在谈到第二项措施时，谭启龙说：去年经验告诉我们，要实现更大更好更全面的跃进，必须充分地发动群众，依靠群众。一定要大搞群众运动。那么，群众运动应该以什么为中心内容呢？从今年生产计划和当前情况看，应该以技术革命为中心。因此，省委决定：在全省所有工业企业、基本建设单位、交通运输企业内，开展一个以技术革命为中心的"六比"红旗竞赛运动。所谓"六比"就是比思想、比产量、比质量、比成本、比劳动生产率、比安全。"比思想，就是比积极响应党的号召，比鼓足干劲，比忘我劳动，比敢想敢说敢做的共产主义风格，比团结互助，比共产主义协作精神，比学习。""比思想，是'六比'当中最重要的一条，是政治挂帅在劳动竞赛中的具体体现。应当知道，只有树立了先进思想，才能够做出先进的生产成绩，因此，要把比思想当做考核每一个集体和个人的成绩的首要标准，忽视了这一条，劳动竞赛就会失掉灵魂，就会走上错误的道路。"[④]

不出所料的是，郝建秀小组在"六比"红旗竞赛运动中又取得了相当优秀的成绩："今年第一季度厂党委提出要增产1410件棉纱以后，姐妹们积极投入了以技术革命为中心的六比红旗竞赛，苦干、巧干，积极学习技术提高技术，因之扩大了看台，全组29台车，原有车工16人，第一季度末减少到11人，平均看台能力由725

---

① 山东省总工会办公室编：《开展"六比"红旗竞赛运动》，山东人民出版社，1959年，第8页。

② 《迅速开展以技术革命为中心的"六比"红旗竞赛运动》（大众日报社论），《青岛日报》1959年2月27日，第1版。

③ 参见《把六比竞赛红旗插遍全省，省委开工业广播大会，谭启龙同志做重要报告》，《大众日报》1959年3月5日，第1版。

④ 《立即行动起来，开展以技术革命为中心的"六比"红旗竞赛运动——谭启龙同志在省广播大会上的讲话纪要》，《大众日报》1959年3月5日，第2版。

锭提高到 1055 锭,并全面完成了各项计划。棉纱产量完成计划的 110.02%,共超产 40.84 件纱,比去年第四季度 18 支经纱提高 9.42%,32 支纱提高了 5.34%,劳动生产率提高 31%,皮辊花由原来的平均 3.5 公斤降到 2.3 公斤。"①

三　创造佳绩向全国群英会献礼

除了积极参加山东省委提出的"六比"红旗竞赛运动,当时郝建秀小组还积极响应了另一个"上级号召"——号召职工拿出更好的成绩和先进事迹向"全国群英会"献礼。

1959 年 3 月 21 日,中共中央、国务院出台了《关于召开全国工业、交通运输、基本建设、财贸方面社会主义建设先进集体和先进生产者代表会议的通知》。该通知说:"为了表扬在大跃进中工业、交通运输、基本建设和财贸战线上涌现出的先进集体和先进生产者在社会主义建设事业中的模范行动,总结和推广他们的先进经验,迎接今后更加伟大的社会主义建设的任务,中共中央和国务院决定于今年第四季度在北京召开全国工业、交通运输、基本建设、财贸方面社会主义建设先进集体和先进生产者代表会议。"②这次会议也叫"全国群英会"。

为了迎接这次会议,全国总工会马上发出了《告全国职工书》,强调:中共中央和国务院决定召开这次会议,"这是党和国家对我们全体职工发出的一个伟大的生产大跃进的战斗号召。我们一定要以极热烈的心情和冲天的干劲响应这个会议的召开。全国职工同志们应该更加积极地动员起来,为 1959 年更大更好更全面的跃进,为提前和超额完成 1959 年的国家生产建设计划而奋斗。""今年是我国国庆十周年,是更大跃进的一年,是苦战三年具有决定意义的一年,我们要热烈响应党和政府的号召,在社会主义劳动竞赛中,昂扬斗志,意气奋发,拿出更大更好的成绩和千千万万的先进事迹,献给全国工业先进集体和先进生产者代表会议。"③

1959 年 3 月 24 日,《人民日报》在报道上述消息的同时,还发表社论指出:"中

① 山东省委工业部、山东省总工会、青岛市工会联合会工作组:《郝建秀小组在党的培养和关怀下继续前进》(1959 年 6 月 11 日),青岛市纺织总公司档案管理中心藏,国棉六厂文书档案永久类第 240 卷。
② 《中共中央和国务院向工业、交通、基建、财贸职工发出号召,立即掀起新的更大的生产高潮,第四季度将在京召开先进集体和先进生产者代表会议》,《人民日报》1959 年 3 月 24 日,第 1 版。
③ 《组织轰轰烈烈的劳动竞赛,创造千千万万的先进事迹,全总动员全国职工响应党和国家的战斗号召》,《人民日报》1959 年 3 月 24 日,第 1 版。

共中央和国务院关于召开全国工业、交通运输、基本建设、财贸方面社会主义建设先进集体和先进生产者代表会议的通知，就是一纸战斗的动员令。全国工业、交通运输、基本建设、财贸各个战线上的广大职工群众，应当更加积极地行动起来，更加广泛更加深入地开展社会主义劳动竞赛，掀起更为巨大的生产建设高潮，为实现1959年更大更好更全面的跃进而奋斗。"①

接着，中共山东省委员会、山东省人民委员会于3月25日发出了关于贯彻执行中共中央、国务院在第四季度于首都召开这次会议的决定的通知。该通知认为：中共中央、国务院的上述决定，"是一件重大的事情；是实现1959年更大更好更全面跃进的强有力的号召；是推动当前群众生产运动进一步高涨的巨大动力。全省各级党、政领导机关、工会、青年团、妇联、科学技术部门，以及所有工矿、基建、交通、财贸等企业，必须立即行动起来，采取最迅速有力的措施，响应党中央、国务院这一决定。"该通知要求："我们应该立刻在全省广大职工群众中迅速地展开广泛深入的宣传鼓动工作；利用一切场合与机会，运用一切宣传形式和工具，宣传这次会议召开的重大意义，宣传出席这次会议的要求与条件和争取参加这次的光荣。号召广大职工群众，用实际行动响应党中央、国务院关于召开会议的决定；响应'先进者——首都在等待你们'的伟大召唤，人人发挥冲天干劲，个个力争上游，发挥敢想敢说敢干的精神，开展轰轰烈烈的运动，创造出千千万万的奇迹，以实际行动来迎接全国先进生产者代表会议，争取当光荣的先进者去首都开会。"②

可见，全国总工会把中共中央和国务院决定召开这次会议视为"党和国家对我们全体职工发出的一个伟大的生产大跃进的战斗号召"，《人民日报》把中共中央和国务院关于召开这次会议的通知视为"一纸战斗的动员令"，中共山东省委员会、山东省人民委员会也把中共中央、国务院关于召开这次会议的决定视为"是实现1959年更大更好更全面跃进的强有力的号召"。也即这些机构都赋予了这次会议以重大的经济意义和政治意义，并都号召广大职工群众积极响应中共中央、国务院的这一决定。那么，作为先进典型的郝建秀小组又是如何响应这个号召的？对此，我们从下面两则报道中可见一斑。

1959年4月2日，《青岛日报》发表了《群英会上献厚礼，创造奇迹争光荣，本市职工立志争取上北京》一文。该文一开头就说："本市广大职工，热烈拥护省、市党政领导机关的号召，决心创造万千奇迹，争取当先进生产者进京向党和毛主席报

---

① 《创造新成绩，争取上北京，群英会上争光荣！》，《人民日报》1959年3月24日，第1版。

② 《中共山东省委、省人民委员会号召全省职工，苦干巧干创造万千奇迹，当先进者进京向党报喜》，《大众日报》1959年3月28日，第1版。

喜。"该文还特意提及郝建秀小组:"国棉六厂职工提出了响亮口号:'创造奇迹争第一,进京去见毛主席!'郝建秀小组工人开会学习了人民日报'创造新成绩,争取上北京,群英会上争光荣!'的社论,并提出了具体打算。她们要在第二季度人人达到多面手,新工人要在四月份学会修理机器,第二季度十八支纱皮辊花降到二公斤(现在五公斤左右),三十二支纱皮辊花降到一点五公斤(现在四公斤多),全面消灭空锭。"①

1959年5月23日,《青岛日报》发表了《事事听党的话,处处虚心学习,时时争取先进,郝建秀小组七年月月完成国家计划》一文。该文最后也谈及郝建秀小组"创造更大成绩去见毛主席"的情形:"郝建秀小组是在党的抚育下成长起来的。姐妹们的心时时向往着党,想念着我们敬爱的领袖毛主席。当她们听到今年第四季度将在北京召开全国群英会的消息和厂党委发出创造更大成绩向群英会献礼、争取上北京见毛主席的号召后,她们马上召开了小组会议,学习了人民日报'创造新成绩,争取上北京,群英会上争光荣!'的社论,当即制订了争取上北京见毛主席的保证条件,并向全厂各姐妹小组提出倡议,开展友谊竞赛。近来,姐妹们已经积极行动起来,开展以技术革新和技术革命为中心的增产节约运动。为了攻破断头关,扩大看台,姐妹们在下班后,积极修理机器,学习多面手,生产上已出现了新的成绩。5月份以来,姐妹们按质按量完成了国家计划,平均看台也由过去1100锭提高到1400锭。"②

那么,郝建秀小组是否实现了"上北京见毛主席"的愿望?从相关史料来看,至少实现了"上北京"的愿望。1959年10月,郝建秀小组出席了青岛市工业、交通运输、基本建设、财贸方面社会主义建设先进集体和先进生产者代表会议(也叫青岛群英会),并被评为"先进集体"。③与此同时,郝建秀小组获得了出席"全国群英会"的机会。④随后,时任组长的王秀英代表郝建秀小组出席了中共中央、国务院于1959年10月26日至11月8日在北京召开的全国工业、交通运输、基本建设、财贸方面社会主义建设先进集体和先进生产者代表会议(即全国群英会),并"被选

① 《群英会上献厚礼,创造奇迹争光荣,本市职工立志争取上北京》,《青岛日报》1959年4月2日,第1版。
② 臧维浩、戴同雨:《事事听党的话,处处虚心学习,时时争取先进,郝建秀小组七年月月完成国家计划》,《青岛日报》1959年5月23日,第1版。
③ 参见《青岛市工业、交通、基建、财贸先进集体和先进生产者代表会议受奖代表名单》,《青岛日报》1959年10月18日,第5版。
④ 参见《青岛市出席全国工业、交通运输、基本建设、财贸方面社会主义建设先进集体和先进生产者代表大会代表名单》,《青岛日报》1959年10月14日,第1版。

入大会主席团，受到了刘少奇、周总理等老一辈无产阶级革命家的亲切接见"。①

四 被誉为"长期保持先进"

由于郝建秀小组在参加"六比"红旗竞赛运动和向"全国群英会"献礼等活动中又取得了相当优秀的成绩，因此，进入 1959 年 5 月以后，《大众日报》和《青岛日报》又接连用较大篇幅报道了郝建秀小组的先进事迹。与以往不同的是，这些报道特别强调郝建秀小组七年来月月完成了国家计划，在长期保持先进上做出了榜样。

1959 年 5 月 19 日，《大众日报》发表了题为《心红团结好，产量质量高，郝建秀小组七年月月完成计划》的报道。该文一开头就点明了主题："全国著名的青岛国棉六厂郝建秀小组，自 1952 年②被评为全国模范小组后，在党的领导下，一直保持光荣称号。""这个小组现在共 41 人（其中 15 名是培训工），看 29 台细纱机，纺 18 和 32 两种纱支。几年来，这个小组的成员和组织形式虽然有很大变化，但工人阶级的先进思想却一直在这个组里繁盛长存。这里的工人们永远记得党对她们的关怀和教导。"然后，该文扼要回顾了郝建秀小组的光荣历史，并总结说："这个组自 1952 年 5 月到今年 4 月，七年内月月完成了国家计划。"之后，该文分析了郝建秀小组之所以能够如此的原因："这个组所以一直保持着先进小组的荣誉，是和她们一贯重视政治思想工作，经常开展批评分不开的。她们经常温习毛主席'虚心使人进步，骄傲使人落后'的教导，来提醒自己。""为了使小组工作始终保持先进，组里的党、政、工、团小组长和一些先进的老工人们组成了一个坚强的领导核心。她们在各项工作中，都注意以身作则，并虚心听取群众的意见。"该文最后说："目前，这个小组在以技术革命为中心的'六比'红旗竞赛运动中，干劲更足，她们决心再创奇迹，大力提高产品质量，增产节约，不断提高劳动生产率，全面超额完成今年计划，夺得'六比'竞赛红旗。"③

值得一提的是，该文说郝建秀小组"自 1952 年 5 月到今年 4 月，七年内月月完

---

① 《继承和发扬光荣革命传统，在建设社会主义现代化的轨道上不断前进！——青岛第六棉纺织厂细纱车间郝建秀小组建组三十周年总结》(1982 年 5 月 31 日)，青岛市纺织总公司档案管理中心藏，国棉六厂文书档案永久类第 620 卷。

② 应为"1953 年"。郝建秀小组成立于 1952 年，1953 年被中央人民政府纺织工业部、中国纺织工会全国委员会评为"纺织工业模范单位"（详见第三章）。——笔者注

③ 《心红团结好，产量质量高，郝建秀小组七年月月完成计划》（作者为本报青岛记者站），《大众日报》1959 年 5 月 19 日，第 2 版。

成了国家计划",这可能是一个存在争议的结论。从我们收集到的相关史料来看,关于郝建秀小组连续多少年或多少个月完成了国家计划之类的报道始于 1957 年 10 月 1 日《青岛日报》发表的《在前进的道路上——记五年计划期中的郝建秀小组》一文。该文说:从 1953 年起,郝建秀小组每年都"按年"完成了国家计划,并说:"如果从 1953 年 1 月算到今年 8 月,在这 56 个月中,他们就有 50 个月全面完成了计划。"[1] 由此可知,在 1953 年 1 月至 1957 年 8 月期间,郝建秀小组是有 6 个月没有全面完成计划的,只是我们不知道这里所说的"计划"是不是指"国家计划"[2]。

　　四天后(5 月 23 日),《青岛日报》也发表了题为《事事听党的话,处处虚心学习,时时争取先进,郝建秀小组七年月月完成国家计划》的报道,并配发了两张相关的照片,其中一张为郝建秀小组的合影。该文一开头就说:"全国著名的国棉六厂细纱车间郝建秀小组,自从 1950 年[3]诞生后,就事事听党的话,虚心学习别人,时时争取先进。她们从 1952 年 5 月到今年 4 月,七年内月月完成国家计划,质量指标完成得也很好。"接着,该文分别以"党抚育着她们""党的核心领导""虚心向别人学习""时时起'火车头'作用"和"创造更大成绩,去见毛主席"为小标题,扼要介绍了郝建秀小组的先进事迹。在谈及"党抚育着她们"时,该文说:"自从这个小组诞生后,党就不断地教育着她们。""党的教导,对郝建秀小组的姐妹们是最大的鼓舞。党的每一句话,都永远铭记在姐妹们的心里。……。在党所领导的每次运动中,姐妹们首先想到的是:'我们是郝建秀小组,一定要跑在前头。'"[4]

　　《青岛日报》在发表上述报道的同时,还发表了题为《争取先进更先进》的社论。该社论首先对郝建秀小组的优异表现给予了很高的评价:"郝建秀小组在党的教育鼓舞下,以不屈不挠的精神与生产上的一切困难作斗争,取得了七年月月完成国家计划的优异成绩,几年来一直保持着党给予的先进小组的光荣称号。她们这种争取永远保持先进的高贵精神,是每一个已经获得先进称号的个人和集体所必须具备的精神。因为我们忘我劳动的最终目的是为了实现共产主义社会,而实现共产主义社会需要长时间的奋斗,所以我们每一个先进者和先进集体要永远在生产上、工作上起着标兵的作用。在这方面郝建秀小组做出了榜样,我们要向郝建秀小组

---

[1] 牟用兰、杨云从:《在前进的道路上——记五年计划期中的郝建秀小组》,《青岛日报》1957 年 10 月 1 日,第 2 版。

[2] 后来(1959 年 6 月),由中共山东省委工业部、山东省总工会和青岛市工会联合会组成的工作组去国棉六厂对郝建秀小组进行调查时专门调查了此事(详见下节)。

[3] 郝建秀小组诞生的时间不是 1950 年,而是 1952 年(详见第三章)。——笔者注

[4] 臧维诰、戴同雨:《事事听党的话,处处虚心学习,时时争取先进,郝建秀小组七年月月完成国家计划》,《青岛日报》1959 年 5 月 23 日,第 1 版。

学习。"然后,该社论自问自答:"我们应当从郝建秀小组长期保持先进的事迹中学习些什么呢? 我们认为郝建秀小组所以能长期保持先进称号,主要做到了以下几点。第一,认真听党的话,永远做党的驯服工具。我们看到郝建秀小组自她诞生起,一直是党指向哪里就奔向哪里,赤胆忠心英勇无畏地为党的事业付出自己的全部力量。以大跃进以来为例,……。她们每个人都对建设社会主义和共产主义事业有高度责任感,这正是她们保持先进的根本动力。第二,搞好团结,紧密地联系群众。近九年来郝建秀小组一直团结在党的周围。通过整风运动,进一步加强了政治上的团结,开展批评与自我批评、相互帮助,已在这个组里形成一股风气。……。第三,不骄傲自满,虚心学习别人的长处。……"该社论最后说:"先进生产者同志们,要学习郝建秀小组一直保持先进的精神,鼓足更大的干劲,在更加光辉的 1959 年,创造更大的成绩,争取今年第四季度到北京群英会上向毛主席献礼!"①

《大众日报》继 1959 年 5 月 19 日报道郝建秀小组"七年内月月完成了国家计划"之后,又于当年 6 月 5 日用较大篇幅报道了济南第二机床厂青年女车工曲淑姿的模范事迹②。针对上述两篇报道,《大众日报》于 6 月 5 日发表了题为《共产主义的劳动精神》的社论。该社论对曲淑姿和郝建秀小组的劳动给予了极高的评价:"曲淑姿和郝建秀小组的姐妹们的英勇劳动,是我们社会主义时代精神的代表! 透过千万个曲淑姿式的先进生产者和郝建秀小组式的先进生产集体的形象,我们可以看到社会主义的劳动是一种伟大、光荣和英雄豪迈的事业。在曲淑姿和郝建秀小组以及其他先进生产者的身上,我们看到一种共产主义的劳动精神在闪闪发光。""共产主义的劳动,是一种崇高的自觉的劳动。到共产主义社会,……。人们不是在为自己及其一家大小的衣食保暖而工作,而是在为整个社会增长财富而工作。……。曲淑姿、郝建秀小组和其他一些先进生产者的劳动,就是属于这样一种性质的劳动。他们不是在为本人及其'近亲'工作,而是在为实现自己的伟大理想工作,为整个社会和国家工作。曲淑姿为什么能够在短短的十六个月零六天中完成六十三个月又二十二天的工作量? 郝建秀小组为什么能够连续七年月月完成国家生产计划? 其他一些先进生产者和先进生产集体又为什么能够成几十倍、几百倍地提高劳动生产率? 其根本的原因就在于我们的国家是一个社会主义性质的国家,在于这些先进生产者具有一种共产主义的劳动精神。"该社论最后说:"曲淑姿、

---

① 《争取先进更先进》,《青岛日报》1959 年 5 月 23 日,第 1 版。
② 详见《不畏艰难,不怕困难,勇于革新,敢于创造,曲淑姿 16 个月完成五年工作量》,《大众日报》1959 年 6 月 5 日,第 1 版。

郝建秀小组和其他一些优秀先进生产者的光辉形象,说明了我国劳动人民在党的领导下不仅在迅速地改变着我们国家的自然面貌,而且还在这一斗争中不断地改变着自己的精神面貌。新的共产主义道德品质正在人民群众中间迅速地成长着。让我们预祝:出现更多的曲淑姿式的先进生产者!出现更多的郝建秀小组式的先进集体!!"①可见,在该社论看来,郝建秀小组之所以能够连续七年月月完成国家生产计划,其根本原因是它具有一种共产主义的劳动精神。它具有这种共产主义的劳动精神之后,它就能够自觉地为实现自己的伟大理想而工作,为整个社会和国家而工作。这样,也就解释了郝建秀小组何以"长期先进"的问题。那么,郝建秀小组是如何具有这种共产主义的劳动精神的?这当然是她们认真听党的话、认真接受党的教导的结果。因此,该社论的这个观点与前述《青岛日报》社论的相关观点并不矛盾。该社论预祝"出现更多的郝建秀小组式的先进集体",这种预祝应该也反映了当时中共山东省委的一种良好意愿。也许正因为如此,上述关于郝建秀小组七年月月完成国家生产计划的报道及相关社论发表之后,为慎重起见,由中共山东省委工业部、山东省总工会和青岛市工会联合会组成的工作组马上去国棉六厂对郝建秀小组进行了调查。从我们掌握的相关史料来看,这是郝建秀小组自成立以来第三次②被有关机构调查(详见下节)。

五　第三次被调查

　　1959 年 6 月 11 日,由中共山东省委工业部、山东省总工会和青岛市工会联合会组成的工作组出台了题为《郝建秀小组在党的培养和关怀下继续前进》③的调查报告。该报告长达 7000 多字,由"郝建秀小组的成长过程及目前情况""党的关怀与培养""近年以来小组里做好的几点主要工作"和"需要领导上解决的几个问题"等四部分内容组成。

　　在谈及第一部分内容即"郝建秀小组的成长过程及目前情况"时,该报告指出:"郝建秀小组自 1952 年 1 月诞生以来至今有 8 年的历史。该组在各级党委与工会、行政、团的重视培养和全组同志的努力下,不断地做出了不少成绩。因此,8 年

---

① 《共产主义的劳动精神》,《大众日报》1959 年 6 月 5 日,第 1 版。

② 关于前两次被调查,详见第四章。

③ 中共山东省委工业部、山东省总工会、青岛市工会联合会工作组:《郝建秀小组在党的培养和关怀下继续前进》(1959 年 6 月 11 日),青岛市纺织总公司档案管理中心藏,国棉六厂文书档案永久类第 240 卷。

来始终保持了先进（模范）小组的光荣称号。该组自成立到 1957 年都按年全面超额完成了国家计划，其中从 1953 年到 1957 年 8 月份在 56 个月中有 50 个月按月全面完成了计划①，1957 年 8 月后至今都按月完成了计划（据 1959 年 6 月 11 日党委、行政负责同志反映：按照国家计划 7 年均按月完成计划；若按小组自订计划，有 6 个月未完成计划②，但没有详细资料可查）。为此，这个组先后曾被评为厂级先进（模范）小组 11 次，市级先进（模范）小组 6 次，省级先进（模范）小组 4 次，全国先进（模范）小组 1 次。"可见，该报告虽然认定郝建秀小组"8 年来始终保持了先进（模范）小组的光荣称号"，但并没有认定关于"七年内月月完成了国家计划"的说法。也许正因为如此，该报告出台之后，一直到 1970 年 3 月之前，在对郝建秀小组的报道中，都几乎未再使用"多少年内月月完成了国家计划"之类的说法。

在谈及第二部分内容即"党的关怀与培养"时，该报告用较长的篇幅进行了如下论述（略有删节），并得出结论认为："郝建秀小组所以能够继续保持先进（模范）小组光荣称号，是与党的关怀培养和各级领导的具体帮助分不开的。"

郝建秀小组自诞生以来，从党中央毛主席和党中央委员陈少敏同志（现全国总工会副主席）到省市党委和各部门的负责同志都非常关心。1953 年该组被评为全国模范小组，毛主席曾亲嘱中共中央办公厅写信来勉励他们，教导他们——努力学习，加强劳动纪律，提高生产质量，为争取更高的生产记录而奋斗。陈少敏同志每当全国纺织工会的同志来青岛工作，她总是指示他们到郝建秀小组来看看他们的生产和生活情况，同时省市工会工作组每次来国棉六厂工作都亲到该组了解他们的情况和帮助他们研究解决些问题或总结他们的经验，以传播推广。青岛市纺织工会曾一度派专人驻厂年余帮助该组工作。厂党委和行政、工会对郝建秀小组也做了很多工作，先后曾责成过一些得力干部深入组内，专门培养和掌握该组的情况，1952 年曾责成见习厂长③郭秀菊同志深入该组具体帮助和掌握该组的情况。与此同时，还制订了一个培养和不断提高郝建秀小组

---

① 这与前述 1957 年 10 月 1 日《青岛日报》发表的《在前进的道路上——记五年计划期中的郝建秀小组》一文中的说法一致。——笔者注
② 从第四章的叙述可知，郝建秀小组为了发挥其"火车头的作用"，有时其"自订计划"的指标会高于（或严于）国棉六厂的"行政计划"的指标。如果说"行政计划"相当于"国家计划"的话，那么，郝建秀小组可能会出现虽然完成了"国家计划"却没有完成"自订计划"的情况。——笔者注
③ 根据其他史料，疑为"见习副厂长"。——笔者注

的方案:一、凡须在郝建秀小组试行和推行的先进经验,事前必须做好仔细研究,结合小组当前具体情况,作出周密的计划经厂管委会讨论通过方可进行。二、郝建秀小组的一切变化,包括改变劳动组织,人事调动,改变纺纱支,增减设备等必须经厂长室批准后方能进行。三、必须保证郝建秀小组一定的政治文化学习和文化娱乐活动时间,未经××①允许不得随便召开会议,并严格控制会议时间,以保证全组有充裕的休息时间。四、每个时期的工作须向厂管会作定期的汇报,包括口头的和书面的。五、凡向外报导材料,必须经党总支、厂长室、工会、青年团负责同志审阅,方待发表。六、凡来采访和索取介绍材料等事项一律须经厂长室、党总支的同意方予接见。

1955年当郝建秀小组骄傲自满情绪发展到严重程度时,党委责成工会对该组的情况做了专门检查,帮助扭转了当时的局面,从帮助该组建立了一些制度和划分了生产互助组等等,工会除经常帮助外,还建立了每周一次组长汇报工作制度,由于这些制度的建立,使上下保持了密切的联系,对小组的问题解决较及时。1958年为了充实该组的骨干,加强小组的领导,又将团总支副书记高秀美下放到该小组,今年又责成厂工会副主席钟桂兰同志具体掌握和帮助该组的工作,同时将在整风中被揭发出来的坏分子刘×芳和反社会主义分子王×兰调出了该组,与此同时,又给该组调入党委委员宋美秀同志和党员李秀云同志充实了该组。而且该厂党委书记曾多次参加他们的小组会议,具体指导他们工作。

其次在每个政治运动和每次任务下达时,都首先在该组试点,使他们先行一步,摸取经验指导全面工作。这样的好处是:既充实了领导经验,又给该组在群众中树立了威信,便于大家学习。

车间领导也帮助该组解决了不少的具体问题,如最近了解到郝建秀小组的生产情况轮班长周加秀不大过问……。另一方面,该组有什么缺点发现后能及时提出帮助他们改进和警惕,如有一次郝建秀小组交接班时有几台车清洁工作做得不太好,丙班接班后就反映说:"什么郝建秀小组,光说人家不好,我看郝建秀小组是自上而下吹起来的,跟着郝建秀沾了光就是了。"领导发现后,分析了这种反映,一方面向郝建秀小组提出了意见,另一方面召集了丙班的会议,由党内到党外进行了分析、辩论,辩论

① 原文如此。——笔者注

了郝建秀小组是否是吹起来的？是郝建秀小组的工作好呢？还是我们（丙班）小组的工作好？应用什么态度去对待郝建秀小组？几台车的清洁工作不好，否认七年来的成绩对不对？通过辩论用了事实教育了丙班的同志们。在此基础上又召集了两个组的党组长互相交换了意见，双方都做好检查，使两组间的关系更加密切了，并通过三班协作郝建秀小组主动帮助其他班，其他班看车，郝建秀小组有困难也主动帮助，三班团结得像一个班一样，结果攻破了"放大花关"。从上述事实证明：郝建秀小组所以能够继续保持先进（模范）小组光荣称号，是与党的关怀培养和各级领导的具体帮助分不开的。

该报告之所以要如此细数"党的关怀培养"和"各级领导的具体帮助"，在很大程度上是为了解释郝建秀小组何以"能够继续保持先进（模范）小组光荣称号"。从这种解释中，我们也能感觉到：要想让一个先进小组长期先进下去，有关机构必须对它进行大量投入，包括对它进行"关怀、培养"和"具体帮助"。

在谈及第三部分即"近年以来小组里做好的几点主要工作"时，该报告介绍了郝建秀小组"做好的"四点主要工作，也即四点先进经验，其中第一点是"坚决听党的话，党指向哪里，就奔向哪里"，其具体内容（略有删节）为：

这个小组的体会是，只有听党的话，才不会走失方向，工作才会做出成绩来。因此，小组的每个共产党员、共青团员及所有的姐妹们几年来都认真听党的教导，当党提出"四高""四省"后，车速逐渐加快，由 250 多转迅速加到 330 多转。今年第一季度厂党委提出要增产 1410 件棉纱以后，姐妹们积极投入了以技术革命为中心的六比红旗竞赛，苦干、巧干，积极学习技术提高技术，因之扩大了看台，全组 29 台车，原有车工 16 人，第一季度末减少到 11 人，平均看台能力由 725 锭提高到 1055 锭，并全面完成了各项计划。棉纱产量完成计划的 110.02％，共超产 40.84 件纱，比去年第四季度 18 支经纱提高 9.42％，32 支纱提高了 5.34％，劳动生产率提高31％，皮辊花由原来的平均 3.5 公斤降到 2.3 公斤。当党提出开展增产节约运动之后，小组热烈地展开了鸣放辩论，贴出了不少的大字报，当车间党支部传达了细纱工段的增产节约方案以后，郝建秀小组又进行了充分的讨论，并提出了具体措施，主要是抓住技术大练兵和学习多面手两个关键，划分为落纱组、车工组、新工人组，这样便于组织领导学习。……

为了进一步提高劳动生产率,在逐步提高技术的基础上,扩大了看台。18支纱老工人由原看 1.5 台,普遍提高到两台,新工人都达到一台半或一台的水平;32 支纱老工人提高到 2.5 台,新工人都达到两台或一台半的水平。在提高看台能力的同时,要保证超额完成生产任务,他们提出在保证完成产量计划的基础上,白花 18 支纱每台车要力争不超过 1.5 公斤(计划是 2 公斤),32 支纱每台车不超过 0.65 公斤(计划是 0.68 公斤),并全组消灭空锭子。这样细纱工段的增产节约方案有了保证,小组的努力方向也明确了。每当在工作中遇到困难时想到党的培养和毛主席给他们的鼓励时,就增加了力量,坚定了克服困难的信心。当他们听到今年第四季度将在北京召开全国群英会的消息和厂党委发出"创造成绩,向群英会献礼,争取上北京去见毛主席"的号召,他们马上召开了小组会议,学习了人民日报"创造新成绩,争取上北京,群英会上争光荣"的社论,当即订出了争取上北京去见毛主席的保证条件,并向全厂各姐妹小组提出了倡议,开展了友谊竞赛。

总之,这个小组在每次运动中都是这样听党的话,以实际行动来响应党的号召,事事起带头作用,从而推动了其他组的工作,保持了先进。

其中第二点先进经验是"做好思想工作是搞好小组的首要前提",其具体内容(有较多删节)为:

他们在抓思想工作中,首先以党小组长为核心,在党小组长的领导下,生产组长、工会组长、团小组长一起抓,"四长"①每天在下班后,吸收骨干分子参加研究当天的工人思想情况,和在每一时期中围绕当前生产任务对组内保守思想和畏难情绪进行多方面的工作。今年一月份领导上提出主要以降低断头为中心,当时有的说:"车子不好使,怎么能降低断头?"于是在小组会上对这一问题进行了辩论,在辩论过程中,大家明确了并不是车子不好使,而是技术不高和清洁工作做的不好,并提出一方面要学习多面手,另一方面要做好清洁工作。之后这一思想问题解决了。当三月份扩大看台时,朱秀英、潘桂英思想有阻力,并说什么:"高不上去,你能看,你看吧!"后来组长找她俩个别谈话,讲明扩台的意义和对提高劳动

①"四长"是指郝建秀小组内部的党小组长、生产(或行政)组长、工会组长和团小组长。——笔者注

生产率的关系，并和调整工资结合起来，两人思想搞通了，都自觉地扩大看台，由原来看一台半32支纱提高到3台，还带一个徒工。另外，还根据每一时期的情况进行思想排队，针对排队的结果采取了不同的形式与方法来解决不同的思想问题。……。通过经常的走访和具体帮助，使大多数姐妹能够及时消除思想障碍，安心地进行生产，保证了计划的完成。

其中第三、四点先进经验分别是"围绕完成计划认真学习与掌握新技术"和"建立切实可行的制度，加强小组管理工作，使社会主义竞赛不断深入发展"。

从该报告的第二部分和第三部分内容我们可以看到：在"党的号召"、"党的关怀与培养"、郝建秀小组"听党的话"、郝建秀小组"以实际行动来响应党的号召"和郝建秀小组"保持了先进"之间存在如下因果关系：党向工人阶级发出某个号召或开展某次运动→中共及其领导的工会等采取相应的政策措施来调动工人阶级的积极性→党关怀与培养郝建秀小组，各级领导具体帮助郝建秀小组→郝建秀小组听党的话，"以实际行动来响应党的号召"→郝建秀小组"保持了先进"。这个因果链条可以循环往复。这样，也就解释了当时郝建秀小组为什么能够长期保持先进（模范）小组的光荣称号。因此，可以认为，该报告其实是肯定了上节所述《青岛日报》和《大众日报》相关社论的观点。

该报告第四部分谈及"需要领导上解决的几个问题"，它首先指出了六厂厂级领导在相关工作上存在的缺点："首先领导上对培养郝建秀小组不断前进的深远意义认识不甚足，因此，经常陷于有了问题就急抓一阵，问题解决就松下来，领导自己建立的一些联系制度也不能坚持……。党委对派到小组去工作的干部要求不够严格，帮助差些，没有定期的叫他们进行汇报。"之后，它还分别指出了车间领导、郝建秀小组行政组长等在相关工作上存在的问题或缺点："从车间领导上来看：对该组的领导存在着依赖思想，因为厂里直接管，就不加强领导，因而对小组情况知道的不够多，他们对小组存在的一些问题从未积极主动进行研究，对一些突出人物，也未找他们进行个别教育和帮助小组解决，致使该组有4个比较后进的人物的思想不能很快解决。""从前段情况看，这个小组的思想工作做得尚不实际，尤其行政组长作风是大胆泼辣肯干，但有些简单化，对同志们批评多，个别耐心说服教育少，部分工人不大满意。""与郝建秀本人的联系不密切，几年来从郝建秀调走后，除放假期间郝建秀来小组几次与姐妹们见见面外，其余时间均未通信联系，这一点也不够好。"针对这些问题，该报告说："上述与厂党委、行政、工会负责同志交换了意见，取得了一致认识，党、政、工领导同志最近将对这个小组的工作进行一次专门研究，帮助小组解决现存问题,于'七一'前组织生产高潮中把该小组作为标兵,大抓小组工作,党委并准备一个季度讨论一次该小组的工作,工会继续加强具体领导,一个月讨论一次工作。"从实际情况来看,国棉六厂党委、行政、工会负责同志之间这种"一致认识"的取得及其相关做法对郝建秀小组后来的不断前进发挥了重要作用。

此后,为了使郝建秀小组不断前进,国棉六厂不但如该报告所说的"于'七一'前组织生产高潮中把该小组作为标兵",而且接着在当年8月份根据陈少敏的指示开展了郝建秀小组与其他小组之间的大协作。

> 郝建秀小组为了使她们对班两个小组一起赶上来,便发动全组与对班两个小组进行了互助协作,帮助她们研究问题,交流经验,提高技术,并成立了三班的大协作组,三个班订一个总的生产计划,共同表示要将三个班的经验随时互相交流,三个班的问题共同研究解决,三个班的任务要看作是共同的任务。在郝建秀小组的帮助下,各组都重视了交接班的工作,大家都想法为下一班创造有利的生产条件,那种只顾本班不顾别人,不为下一班着想的本位主义思想和行动得到了有力的批判和克服,三个班之间出现了空前的团结。通过郝建秀小组的帮助,9月下旬在加速的情况下,三个班的7组都完成了计划,使其他两个组也都达到了较先进的水平。郝建秀小组在帮助对班的两个小组跃上来以后,又进一步去帮助邻近的6组向前跃进,……。郝建秀小组帮助落后赶上先进的经验总结推广以后,各车间很快地开展了帮助落后小组进步的工作,使落后小组有了很大提高。①

之后,国棉六厂党委又"根据市委指示提出了提前一个月完成全年任务,并号召全厂职工掀起增产节约新高潮,提前跨进1960年。郝建秀小组首先向全厂提出了倡议,于是,提前进入1960年的号召很快变成了全厂职工的实际行动。"②倡议者郝建秀小组不负众望,提前16天完成了1959年全年国家计划。相应地,1960年1月,郝建秀小组以"先进集体"的身份出席了青岛市1959年工业、交通运输、基本建设、财贸方面社会主义建设先进集体和先进生产者代表大会(也叫青岛市群英

---

① 《国营青岛第六棉纺织厂一年来发动群众开展增产节约运动的情况》(1959年10月),青岛市纺织总公司档案管理中心藏,国棉六厂文书档案永久类第220卷。
② 《国营青岛第六棉纺织厂一年来发动群众开展增产节约运动的情况》(1959年10月),青岛市纺织总公司档案管理中心藏,国棉六厂文书档案永久类第220卷。

大会）。①

　　进入1960年以后，郝建秀小组再接再厉，在1月至4月期间，郝建秀小组"按月完成了生产计划，取得了月月红的成绩"。于是，1960年6月，郝建秀小组又以"先进集体"的身份出席了青岛市1960年的第一次工业、交通运输、基本建设、财贸方面的群英大会。②

　　1960年下半年，根据我国外贸出口的需要，上级决定国棉六厂停止军布生产，转产人造棉出口产品。当厂部决定将试纺人造棉的任务交给郝建秀小组之后，全组同志抱着"为国争光，天大的困难也要上"的决心，发扬"永远发挥火车头的作用"的精神，努力克服管理上和操作上遇到的种种困难，终于掌握了人造棉生产的特点和操作规律，圆满地完成了试纺任务，为国棉六厂和以后青岛各厂进行人造棉布生产闯出了新路子。③　相应地，1961年3月底，郝建秀小组又以"先进集体"的身份出席了青岛市工业、交通运输、基本建设、财贸方面社会主义建设先进集体和先进生产者代表大会。④

　　此后，国棉六厂不仅在使用各种新棉时都是首先在郝建秀小组进行试纺，而且在推行新的技术措施、技术革新、新的管理制度等时，也都是首先在郝建秀小组进行试验。在试验过程中，都遇到过大大小小的困难，但她们从来没有因此影响生产计划。⑤

　　从后来郝建秀小组的实际发展进程来看，中共山东省委工业部、山东省总工会、青岛市工会联合会工作组的这次调查彻底解决了要不要让郝建秀小组不断前进以及如何让它不断前进的问题。

　　为了让郝建秀小组长期保持先进，也是为了充分发挥郝建秀小组的"火车头的作用"，在此后的较长时间里，有关机构除了继续培养郝建秀小组既有的先进性（如完成和超额完成国家生产计划）之外，还不断拓展了它在其他方面的先进性。这样，郝建秀小组在继续迈向长期先进的同时，也迈向了全面先进（详见下章）。

---

① 详见《青岛日报》1960年1月6日、9日、11日的相关报道。
② 详见《青岛日报》1960年6月12日、13日、14日的相关报道。
③ 青岛市纺织工业总公司史志办公室编：《青岛纺织史》（非正式出版物），1994年，第137页。
④ 详见《青岛日报》1961年4月1日第3版刊登的参加此次大会的"集体代表"名单。
⑤ 《虚心前进——郝建秀小组的十二年》，《青岛日报》1964年9月17日，第1、2、3版。

第六章

迈向全面先进（1962—1966.5）

1962 年 1 月 11 日至 2 月 7 日，中共中央在北京召开了扩大的中央工作会议。参加这次会议的有中央和省、地、县委四级主要负责人以及部分大厂矿和军队的负责人，共 7118 人，通常称七千人大会。召开这次会议的目的，是进一步总结 1958 年"大跃进"以来的经验教训，统一全党认识，增强团结，动员全党更坚决地执行调整方针，为战胜严重困难而奋斗。此后，为了进一步扭转国民经济困难形势，1962 年 2 月 21 日至 23 日刘少奇在中南海西楼主持召开了中央政治局常委扩大会议（通常称西楼会议）。1962 年 5 月 7 日至 11 日刘少奇又主持召开了中共中央工作会议（通常称五月会议）。经过七千人大会、西楼会议和五月会议，中共中央对国民经济进行全面调整的决策开始施行。① 因此，进入 1962 年以后，我国国民经济发展又进入了一个新的阶段。

对郝建秀小组而言，1962 年也是一个具有特别意义的年份，因为在这年的 10 月，郝建秀大学毕业后，被分配到她原先工作过的国棉六厂担任技术员工作。在此后约两年零八个月的时间里，郝建秀小组与郝建秀携手共进，在继续迈向长期先进的同时，又进一步迈向全面先进。

 一　郝建秀大学毕业后回国棉六厂工作

郝建秀是 1952 年 12 月离开国棉六厂去脱产学习的，当她于 1962 年 10 月大

---

① 中共中央党史研究室著：《中国共产党历史》第二卷（1949—1978）下册，中共党史出版社，2011 年，第 592—601 页。

学毕业后再次回到国棉六厂工作时,时间已经过去了将近十年。郝建秀说她是"戴着文盲帽子出去,大学毕业回来"①。这近十年的学习经历,不但使她的文化水平等发生了翻天覆地的变化,而且深刻地影响了她后来的人生,相应地,也影响了以她的名字命名的"郝建秀小组"后来的发展。因此,我们有必要在此扼要回顾一下她的学习经历。

在 1950 年第四季度的总结评比中,郝建秀被评为国棉六厂的二等劳动模范,在当时她的"模范事迹表"上注明她的文化程度是"小学三年"。② 不过,她的实际文化程度可能并没有这么高。1962 年 8 月 9 日,《青岛日报》发表了《一个工人阶级知识分子的成长——访华东纺织工学院毕业生郝建秀》一文,文中谈及郝建秀小时候上学时的情形:"做父亲的也希望家里有一个读书识字的人,所以在郝建秀八九岁的时候,曾一度想尽办法把这个大女儿送进了学校。可是,那时家里仍然缺柴少米,小小的郝建秀哪能安心地坐在教室里学习! 她不得不照旧带着弟弟去挖野菜、拣煤核,所以,名义上她曾经上过两三年小学,实际上最后连自己的名字都还签不在一起。"③因此,该文的"编者按"就直接说郝建秀原先是"一个半文盲"(详见后述),郝建秀自己则说她"离开工厂的那个时候还几乎是个文盲"④。

1951 年 6 月上旬,"郝建秀工作法"被正式总结出来之后,"郝建秀对她的贡献一点不感到骄傲,她总觉着对祖国的贡献还不够,跟不上祖国工业飞速发展的需要。每天下了班,她便积极的学习政治、技术和文化,迎接即将开始的祖国大规模建设。党、团在这方面,给了她尽量的培养和教育。团中央特派来一位同志帮助她学习政治、文化。"⑤不过,她在学习上的更大的变化发生在 1952 年 12 月——她被保送进入山东大学附设工农速成中学第一期学习。

1950 年 9 月,教育部和全总联合召开了全国第一次工农教育会议,会议讨论了实施工农教育的方针和加强工农教育的领导问题,会议修正通过了《关于举办工农速成中学和工农干部文化补习学校的指示》和《工农速成中学暂行实施办法》等6 个草案。会议认为:加强工农教育是巩固和发展人民政权、建立强大国防和经济

---

① 《郝建秀回本市度假》,《青岛日报》1962 年 8 月 11 日,第 1 版。
② 《国棉青岛第六棉纺织厂模范事迹表》之郝建秀的模范事迹表(1951 年 1 月填写),青岛市纺织总公司档案管理中心藏,国棉六厂文书档案 30 类第 12 卷。
③ 张陶普(解放日报记者):《一个工人阶级知识分子的成长——访华东纺织工学院毕业生郝建秀》,《青岛日报》1962 年 8 月 9 日,第 1 版。
④ 《郝建秀回本市度假》,《青岛日报》1962 年 8 月 11 日,第 1 版。
⑤ 陈月美、木青:《新中国工人阶级的优秀女儿郝建秀》,《青岛日报》1952 年 9 月 30 日,第 3 版。

力量的必要条件,没有工农文化教育的普及和提高,就没有文化建设的高潮。① 后来,1951年11月,教育部召开了第一次工农速成中学工作计划会议,会议根据党中央为迎接新中国建设需要决定大规模地提高现有工农出身的干部和产业工人的文化水平的指示精神,研究讨论了工农速成中学的办学方针和任务,会议确定工农速成中学应成为能在较短时间内培养工农干部和产业工人升入高等学校的一种准备学校,以满足他们提高文化的要求,进而把他们培养成为高级建设人才。② 在这个背景下,1952年12月,郝建秀由中共青岛市委保送进入山东大学附设工农速成中学第一期学习。③ 这意味着,从1952年12月起,郝建秀就离开原来的工作岗位,进入工农速成中学学习去了。故后来的相关报道说:"郝建秀1952年冬季离开自己的工厂——青岛国棉六厂,进入山东大学工农速成中学学习。"④当时的山东大学位于青岛市,其附设工农速成中学也位于青岛市。

几个月以后,郝建秀的学习环境又发生了令她惊喜的变化:"一九五三年秋天,党为了培养我,叫我到中国人民大学附设速成中学学习。"⑤郝建秀的这次转学,是时任中国纺织工会全国委员会主席的陈少敏具体安排和帮忙的结果:"陈大姐很关心我的文化学习和技术提高。她与中国人民大学校长吴玉章商定把我送进人大速成中学学习。"⑥1954年5月15日,郝建秀还在人大速成中学加入了中国共产党。⑦

1958年6月从人大工农速成中学毕业后,郝建秀又考入华东纺织工学院纺织系继续学习,并于1962年7月顺利通过了毕业设计答辩。⑧ 至此,用了大约九年半的时间,郝建秀终于完成了从"几乎是个文盲"的纺织工人到"工人阶级的知识分子"的飞跃。对此,1962年8月9日,《青岛日报》用几乎一个整版的篇幅发表了《一个工人阶级知识分子的成长——访华东纺织工学院毕业生郝建秀》⑨一文,并加了如下编者按:"原本市国棉六厂细纱工人全国著名的劳动模范郝建秀,经过党的长

---

① 王渔等主编:《当代中国工人阶级和工会运动纪事(1949—1988)》,辽宁大学出版社,1989年,第22页。

② 王渔等主编:《当代中国工人阶级和工会运动纪事(1949—1988)》,辽宁大学出版社,1989年,第42页。

③ 刘桂馥:《郝建秀在学习》,《中国纺织工人》1953年第13期。

④ 《郝建秀大学毕业了》,《青岛日报》1962年7月27日,第1版。

⑤ 郝建秀:《永远不辜负党的培养和教育,坚决按照党指引的方向前进》,《青岛日报》1964年3月24日,第2版。

⑥ 郝建秀:《怀念我最尊敬的老师和领路人陈大姐》,于溪主编:《陈少敏百岁诞辰纪念集》,湖北人民出版社,2002年,第31页。

⑦ 《郝建秀光荣入党》,《青岛日报》1954年5月19日,第1版。

⑧ 《郝建秀大学毕业了》,《青岛日报》1962年7月27日,第1版。

⑨ 张陶普(解放日报记者):《一个工人阶级知识分子的成长——访华东纺织工学院毕业生郝建秀》,《青岛日报》1962年8月9日,第1版。

期培养,已经大学毕业了。这是我们全市工人阶级、也是全市人民的一件大喜事。为使广大读者了解一个半文盲的女工郝建秀,怎样变成了一个工人阶级的知识分子、一名纺织工程技术方面的专门人才,我们特约上海解放日报的同志为我们写了这篇访问记。"把"郝建秀已经大学毕业了"这件事说成是"我们全市工人阶级、也是全市人民的一件大喜事",这未免有些夸张。不过,这件事当时确实引起了青岛市的有关机构尤其是国棉六厂的高度关注,《青岛日报》对此做过多次相关报道。

1962年8月11日,《青岛日报》第1版发表了题为《郝建秀回本市度假》的报道。该报道说:

> 原本市国棉六厂细纱车间工人、全国著名的劳动模范郝建秀在华东纺织工学院毕业后昨日回本市度假。
>
> ……
>
> 郝建秀是昨天早晨乘船回到本市的,下船后受到国棉六厂厂长和工会主席的热烈欢迎。郝建秀虽然在船上过了三十多个小时,但她精神很好。她下船后高兴地对记者说:"我离厂上学以后,每年都是回来度假的,但这次回来比过去的任何一次都高兴。想想我离开工厂的那个时候还几乎是个文盲,现在已是大学毕业生了。"当问到她对这一点有什么感想时,郝建秀笑笑说:"这方面要说的是很多很多的,一时很难说完。我只能说,我所以能够戴着文盲帽子出去,大学毕业回来,这是由于党的关怀和培养,对于这一点我是永远忘不了的。"同时郝建秀还表示,今后将努力工作,报答党的关怀和培养。
>
> 郝建秀毕业以后的工作有待国家分配,度假后将再回华东纺织工学院领取毕业证书和听候分配工作。①

郝建秀"下船后受到国棉六厂厂长和工会主席的热烈欢迎",由此足见国棉六厂对郝建秀的高度重视!

1962年10月5日,《青岛日报》发表了题为《以顽强不屈的精神钻研技术,郝建秀小组坚持使用落纱机有成效》的报道。该报道说:"1960年下半年,厂里制成第一台转盘式半机械化落纱机,领导上便确定在郝建秀小组试用。开始试用时,大家认识到这是落纱机械化的开端,热情很高,但过了几天,发现效果并不理想,有时操

---

① 《郝建秀回本市度假》,《青岛日报》1962年8月11日,第1版。

作起来不灵活,造成断头多,停台时间长,影响产量,有的工人就不愿意用了。以后在领导的帮助下,大家认识到推广落纱机的重要意义,又继续坚持使用下去。"①在这篇报道的下方刊发了一张郝建秀与一名工人在一起的照片,其说明为:"郝建秀暑假期间在郝建秀小组,向工人了解使用落纱机的情况。"由此可知,在暑假期间,郝建秀去了国棉六厂郝建秀小组,这表明她仍然高度关注着郝建秀小组。

1962年10月13日,《青岛日报》第1版又发表了题为《郝建秀被分配到青岛,回国棉六厂任技术员》的报道。该报道说:"全国著名劳动模范、华东纺织工学院毕业生郝建秀,已经被国家正式分配到她原先所在的工厂——青岛国棉六厂,担任技术员工作。"该报道还说:"本月11日早上,郝建秀怀着兴奋的心情,乘船回到了青岛,当即受到了市人委②、纺织工业局和国棉六厂负责同志的热烈欢迎。""现在,厂里已研究确定郝建秀先从纺部试验室开始,进行技术熟练,然后再到各个车间和工段,初步计划技术熟练阶段为6个月。"③后来,1962年11月18日,《大众日报》第1版也发表了题为《郝建秀任国棉六厂技术员》的报道。该报道也说:"厂里已为她具体安排了生产实习计划,计划在半年内从原棉检配、清花、纺纱、织布、保全等,一步步按照棉纺厂整个工艺过程实习,以帮助她进一步提高。"④

概括以上对郝建秀的报道,我们可以得出以下两点基本结论:(1)青岛市人委、市纺织工业局、国棉六厂等有关机构高度重视郝建秀已大学毕业这件事情,并热烈欢迎郝建秀回国棉六厂工作。(2)国棉六厂高度重视郝建秀的"生产实习计划",让她"一步步按照棉纺厂整个工艺过程实习,以帮助她进一步提高"。这种对郝建秀的高度重视可能会给郝建秀小组带来两方面的积极影响:一是爱屋及乌,有关机构尤其是国棉六厂可能会进一步重视对郝建秀小组的培养以及对郝建秀小组的模范带头作用的发挥;二是郝建秀本人可能会高度关注并帮助以她的名字命名的郝建秀小组,使之继续保持先进。关于第一个方面的积极影响,我们从国棉六厂工会所做的一九六二年工作总结中可见一斑。该总结谈到:在开展增产节约劳动竞赛运动中,注意扎扎实实地做好小组工作这一环节,其具体做法之一是抓重点:"我们首先对全厂的生产小组,根据其生产计划完成情况,进行了一次排队。……同时,对组内每个人也进行排队,分清类型,然后组织主要力量靠到先进和落后小组,抓

---

① 马山:《以顽强不屈的精神钻研技术,郝建秀小组坚持使用落纱机有成效》,《青岛日报》1962年10月5日,第2版。

② "市人委"是"青岛市人民委员会"的简称。——笔者注

③ 《郝建秀被分配到青岛,回国棉六厂任技术员》,《青岛日报》1962年10月13日,第1版。

④ 《郝建秀任国棉六厂技术员》,《大众日报》1962年11月18日,第1版。

住先进者和落后者,推动整个工作前进。如运动一开始,我们便紧紧抓住了九年一贯保持先进的全国著名的郝建秀小组,加强对她们进行形势任务教育,帮助她们订出了向全厂兄弟姐妹组开展竞赛的倡议条件,向全厂发起了挑战。之后,我们又具体帮助各车间的尖子组制订了向郝建秀小组应战条件,并发动她们向车间各小组进一步发起挑战。在郝建秀小组和各车间尖子组的带动下,全厂掀起了一个挑应战的热潮。在全厂 250 个小组 3690 名职工中,制订了自己的竞赛保证条件,从而促进了运动的深入开展。"①关于第二个方面的积极影响,当时有人做了如下描述:"郝建秀回厂以后,由于担任了技术员,已经不是'郝建秀小组'的成员了。但她对于小组的工作,却时时刻刻挂念着,关心着。就在她回厂不几个月,小组里每个姐妹的家她都走访过,每个姐妹的情况,她都了若指掌。她是为什么呢? 是希望小组永远做革命的火车头,对革命做出贡献。她常对姐妹们说:'党和人民给了咱小组这么大的荣誉,让咱出席全国群英会,对咱期望很大呀! 咱们要学习上海裔式娟小组②,让红旗永远不倒!'"③

在这两种"积极影响"的促进下,1962 年,郝建秀小组在完成生产计划等方面继续取得了相当不错的成绩。因此,1962 年 11 月 21 日,《大众日报》对郝建秀小组进行了报道。该报道说:"全国著名的先进集体——青岛国棉六厂郝建秀小组,发扬集体主义精神,在开展小组竞赛中,又赛又帮,共同提高。今年头十个月,全组各项指标与去年同期相比,接头合格率平均由 87％提高到 92％,看台面每人由八百锭子扩大到一千二百锭子,劳动生产率提高了 25％,皮辊花率降低了 43％,并消灭了人为断头,全组二十个人全部是一级操作能手。"该报道最后说:"至目前,郝建秀小组已有 121 个月连续完成或超额完成计划。党的八届十中全会公报公布以后,全组姐妹们更受到了鼓舞,她们已讨论制订出第四季度的增产节约计划,决定在保质保量完成生产任务的前提下,再降低白花 10％。"④两天后,《青岛日报》以《郝建秀小组深入组织比学赶帮⑤,全组都成了一级操作能手,生产出现新的成绩》为题

---

① 《中国纺织工会青岛国棉六厂委员会一九六二年工作总结》(1962 年 12 月 29 日),青岛市纺织总公司档案管理中心藏,国棉六厂文书档案永久类第 301 卷。

② "裔式娟小组"是以纺织女工裔式娟的名字命名的一个生产小组。裔式娟生于 1929 年,在 1953 年 8 月召开的中国纺织工会第二次全国代表大会上,裔式娟被授予"纺织工业全国劳动模范"荣誉称号,"裔式娟小组"则被授予"纺织工业模范单位"荣誉称号。——笔者注

③ 张毓麟、谈秀珍:《郝建秀回来了!》(报告文学),《人民文学》1965 年 7 月号。

④ 马鸣岐:《郝建秀小组竞赛持久又赛又帮,全组二十人个个是一级操作能手,各项生产指标不断提高》,《大众日报》1962 年 11 月 21 日,第 1 版。

⑤ "比学赶帮"是"比先进、学先进、赶先进、帮后进"的缩写。——笔者注

也报道了郝建秀小组。[1] 相应地,1963 年 2 月下旬,郝建秀小组出席了青岛市工业、交通运输、基本建设、财政贸易、文教卫生方面社会主义建设先进集体和先进生产(工作)者代表大会。[2] 接着,1963 年 3 月下旬至 4 月上旬,郝建秀小组又出席了山东省工业、交通运输、基本建设、财政贸易、文教卫生方面社会主义建设先进集体和先进生产(工作)者代表大会。[3]

二 拓展先进性的内容

这里所说的"拓展先进性的内容",主要是指开拓郝建秀小组原先尚未具有的先进性或者进一步发展郝建秀小组原先比较薄弱的先进性。

从前面的论述可知,在不同的历史时期,尽管"中共的号召"的内容并不都是一样的,但其中有一项基本内容却很稳定,那就是号召工人阶级积极参加各种劳动竞赛,争取完成和超额完成国家生产计划。因此,在新闻媒体所报道的郝建秀小组的先进事迹中,最为显眼的是它在完成国家生产计划上所取得的优异成绩。据此,我们认为,所谓拓展先进性的内容,主要是指在"完成国家生产计划"之外拓展先进性。这种拓展,意味着郝建秀小组需要把先进性的表现从"完成国家生产计划"方面拓展至其他相关方面,也可能意味着它需要把先进性的表现从上班期间拓展至非上班期间。下面所例举的就是几种这样的拓展。

(一) 给农业劳模许德明写信

1962 年 9 月 27 日,商业部党组在给中央、国务院的报告中指出:"一九六二年到一九六三年度棉花的开支,是打得很紧很紧的,在实际执行过程中,还可能出现一些我们没有估计到而又必须增加开支的项目。因此,今年棉花收购无论如何必须努力争取完成一千二百八十一万五千担到一千三百万担,这样,才可以保证居民

① 《郝建秀小组深入组织比学赶帮,全组都成了一级操作能手,生产出现新的成绩》,《青岛日报》1962 年 11 月 23 日,第 1 版。
② 参见《青岛市工业、交通运输、基本建设、财政贸易、文教卫生方面社会主义建设先进集体和先进生产(工作)者代表大会代表名单》,《青岛日报》1963 年 2 月 26 日,第 5 版。
③ 参见《出席省工业、交通运输、基本建设、财政贸易、文教卫生方面社会主义建设先进集体和先进生产(工作)者代表大会代表名单》,《青岛日报》1963 年 3 月 1 日,第 3 版。

的棉布定量维持去年的水平，才有可能应付一些意外的开支。建议各地进一步加强棉花的田间管理，争取多收一些；加强棉花收购的宣传和组织工作，在保证留下自留棉的条件下，争取多购一些。"①1962 年 10 月 2 日，中共中央、国务院批转了这个报告，并"要求各地切实抓紧棉花收购工作，尽最大努力争取完成收购一千三百万担的计划"。② 1962 年 10 月 18 日，中共中央、国务院又出台了《关于抓紧当前农产品收购工作的紧急通知》，指出：不但粮食征购任务还没有完全布置下去，"棉花、食油、烤烟、麻类的收购任务，也有不少地区还没有落实；特别是棉花、食油的收购进度很慢，日收量比去年同期相差很多。"因此，该通知要求各级党委和各级人民委员会特别注意抓紧所列的七项工作，"把应当收购的农产品及时地收购起来"。③ 郝建秀小组的这次先进性的拓展就发生在上述背景之下。

1962 年 10 月 30 日，《大众日报》发表报道说："今年夏津县的三十四万亩棉花丰收，预计总产量可超过计划产量 15%。现在广大棉农正喜气洋洋，突击采摘、交售棉花。"④该报还同时报道说："全国农业劳动模范、夏津县城关公社城关大队党支部书记许德明，日前给本报来信，报告该队干部社员积极增产和交售棉花，支援国家建设的情景。""来信说，棉花丰收了，社员们纷纷议论：没二话，按规定留下自用的，全卖给国家。棉桃还没开，有些人就说：得做好准备，一见新花就拾，拾了就卖，让纺纱厂头一份用上咱的棉花。"⑤读了这篇关于许德明的来信的报道之后，11月 8 日，郝建秀小组全体组员给许德明写了一封信，并公开发表在 11 月 18 日的《大众日报》第 1 版。该信主要表达了三点意思：一是为许德明等干部、社员"点赞"，并表示要向他们学习。信中说："我们小组姐妹们看到你……的信以后，大家都兴奋得跳起来了。姐妹们从信里看到你们不避风雨，夺取今年棉花丰收的干劲，都深受感动；特别是看到你们那种顾大局、识大体，准备再多卖八万斤棉花支援社

① 商业部党组：《关于一九六二年九月至一九六三年八月棉花、棉纱、棉布、针织品分配意见的报告》（1962 年 9 月 27 日），中央档案馆、中共中央文献研究室编《中共中央文件选集（1949 年 10 月—1966 年 5 月）》第 41 册，人民出版社，2013 年，第 144—150 页。

② 《中共中央、国务院批转商业部党组关于一九六二年九月至一九六三年八月棉花、棉纱、棉布、针织品分配意见的报告》（1962 年 10 月 2 日），中央档案馆、中共中央文献研究室编《中共中央文件选集（1949 年 10 月—1966 年 5 月）》第 41 册，人民出版社，2013 年，第 143 页。

③ 《中共中央、国务院关于抓紧当前农产品收购工作的紧急通知》（1962 年 10 月 18 日），中央档案馆、中共中央文献研究室编《中共中央文件选集（1949 年 10 月—1966 年 5 月）》第 41 册，人民出版社，2013 年，第 202—205 页。

④ 《国家支援取得丰收，支援国家理所当然，夏津棉农踊跃多售棉售好棉》，《大众日报》1962 年 10 月 30 日，第 1 版。

⑤ 《定要纺纱厂早用多用俺的棉花，劳动模范、党支书许德明来信表达社员的心意》，《大众日报》1962 年 10 月 30 日，第 1 版。

会主义建设的作法以后,都兴奋极啦。姐妹们都纷纷表示要在增产节约运动中,更加鼓足干劲,多纺纱、纺好纱,节约一星一点的棉花。"二是为新棉"点赞",这其实也是为棉农"点赞"。信中说:"我们小组现在已经开始用新棉纺纱啦。领导上告诉我们说,今年进厂的新棉,大部分是你们那个地区生产的,我们想,这里边很可能就有你们大队的棉花。从我们厂和我们小组试纺的新棉看,今年新棉质量具有成熟度好、纤维长、杂质少、洁白有光等许多优点。当职工们拿起新棉的时候,都笑嘻嘻地说:'好棉花,好棉花!'现在我们厂用新棉纺出的三十支和四十支纱,经过试验,全是上等一级纱,纱的强力也比现有的棉纱提高了五磅左右;同时棉纱杂质也有所减少,原棉也有了一定的节约。我们小组的姐妹们知道,我们所以能纺出这样的好纱,首先应当感谢棉农们的辛勤劳动和支援。"三是表达小组将再接再厉的决心。信中说:"最近,我们通过学习党的八届十中全会公报,姐妹们热烈地响应了党提出的开展增产节约的伟大号召,并立即讨论和制定了第四季度的小组增产节约计划。姐妹们保证在按质按量完成生产计划的前提下,把白花指标再降低一半,以节约棉花。……。目前,我们全组正在积极采取有效措施,为争取提前完成和超额完成今年的增产节约计划而奋斗!"[1]郝建秀小组在这里拓展了它的模范带头作用——带头公开"点赞"。当然,这也是它积极响应党的号召的一种做法。

(二)倡导勤俭过春节和过革命化的春节

在前面第四章,我们曾介绍过:1954 年,郝建秀小组在国棉六厂党总支和工会的帮助下,积极响应了中共中央的号召,率先制订并公布了有助于巩固工农联盟的"春节回乡公约",从而在工业生产之外的领域也发挥了它的模范带头作用。九年之后,郝建秀小组又在"如何过春节"这件事上展现了它的先进性。

1963 年 1 月 3 日,中共中央将湖南省委的《关于勤俭过春节、防止浪费的通知》转发给各地参考,并指出:"秋收以来,在某些收成较好的农村,浪费现象是比较严重的,迷信活动也随着发生,这对争取今年更好的收成,已发生不利作用,而且直接影响农村生活安排工作。希望各地党委,利用春节即将到来的时候,进行一次广泛的宣传教育工作,号召群众坚持勤俭办社、办队,勤俭办一切事业,勤俭持家,节约

---

[1]《郝建秀小组写信给农业劳模许德明,保证多纺好纱节约棉花》,《大众日报》1962 年 11 月 18 日,第 1 版。

备荒，等等，达到防止农村浪费现象的目的。"①郝建秀小组积极响应了中央的这个号召，在春节②前写了《努力搞生产，勤俭过春节》一文，发表在 1963 年 1 月 23 日的《青岛日报》。该文说："全组姐妹们都提出节日期间休息好、娱乐好，注意节俭过节，有节余就存入银行，支援国家社会主义建设。今年，我们小组有两个姐妹要回到农村过春节。她们都表示除保证节后按时进厂生产以外，回家以后，还要和农民打成一片，学习他们勤俭的风尚，同时还要向亲戚朋友家属和社员宣传党的八届十中全会公报、本厂和小组生产发展提高的情况，宣传工业支援农业和加强工农联盟的重要意义。回厂以后，要把自己看到听到的一些巩固和发展人民公社集体经济的新气象、新成就，以及农民争取今年农业丰收的新干劲，向全组姐妹汇报。"③

在"如何过春节"这件事上，后来，郝建秀小组又进一步展现了它的先进性——倡议过革命化的春节。从公开发表的相关报道来看，这种做法始于 1965 年。

1965 年 1 月 13 日，《青岛日报》在第 1 版发表了郝建秀小组写于 1 月 12 日的《郝建秀小组向全市职工提出倡议，破旧俗，立新风，以革命精神过春节》一文。该文首先表明了郝建秀小组的立场："本月十一日，青岛日报发表了四位贫农兄弟的来信，他们提出增强阶级观点，破除封建迷信，坚决过一个革命化的春节。我们小组的同志看了以后很受启发，当天晚上下了中班④，我们便开了小组会进行讨论。我们完全同意四位贫农兄弟联系实际，以阶级观点对封建迷信思想的分析、批判。的确，封建迷信就是旧社会统治阶级压迫、统治我们劳动人民的手段。我们小组每个人，特别是老工人，在旧社会都受过封建迷信的欺骗。"然后，该文指出："解放这些年来，在共产党和毛主席的领导下，我们的生活一天一天好起来，我们的思想觉悟也逐步提高。这几年来特别是去年，我们小组响应党的号召，大多数同志是不迷信了，过春节也不挂财神、供家谱，其他磕头、烧香烧纸、说'吉利'话等迷信的一套也不讲究了。但也还有少数同志觉得不供家谱就不像过春节的样子，不热闹，……。有人认为生活好转了吃点喝点算不了什么。最近参加社会主义教育运动，以阶级观点分析这些思想就觉得很不对了。在讨论中大家都认为，搞封建迷信是阶级敌人向我们进攻的一种手段，铺张浪费是资产阶级思想的影响。我们是工人，

---

① 《中共中央批转湖南省委关于勤俭过春节防止浪费的通知的指示》（1963 年 1 月 3 日），中央档案馆、中共中央文献研究室编：《中共中央文件选集（1949 年 10 月—1966 年 5 月）》第 42 册，人民出版社，2013 年，第 64 页。

② 1963 年春节是 1 月 25 日。

③ 国棉六厂郝建秀小组：《努力搞生产，勤俭过春节》，《青岛日报》1963 年 1 月 23 日，第 2 版。

④ 当时国棉六厂执行"三班制"，"中班"的具体时间不详。2004 年以后，国棉六厂的中班时间是 14：00—22：00。由于要提前半小时办理交接班事务，故上中班时，需要在 13：30 之前赶到生产车间。——笔者注

应带头破除迷信,反对资产阶级思想。不能再帮敌人的忙和受敌人的骗了。必须向这些思想进行坚决的斗争。"接着,该文叙述了小组所做的以下六条相关决定:"第一,今年过春节每人家里不供财神、家谱,不烧香纸,其他一切迷信活动也全部废除;第二,不大吃大喝,不铺张浪费,回乡的同志穿着整洁朴素,一律不摆阔气;第三,积极参加有革命意义的文化娱乐活动,每人都利用春节的机会开家庭会议,忆苦思甜,是老工人的自己讲,青年工人请自己的父母讲,以此提高阶级觉悟;第四,坚决向封建迷信思想活动开展斗争,自己家里不搞封建迷信,看到别人搞也要积极说服、动员、揭发、批判,抵制封建迷信和资产阶级思想。第五,春节期间有阅读能力的,每人读一篇到两篇毛主席的著作文章;第六,节前安心生产,节日期间注意休息,节后保证上班全勤,搞好生产。"该文最后说:"我们愿意以上述六条向全市职工提出倡议,让我们大家共同过一个革命化的春节。"①

《青岛日报》于"本月十一日"发表了"四位贫农兄弟的来信",郝建秀小组的工人当天看了那封来信之后,当晚下了中班"便开了小组会进行讨论",并马上写出了上述文章。从此可见,当时,郝建秀小组以及它的相关人员②对有关时事的反应是何等的迅速!

笔者查阅《青岛日报》的相关报道得知,此后,1970、1971、1973 和 1978 年,郝建秀小组都曾在《青岛日报》上发表文章倡议"过革命化的春节"。

(三) 春节前去蔬菜副食店义务劳动

郝建秀小组的另一项先进性拓展,是在春节前去国棉六厂的蔬菜副食店(也叫菜店)进行义务劳动。"从一九六二年开始,每到春节,我们小组就帮助菜店去忙活几天。我们想,年下买东西的人最多,商店最忙,最需要人帮忙,我们要是能帮助干点,一来可减轻售货员的工作量,二来也可方便群众。"③其中,1964 年的劳动情形

---

① 《郝建秀小组向全市职工提出倡议,破旧俗,立新风,以革命精神过春节》,《青岛日报》1965 年 1 月 13 日,第 1 版。按:1965 年春节是 2 月 2 日。

② 在第五章第五节我们介绍了由中共山东省委工业部、山东省总工会和青岛市工会联合会组成的工作组写的题为《郝建秀小组在党的培养和关怀下继续前进》的调查报告。该报告在谈及"党的关怀与培养"时说:国棉六厂党委和行政、工会对郝建秀小组也作了很多工作,其中包括制订了一个培养和不断提高郝建秀小组的方案。该方案的第五条规定:"凡向外报导材料,必须经党总支、厂长室、工会、青年团负责同志审阅,方待发表。"因此,这里所说的"相关人员"主要是指负责"审阅""向外报导材料"的人员。

③ 青岛国棉六厂细纱车间郝建秀小组代表牟秀美:《高举毛泽东思想伟大红旗,不断前进》(1966 年 4 月 25 日),青岛市纺织总公司档案管理中心藏,国棉六厂文书档案 30 年类第 313 卷。

是这样的："全国纺织工业的先进小组——郝建秀小组从今年年初学习解放军、学习大庆油田的经验以来，更进一步普遍地、经常性地活学活用毛主席著作。她们在思想上、生产上遇到问题就及时学习毛主席著作。""今年春节年除夕的一天，全厂职工都休假忙着准备过节了，可是郝建秀小组的同志提出：要在这一天到蔬菜副食店服务一天，来便利广大职工的购买。她们记住了毛主席'为人民服务'的教导。团小组长杨美珍积极响应小组的提议，她说：'白求恩是个外国人，为了中国的革命抛开自己的家，今天去义务售货是为了××①大伙的事，自己的家务事有点算不了什么。'有的说：'我们学了一定要照着毛主席的话去做'。这个组全组的同志在蔬菜店愉快地劳动了一天。"②据时任郝建秀小组党小组长的牟秀美回忆，1966年的劳动情形是这样的："今年春节前二十七日下了夜班，我们十几个人连饭也没顾得吃就赶到了六厂菜店，有的帮店里拉猪肉，有的帮着卖粉皮、包虾皮。我和宋美秀、张淑贞三人到北营子③拉豆腐。三个人，从北营子装上五百多斤豆腐就往回拉，因为装得太前沉，拉到振华路口就累得都放了汗。幸好一位工人同志另给装了装车，我们三人才轻轻快快地拉到菜店。第二天上班，三个人虽然胳膊痛得抬不起来，但情绪都很高涨。"④

（四）在"五反"运动中协助"破案"

1962年9月24日至27日在北京召开了中共八届十中全会。会后，毛主席为了"反修防修"、防止"和平演变"，决定在全国城乡发动一次普遍的社会主义教育运动，开展大规模的阶级斗争，其中，在城市的运动，以反对贪污盗窃、反对投机倒把、反对铺张浪费、反对分散主义、反对官僚主义为主要内容，简称"五反"。⑤

1963年3月1日，中共中央发布了《关于厉行增产节约和反对贪污盗窃、反对投机倒把、反对铺张浪费、反对分散主义、反对官僚主义运动的指示》，指出："这次运动，在经济部门一般应当分为三个阶段进行：第一阶段，先把增产节约运动切实地深入地开展起来；第二阶段，结合增产节约，反对铺张浪费，整顿制度；第三阶段，

---

① 这两个字模糊不清。——笔者注
② 《郝建秀小组坚持活学活用毛主席著作一年间》（1964年12月21日）（手写稿），青岛市纺织总公司档案管理中心藏，国棉六厂文书档案永久类第360—4卷。
③ 北营子，地名，距离国棉六厂约3公里。——笔者注
④ 青岛国棉六厂细纱车间郝建秀小组代表牟秀美《高举毛泽东思想伟大红旗，不断前进》（1966年4月25日），青岛市纺织总公司档案管理中心藏，国棉六厂文书档案30年类第313卷。
⑤ 参见薄一波：《若干重大决策与事件的回顾》（下），中共党史出版社，2008年，第776页。

再结合增产节约和整顿制度,大张旗鼓地开展群众性的反对贪污盗窃和投机倒把的运动。"①

　　具体到国棉六厂,其"五反"运动从1963年3月开始,也经历了三个阶段:第一阶段从1963年3月至7月,主要是开展以反浪费为中心的增产节约运动;第二阶段从1963年7月至1964年1月,主要是开展"前三反"运动。1964年4月,省委苏书记②来到国棉六厂,他了解到用"前三反"代替"后二反"的情况后,指出这种做法不妥当,于是,从5月开始,又开展了"后二反"运动,即开展反对贪污盗窃和投机倒把的运动,此即第三阶段。③ 在第三阶段,针对贪污盗窃和投机倒把者(或相关嫌疑人),国棉六厂开展了"小组帮助"和"小组斗争"活动:"小组帮助的对象有140名,小组斗争的对象只有一名。对小组帮助的有两种情况:一是问题较小,并已经查证和交待清楚的108名,主要是进行分析、批判,把资产阶级思想搞臭,把根子搞出来;二是我们掌握材料本人没有交待或一部分没有交待的14人。我们把帮助重点主要放在这部分人身上。"当时,国棉六厂在进行小组帮助时所用的方法之一是"从阶级感情出发,从阶级教育入手,是说服,不是压服"。在具体使用这个方法时,郝建秀小组又发挥了它特有的作用:"细纱车间苏×美是一个盗窃集团性的问题,过去她只交待了三人合伙盗窃300尺布的问题,而不交待偷纱的问题。在别的组曾经采取过压服的办法,但无效。这次转入到郝建秀小组,他们采取了深入家庭、帮助干活、谈心,一切从教育出发。党的小组长牟秀美、行政组长王秀英曾反复与苏×美说过8次话,星期天牺牲一天时间帮助苏洗衣服、做饭、干家务活,随时插手讲政策,从这里摸到了苏不交待问题有两大阻力:一是怕开除,二是怕男人与她打离婚。思想阻力摸准了,针对思想讲政策收到了效果。她不但交待出自己盗窃纱516个,而且还揭发出以同车间女工魏×兰为男人吕×昌(在李村市场管理所工作)④社会性大投机倒把集团案件。"⑤可见,在"后二反"运动中,郝建秀小组起到了

① 《中共中央关于厉行增产节约和反对贪污盗窃、反对投机倒把、反对铺张浪费、反对分散主义、反对官僚主义运动的指示》(1963年3月1日),中央档案馆、中共中央文献研究室编:《中共中央文件选集(1949年10月—1966年5月)》第42册,人民出版社,2013年,第400—401页。
② "省委苏书记"是指时任中共山东省委书记处书记的苏毅然。1964年4月7日,他与国棉六厂领导同志进行了谈话,详见《省委苏毅然书记于4月7日与六厂领导同志的谈话记录》,青岛市纺织总公司档案管理中心藏,国棉六厂文书档案永久类第360—4卷。——笔者注
③ 参见《关于青岛国棉六厂"五反"运动情况的报告(初稿)》(1964年9月25日),青岛市纺织总公司档案管理中心藏,国棉六厂文书档案永久类第345卷。
④ 此处语句不通,但原文如此。——笔者注
⑤ 《中共青岛国棉六厂委员会关于开展后两反斗争的情况报告(纲目)》(1964年6月27日)(手写稿),青岛市纺织总公司档案管理中心藏,国棉六厂文书档案永久类第347卷。

协助"破案"的作用。

当然，郝建秀小组在先进性内容上的拓展不止这些，下节将要介绍的"五好"竞赛也涉及在先进性内容上的拓展。

在当时的局势下，作为被刻意树立起来的先进典型，郝建秀小组拓展其先进性的内容具有一定的必然性，究其原因，主要有三：首先，中共对作为"领导阶级"的工人阶级有这种要求。1957 年 12 月 13 日，《人民日报》发表社论强调："工人阶级的领导作用，就是在各方面起模范作用，就是在考虑问题的时候，从六亿人口出发，用实际行动表明自己是最不自私、最能为全体人民的整体利益而坚持斗争的工人阶级的一分子。"[1]如果说工人阶级应该"在各方面起模范作用"，那么，工人阶级中的先进典型就更应该如此。其次，郝建秀小组所具有的先进性的基本内容主要是由上级号召的内容来决定的，由于上级号召的内容是与时俱进的，故郝建秀小组所具有的先进性的基本内容也会随之发生变化。再次，如第五章第四节所述，上级要求先进典型"长期先进"。先进典型要想做到这一点，除了继续保持原有的先进性之外，有必要不断拓展其先进性，否则，就可能难以维持其先进典型的形象。郝建秀小组在"完成国家生产计划"上的先进表现是存在"天花板"的，不太可能在这一点上不断前进，故在创造先进事迹上需要另辟蹊径。因此，郝建秀小组自从被作为"典型小组"培养以后，在迈向长期先进的同时，其实也在迈向全面先进。只是到了这个时期（1962 年至 1966 年 5 月），和以往几个时期相比，它在先进性上的拓展比较多、比较明显而已。

 ## 三　参加"五好"竞赛运动

1961 年 12 月 25 日，中共山东省委、山东省人民委员会发出通知，决定于 1962 年 2 月召开全省工业、交通运输、基本建设、财贸方面社会主义建设先进集体和先进生产者代表大会（简称"省群英会"）。[2] 接着，1961 年 12 月 28 日，中共青岛市委、青岛市人民委员会也发出通知，决定于 1962 年 2 月中旬召开全市工业、交通运输、基本建设、财贸方面社会主义建设先进集体和先进生产者代表大会（简称"市群

① 《掀起新的工业生产高潮——祝中国工会第八次全国代表大会闭幕》，《人民日报》1957 年 12 月 13 日，第1 版。

② 参见《中国共产党山东省委员会、山东省人民委员会通知，召开全省工业、交通运输、基本建设、财贸方面社会主义建设先进集体和先进生产者代表大会》，《青岛日报》1961 年 12 月 28 日，第 1 版。

英会")。① 同日,为了以实际行动迎接省、市工业、交通运输、基本建设、财贸方面社会主义建设先进集体和先进生产者代表大会,青岛市 35 名先进班组代表和先进生产者,在工人文化宫举行了座谈会,表示坚决响应党和政府的号召,立即行动起来,积极投入生产新高潮,并且提出五好竞赛条件向全市职工发出了倡议。在座谈中,大家根据新的形势和任务的要求,讨论制订了五好竞赛条件,通过了向全市职工提出的响应党和政府的号召,继续深入开展五好班组、五好工人、五好干部和财贸系统五好职工竞赛的倡议书。② 该倡议书提出的五好班组的竞赛条件是:"(1)政治思想工作好。要坚持政治挂帅,加强政治学习,不断提高阶级觉悟,使全组同志经常保持发愤图强、艰苦奋斗的革命精神,认真执行党的政策,模范地遵守国家法令。(2)全面完成计划好。要针对生产关键,大闹技术革新,积极学习推广先进经验,千方百计提高产品质量,大力节约原材料和燃料,努力提高劳动效率,切实保证安全,全面完成各项经济指标。(3)团结互助好。发扬把困难留给自己,把方便送给别人的共产主义风格,互相支援,互相帮助,互相协作,共同提高。(4)民主管理好。要充分发扬工人阶级的主人翁思想,人人参加管理,事事有人负责,搞好班组经济核算。(5)生活安排好。要发扬互相体贴,互相关怀,互助互济的共产主义精神,帮助有困难的同志解决实际问题,安排好全组生活。"③郝建秀小组的代表参加了这次座谈会,并且是这份倡议书的倡议者之一(参与倡议的先进集体共 13个)。郝建秀小组作为一直保持先进的先进小组和倡议者,它当然应当率先做到上述五好班组的竞赛条件。事实上也是如此,因此,如前面第一节所述,1963 年 2 月下旬,郝建秀小组出席了青岛市工业、交通运输、基本建设、财政贸易、文教卫生方面社会主义建设先进集体和先进生产(工作)者代表大会。接着,1963 年 3 月下旬至 4 月上旬,郝建秀小组又出席了山东省工业、交通运输、基本建设、财政贸易、文教卫生方面社会主义建设先进集体和先进生产(工作)者代表大会。

此后,郝建秀小组又积极响应了 1963 年 10 月中共中央、国务院关于在工业、交通企业中开展"五好"竞赛的号召。

1963 年 9 月 6 日,国家经委、全国总工会联合向中共中央、国务院提交了《关于在工业、交通企业中开展"五好"企业和"五好"职工竞赛问题的报告》。该报告首先

---

① 参见《中国共产党青岛市委员会、青岛市人民委员会通知,召开全市工业、交通运输、基本建设、财贸方面社会主义建设先进集体和先进生产者代表大会》,《青岛日报》1961 年 12 月 29 日,第 1 版。
② 参见《35 名先进班组代表和先进生产者举行座谈会,坚决响应党号召,投入生产新高潮,倡议全市职工深入开展五好竞赛迎接省、市群英会》,《青岛日报》1961 年 12 月 30 日,第 1 版。
③ 《倡议书》,《青岛日报》1961 年 12 月 30 日,第 1 版。

指出："最近几年以来,特别是今年以来,在增产节约和'五反'运动中,有十五个省、市、自治区和十一个中央工业、交通部门,提出了开展'五好'企业和'五好'职工的社会主义竞赛,得到了广大职工的热烈拥护。现在'五好'竞赛已在不少地区和企业中开展起来。"接着,鉴于"各地区、各部门提出的'五好'标准不尽相同,竞赛评比的方法和对'五好'竞赛的认识,也很不一致",该报告提出了"五好"企业、"五好"职工的标准及其内容,并认为："班组是'五好'竞赛中的一个重要环节。'五好'班组的标准原则上可规定为:政治工作好、完成任务好、班组管理好、经常学习好和团结互助好。具体内容可参照'五好'企业和'五好'职工标准的内容要点,由各地区、部门或企业自行制订。"该报告强调："'五好'口号的提出是适应加强企业政治思想工作和企业管理工作的需要,总结了十几年来工交企业开展劳动竞赛的经验而提出的。……'五好'竞赛既是一个生产运动,也是一个政治运动。"该报告还认为："'五好'竞赛是我国工业、交通企业中社会主义劳动竞赛和先进生产者运动的发展。它比过去的劳动竞赛、先进生产者运动,内容更为丰富、要求更加全面。'五好'就是先进的具体标准,开展'五好'竞赛就是为了鼓舞企业和职工争当先进。"该报告还建议在 1964 年召开一次全国性的"五好"企业和"五好"职工的代表会议。[1] 1963 年 10 月 22 日,中共中央、国务院同意并批转了该报告。[2]

针对"五好"竞赛,1964 年 2 月 2 日,《人民日报》发表了题为《广泛开展比学赶帮活动,争做五好企业五好职工》的社论,指出："五好企业和五好职工的社会主义竞赛,是政治和经济、政治和技术、政治和业务相结合的竞赛。换句话说,这个竞赛不但是一个生产运动,而且是一个政治运动。对于一个企业来说,完成国家计划是一项根本任务;计划完不成,就很难说是先进的企业。但是,只有加强思想政治工作,用毛泽东思想把干部和工人的头脑武装起来,使广大职工的思想进一步无产阶级化,才能从根本上把企业办好。只有做好思想政治工作,特别是做好活的思想工作,经常向职工进行社会主义阶级教育,不断提高职工的阶级觉悟,才能调动职工的生产积极性,才能很好地完成国家计划。对于一个职工来说,完成生产任务是一项根本任务;任务完不成,就很难说是先进的职工。但是,只有政治思想好,读毛主

① 国家经委、全国总工会：《关于在工业、交通企业中开展"五好"企业和"五好"职工竞赛问题的报告》（1963 年 9 月 6 日）,中央档案馆、中共中央文献研究室编：《中共中央文件选集（1949 年 10 月—1966 年 5 月）》第 44 册,人民出版社,2013 年,第 190—197 页。

② 《中共中央、国务院批转国家经委、全国总工会关于在工业、交通企业中开展"五好"企业和"五好"职工竞赛问题的报告》（1963 年 10 月 22 日）,中央档案馆、中共中央文献研究室编：《中共中央文件选集（1949 年 10 月—1966 年 5 月）》第 44 册,人民出版社,2013 年,第 190 页。

席的书,听毛主席的话,照毛主席的指示办事,站稳无产阶级立场,发扬艰苦奋斗的革命传统,懂得搞好生产是为了什么,才能出色地完成任务。"该社论还认为:"在企业内部,要着重开展班组竞赛,抓好班组工作,把五好竞赛落实到班组和个人。过去的经验证明,班组竞赛是企业各种形式劳动竞赛的基础。五好竞赛也不例外。"①

事后来看,郝建秀小组积极参加了这项"内容更为丰富、要求更加全面"的"五好"竞赛(尤其是"五好"班组竞赛)运动,于是,很快就被树立为青岛市班组工作中的"两面红旗"之一(详见下节)。从此,郝建秀小组不但被称赞为"长期先进",而且被称赞为"全面先进"。

四　被誉为"长期先进、全面先进"

1964 年 5 月 25 日,青岛市工业、交通运输、基本建设、财政贸易、文教卫生方面一九六三年五好集体、五好职工代表会议(简称"青岛市五好集体、五好职工代表会议")开幕。出席这次会议的,有来自各条战线的五好集体、五好职工和先进集体、先进生产(工作)者代表 1196 人。② 郝建秀和郝建秀小组组长王秀英参加了这次会议并被选入大会主席团名单。③ 郝建秀小组不但作为"五好班组"代表出席了这次会议④,而且与青岛四方机车车辆厂电镀室小组一起,被出席会议的一百个五好班组联合推荐为全市兄弟班组学习的对象。

青岛四方机车车辆厂电镀室小组也是全国工业战线上的一个先进集体。他们从 1957 年第四季度以来,连续六年,年年季季超额完成国家计划,先后受到青岛市、山东省和铁道部的十五次奖励,并于 1959 年出席了全国工业群英会。⑤ 在这次会议之前,青岛市总工会、共青团青岛市委已于(1964 年)2 月 4 日发出了"关于在全市职工和广大青年中开展学习四方机车厂电镀室小组的联合通知",要求在全市范围内,在广大职工和青年中间,立即掀起一个学习电镀室小组的革命精神和革命

---

① 《广泛开展比学赶帮活动,争做五好企业五好职工》,《人民日报》1964 年 2 月 2 日,第 1 版。

② 《高举毛泽东思想红旗,深入开展以五好为目标的比学赶帮运动,本市五好集体、五好职工代表会议隆重开幕》,《青岛日报》1964 年 5 月 26 日,第 1 版。

③ 《大会主席团、秘书长名单》,《青岛日报》1964 年 5 月 26 日,第 1 版。

④ 《青岛市工业、交通运输、基本建设、财政贸易、文教卫生方面一九六三年五好集体、五好职工代表会议代表名单》,《青岛日报》1964 年 5 月 26 日,第 6 版。

⑤ 详见 1964 年 2 月 6 日《青岛日报》转载的首发于《大众日报》的长篇报道《咱们是工人阶级——记四方机车车辆厂电镀室小组》(该文作者为:中国青年报记者、团省委通讯组、团青岛市委通讯组)。

风格的热潮。①

　　学习郝建秀小组、电镀室小组的倡议，是参加这次会议的代表尹爱莲代表与会的一百个五好班组提出的。② 尹爱莲代表与会的一百个五好班组在会上做了题为《学习郝建秀小组、电镀室小组，创造更多的五好班组》③的发言。

　　该发言的篇幅比较长，全文约5000字。它首先认为郝建秀小组和电镀室小组做到了长期先进、全面先进。"郝建秀小组和电镀室小组多年来一直保持先进。他们政治上过得硬、生产上过得硬、管理上过得硬、学习上过得硬、团结上过得硬，班组工作全面先进，各项任务完成得那么好，为我们全市班组更好地学习解放军、学习大庆油田，树立了活的榜样，是我们班组工作中的两面鲜艳的红旗。"

　　然后，该发言扼要介绍了"学习了他们的经验"之后所取得的效果："多年来，我们不断地学习了他们的经验，（他们）一直是我们学习追赶的标兵。特别从去年以来，我们响应市委号召，开展了五好比学赶帮竞赛，最近我们在一起又进一步全面系统地学习了他们的先进经验，这就更加激起了学习他们、追赶他们、努力创造五好班组的强烈要求。……。在学习、追赶他们的实践中，我们深深地体会到，他们的先进经验是我们搞好班组工作，争取五好、创造五好班组的活的样板，只要我们真正把他们的经验学到手，就能够迅速地争取自己的班组成为政治工作好、完成任务好、班组管理好、经常学习好、团结互助好的五好班组，我们的工作就一定能够生气勃勃，我们的班组就能够迅速改变面貌。"

　　再后，该发言从五个方面指出了郝建秀小组和电镀室小组之所以能够长期先进、全面先进的主要原因，其中，第一个原因，也是最根本的原因"是毛泽东思想挂了帅"。"多年来他们一直坚持学习毛主席著作，做到了带着问题学，急用先学，活学活用。我们学习他们的经验，首先是这一条，也就是学习他们那种反反复复地读毛主席的书，时时刻刻地听毛主席的话，老老实实地按照毛主席的指示办事，一心一意地当毛主席的好工人，从根本上提高自己的觉悟。"

　　接着，该发言对郝建秀小组和电镀室小组所具有的"无产阶级革命精神和共产主义风格"进行了如下概括："1、奋发图强，自力更生，敢于斗争，敢于胜利的革命精

---

① 详见《市总工会、团市委号召全市职工和广大青年立即掀起学习电镀室小组的热潮》，《青岛日报》1964年2月6日，第1版。
② 《参加市五好代表会议的一百个五好班组提出向郝建秀小组、电镀室小组学习的倡议》，《青岛日报》1964年5月29日，第1版。
③ 《学习郝建秀小组、电镀室小组，创造更多的五好班组——一百个五好班组联合发言》，2016年1月12日从青岛市档案馆查阅。

神;2、刻苦钻研,不怕困难,一丝不苟,实事求是的科学态度;3、克勤克俭,爱厂如家,埋头苦干,不计报酬的劳动态度;4、先公后私,先人后己,互相关怀,团结友爱的高尚风格;5、胸怀全局,关心集体,爱国主义、国际主义的阶级觉悟;6、虚心学习,勇往直前,不固步自封,不骄傲自满的谦逊态度。"从我们掌握的相关资料来看,这是有关人士首次从"精神"层面概括郝建秀小组的先进性。

最后,该发言向全市所有兄弟班组提出了五点倡议。

这次会议结束之后,《青岛日报》加大了对郝建秀小组的报道力度。

1964年6月6日《青岛日报》第2版刊登了报道郝建秀的两张照片,其中一张照片的如下说明提到了郝建秀小组:"著名的工业劳动模范、国棉六厂技术员郝建秀,在工作中虚心向工人学习,当群众的小学生;在生活中热心关怀群众,经常走访老工人。郝建秀(拿书者)在辅导郝建秀小组学习毛主席著作。"

1964年9月7日《青岛日报》第1版刊登了题为《牢记毛主席的教导,用高标准要求自己,郝建秀小组虚心学艺帮助后进》的新闻报道。文中说:"自从市'五好'代表大会上,一百个'五好'小组发出倡议向她们小组学习后,有许多工厂的小组工人,来到了她们小组学习和访问。每次来的'客人'们,总是要说上几句夸奖她们的话。就在这一片赞扬声中,郝建秀小组的姐妹们重温了毛主席'虚心使人进步,骄傲使人落后'的教导,冷静地分析了组里的思想和工作。姐妹们认为:有了成绩,还要找缺点,看问题要'一分为二'。因此,当别人来参观的时候,她们不仅介绍成功的经验,挑选最好的操作能手表演传艺,同时也摆出存在的缺点和问题,让人家提意见,挑毛病。""郝建秀小组把帮助其他组克服困难,仍然当作是自己应尽的义务。八月上中旬,三班皮辊棉计划普遍完不成,成了生产上的关键问题。郝建秀小组通过加强巡回工作,克服了这一关键后,便立即派组里操作较好的王秀英到丙班和乙班传授降低皮辊棉的经验。在郝建秀小组的帮助下,丙班和乙班的皮辊棉也很快降下来。"[1]

十天之后,《青岛日报》更是用约两个版面发表了长篇报道《虚心前进——郝建秀小组的十二年》。[2] 这是《青岛日报》首次用这么长的篇幅[3]来报道郝建秀小组的

---

[1]《牢记毛主席的教导,用高标准要求自己,郝建秀小组虚心学艺帮助后进》,《青岛日报》1964年9月7日,第1版。

[2] 王永兰、顾英祥、孙鹏:《虚心前进——郝建秀小组的十二年》,《青岛日报》1964年9月17日,第1、2、3版。

[3] 就《青岛日报》报道郝建秀小组而言,此文的篇幅是空前的。后来,《青岛日报》再次长篇报道郝建秀小组之事发生在1975年4月25日(详见第七章第七节)。

先进事迹。该文一开头就说："到今年四月一日①，国棉六厂郝建秀小组正式成立整整十二年了。这个组在这十二年的 144 个月中，有 141 个月全面完成国家计划。十二年，有十一年被评为先进小组，七次出席市劳模大会和群英会，五次出席省群英会，二次出席过全国劳模大会和群英会，最近又被评为'五好'小组。"接着，该文认为："这些成绩，是这个小组的全体工人在党的教导和培养下，在全厂全车间职工的热情帮助和支持下，奋发图强、艰苦奋斗的结果。"之后，该文从下述六个方面介绍了郝建秀小组的先进事迹（或经验）：一是"迎着困难前进"。文中指出："领袖的亲切关怀和领导部门的嘉勉，成为巨大的动力，推动着这个小组前进，激发着小组工人的觉悟，也赋予她们一个重大责任：时时起模范作用！这个小组没有辜负党的期望，她们按照党的这些教导，严格要求自己。"二是"巧手出自苦练"。文中谈到："前几年，她们就自觉地以'郝建秀工作法'为准，严格要求自己。近几年，根据生产任务不断变化的情况，在执行工作法的同时，又在各个基本操作上下苦功夫。一九五九年冬季，小组就建立了每星期有两天业余时间练功二十分钟的制度。到现在，四年半了，无特殊情况很少间断。"三是"主人翁的态度"。文中强调：郝建秀小组工人对生产、对国家有高度的主人翁责任感。四是"高尚的风格"。文中指出：郝建秀小组工人在工作上相互帮助，"把不好用的机台、不好纺的品种抢到自己手里，把好用的机台、好纺的品种让给别人"。此外，她们在生活上也是相互体贴、相互关心、相互帮助。五是"站的高看的远"。文中指出："郝建秀小组确有一种热爱党、热爱国家、热爱阶级兄弟的政治热情。她们关心小组的生产，也关心国家大事。"六是"不断前进"。文中强调：郝建秀小组工人处处谦虚谨慎，既向外传送自己的经验，又虚心学习其他小组的先进经验。最后，该文分析了促使郝建秀小组"虚心前进"的"力量的源泉"："郝建秀小组十二年来做出的成绩是很大的、动人的。要问她们为什么会有这样的成绩，她们都说：'是党的领导和培养，没有党我们没有今天，没有党就没有郝建秀小组！'"接着，它对比了一些郝建秀小组工人在解放前与解放后的工作和生活情况，并得出结论认为："党不只是把她们拉出了苦海，同时也培养她们成长壮大。郝建秀小组从成立那天起，党无时无刻不在关心她们，教导和培养她们。""党培养了她们，她们也不辜负党的期望。十几年来，她们始终如一，听党的话，跟着党走。工作取得成绩和受到荣誉时，她们把这归功于党，并下决心创造新的成绩；生产上或生活上遇到困难的时候，她们就想过去，想党的教导，从而鼓起勇

---

① "到今年四月一日"这种表述暗示郝建秀小组成立于 1952 年 4 月 1 日。笔者认为，这是一种武断的暗示。——笔者注

气,克服困难。"对"力量的源泉"的这种分析及其基本结论应该是该文想要强调的一个重点。

由于能够不断地"虚心前进",1965 年 5 月中旬,郝建秀小组以"先进集体"的身份出席了青岛市工业、交通运输、基本建设、财政贸易、文教卫生方面一九六四年度先进集体、先进生产(工作)者代表会议。[①] 此后,郝建秀小组继续"虚心前进",1966 年 7 月,它进一步被山东省工业、交通、财贸方面五好代表会议授予"五好小组"荣誉称号。当时山东省只有五个小组获得这项荣誉,郝建秀小组在这五个小组中排名第一。[②]

值得一提的是,不只是郝建秀小组在不断前进,郝建秀也在不断前进。1965年 6 月,郝建秀离开国棉六厂,去国棉八厂担任副厂长。[③] 从此,郝建秀走向了领导岗位,并在仕途上不断前进,直至 2003 年当选为第十届全国政协副主席。

五 "革命话语"的再度兴起

这里所说的"革命话语",是指中共提出的旨在调动工人阶级的劳动积极性的一套话语。之所以说它是"再度兴起",是因为早在延安时期,它就曾兴起过。

笔者研究表明,在新中国成立之前,在每个历史时期(指苏维埃时期、边区时期和解放战争时期)的早期甚至更长的时间里,中共都曾主要采用物质利益激励的方法来调动工人阶级的政治积极性与劳动积极性,其基本做法是:明确支持或默许工会带领工人采用斗争甚至暴力等手段从资本家(雇主)那里为工人谋取比平时更多的物质利益,如更高的工资、更好的福利与劳动条件等。这种做法的弊端很多,其中显而易见的弊端是:由于用于激励工人的物质利益取之于资本家,故这种激励的力度越大,资本家就越难以承受,最终往往会产生严重的不良社会后果,如导致大量工厂、商店停业或倒闭、大量资本家外逃等。这种状况的出现当然不利于中共所领导的地区的经济发展和社会稳定。因此,当中共需要着重考虑所领导的地区的

---

① 参见《青岛市工业、交通、基建、财贸、文教方面一九六四年度先进集体、先进生产(工作)者代表会议代表名单》之"先进集体"名单,《青岛日报》1965 年 5 月 11 日,第 5 版。

② 参见《全省工业交通财贸方面五好代表会议,根据各地区推荐,授予省五好单位和五好职工称号的名单》之"五好小组"名单,《青岛日报》1966 年 7 月 7 日,第 3 版。

③ 参见郝建秀:《做革命"良种",接好革命班》,《青岛日报》1965 年 11 月 20 日,第 2 版。

整体利益与长远利益时,就会倡导主要采用非物质利益激励的方法来激励工人。①

进入陕甘宁边区时期及以后,中共逐渐构建了两种非物质利益激励的方法来调动工人阶级(尤其是公营企业工人)的劳动积极性:一是将工人的日常劳动与中共领导的革命的远大目标联系起来,并强调革命的整体利益与长远利益的重要性和优先性,强调工人是为革命而劳动,努力劳动是工人为革命应尽的义务。二是宣称工人阶级是国家和社会的主人翁,工人是公营(或国营)企业的主人,强调工人的利益与公营企业的利益是一致的,工人应该以主人翁的态度自觉地努力劳动。简单来讲,第一种激励方法是采用"革命话语",提倡工人做革命者;第二种激励方法是采用"主人翁话语",提倡工人做主人翁。尽管经过对工人的思想以及对工厂内部党组织、行政和工会三者之间的互动关系等进行相应的改造之后,这两种激励方法可以并存不悖,但在不同的历史时期,中共对二者的采用会有所侧重。② 在边区时期,中共主要采用第一种激励方法即采用"革命话语"来激励、教育工人。到了解放区之后,尤其是 1948 年 2 月以后,则主要采用第二种激励方法即采用"主人翁话语"来激励、教育工人。③

新中国成立之后,中共继续主要采用第二种激励方法来调动工人阶级的劳动积极性。为了把工人群众培育成为具有主人翁责任感的自觉的劳动者,在新中国成立之后的七八年时间里,党和政府相应地采取了多种多样的政策措施,比如:提高工人的工资、福利水平,实行工厂管理民主化,重点在工人中发展中共党员,把优秀工人培养成为领导干部,在企业中建立新型的领导干部与职工群众之间的关系,对工人进行相关的思想政治教育,等等。不过,推行这些政策措施所产生的在提高工人的"主人翁的感觉"上的效果似乎并不十分理想,这从 1956 年至 1957 年期间我国出现的大量罢工、怠工、请愿等职工"闹事"现象中就可以看出这一点。1957年 2 月,中华全国总工会党组向中央写了《关于职工罢工请愿情况的报告》,向中央建议"加强对职工群众的政治思想教育","尤其是要对新工人进行劳动观点和艰苦斗争的革命传统教育"。④ 1957 年 3 月 25 日,中共中央出台了《中共中央关于处理罢工、罢课问题的指示》。该指示接受了全总党组的意见,强调"为了防止罢工罢课

---

① 游正林:《主人翁话语的兴起(1930—1949)》,《学海》2020 年第 1 期。
② 游正林:《革命的劳动伦理的兴起——以陕甘宁边区"赵占魁运动"为中心的考察》,《社会》2017 年第 5 期。
③ 游正林:《主人翁话语的兴起(1930—1949)》,《学海》2020 年第 1 期。
④ 中华全国总工会党组:《关于职工罢工请愿情况的报告》,《中国工运》1957 年第 7 期。

一类事件的发生,除了扩大民主以外,还必须加强群众中的思想政治教育"。① 接着,1957年4月10日,中共中央发出了《中共中央关于研究有关工人阶级的几个重要问题的通知》,提出"中央准备在今年内召开的中央会议上"对有关工人阶级的四个方面的问题加以讨论,其中之一是关于工人阶级内部的团结和教育的问题,强调:"不仅要注意加强时事政策教育,而且要结合实际情况,进行系统的深入的共产主义教育,才能提高职工群众的主人翁觉悟,发挥他们在企业工作中的积极作用。"②1958年,各级党组织在职工群众中又广泛地开展了"为谁劳动"的讨论,教育职工群众要树立起共产主义的劳动观念和劳动态度。此后,中共不但进一步加大了对职工群众进行思想政治教育的力度,而且越来越强调采用第一种激励方法来调动工人阶级的劳动积极性,即越来越强调广大职工要把日常工作同革命的远大目标联系起来,要以革命的远大理想作为动力,自觉地为革命而劳动。③

1965年2月16日,《人民日报》发表了题为《以革命的精神做好一九六五的商业工作》的社论。该社论认为:"商业工作是管物管钱的工作,市场是资本主义同我们争夺的一个重要阵地,商业部门内部和外部的阶级斗争是复杂的、尖锐的。在社会主义革命的新高潮中,社会主义商业应当担负起自己的重要任务,使自己成为党和人民进行阶级斗争的有力武器。要在市场上进行打击投机倒把、反对资本主义的斗争,不断地巩固和加强社会主义的统一市场。"在谈及应该如何做好一九六五年的商业工作时,该社论强调:"做好商业工作的关键,是人的思想革命化,是发挥广大干部和职工的革命积极性。各级领导干部都要首先抓政治思想工作,都要做人的工作。我们学解放军、学大庆、学大寨,归根到底是学习他们的革命精神,学习他们的革命思想革命作风。……。实现人的思想革命化,最重要的,最根本的,是要以毛泽东思想把我们商业人员的头脑进一步武装起来。"④

接着,从1965年4月份起,《人民日报》开展了"商业工作怎样促进工农业生产高潮?"的讨论。"讨论后期,许多同志提出,要做好商业工作,需要进一步解决商业人员革命化和商业企业革命化的问题;同时,许多同志要求把讨论的范围扩大到整个财贸工作。"于是,《人民日报》决定从1965年9月26日起,组织关于"为革命做

① 中共中央:《中共中央关于处理罢工、罢课问题的指示》(1957年3月25日),李桂才主编:《中国工会四十年资料选编(1948—1988)》,辽宁人民出版社,1990年。
② 中共中央:《中共中央关于研究有关工人阶级的几个重要问题的通知》(1957年4月10日),李桂才主编:《中国工会四十年资料选编(1948—1988)》,辽宁人民出版社,1990年。
③ 游正林:《革命的劳动伦理的兴起——以陕甘宁边区"赵占魁运动"为中心的考察》,《社会》2017年第5期。
④ 《以革命的精神做好一九六五的商业工作》,《人民日报》1965年2月16日,第1版。

生意，为革命办财贸"的集中报道，并于当日发表了题为《把日常工作同革命的远大目标联系起来——论为革命做生意，为革命办财贸》的社论。该社论认为："财贸职工要实现革命化，根本的问题，是要正确认识为什么做生意，为什么办财贸，把日常工作跟革命的远大目标联系起来。这就是说，要明确地认识财贸工作是革命工作，并且用革命的精神去做好财贸工作。这样，就能使每一个财贸职工在从事日常工作的时候，都有鲜明的政治目的，能够'身在柜台，心怀全国，放眼世界'。使每一个财贸职工不是为做生意而做生意，为办财贸而办财贸，而是为革命做生意，为革命办财贸。这样，财贸职工就能从平凡中见伟大，了解自己从事的日常工作不是没有多大意义，而是伟大革命事业的组成部分，因而热爱本身的工作，以革命的远大理想作为动力，满腔热情地去进行日常的具体的业务活动。"那么，如何才能使财贸部门的职工既认识到财贸工作是革命工作又能用革命的精神去做好财贸工作？该社论认为："这就必须以毛泽东思想武装财贸工作人员。"①

1965 年 10 月 11 日，《人民日报》进一步发表了题为《一切工作都是为了革命》的社论。该社论指出：在我们国家，一切工作都是革命工作，都是我国革命事业的一个部分，"虽然一切工作都是为了革命，但是人们在主观上不一定都认识到这一点，不一定都是自觉的。自觉和不自觉，区别是很大的。自觉地干革命工作，就是懂得自己的工作是为中国革命和世界革命服务的，从而把日常的、平凡的工作同全国人民建设社会主义强大祖国的共同努力联系起来，同支援全世界人民革命斗争的伟大任务联系起来，同我们为之奋斗的共产主义远大目标联系起来。这样，就能够在平凡的工作中感到光荣，在琐细的工作中见到伟大。这样，工作就会有劲头，就会生气勃勃，奋发图强，不断有所发现，有所发明，有所创造，有所前进。"该社论强调："为革命而工作，同为个人而工作，这是两种根本对立的世界观。要树立一切工作都是为了革命的思想，就必须坚持政治挂帅，兴无产阶级思想，灭资产阶级思想。""要能够自觉地干革命工作，就要努力学习马克思列宁主义、毛泽东思想，提高革命的自觉性。用毛泽东思想武装起来，就能使人具有政治上的远见，站得高，看得远；就能使人敢于斗争，善于斗争，有革命的胆略，也有求实的精神；就能使人胸怀坦白，忠诚正直，朝气蓬勃，不怕困难，进行创造性的劳动，做出人间奇迹。"②可见，该社论不但强调了"一切工作都是为了革命"，而且强调了"用毛泽东思想武装起来"的重要性。

---

① 《把日常工作同革命的远大目标联系起来——论为革命做生意，为革命办财贸》，《人民日报》1965 年 9 月 26 日，第 1 版。

② 《一切工作都是为了革命》，《人民日报》1965 年 10 月 11 日，第 1 版。

　　为了进一步使"一切工作都是为了革命"的思想更加深入人心,《工人日报》还自 1965 年 10 月 13 日起开辟了《怎样认识一切工作都是为了革命? 怎样自觉地为革命而劳动?》的讨论专栏。

　　约 3 个月以后,1966 年 1 月 8 日《人民日报》再次发表了题为《做自觉的革命者——再谈一切工作都是为了革命》的社论。该社论进一步解释说:"一切工作都是为了革命这个口号,是调动广大人民群众的革命积极性的口号。这个口号能使人们更加明确地认识自己的劳动和工作的伟大意义,认识自己的劳动和工作的远大前途。认识了自己的劳动和工作都是为了革命,并且用革命的精神尽力劳动和工作,为革命作出最大的贡献,这就是我们所要求的真正的自觉的革命者。""广大的群众和干部有了这样的革命的自觉性,才能够把革命的利益看得高于一切,才能够完全服从革命的需要,时时刻刻按照革命的需要来想问题,办事情。革命需要到什么地方,就到什么地方。……。革命需要做什么工作,就做什么工作。""总起来说,一切工作都是为了革命,包含了两层意思。一层意思是说,在我们党的领导下,在我们社会主义国家里,一切工作都是革命工作;另一层意思是说,每个岗位上的劳动者和工作者,都应当用革命的精神从事自己的劳动和工作,成为自觉的革命者。"那么,如何才能使广大职工认识到这两层意思从而成为自觉的革命者? 该社论认为:"每个劳动者和工作者从不自觉到自觉都要经历一个思想改造的过程。千千万万的工农兵群众是从努力学习毛主席著作的过程中逐步自觉起来的。""学习毛主席著作,是为了改造思想,指导工作,要在'用'字上狠下功夫。在处理每一个问题的时候,都要自觉地想一想毛泽东思想对待这个问题的观点是什么,来决定自己的行动。只有在长期的反复的学用过程中,才能逐步用毛泽东思想把自己的头脑武装起来,做一个真正的自觉革命者。"[①]可见,在该社论看来,要想成为真正的自觉革命者,就需要用毛泽东思想把自己的头脑武装起来,而要这样做就需要努力学习毛主席著作。由此足见努力学习毛主席著作的重要性。

　　被誉为"长期先进、全面先进"的郝建秀小组,当然也会在"努力学习毛主席著作"上面争当先进、保持先进。后来,在 1970 年 3 月至 4 月期间,郝建秀小组先后出席了青岛市活学活用毛泽东思想经验交流会和山东省首届活学活用毛泽东思想积极分子代表大会,并被评为山东省"活学活用毛泽东思想先进集体"(详见下章)。

---

① 《做自觉的革命者——再谈一切工作都是为了革命》,《人民日报》1966 年 1 月 8 日,第 1 版。

第七章

激流猛进（1966.6—1976）

1966 年 5 月，在北京召开了中共中央政治局扩大会议。这次会议是"文化大革命"正式发动的标志。这次会议于 5 月 16 日通过的《中国共产党中央委员会通知》成为发动"文化大革命"的纲领性文件。[①] 此后，我国就进入了历时十年的"文化大革命"（简称"文革"）时期。

在"文革"初期，郝建秀和郝建秀小组（尤其是组长王秀英、党小组长牟秀美）虽然都受到了一些冲击（包括被斗争），但她们都顶住了冲击。[②] 1968 年下半年以后，郝建秀小组在完成生产计划、活学活用毛泽东思想和班组管理等方面都继续或进一步发挥了"火车头的作用"，并于 1975 年迈上了被报道的高峰。

一　面临"抓革命，促生产"的新形势

1966 年 8 月 8 日，中共中央通过了《中国共产党中央委员会关于无产阶级文化大革命的决定》。该决定全文被分为 15 节，其中第 14 节的小标题是"抓革命，促生产"，其内容为："无产阶级文化大革命，就是为的要使人的思想革命化，因而使各项工作做得更多、更快、更好、更省。只要充分发动群众、妥善安排，就能够保证文化革命和生产两不误，保证各项工作的高质量。无产阶级文化大革命是使我国社会生产力发展的一个强大的推动力。把文化大革命同发展生产对立起来，这种看法

---

① 中共中央党史研究室著：《中国共产党历史》第二卷（1949—1978）下册，中共党史出版社，2011 年，第 760—762 页。

② 参见青岛国棉六厂郝建秀小组：《把革命的红旗一直扛到共产主义》（青岛市活学活用毛泽东思想经验交流会典型材料，1970 年 3 月），青岛市纺织总公司档案管理中心藏，国棉六厂文书档案 30 年类第 313 卷。

是不对的。"①可见,按照该决定的设想,就"文化大革命"与"发展生产"之间的关系而言,前者是手段,后者是目的,即首先通过"文化大革命"来"使人的思想革命化",然后,再通过"使人的思想革命化"来"使各项工作做得更多、更快、更好、更省"。简而言之,就是通过开展"文化大革命"运动来促进"生产"的发展,也即通过"抓(文化)革命"来"促生产"。

约一个月以后,《人民日报》发表了题为《抓革命,促生产》的社论。针对"文化革命"与"生产"之间的关系,该社论重申了上述中共中央的决定中的相关观点,并提出:"我们搞社会主义,有精神战线和物质战线。精神战线是改造旧思想,提高社会主义的革命觉悟。物质战线是改造自然,发展社会主义国民经济。先进的思想领先。毛泽东思想就是我们在这两条战线上前进的火车头。用毛泽东思想去改造人的灵魂,促进人的思想革命化,而在精神战线上打了胜仗,从而激发人的自觉能动性,也就保证物质战线上能够打更大的胜仗。"②可见,在该社论看来,所谓"使人的思想革命化",是指或主要是指"用毛泽东思想去改造人的灵魂"。这样做,旨在"激发人的自觉能动性",以便"保证物质战线上能够打更大的胜仗"。如果这么理解正确的话,那么,关于如何通过"抓(文化)革命"来"促生产"的问题,就变成了如何"用毛泽东思想去改造人的灵魂"并通过它促进和进一步促进生产发展的问题。

1966年11月10日,《人民日报》进一步发表了题为《再论抓革命促生产》的社论。该社论着重强调了两点:一是强调"抓革命,促生产,这是毛主席提出的方针,一再强调的方针"。二是强调要保证文化革命和生产两不误,"我们必须学会在搞好文化大革命的同时,把生产搞得更好,更好,更好!"③

1966年12月26日,针对工矿企业中的"抓革命、促生产"问题,《人民日报》发表了题为《迎接工矿企业文化大革命的高潮》的社论。该社论首先强调:"我国工人阶级是文化大革命的领导力量和最积极的因素。他们对于这场文化大革命负有特别重大的责任。"然后,该社论指出:"我们的工矿企业,究竟走什么道路? 是按照毛主席指出的社会主义的道路前进呢? 还是沿着资本主义、修正主义的道路滑下去? 这是关系到我国社会主义革命和社会主义建设成败的极端重大的问题。"可见,在该社论看来,当时工矿企业发展的道路有三条:一是资本主义的道路,二是修正主义的道路,三是毛主席指出的社会主义的道路。该社论接着指出:"应当看到,我们

---

① 《中国共产党中央委员会关于无产阶级文化大革命的决定》(1966年8月8日通过),《人民日报》1966年8月9日,第1版。
② 《抓革命、促生产》,《人民日报》1966年9月7日,第1版。
③ 《再论抓革命、促生产》,《人民日报》1966年11月10日,第1版。

有很多工矿企业,无论在政治思想上,组织领导上,生产管理上,都不同程度地受到资本主义、修正主义、甚至封建主义的严重影响。这些东西,不仅束缚工人群众的革命积极性,阻碍着生产力的发展,而且繁殖修正主义的种子,成为资本主义复辟的温床。在有些工矿企业中,一小撮党内走资本主义道路的当权派,和混进职工队伍里的地富反坏分子、没有改造好的资产阶级分子、蜕化变质分子勾结起来,顽固地对抗毛主席的正确路线,极力推行修正主义的一套,妄图把社会主义的企业引上资本主义的道路。"因此,该社论认为:"在工矿企业里开展无产阶级文化大革命,不是可有可无,无足轻重,而是非搞不可,非大搞特搞不可。"接着,该社论谈及"我们发展生产的办法":"毛主席关于抓革命、促生产的方针,就是把革命放在第一位,用革命统帅生产,带动生产。我们发展生产的办法,同帝国主义和现代修正主义是完全不同的。我们一不靠强制,二不靠物质刺激,而是靠毛泽东思想挂帅,靠政治思想工作,靠人的思想革命化。人们的政治思想面貌改变了,精神的力量就会转化为巨大的物质力量。"[1]该社论所说的"强制",其基本含义可能和李立三所说的"压迫"差不多。怎样提高工人的生产积极性? 李立三认为,在资本主义和官僚资本主义下,"只有一个方法就是压迫,使得工人不努力不行。"李立三所说的"压迫"的方法,具体包括:用失业来威胁工人、用严格的管理制度来处罚工人、用机器方法逼迫加强工人的劳动速度以及用警察、军队、牢狱来压制工人。李立三还认为:"假如我们新民主主义的管理方法,照样采取压迫,照样建筑在广大群众的恐惧心理上,那我们和国民党就没有差别。可能比他们还坏。"[2]该社论所说的"物质刺激"办法,应该包括实行计件工资制度。在新中国成立初期,一些国营工业企业就开始实行计件工资制度。在国民经济恢复时期和第一个五年计划时期,计件工资的实行范围不断扩大。国营工业企业实行计件的人数,1952 年占生产工人的 32.5%,1957年上升到 42%,其中手工操作较多或者产品变动小、劳动定额容易制定的产业,占生产工人的 50% 以上。[3] 然而,"大跃进"运动开始以后,计件工资的弊端逐渐暴露了出来。1958 年,中共北京市委向中共中央写了《关于取消计件工资的情况和意见的报告》。该报告认为计件工资有以下五大缺点:一、助长了工人中的资本主义思想和个人主义思想。二、工人怕修改定额"水涨船高",实际上阻碍了生产力的发展。三、增加了新老工人之间、计件工人和计时工人之间的矛盾,影响工人内部的

---

① 《迎接工矿企业文化大革命的高潮》,《人民日报》1966 年 12 月 26 日,第 1 版。
② 李立三:《怎样把官僚资本的旧企业改造为新民主主义的新企业》(1949 年 9 月 7 日),中国工运学院编:《李立三赖若愚论工会》,档案出版社,1987 年,第 96—97 页。
③ 赵履宽、潘金云:《论计件工资》,《经济研究》1979 年第 2 期。

团结。四、严重影响了一部分计件工人的健康。五、造成行政管理上的一套繁琐制度和人力的浪费。1958 年 10 月 15 日,中共中央批转了该报告。① 此后,计件工资制度被逐渐取消。② 那么,在既不靠强制也不靠物质刺激的条件下,如何尽快找到一条适合我国工业发展的道路? 这是当时中共面临的一个难题。根据上述内容,我们可以把当时中共解决这个难题的基本思路概括为以下因果链条:①用毛泽东思想挂帅,或者说,用毛泽东思想去改造工人阶级的灵魂→②促进工人阶级的思想革命化,或者说,在精神战线上打胜仗→③激发工人阶级的自觉能动性,或者说,产生精神的力量→④保证物质战线上能够打更大的胜仗,或者说,能够把精神的力量转化为巨大的物质力量,从而促进工业生产的发展。在这个因果链条中,"用毛泽东思想挂帅"是这条链条的起点,是推动这条链条发挥作用的动力的源头,由此足见"用毛泽东思想挂帅"的重要性。

"抓革命、促生产"是毛主席提出的方针。在工业生产领域,我们可以把"抓革命、促生产"视为毛主席向工人阶级发出的号召,即毛主席号召工人阶级"抓革命、促生产"。如果说此时毛主席以及中共中央还只是比较抽象地向工人阶级发出"抓革命、促生产"的号召,那么,到了 1967 年 3 月 18 日,中共中央则通过给"全国厂矿企业革命职工、革命干部"写信的方式向工人阶级发出了比较具体的号召、提出了比较具体的要求。中共中央在那封信中说:"工人阶级是我国社会主义革命和社会主义建设的领导力量。毛主席号召你们,党中央号召你们,把无产阶级文化大革命进行到底,希望你们在这个伟大的无产阶级文化革命中,在这个新的条件下,更加鼓足干劲,力争上游,成为现阶段全国劳动群众抓革命、促生产的最出色的模范。希望你们成为坚决执行以毛主席为代表的无产阶级革命路线、批判资产阶级反动路线的模范。希望你们成为坚决执行党中央关于无产阶级文化大革命的决定的模范。希望你们成为同党内一小撮走资本主义道路当权派作斗争的模范。希望你们成为实行革命大联合的模范,成为反对小团体主义、反对无政府主义、反对风头主义、反对经济主义、反对自私自利的模范。你们应该巩固劳动纪律,坚持民主集中制,建立社会主义生产和文化大革命的良好秩序。……"③

与此同时,主流媒体发文认为:"工业战线、农业战线和财贸战线等各方面的模范人物,应当站在无产阶级文化大革命的前列。""模范人物只有站在无产阶级文化大革命的前列,才最符合自己的'身份',才不失革命者的本色。""毛主席号召我们

---

① 王渔等主编:《当代中国工人阶级和工会运动纪事(1949—1988)》,辽宁大学出版社,1989 年,第 190 页。
② 国棉六厂于 1960 年废除了计件工资制,全厂职工一律改为"月工资制"。
③《中共中央给全国厂矿企业革命职工、革命干部的信》,《人民日报》1967 年 3 月 19 日,第 1 版。

'抓革命,促生产'。劳动模范要挑起革命和生产这两副担子,既要做生产战线上的尖兵,更要做文化大革命的闯将。只有这样,才不愧为毛泽东时代的劳动模范。"①

在这种局势下,如何让"长期先进、全面先进"的郝建秀小组"站在无产阶级文化大革命的前列""挑起革命和生产这两副担子"？这是郝建秀小组的培养者面临的一个具体难题。他们的具体做法之一,是在 1968 年夏季大力支持郝建秀小组带头完成了"战高温、开高速、夺高产"的创举(详见下节)。

二　战高温、开高速、夺高产

在前面第五章第一节,我们曾介绍过郝建秀小组在 1958 年第四季度带头增加细纱机的运转速度之事。这里所说的"开高速",也是指增加细纱机的运转速度,而且是在高温季节里增加细纱机的运转速度。此事发生在 1968 年夏季,其基本情形是这样的:

> 1968 年夏季,我国……国际威望日益提高。这个厂纺的纱出口量增加很大,厂里的生产任务也有较大的提高。当时,正是高温季节,在这种情况下,能不能把生产搞上去,确实是对这个小组工人们的一种考验。有人说:"这样的高温季节,不用说夺高产,不减产就算是不错了。"但小组工人们说:"战高温,夺高产,为革命多做贡献,就是要迎着困难上。"她们以"愚公移山"的精神,冒着三十八度的高温,硬是带头把细纱车的速度每分钟增加上三十多转。由于车速高,温度高,细纱断头猛增,困难很大。小组的工人们没有被困难吓倒。她们艰苦努力,挥汗战斗。……。工人们还开动脑筋,改进操作方法,解决了高温季节里的生产关键。结果在这年的第三季度,小组的棉纱产量比计划提高了 2.4%,超过了被纺织工业称为"黄金季节"的第二季度,打破了"高温季节必低产"的老框框,为高温季节夺高产创造了经验。②

① 力平:《劳动模范要站在无产阶级文化大革命前列》,《红旗》1967 年第 2 期。
② 厂宣传组:《永远发挥火车头的作用——记郝建秀小组继续革命的先进事迹》,《青岛日报》1973 年 5 月 3 日,第 2 版。

增加细纱机的运转速度往往会增加纱线的断头数量[①],在高温、高湿环境里更是如此,相应地,也会增加挡车工(值车工、看车工)的劳动强度,因为挡车工的主要工作之一就是接头,即及时把断了的纱线接上。因此,当车速增加以后,如何降低纱线的断头数量就成为一个亟待解决的问题。上述引文中说"工人们还开动脑筋,改进操作方法",大概是指郝建秀小组的工人们用土办法解决了断头多的问题。后来,有人把此事写成了一篇题为《激流猛进——记郝建秀小组战高温的故事》[②]的报告文学。根据该文的生动描述,当时郝建秀小组"战高温、开高速、夺高产"尤其是用土办法解决断头多的问题的具体过程是这样的:

> 1968夏天,青岛出现了多年不遇的炎热天气。有人提出:这样高的温度,照常规该停车了。
>
> 某天下班以后,郝建秀小组全体姐妹,齐集在车间会议室,讨论要不要停车的问题。党小组长牟秀美说:"我要和姐妹们商量的,不是停车不停车的事,而是在高温高湿季节,可不可开高速?"对此,有的人有些惊讶地说:"啊?能行吗?"牟秀美接着说:"就是要请大家考虑考虑,能行不能行?听说帝修反[③]……,在国际市场上卡我们的脖子,尤其在棉纱棉布方面卡我们!咱们小组纺的出口纱,就是射向帝修反的子弹,一定要多纺纱、纺好纱,用实际行动反击帝修反!"会场一下子肃静下来。牟秀美继续说:"咱们在一九五八年能打破资产阶级技术权威规定的临界速度[④],现在遇到高温,就不能加速了吗?干革命,就要有激流猛进的劲头。"牟秀美把自己的想法统统摆给大家。这一来,全小组沸腾起来了,有的举双手拥护牟秀美的意见,有的表示还有点疑虑。经过一场激烈的辩论,最后统一了思想,都说:"一定要迎头痛击帝修反,发扬小组的好传统,越是风大浪高,越要激流猛进!"并一致同意向全厂发出"战高温、开高速、夺高产,迎头痛击帝修反"的革命倡议。
>
> 倡议提出后,有人反对说:"高温高湿季节不停台就是好的,还要开高速,是纺织史上从来没有过的事,人受得了,机器还受不了呐!"大多数人

---

① 其计量标准是"千锭时断头根数"。
② 旭平、杨邦超:《激流猛进——记郝建秀小组战高温的故事》(报告文学),《山东文艺》(试刊)1972年第2期。
③ "帝修反"是"帝国主义、修正主义、反动派"的简称。——笔者注
④ 对此事的详细介绍,请见第五章第一节。——笔者注

不同意这种意见，厂领导上经过认真研究，表示全力支持郝建秀小组的革命倡议。

细纱机原来的车速是 280 转。第一天，生产指挥部门首先把车速加到了 290 转，接着加到 295 转，直到 300 转。这时，纱锭飞旋起来，机器运转情况也良好，只是工人们的动作更加紧张。值车工踏着轻捷的步伐，来往巡回似穿梭一般；落纱工推起落纱机一溜小跑，纱穗像小白鸽儿似的，一个接一个地飞进穗袋里。

第二天车速继续增加，305、310、315、一直加到 320 转。这一来问题发生了，细纱一断头就是一大片，像被棍子打的一样，接也接不及；棉花塞满吸风箱，又慢慢缠到铁罗拉茎上，滚成棉花绳，顶得皮罗拉腾腾直跳。郝建秀小组的姐妹们一会儿紧张地抢接细纱断头，一会儿用铜钩子挖罗拉上缠的棉花。她们平时挽弄纱线的灵巧的手，现在显得那么吃力。

那么，如何解决纱线断头多的问题？

下了班，开完班会后，牟秀美走进家里，丈夫和孩子们早已睡熟了。她打开电灯，习惯地翻开《毛主席的五篇哲学著作》，认真地读起来。夜读，这是她在郝建秀同志的帮助和影响下建立的制度。牟秀美曾经对大家说："战高温是打一场政治仗，是为了反击帝修反，天大的困难也要想办法克服，不能轻易后退。"不过，怎样解决断头多的问题呢？她想着想着，不由得站了起来。她的心潮像胶州湾的波涛一般汹涌澎湃，从战高温、开高速、夺高产对中国革命和世界革命的关系，想到第二天如何具体地发动姐妹们一起想办法，解决加速后的断头问题，久久不能入睡。

这一夜，全组的姐妹们都在反复琢磨牟秀美所说的打好这场"政治仗"的意义。次日一到车间，都异口同声地说："为了痛击帝修反，车速只能加，不能减！"

找出断头多的原因，成为全小组每个人注意的中心问题。她们一面干着活，一面仔细观察，用心思考，互相交谈。

"火星！钢铃怎么冒火星？"张淑贞忽然咋呼了一声。

牟秀美是个有经验的老纺织工人，知道这是一个重要发现，立即找到周惠英、宋美秀、魏素华等老工人一起观察、研究，都说这是加速后钢铃发涩，纱线经过这个部位时造成断头。接着，大伙找来黄油，涂在钢铃上，果然，断头一下子就大大地减少了。

全小组姐妹们可高兴啦。

"不好!"牟秀美话音未落,姐妹们忽地一下子围了过来,牟秀美拔出一个又一个的纱穗给大家看。"污纱!"姐妹们一个个互相对视着。

"钢铃擦黄油,出污纱。咱们是为革命纺纱,为支援亚非拉革命人民纺纱,为在国际上反击帝修反纺纱,一定要保证质量。质量问题,关系到我们社会主义祖国的信誉,是个政治问题,要一丝不苟!请同志们一齐来想办法,用别的东西来代替黄油!"

"对,要保证质量,要想出一样东西,又滑润,又没油污。"全组姐妹们无不在苦苦思索中……

张淑贞回忆了旧社会的苦难史和小组成长史①,把一颗心全拴在车台上,走着路想,躺在床上也想。次日早晨洗脸时,她一面在脸盆里搓着肥皂,一面还在想。她想着想着,猛然一怔,心里说:这肥皂不是又干净又滑润吗?她手没顾擦,一口气跑到牟秀美家里,把这个想法给牟秀美讲了一遍。牟秀美一听,立即拖着两条肿胀的腿,同张淑贞一起跑到车间去试验。果然,肥皂擦在钢铃上,既具有黄油的润滑作用,又不出污纱!

她们就是这样,用土办法解决了技术权威多年来没有解决的大问题,为高温高湿季节开高速开创了先例。这个小组从一九五二年被命名为郝建秀小组以来,一直像一艘顽强的战舰,冲破惊涛骇浪,激流猛进!二十年来,做到年年、季季、月月高产优质地超额完成国家计划。②

国棉六厂为了满足"出口量增加很大"的需求,急需把生产搞上去,在"一不靠强制,二不靠物质刺激"的条件下,只好全力支持郝建秀小组的"革命倡议":拿出激流猛进的劲头,把"战高温、开高速"当成一场"政治仗"来打。于是,郝建秀小组再次经受住了考验,带头完成了这次"战高温、开高速、夺高产"的创举!

在第五章第五节我们说到:1959 年,由中共山东省委工业部、山东省总工会、青岛市工会联合会组成的工作组出台其调查报告之后,新闻媒体在报道郝建秀小组的先进事迹时,就几乎未再使用"多少年内月月完成了国家计划"之类的说法,不过,这种状况到 1970 年 3 月就被打破了。1970 年 3 月 27 日,《青岛日报》发表了郝建秀小组写的《紧跟伟大领袖毛主席就是胜利》一文。该文说:"在毛泽东思想的阳光雨露哺育下,我们小组的姐妹们,身在车档,心向毛主席,放眼世界,……,十八年

---

① "旧社会的苦难史"和"小组成长史"通常被简称为"两史"。——笔者注
② 根据报告文学《激流猛进——记郝建秀小组战高温的故事》一文缩写而成。

都是按月、按季、年年全面完成国家生产计划，为社会主义祖国和世界革命贡献了我们的力量。"[1]接着，1970 年 6 月 15 日，《人民日报》第 2 版刊登了郝建秀小组的一张照片，在其说明中也说："在毛泽东思想哺育下，茁壮成长起来的青岛国棉八厂[2]'郝建秀小组'，在生产斗争中不断发挥'火车头'的作用，十八年来，她们年年月月都超额完成国家生产计划。"上述发表于 1972 年的《激流猛进——记郝建秀小组战高温的故事》在文末说郝建秀小组二十年来做到了"年年、季季、月月高产优质地超额完成国家计划"，这只是沿袭了当时通行的宣传而已。不过，这种宣传未免有夸张的成分，因为即使忽略在 1959 年之前郝建秀小组曾有几个月没有完成生产计划，我们也难以证明郝建秀小组在 1967 年和 1968 年都"月月"完成了国家生产计划，这是因为："由于形势极度混乱，原定的 1967 年国民经济计划无法执行，实际上被废置。1968 年则因年度计划无法制订出来，成为我国建立计划经济体制以来唯一没有年度计划的一年。"[3]在这种状况下，所谓"完成国家生产计划"也就无从谈起了。

 三　郝建秀再度被高度关注

1951 年"郝建秀工作法"被正式总结出来以后，《青岛日报》等报刊对郝建秀进行了大量的宣传、报道。进入 1968 年下半年以后，《青岛日报》等报刊再度高度关注了郝建秀，其表现主要有三：一是发表郝建秀写的政治性表态文章；二是发表郝建秀写的进一步介绍其成长历程的文章；三是报道郝建秀的先进事迹。

（一）发表郝建秀写的政治性表态文章

进入 1968 年下半年以后，《青岛日报》《人民日报》等报刊多次发表了郝建秀写的政治性表态文章。下面试举一例。

1968 年 7 月 12 日下午，毛泽东和林彪在人民大会堂同中央文革碰头会成员谈话，在谈到大学教育问题时，毛泽东说："我看还是从工人中选调大学生。做三四年

---

① 青岛国棉六厂郝建秀小组：《紧跟伟大领袖毛主席就是胜利》，《青岛日报》1970 年 3 月 27 日，第 2 版。
② "八厂"二字有误，应为"六厂"。——笔者注
③ 中共中央党史研究室著：《中国共产党历史》第二卷（1949—1978）下册，中共党史出版社，2011 年，第 800 页。

工,再到学校两三年,又有文化,又有经验。大学还是要办的,我这里主要说的是理工科大学还要办,但学制要缩短,教育要革命,要无产阶级政治挂帅,走上海机床厂从工人中培养技术人员的道路。要从有实践经验的工人农民中间选拔学生,到学校学几年以后,又回到生产实践中去。"①几天之后(7 月 21 日),毛泽东审阅了陈伯达、姚文元报送的调查报告《从上海机床厂看培养工程技术人员的道路》和《人民日报》编者按。该调查报告是根据毛泽东的意见,组织新华社、《文汇报》记者撰写的。② 第二天(7 月 22 日),《人民日报》就发表了该调查报告,在其编者按中,引用了上述毛泽东的讲话,并强调说:"毛主席的伟大号召,是我们将无产阶级教育革命进行到底的战斗纲领。是反修防修的百年大计。全国各级革命委员会,工厂、学校和其它战线上一切真正的无产阶级革命派的同志,要坚决执行毛主席的无产阶级教育路线,批判修正主义的教育路线,打破旧的资产阶级的教育制度,要坚决走毛主席指出的同工农兵结合的道路,把教育革命进行到底。"该调查报告指出:上海机床厂拥有工程技术人员六百多人。这支技术队伍由三方面的人员组成:从工人中涌现的技术人员约占 45%;解放后大专院校输送进厂的约占 50%;其余是解放前留下来的老技术人员。"文化大革命"使这个厂的技术人员队伍发生了深刻的变化。接着,该调查报告谈及"培养工程技术人员的道路",认为"从工人中选拔技术人员,这是一条培养无产阶级工程技术人员的道路"。该调查报告还谈及"从工厂看教育革命的方向"。③ 读了该调查报告之后,时任青岛市革命委员会④委员、青岛国棉八厂革命委员会负责人的郝建秀马上写了《遵照毛主席教导,走上海机床厂的道路》一文⑤,并发表在第二天(7 月 23 日)的《人民日报》上。

(二) 发表郝建秀写的进一步介绍其成长历程的文章

这里之所以说是"进一步介绍其成长历程",是因为在此之前,《大众日报》和《青岛日报》都曾发表过郝建秀写的介绍其成长历程的文章:1962 年 11 月 30 日,

---

① 中共中央文献研究室编:《毛泽东年谱(1949—1976)》第六卷,中央文献出版社,2013 年,第 172 页。
② 中共中央文献研究室编:《毛泽东年谱(1949—1976)》第六卷,中央文献出版社,2013 年,第 173 页。
③ 详见《从上海机床厂看培养工程技术人员的道路》(作者为文汇报记者、新华社记者),《人民日报》1968 年 7 月 22 日,第 1 版。
④ "革命委员会"简称"革委会"或"革委"。当时,各级革委会均实行党政合一、高度集中的领导体制,革委会内部的"党的核心小组"即为同级党的领导部门,由革委会的主要党员负责人组成。参见中共中央党史研究室著:《中国共产党历史》第二卷(1949—1978)下册,中共党史出版社,2011 年,第 801 页。
⑤ 郝建秀:《遵照毛主席教导,走上海机床厂的道路》,《人民日报》1968 年 7 月 23 日,第 3 版。

《大众日报》发表了郝建秀写的《阶级的委托——我的九年学习生活》一文①，并加了一个题为《无穷力量的源泉》的如下编后记："是什么力量能使她坚持了九年的学习生活，由一个半文盲而成为大学生呢？用她的话说，就是：'阶级的委托'。阶级的委托，就是党的委托，人民的委托。这是多么无穷的力量的源泉！"②1964 年 3 月 24 日，《青岛日报》发表了郝建秀写的《永远不辜负党的培养和教育，坚决按照党指引的方向前进》一文。该文不但谈及她的学习生活，还谈及她的工作情况。该文最后说："我决不辜负党的培养和期望，不辜负工人阶级的希望和委托，永远做党和人民的好女儿。"③

这里要介绍的是第三篇——1971 年 6 月 26 日发表在《青岛日报》的《毛泽东思想哺育我成长》一文。这篇文章的篇幅比较长（约占 1.1 个版面），其内容主要是回顾她二十余年来的工作和学习情况，旨在说明"毛泽东思想哺育我成长"。文中说："我曾先后到首都北京六十次见到了我们最最敬爱的伟大领袖毛主席，其中二十九次受到毛主席的亲切接见。""在伟大的'四清'运动中，党把我这个普通工人，从国棉六厂调到八厂，提拔到领导工作岗位，当了副厂长。"文中还总结说："我所取得的一点成绩，都是毛主席教导的结果；我的一点进步都是靠毛泽思想的照耀。"④

（三）报道郝建秀的先进事迹

1969 年，郝建秀作为"山东省赴京参加中华人民共和国成立二十周年国庆观礼代表团"成员去北京参加了国庆观礼。⑤ 与此同时，1969 年 10 月 1 日《青岛日报》用一整版的篇幅报道了郝建秀的先进事迹。该报道一开头就说："'郝建秀同志真不愧是工人阶级的好模范，她最听毛主席的话，保持了劳动人民的本色，有她掌权，我们就放心了！'在国棉八厂经常可以听到许多老工人对郝建秀这样的赞扬。郝建秀是全国著名劳动模范。她先后二十四次幸福地见到我们伟大领袖毛主席，一九六五年担任了国棉八厂副厂长。"之后，该报道分别以"为捍卫毛主席的革命路

① 郝建秀：《阶级的委托——我的九年学习生活》，《大众日报》1962 年 11 月 30 日，第 3 版。

② 《无穷力量的源泉》（编后记），《大众日报》1962 年 11 月 30 日，第 3 版。

③ 郝建秀：《永远不辜负党的培养和教育，坚决按照党指引的方向前进》，《青岛日报》1964 年 3 月 24 日，第 2 版。

④ 郝建秀（时任青岛国棉八厂革委党的核心小组组长）：《毛泽东思想哺育我成长》，《青岛日报》1971 年 6 月 26 日，第 1、4 版。

⑤ 参见《我们幸福地见到了伟大领袖毛主席——我省赴京国庆观礼代表团向全省人民报喜》，《青岛日报》1969 年 10 月 15 日，第 1、2 版。

线而战斗""保持普通劳动者的本色"和"胸怀朝阳永向前"为小标题介绍了她的先进事迹。①

1970年7月1日,《青岛日报》再次用较大篇幅(全文约占1.4个版面)报道了郝建秀。该报道的作者为"市革委报道组、纺织局报道组、国棉八厂报道组、本报记者",由此可见该报道的重要性。该报道说:"郝建秀出生于一个在旧社会备受剥削和压榨的搬运工人家里。直到红太阳照亮了新青岛,他才放下了捡煤核的钩子和下小海的篓子,跨进了工厂的大门,当上了新中国的第一代工人。""在近二十年里,郝建秀先后29次幸福地受到了伟大领袖毛主席的亲切接见。""郝建秀学习毛主席著作,达到了'如饥似渴'的程度,达到了忘我的地步。她每年差不多都能到北京去一趟,每次,她都把来到毛主席身边当作最好的学习机会,她抓紧点滴时间,加倍努力学习。今年,她到省里参加'积代会'②,由于过度疲劳晕倒了,医生让她休息,但她没有接受医生的意见,继续坚持学习。"该报道还配发了一张图片,其说明为"郝建秀同志与'郝建秀小组'的姐妹们一起交流活学活用毛泽东思想的经验"。③

1971年3月7日,《人民日报》以《工人阶级的好女儿——郝建秀》为题也对郝建秀进行了报道。该报道一开头就指出:"全国著名劳动模范郝建秀同志,在无产阶级文化大革命中,为捍卫毛主席革命路线作出了贡献,被青岛国棉八厂革命群众推选为革命委员会负责人。当了领导干部,怎样继续保持劳动模范的本色?"该报道说:带着这个问题,郝建秀重温了毛主席的伟大教导:"干部通过参加集体生产劳动,同劳动人民保持最广泛的、经常的、密切的联系。这是社会主义制度下一件带根本性的大事,它有助于克服官僚主义,防止修正主义和教条主义。"该报道接着说:"她越读越觉得亲切,深情地望着毛主席像说:'毛主席啊,毛主席! 我决不辜负您老人家的培养。我向您老人家保证:走上领导岗位,决不离开工人行列!'"该报道得出结论认为:"郝建秀实践了自己的诺言。几年来,她坚持不脱离实际,不脱离劳动,不脱离群众。"④

之所以要在这里谈及"郝建秀再度被高度关注",主要是因为它与郝建秀小组的不断前进之间存在着关联,在活学活用毛泽东思想方面更是如此。比如,1970

---

① 《紧跟伟大领袖毛主席继续革命——记全国著名劳动模范郝建秀同志在无产阶级专政下继续革命的先进事迹》(作者为本报通讯员、本报记者),《青岛日报》1969年10月1日,第7版。
② "积代会"是指活学活用毛泽东思想积极分子代表大会。——笔者注
③ 《红心永向红太阳,步步紧跟毛主席——记继续革命的优秀共产党员郝建秀》(作者为市革委报道组、纺织局报道组、国棉八厂报道组、本报记者),《青岛日报》1970年7月1日,第5版。
④ 《工人阶级的好女儿——郝建秀》(作者为本报通讯员),《人民日报》1971年3月7日,第3版。

年 3 月，郝建秀小组参加青岛市活学活用毛泽东思想经验交流会之后曾撰文表示：
"我们要像郝建秀同志那样，高举毛泽东思想伟大红旗，戒骄戒躁，紧跟毛主席继续
革命，……"①又比如，据公开报道，1970 年，时任国棉八厂革委会主任的郝建秀曾
"来到国棉六厂郝建秀小组和战友们交流活学活用毛泽东思想的经验"。② 1971
年，郝建秀再次"来到国棉六厂郝建秀小组，同姐妹们一起热烈赞颂伟大领袖毛主
席，热情交流活学活用毛泽东思想的经验"。③ 由此可见，至少在活学活用毛泽东
思想方面，郝建秀是郝建秀小组学习的榜样。因此，郝建秀来郝建秀小组"交流"相
关经验，可能主要是为了帮助郝建秀小组提高活学活用毛泽东思想的水平。

四 被评为"活学活用毛泽东思想"先进集体

1970 年 3 月，青岛市召开了活学活用毛泽东思想经验交流会。时任国棉八厂
革委会主任的郝建秀和郝建秀小组的代表（组长牟秀美）都参加了这次会议。④ 不
仅如此，郝建秀小组的代表还在会上做了题为《把革命的红旗一直扛到共产主义》
的发言。该发言汇报了郝建秀小组几年来活学活用毛泽东思想的情况，其中说到
郝建秀是如何帮助郝建秀小组学习毛主席著作的："1954 年，在中央首长的亲切关
怀下，郝建秀同志帮助小组建立了经常学习毛主席著作的制度。""1962 年，郝建秀
同志大学毕业回来时，给我们带来了很多毛主席著作单行本。在毛主席'全国人民
要向解放军学习'的伟大号召下，郝建秀同志又帮助小组把班前会改成了'天天
读'。从这个时候起，姐妹们就天天学，天天用，越学，对毛主席的感情越深；越学，
跟毛主席干革命的自觉性越高；越学，忠于毛主席的心越红。"可见，郝建秀小组之
所以在活学活用毛泽东思想方面能够取得比较好的成绩，是与郝建秀的具体帮助
分不开的。该发言还说："从 1951 年以来，伟大领袖毛主席 27 次接见过郝建秀同
志，她 61 次幸福地见到了毛主席，毛主席还 7 次接见过我们小组的代表。"⑤

大约一个月以后（1970 年 4 月），郝建秀小组的代表又去参加了山东省首届活

① 青岛国棉六厂郝建秀小组：《紧跟伟大领袖毛主席就是胜利》，《青岛日报》1970 年 3 月 27 日，第 2 版。
② 参见《青岛日报》1970 年 4 月 4 日第 4 版刊登的相关照片及其说明。
③ 参见《青岛日报》1971 年 5 月 3 日第 4 版刊登的相关照片及其说明。
④ 参见《青岛日报》1970 年 3 月 26 日第 4 版刊登的这次会议的一些"剪影"及其说明。
⑤ 青岛国棉六厂郝建秀小组：《把革命的红旗一直扛到共产主义》（青岛市活学活用毛泽东思想经验交流会
典型材料，1970 年 3 月），青岛市纺织总公司档案管理中心藏，国棉六厂文书档案 30 年类第 313 卷。

学活用毛泽东思想积极分子代表大会(简称全省首届"积代会")。这次会议历时20天,于5月15日闭幕。郝建秀小组在会上做了题为《高举毛泽东思想伟大红旗,永远发挥火车头作用》的发言。该发言分别用"一心想着毛主席,敢顶妖风战恶浪""步步紧跟毛主席,天大的困难也敢上""永远忠于毛主席,继续革命永向前"等三个小标题,从三个方面介绍了郝建秀小组活学活用毛泽东思想的情况。在谈及"一心想着毛主席,敢顶妖风战恶浪"时,该发言说:"俺这个小组,就是郝建秀同志当初所在的小组。"很显然,郝建秀是郝建秀小组的骄傲! 在谈及"永远忠于毛主席,继续革命永向前"时,该发言说:"十八年来,俺小组经常进行阶级教育和传统教育。用旧社会的苦难史教育自己,用在毛主席亲切关怀下的小组成长史鞭策自己。遇到困难想'两史',逢年过节忆'两史',新工人进组讲'两史',把这'两史'作为小组的传家宝。一九六五年,郝建秀同志要离开小组走向领导岗位,临走前,她向大家讲述了小组的光荣历史,把光荣的传统印在每个同志的脑子里,并希望俺小组:要高举毛泽东思想伟大红旗,刻苦学习毛主席著作,继续发扬小组的革命'火车头'作用。"①

在全省首届"积代会"的最后一天(5月15日),山东省革命委员会做出了关于表扬活学活用毛泽东思想先进集体和活学活用毛泽东思想积极分子的决定,共表扬了80个活学活用毛泽东思想先进集体,郝建秀小组不但位列其中,而且排名第一。②

这次被表扬以后,郝建秀小组再度成为《青岛日报》等报刊高度关注的对象。这种高度关注的主要表现有二:一是多次报道郝建秀小组及其成员的先进事迹;二是多次发表郝建秀小组写的文章。

(一) 报道郝建秀小组及其成员的先进事迹

1970年5月郝建秀小组被评为山东省活学活用毛泽东思想先进集体之后,同年6月20日,《青岛日报》就发表了关于"郝建秀小组为革命再立新功"的文章。该文说:"这个小组在荣获省活学活用毛泽东思想先进集体的光荣称号以后,对自己

---

① 青岛国棉六厂郝建秀小组:《高举毛泽东思想伟大红旗,永远发挥火车头作用》(山东省首届活学活用毛泽东思想积极分子代表大会典型材料,1970年4月25日),青岛市纺织总公司档案管理中心藏,国棉六厂文书档案30年类第313卷。

② 参见《山东省革命委员会关于表扬活学活用毛泽东思想先进集体和活学活用毛泽东思想积极分子的决定》及其"光荣榜",《青岛日报》1970年5月18日,第4版。

提出了更高的要求，她们把荣誉当作继续革命的动力，把已取得的成绩作为继续革命的起点，决心进一步加速思想革命化，在革命、生产中创造更大的成绩，为伟大领袖毛主席争光，为伟大的社会主义祖国争光。"该文还说："这个小组出席省首届'积代会'的代表牟秀美，还在大会期间就通过写信的办法，及时地向小组介绍了兄弟单位的先进经验和高度的革命精神；大会胜利闭幕后，牟秀美又连夜回青岛，向小组的同志们传达了大会精神。小组的姐妹们，认真地学习了省活学活用毛泽东思想先进典型的先进思想和经验。"该文最后说："郝建秀小组不断革命的精神，带动了全厂，一个声势浩大的增产节约运动，正在步步深入，出现了一个新的局面。革命群众意气风发，斗志昂扬，决心实现工业生产新跃进，为中国革命和世界革命作出更大贡献。"①

郝建秀小组组长、党小组长也是被报道的重点对象。1971 年 6 月 30 日，《青岛日报》发表了题为《自觉执行毛主席革命路线的先锋战士——记国棉六厂郝建秀小组党小组长牟秀美》的长篇报道。该报道说："牟秀美是 1954 年 6 月担任这个小组党的小组长的。十七年来，她在毛泽东思想的哺育下，胸怀朝阳，不断革命，在三大革命斗争中，自觉地发扬共产党员的先锋模范作用，是大家学习的榜样。"该报道还说："几年来，牟秀美的兼职越来越多。先后她当选为中共山东省委委员、青岛纺织局革委和厂革委常委、车间党总支委员、轮班党支部副书记等职务，但是她地位变了，革命的精神不变，和群众贴在一起的红心不变。"②

1973 年 5 月 3 日，《青岛日报》进一步发表了题为《永远发挥火车头的作用——记郝建秀小组继续革命的先进事迹》的长篇报道。该报道首先说：郝建秀小组最近又取得了一个胜利——"的确良③纱质量的薄弱环节已得到解决，达到了全省的先进水平"，并说："文化大革命以来，这个小组试纺成功三十多个新品种；这个小组单产水平一直保持全系统的先进水平；这个小组克服了种种困难，做到了月月、季季、年年完成国家计划。"之后，该报道例举了郝建秀小组的一些先进事迹，以说明它是如何自觉地发挥"火车头"作用的。文中还说："这个小组的工人立足于车间，想到的是全厂和整个社会主义革命事业。"④

---

① 《在荣誉面前找差距，把成绩当作继续革命的起点，郝建秀小组为革命再立新功》（作者为局、厂报道组），《青岛日报》1970 年 6 月 20 日，第 2 版。
② 《自觉执行毛主席革命路线的先锋战士——记国棉六厂郝建秀小组党小组长牟秀美》（作者为厂报道组、纺织局报道组），《青岛日报》1971 年 6 月 30 日，第 2、7 版。
③ "的确良"也叫"的确凉"，是一种合成纤维织物。——笔者注
④ 《永远发挥火车头的作用——记郝建秀小组继续革命的先进事迹》（作者为：厂宣传组），《青岛日报》1973 年 5 月 3 日，第 2 版。

(二) 发表郝建秀小组写的文章

这类文章的内容主要涉及郝建秀小组的政治性表态、郝建秀小组提出的倡议、郝建秀小组介绍自己的先进经验等。

郝建秀小组写的政治性表态文章比较多,比如,1970 年 3 月 27 日,《青岛日报》发表了郝建秀小组写的《紧跟伟大领袖毛主席就是胜利》一文。① 该文还附了一张郝建秀小组正在开会的照片,其说明为:"国棉六厂郝建秀小组的工人在开活学活用毛泽东思想讲用会。"1971 年 1 月 3 日,《青岛日报》发表了郝建秀小组写的《用毛主席的哲学思想指导我们战斗》一文。② 1971 年 7 月 3 日,《青岛日报》发表了郝建秀小组写的《永远沿着毛主席革命路线前进》一文。③ 1971 年 7 月 16 日,《青岛日报》发表了郝建秀小组写的《不管风吹浪打,胜似闲庭信步》一文。该文说:"五年前的 7 月 16 日,我们敬爱的伟大领袖毛主席以七十三岁的高龄,横渡万里长江,毛主席神采奕奕,身体非常非常健康,这是全世界革命人民的最大幸福。"该文最后表态说:"敬爱的毛主席,我们永远跟着您,……,一定把中国革命和世界革命进行到底,为人类做出更大贡献。"④

1971 年 1 月 14 日,在春节⑤来临之际,《青岛日报》发表了郝建秀小组写的向全市革命职工提出的"过一个革命化春节"的倡议。该倡议的基本内容有四点:一、遵照毛主席关于在全党"进行一次思想和政治路线方面的教育"的伟大教导,在节日里,我们要坚持业余学哲学的制度;二、以阶级斗争为纲,开展忆苦思甜活动。利用节日参观阶级教育展览会,吃忆苦饭,请老工人做忆苦思甜、忆苦思权的报告;三、遵照毛主席"团结起来,争取更大的胜利"的伟大教导,在节日里,普遍开展走访谈心活动,加强同志之间的革命团结,从政治思想上做到互相关心、互相爱护、互相帮助;四、坚决执行毛主席关于"抓革命,促生产,促工作,促战备"的伟大方针,保证节前、节后不松劲,认真做到安全生产。⑥ 相应地,青岛市工代会发出通知,要求全

---

① 青岛国棉六厂郝建秀小组:《紧跟伟大领袖毛主席就是胜利》,《青岛日报》1970 年 3 月 27 日,第 2 版。
② 国棉六厂郝建秀小组:《用毛主席的哲学思想指导我们战斗》,《青岛日报》1971 年 1 月 3 日,第 3 版。
③ 国棉六厂郝建秀小组:《永远沿着毛主席革命路线前进》,《青岛日报》1971 年 7 月 3 日,第 2 版。
④ 青岛国棉六厂郝建秀小组:《不管风吹浪打,胜似闲庭信步》,《青岛日报》1971 年 7 月 16 日,第 3 版。
⑤ 1971 年春节是 1 月 27 日。
⑥ 《郝建秀小组向全市革命职工提出倡议,突出无产阶级政治过革命化春节》,《青岛日报》1971 年 1 月 19 日,第 3 版。

市革命职工积极响应郝建秀小组的倡议，破旧立新，过一个革命化春节。①

1971 年 2 月 22 日，《青岛日报》发表了郝建秀小组写的题为《毛主席的革命路线指引我们胜利前进》的长文（占一个版面有余）。该文以"荣誉面前找差距，一分为二再前进""胸怀革命大目标，步步走在毛主席革命路线上"和"毛泽东思想育新人，革命传统代代相传"为小标题分别介绍了"去年一年来"郝建秀小组"沿着毛主席革命路线不断前进"的情况。②

五 教育、培养青年工人

郝建秀小组十分重视对青年工人的教育和培养。如上所述，1971 年 2 月 22 日，《青岛日报》发表了郝建秀小组写的《毛主席的革命路线指引我们胜利前进》一文。③ 该文第三部分内容的小标题是"毛泽东思想育新人，革命传统代代相传"，它介绍了郝建秀小组尤其是其老工人是如何教育、培养青年工人的。该文说：

> 这两年来，我们小组先后增加了 8 名青年工人，党把这些青年交给我们带班，这是毛主席他老人家对我们的最大信任。但是，怎样才能使这些青年沿着毛主席的革命路线健康成长呢？我们带着这个问题，反复学习了毛主席关于"为了保证我们的党和国家不改变颜色，我们不仅需要正确的路线和政策，而且需要培养和造就千百万无产阶级革命事业的接班人"的伟大教导，姐妹们认识到：实现共产主义这个远大目标，光靠我们这一代"跑百米"不行，必须用"接力赛"的办法，一代一代地往下传。我们决心把小组当成大熔炉，我们老工人宁愿做焦炭，就是自己烧尽了，也要把小青年炼成钢。

之后，该文介绍了郝建秀小组是如何把"把小青年炼成钢"的：

> 我们遵照毛主席关于"一分为二"的伟大教导，分析了青年的特点，大

---

① 详见《市工代会发出通知要求全市革命职工，响应郝建秀小组倡议过革命化春节》，《青岛日报》1971 年 1 月 19 日，第 3 版。
② 国棉六厂郝建秀小组：《毛主席的革命路线指引我们胜利前进》，《青岛日报》1971 年 2 月 22 日，第 2、3 版。
③ 国棉六厂郝建秀小组：《毛主席的革命路线指引我们胜利前进》，《青岛日报》1971 年 2 月 22 日，第 2、3 版。

家认识到,青年生在新社会,长在红旗下,热爱毛主席,热爱共产党,愿意为无产阶级革命事业贡献力量。这是最本质的方面。但是,另一方面,正像毛主席指出的:"不少青年人由于缺乏政治经验和社会生活经验,不善于把旧中国和新中国加以比较,……需要在群众中间经常进行生动的、切实的政治教育。"因此,俺组的老工人就带领她们活学活用毛泽东思想,努力改造世界观。针对她们的具体情况,从一句话、一件事、一个细节上,抓住苗头,做过细的思想工作,并时时刻刻把她们带在"线"上。青年一进组,我们上的第一课,就是组织她们学习金光闪闪的"老三篇"①;讲的第一件事,就是我们小组的"两史",即旧社会老工人的苦难史和新社会小组的成长史。老工人千叮咛、万嘱咐,教育青年们牢记旧社会的苦,不忘新社会的甜。

接着,该文举了两个例子来说明郝建秀小组是如何具体地做青年工人的思想工作的。其中,第一个例子是教育青年工人干一行爱一行。文中说:青年工人孙淑珍进厂后,分配她摆木管。她以为这是"临时性"的,以后会调她去看车,想不到,以后还是干这个活,她的情绪就有些低落。老工人察觉到这种现象以后,便组织青年工人进一步学习了"老三篇",并给她做了细致的政治思想工作。结果,大家纷纷表示:坚决听毛主席的话,干一行爱一行。第二例子是教育青年工人要正确对待"穿衣带帽问题"。文中说:

　　我们体会到,从穿衣带帽等生活小事上打开缺口,是资产阶级同我们争夺下一代的一个很重要的手段。青年工人薛秀兰刚进厂的时候,总是把裤腿挽得高高的,有时还用围裙遮遮盖盖。这件事引起了我们的注意。姐妹们认真分析了一下,觉得这里面一定有点名堂,于是就找小薛谈心。原来她有这么个活思想:"当了工人还穿补丁裤子,叫人家笑话。"带着这个问题,我们学习了毛主席的教导:"没有艰苦奋斗的工作作风,也就不能执行坚定正确的政治方向。"毛主席的教导给我们敲起了警钟。姐妹们感到,"一个补丁"事情不大,但它却反映出青年人在穿衣戴帽这类生活问题上,没有警惕资产阶级的腐蚀。如不及时加以教育,缺口就会越来越大,

---

① "老三篇"是当时对毛泽东写的《纪念白求恩》、《为人民服务》和《愚公移山》三篇文章的一个统称。——笔者注

甚至会被资产阶级拉过去。我们抓住这个苗头，一方面到小薛家里走访，同她一起忆苦思甜，对她进行艰苦奋斗的教育，同时，在青年中也普遍进行教育，帮助她们从阶级斗争和路线斗争的观点去对待穿衣戴帽问题，使她们受到了一次深刻的革命传统教育。她们说：不分析不知道，一分析吓一跳，想不到小事情的背后还有这么大的文章。从此，青年们逐渐树立起以艰苦朴素为荣、享受腐化为耻的新风尚。小薛不但放下了裤腿，而且穿上了补着黑补丁的花褂子。她自豪地说："不在穿戴好不好，要看毛泽东思想红旗举得高不高。"就这样，一年来，俺小组的青年，在毛泽东思想哺育下茁壮成长，在毛主席革命路线上迈出了可喜的第一步。年终总评时，八名青年全部评上了五好职工，其中有三名活学活用毛泽东思想积极分子。

六　加强班组管理，开展"五大员活动"

进入 1970 年以后，除在活学活用毛泽东思想、完成生产计划等方面取得了优异成绩之外，郝建秀小组还在"班组管理"方面进行了创新。这种创新主要体现在"班组的民主管理"或曰"工人参加管理"上，具体一点来说，就是让小组里没有担任领导职务的普通工人①也参加小组的管理活动。当时，开展这种创新活动的基本背景有二：一是在 1970 年 2 月至 3 月期间召开了全国和省（市、区）计划会议，各地纷纷提出了生产在短期内"翻番"、大幅"跃进"的口号。因此，生产任务加重了。二是 1970 年 3 月纪念毛主席亲自制定《鞍钢宪法》十周年。

关于第一个基本背景，需要从 1969 年 4 月召开的中国共产党第九次全国代表大会（简称中共九大）说起。中共九大的召开，标志着"文化大革命"第一阶段的结束。按照毛泽东的设想，中共九大以后，"文化大革命"即进入"巩固胜利成果"阶段。在这一阶段，一方面是通过全面的"斗、批、改"②，落实政策，加强团结，恢复国

---

① 在郝建秀小组内部，除了一人担任组长（即行政组长，也叫生产组长）以外，还有三人分别担任工会组长、党小组长和团小组长。这四人合称"四长"。这里所说的"普通工人"是指没有担任"四长"职务的工人。

② "斗、批、改"是当时非常流行的一个缩写语，其基本内涵可以参见 1966 年 8 月 8 日中共中央通过的《中国共产党中央委员会关于无产阶级文化大革命的决定》。该决定说："在当前，我们的目的是斗垮走资本主义道路的当权派，批判资产阶级的反动学术'权威'，批判资产阶级和一切剥削阶级的意识形态，改革教育，改革文艺，改革一切不适应社会主义经济基础的上层建筑，以利于巩固和发展社会主义制度。"——笔者注

家的正常秩序,把巩固无产阶级专政的任务落实到基层;另一方面,按照"抓革命、促生产"的基本方针,发展生产,提高人民的生活水平。① 为尽快扭转"文化大革命"造成的计划进度滞后局面,1970 年 2 月 15 日至 3 月 21 日召开的全国计划会议讨论拟定了《1970 年国民经济计划和第四个五年国民经济计划纲要(草案)》。② 该纲要(草案)"对'四五'计划期间的经济发展提出不切实际的高指标和不惜一切财力物力建设大战略后方的任务,提倡各地发展'小而全'的经济体系,要求全面下放管理权限,大力发展地方工业、'五小'工业。各地区、各部门在讨论和执行中又层层加码,经济建设中的冒进之风发展起来。"③因此,需要进一步调动工人群众的劳动积极性。

关于第二个基本背景,则需要从 1960 年 3 月 11 日中共鞍山市委员会给党中央写的《关于工业战线上的技术革新和技术革命运动开展情况的报告》说起。当时,毛泽东代表中共中央起草了关于这个报告的批语。该批语把鞍山钢铁公司(简称"鞍钢")搞的那套不同于苏联的"马钢宪法"的企业管理经验称为"鞍钢宪法"。④ 十年之后,1970 年 3 月 22 日,《辽宁日报》发表了题为《伟大的〈鞍钢宪法〉万岁！ ——纪念毛主席亲自制定〈鞍钢宪法〉十周年》的长篇社论。第二天,《人民日报》转载了这篇社论。该社论指出:"伟大领袖毛主席天才地总结了我国社会主义建设的基本经验,在一九六〇年三月,制定了伟大的《鞍钢宪法》,确定了坚持政治挂帅,加强党的领导,大搞群众运动,实行两参一改三结合,大搞技术革新和技术革命的办好社会主义企业的五项基本原则。"该社论进一步指出:"坚持政治挂帅,就是加强党的领导,用毛泽东思想统帅一切,狠抓阶级斗争和两条路线斗争,实现人的思想革命化,用革命统帅生产,促进生产,带动生产。这是办好社会主义工业企业的根本方向,是《鞍钢宪法》的灵魂。""群众路线是党在一切工作中的根本路线,也是办好社会主义工业企业的根本路线。"该社论还强调:"当前的任务就是要深入开展经济领域中的两个阶级、两条道路、两条路线斗争,彻底批判修正主义,在一切企业中逐条落实《鞍钢宪法》五项原则,使之成为社会主义工业建设的最高准则。"⑤《鞍钢宪法》五项原则中的"两参一改三结合"是指"干部参加劳动,工人参加

---

① 中共中央党史研究室著:《中国共产党历史》第二卷(1949—1978)下册,中共党史出版社,2011 年,第 810—811 页。
② 中共中央党史研究室著:《中国共产党历史》第二卷(1949—1978)下册,中共党史出版社,2011 年,第 821 页。
③ 中共中央党史研究室著:《中国共产党历史》第二卷(1949—1978)下册,中共党史出版社,2011 年,第 825 页。
④ 详见《毛主席关于鞍钢宪法的批示》,《人民日报》1977 年 3 月 22 日,第 1 版。
⑤ 《伟大的〈鞍钢宪法〉万岁！ ——纪念毛主席亲自制定〈鞍钢宪法〉十周年》,《人民日报》1970 年 3 月 23 日,第 1 版。

管理,改革不合理的规章制度,工人、干部、技术人员三结合"。①

郝建秀小组"落实《鞍钢宪法》五项原则"尤其是落实或进一步落实"工人参加管理"的主要做法是:从 1970 年 6 月份开始,在组里先后开展了"班委会活动"和"五大员活动",其开展的具体过程是这样的:"去年省积代会以后,特别是在党的九届二中全会精神的鼓舞下,我们小组掀起了活学活用毛主席哲学著作的高潮。毛主席的光辉哲学思想使小组在继续革命的大道上找到了新的活力,全组同志一分为二找差距,荣誉面前不停步,继续革命永向前。大家都在考虑的一个问题是:如何跟上飞速发展的革命形势? 如何把班组的两化建设提高到更高的水平,以实际行动为人类做出更大的贡献? 就在这时,厂革委和驻厂军代表给我们介绍了有关兄弟单位开展群众参加管理的宝贵经验,并同我们一道学习了毛主席亲自主持制订的《鞍钢宪法》。在认真学习的基础上,我们开展了革命大批判,……,大大地提高了全组同志贯彻执行《鞍钢宪法》的自觉性。群众要做企业的主人已成为任何力量也阻拦不住的潮流。于是,在厂革委的正确领导下和军代表的热情帮助下,我们首先成立了以老工人为主体、以党小组为核心的七人班委会,随后又开展了群众性的五大员活动。"②

郝建秀小组从开展"班委会活动"到开展"五大员活动"的具体过程是这样的:"开始搞班组管理时,我们首先开展了体现群众参加管理,由小组骨干组成的班委会活动。班委会在党小组领导下,由 7 人组成,实行分工负责,集体领导。开展这项活动对班组管理工作起了一定作用,收到了较好的效果。但是,企业管理是一项极其复杂的工作,随着生产形势的发展,我们越来越感到单凭班委会几个骨干要想把班组的管理搞的更好还是不够的。……。针对这些想法,我们及时组织全组同志认真学习了毛主席关于群众路线的教导,围绕'相信依靠多数还是相信依靠少数'的问题展开了热烈的讨论。……。思想问题解决了,我们根据企业管理的新要求,发动全组充分酝酿,吸取了文化大革命以前开展八大员活动中的有利因素,并针对八大员活动群众代表面不够广泛的弱点,以班委会为骨干,组织全组 25 人分头参加了五大员活动。五大员分别为:政治宣传员、计划员、质量员、经济核算员、

---

① 《伟大的〈鞍钢宪法〉万岁! ——纪念毛主席亲自制定〈鞍钢宪法〉十周年》,《人民日报》1970 年 3 月 23 日,第 1 版。

② 青岛国棉六厂郝建秀小组:《高举〈鞍钢宪法〉大旗,发动群众参加班组管理》(青岛市工人参加企业管理经验交流会发言材料之一,1971 年 8 月),青岛市纺织总公司档案管理中心藏,国棉六厂文书档案 30 年类第 313 卷。

安全卫生生活员。每大员由 4—5 人组成,一人为主,体现了抓骨干、靠群众的办法。"①各大员的职责范围分别是:(1)政治宣传员:遵照毛主席"掌握思想教育,是团结全党进行伟大政治斗争的中心环节"的教导,负责全组同志认真读马列和毛主席的书,发动大家做政治思想工作,把路线教育贯串班组管理的始终。(2)计划员:遵照毛主席"在订计划的时候,要充分发动群众,注意留有充分的余地"的教导,负责制订计划,日公布、周小结、月小评,做到有计划地进行生产。(3)质量员:遵照毛主席"一切产品不但求数量多,而且求质量好、耐穿耐用"的教导,负责抓操作,组织上下工序走访,召集质量分析会,把好质量关。(4)经济核算员:遵照毛主席"要节约闹革命"的教导,为革命算细账,负责掌握节约、用料指标,搞好核算和记录,组织废料回收和代用。(5)安全卫生、生活员:负责安全工作和机器设备的检查,防止事故,搞好小组卫生,宣传提倡晚婚和计划生育,帮助全组安排生活。②

至于加强班组管理尤其是开展这种"五大员活动"所取得的效果,相关材料显示:"体现群众参加企业管理的五大员活动刚开始不久,就显示了这一新生事物的无限生命力。……,它有力地推动了班组的两化建设,它落实了人人自觉地活学活用毛泽东思想,落实了人人做政治思想工作,落实了人人参加班组管理,推动了班组学大庆运动的开展。"③"各大员在党小组的领导下,积极抓思想、抓计划、抓质量、抓核算、抓生活,人人参加管理,人人做执行毛主席革命路线的红哨兵,充分调动了全组同志的社会主义积极性。"④因此,1971 年,郝建秀小组提前 45 天超额完成国家生产计划,棉纱单产水平比 1970 年提高 1.3%,白花比计划减少 37.3%,接头合格率提高 13.5%,工具消耗降低 90% 以上。⑤ 效果如此明显,于是,郝建秀小组的"班组管理经验"或曰"班组建设经验"就成为了它的另一个亮点。与此同时,也引起了上级领导对郝建秀小组的进一步关注。

---

① 青岛国棉六厂郝建秀小组:《关于加强班组管理的情况汇报》(1972 年 12 月 14 日),青岛市纺织总公司档案管理中心藏,国棉六厂文书档案 30 年类第 314 卷。
② 青岛国棉六厂郝建秀小组:《关于加强班组管理的情况汇报》(1972 年 12 月 14 日),青岛市纺织总公司档案管理中心藏,国棉六厂文书档案 30 年类第 314 卷。
③ 青岛国棉六厂郝建秀小组:《高举〈鞍钢宪法〉大旗,发动群众参加班组管理》(青岛市工人参加企业管理经验交流会发言材料之一,1971 年 8 月),青岛市纺织总公司档案管理中心藏,国棉六厂文书档案 30 年类第 313 卷。
④ 青岛国棉六厂郝建秀小组:《关于加强班组管理的情况汇报》(1972 年 12 月 14 日),青岛市纺织总公司档案管理中心藏,国棉六厂文书档案 30 年类第 314 卷。
⑤ 省落实计划会议青岛组:《关于青岛国棉六厂郝建秀小组加强班组管理的调查》(1972 年 4 月 10 日),青岛市纺织总公司档案管理中心藏,国棉六厂文书档案 30 年类第 313 卷。

七　班组管理经验被总结、推广

1972 年 4 月,"省落实计划会议青岛组"对郝建秀小组"加强班组管理"情况进行了调查,并写出了调查报告。该报告首先充分肯定了郝建秀小组"加强班组管理"的效果:"自 1970 年下半年以来,以思想和政治路线教育为纲,以大庆为榜样,进一步加强了小组各项管理工作。他们以革命统帅生产,使革命步步深入,生产不断发展,全组的精神面貌和生产面貌发生了新的变化。"之后,该报告比较具体地介绍了郝建秀小组"加强班组管理"的三点做法:一是狠抓路线教育,提高对加强班组管理的认识;二是充分发扬民主,人人参加管理(即开展"五大员活动");三是加强思想政治工作。最后,该报告指出了"当前存在的主要问题":"对郝建秀小组缺乏应有的具体指导,班组管理同厂、车间的专业管理尚未衔接起来,下一步到底如何进一步巩固提高,缺乏明确方向和打算。郝建秀小组的经验尚未在车间、全厂得到广泛推广,比学赶帮的群众运动没有蓬勃开展起来,也影响郝建秀小组的更快提高。"对此,该报告表示:"这些问题,准备帮助六厂革委研究一下"。[1] 不过,"省落实计划会议青岛组"给予"六厂革委"的"帮助"在当时可能并没有取得十分明显的效果。对此,六厂革委党的核心领导小组后来做了如下反省:"推广学习郝建秀小组的班组工作经验,对我们厂来说,不是个新问题。这些年来,从轻工部直至省、市、局的领导,一直很重视这个问题,有过多次的指示,我们也做了一些工作,并取得了一定的成绩。……。但是,由于我们领导的思想认识上和工作中存在一些问题,使这项工作的开展距上级党的要求和形势发展的需要还存在一定的差距,……。这主要是由于我们对郝建秀小组班组管理经验的本身就认识不足,对这个小组先进经验只是局限在一般的认识上,没有把这个小组 23 年如一日,坚持学习革命理论,发扬高度的国家主人翁责任感,实行民主管理,年年、季季、月月完成和超额完成国家计划的先进经验,提高到这是她们小组执行毛主席革命路线,贯彻'鞍钢宪法'精神的高度来认识,就是说没有提高到路线的高度来认识。"[2]直到

---

① 省落实计划会议青岛组:《关于青岛国棉六厂郝建秀小组加强班组管理的调查》(1972 年 4 月 10 日),青岛市纺织总公司档案管理中心藏,国棉六厂文书档案 30 年类第 313 卷。
② 青岛国棉六厂革委党的核心领导小组:《我厂是怎样推广、学习郝建秀小组班组建设经验的? ——在青岛纺织系统学习推广郝建秀小组班组管理经验大会上的发言》(1975 年 10 月 17 日),青岛市纺织总公司档案管理中心藏,国棉六厂文书档案 30 年类第 314 卷。

1975年4月初,"省、市、局领导来厂检查工作"时,向国棉六厂革委党的核心领导小组"提出了两个限期"(详见下述),这种状况才发生了根本性的变化。

1975年1月8日至10日,在北京召开了中共十届二中全会。这次会议追认邓小平为中共中央政治局委员,选举邓小平为中共中央政治局常委、中共中央副主席。接着,1975年1月13日至17日,又在北京召开了四届全国人大一次会议。这次会议决定周恩来为国务院总理,邓小平等12人为国务院副总理。[①] 四届全国人大一次会议闭幕后,周恩来的病情加重。1975年2月1日,周恩来主持国务院常务会议,确定由邓小平代替他主持国务会议和呈批主要文件。邓小平上任后,在毛泽东、周恩来的支持和叶剑英、李先念等的配合下,果断地对被搞乱了的各条战线进行整顿,提出摆脱动乱、加快经济恢复和发展的一系列措施。[②]

在这个背景下,1975年2月或3月,中共山东省委秘书长来到青岛视察,他特意来到国棉六厂,并在国棉六厂召开了座谈会。他指示《青岛日报》、青岛人民广播电台等加强对郝建秀小组的宣传报道,青岛方面因此成立了专门的报道组。[③]

1975年3月8日,配合纪念"三八"国际劳动妇女节,《大众日报》第一版刊登了三张相关照片,其中一张是关于郝建秀小组的。这张照片虽然是应景之作[④],但其"说明"颇为耀眼:"青岛国棉六厂郝建秀小组坚持用马列主义、毛泽东思想对修正主义进行批判,大大提高了全组同志的路线斗争觉悟,推动了各项工作的开展,连续二十三年,年年、月月完成和超额完成国家计划。"这是在新闻媒体上首次说郝建秀小组连续二十三年,年年、月月完成和超额完成国家计划。

接着,1975年4月初,"省、市、局领导"来国棉六厂检查工作。"省、市、局领导"的这次检查,尤其是他们对国棉六厂提出了"两个限期",对国棉六厂总结、推广、学习郝建秀小组的班组管理经验产生了重大影响。国棉六厂革委党的核心领导小组后来回忆这次检查时,说:

---

① 中共中央党史研究室著:《中国共产党历史》第二卷(1949—1978)下册,中共党史出版社,2011年,第911—914页。

② 中共中央党史研究室著:《中国共产党历史》第二卷(1949—1978)下册,中共党史出版社,2011年,第918页。

③ 据王立永的回忆。王立永说,他于1971年进入中共国棉六厂党委宣传部工作,1974年他被借调去《青岛日报》社负责"青岛民兵"专栏,为了加强对郝建秀小组的报道,1975年2月或3月他又返回国棉六厂加入了这个报道组。

④ 这张照片的内容为:11名工人拿着一张大字报,大字报的标题为"彻底批判〈女儿经〉的反动实质"。

今年4月初，省、市、局领导来厂检查工作，在推广学习郝建秀小组先进经验这个问题上，给我们作了明确有力的指示，让我们把推广学习郝建秀小组经验当作贯彻落实毛主席三项重要指示①和中央九号文件②一个重要内容抓紧抓好，并提出了两个限期。一个是限期总结出郝建秀小组班组工作的经验及时推广；一个是限期在今年内培养出一批郝建秀小组式的先进班组。在这期间，人民日报、新华社、大众日报、青岛日报的同志也先后来厂帮助总结郝建秀小组的经验。对照省、市领导指示和有关部门的重视，检查了我们领导上的那些错误和模糊的认识，对我们思想上震动很大。特别是通过认真总结这个小组的先进经验的过程，越来越使我们从思想上对这个典型有了更深刻的认识。认识到23年来郝建秀小组之所以能在阶级斗争、路线斗争的风浪中经受住考验，在生产斗争中不断作出新贡献，归根到底是她们班组有对党对毛主席深厚的无产阶级感情，刻苦学习革命理论，积极投身阶级斗争和路线斗争，不惧风浪，不断前进；以共产主义的劳动态度拼命大干社会主义，不断作出新贡献；以高度的主人翁责任感当家作主管好社会主义大业。她们的经验好就好在坚持了"鞍钢宪法"精神，学习和发扬了大庆人的革命精神，既坚持政治挂帅，又体现了工人是工厂的主人，实行了群众参加管理。由于厂各级领导提高了认识，从而也进一步提高了推广学习她们班组管理经验的自觉性。③

相应地，1975年4月25日，《青岛日报》就用2.5个版面报道了郝建秀小组。这次报道的内容分为两部分：第一部分是由"本报通讯员、本报记者"写的主标题为《为巩固无产阶级专政拼命大干社会主义》的长篇报道。该报道指出："建组二十三

① 是指毛主席关于理论问题的指示、关于安定团结和把国民经济搞上去的指示。参见中共中央党史研究室著：《中国共产党历史》第二卷（1949—1978）下册，中共党史出版社，2011年，第925页。——笔者注
② 是指1975年3月5日中共中央发出的1975年第9号文件《关于加强铁路工作的决定》。这个文件发下去之后，铁路运输迅速好转。在铁路整顿的带动下，其他方面的整顿陆续展开。工业部门通过贯彻中央九号文件精神，生产出现了你追我赶、蒸蒸日上的势头。参见中共中央党史研究室著：《中国共产党历史》第二卷（1949—1978）下册，中共党史出版社，2011年，第922—923页。——笔者注
③ 青岛国棉六厂革委党的核心领导小组：《我厂是怎样推广、学习郝建秀小组班组建设经验的？——在青岛纺织系统学习推广郝建秀小组班组管理经验大会上的发言》（1975年10月17日），青岛市纺织总公司档案管理中心藏，国棉六厂文书档案30年类第314卷。

年来,她们在毛主席、党中央的亲切关怀下,在毛主席革命路线的指引下,……,一直发挥着火车头的作用。二十三年来,这个小组月月、季季、年年完成和超额完成国家计划,并为党和国家培养和输送了十六名干部和一百六十多名熟练的技术工人,为社会主义革命和社会主义建设不断作出新贡献。"①第二部分是分别由郝建秀小组组长牟秀美、副组长杨美珍、质量员周惠英、团小组长王金英、政治宣传员孙淑珍、安全卫生生活员张淑贞、经济核算员李昌荣和计划员韩秀美写的8篇小短文(每篇短文都配了一张作者的照片),并以"为巩固无产阶级专政管好社会主义企业"为题来概括它们。② 这是"文革"时期《青岛日报》对郝建秀小组的一次最大规模的报道。

遵照上述"省、市、局领导"的指示,国棉六厂很快就在厂内开展了学习郝建秀小组的活动,以郝建秀小组为榜样,创建一批郝建秀小组式班组。1975 年 5 月 3 日,《青岛日报》用一个整版的篇幅对这项活动进行了报道,包括刊登了清花甲班三组等 10 个班组向"厂革委党的核心小组"写的决心书。该决心书表示:"我们决心以郝建秀小组为榜样,……。把我们小组建设成为像郝建秀小组那样的先进班组。"③1975 年 5 月 25 日,《青岛日报》又发表了《东方送暖,百花竞放——记国棉六厂开展学习郝建秀小组活动的事迹》一文。该文说:"在毛主席、党中央的重要指示鼓舞下,一个学郝建秀小组的群众活动,正在全厂开展起来。许多班组虚心学习郝建秀小组的好思想、好经验,努力学好革命理论,大干社会主义,班组面貌发生了显著变化。"该文还问:"大家学郝建秀小组,郝建秀小组怎么办?"该文回答说:"下午,我们来到郝建秀小组。副组长杨美珍热情地告诉我们:'大家向我们学习,这对我们小组是一个促进,我们要向同志们学习。'她们又一次学习了大庆的经验,展开了热烈的讨论,一致表示,形势喜人,形势逼人,形势不等人,我们不能停留在原来的水平上,要以大庆工人为榜样,加大油门,开足马力,更上一层楼。"④

为了更好地学习、推广郝建秀小组的班组管理经验,1975 年 10 月 17 日,青岛市纺织工业局还在国棉六厂召开了青岛纺织系统学习推广郝建秀小组班组管理经验大会。应"领导和同志们"的要求,郝建秀小组副组长杨美珍代表郝建秀小组在

---

① 《为巩固无产阶级专政拼命大干社会主义》(作者为:本报通讯员、本报记者),《青岛日报》1975 年 4 月 25 日,第 1,3 版。

② 《为巩固无产阶级专政管好社会主义企业》,《青岛日报》1975 年 4 月 25 日,第 2,3 版。

③ 《决心书》,《青岛日报》1975 年 5 月 3 日,第 3 版。

④ 兆银:《东方送暖,百花竞放——记国棉六厂开展学习郝建秀小组活动的事迹》,《青岛日报》1975 年 5 月 25 日,第 2 版。

会上作了题为《加强班组建设,把巩固无产阶级专政的任务落实到基层》①的长篇发言。该发言从三个方面介绍了郝建秀小组"加强班组建设的情况",这其实是从三个方面介绍了郝建秀小组的班组建设经验:一、学好革命理论,牢固树立国家主人翁责任感。该发言认为:班组建设是多方面的,但是最主要的就是要抓好班组的思想建设。搞好班组的思想建设的根本,就是要认真学好马列主义、毛泽东思想,坚持用马列主义毛泽东思想教育人、培养人,不断树立国家主人翁责任感。二、班组带头人的思想革命化是班组建设的关键。该发言强调:我们小组从建组到现在已经23年了。23年来,虽然俺组的组长换了几位,但有一点没换,就是这些同志都非常热爱班组工作,深深懂得班组工作与革命的全局相联。三、牢固树立主人翁责任感,人人参加班组管理。该发言强调:这是班组工作的基础,是全面落实"鞍钢宪法"方针的有力措施。这三点经验应该是国棉六厂遵照上述"省、市、局领导"的指示在其规定的"限期"内总结出来的。杨美珍发言之后,国棉六厂革委党的核心领导小组也在会上作了题为《我厂是怎样推广、学习郝建秀小组班组建设经验的?》的发言。②

八　被《人民日报》报道

1975年11月16日,《人民日报》发表了题为《"永远发挥火车头的作用"——记青岛国棉六厂郝建秀小组为巩固无产阶级专政而斗争的先进事迹》的长篇报道。该报道首先指出:"郝建秀小组是一九五二年以全国工业劳动模范郝建秀的名字命名的。二十几年来,这个小组一直是全国纺织工业战线上的先进集体,朝气蓬勃地为巩固无产阶级专政努力工作:在阶级斗争的大风浪中,始终站在第一线,勇敢地同资产阶级斗争;在生产斗争中,不断战胜各种困难,二十三年中,月月完成和超额完成国家生产计划。"之后,该报道分别谈及:郝建秀小组是怎样为巩固无产阶级专政而战斗的,郝建秀小组是如何在党组织的领导下与其他班组互帮互学、共同前进

---

① 郝建秀小组:《加强班组建设,把巩固无产阶级专政的任务落实到基层》(1975年10月17日),青岛市纺织总公司档案管理中心藏,国棉六厂文书档案30年类第314卷。
② 青岛国棉六厂革委党的核心领导小组:《我厂是怎样推广、学习郝建秀小组班组建设经验的? ——在青岛纺织系统学习推广郝建秀小组班组管理经验大会上的发言》(1975年10月17日),青岛市纺织总公司档案管理中心藏,国棉六厂文书档案30年类第314卷。

的,郝建秀小组是如何培养好革命接班人的。① 该报道所谈及的那些"先进事迹"虽然几乎都曾被《青岛日报》等报道过,但把它们汇集起来发表在中共中央机关报《人民日报》上,其意义就不一样了。可以认为,该报道的出现,意味着郝建秀小组迈上了被报道的高峰。

① 详见《"永远发挥火车头的作用"——记青岛国棉六厂郝建秀小组为巩固无产阶级专政而斗争的先进事迹》(作者为:本报通讯员 本报记者),《人民日报》1975 年 11 月 16 日,第 2 版。

第八章

迈进新时期（1977—1982）

1976 年 9 月 9 日，毛泽东逝世。1976 年 10 月，由王洪文、张春桥、江青、姚文元组成的反党集团（即"四人帮"）被粉碎。从此以后，一直到 1978 年 12 月中共十一届三中全会召开，我国进入了一个逐步扭转"文化大革命"造成的混乱局面、实现历史性转折、开辟社会主义事业发展新时期的重要阶段。[①] 在此期间，我国广泛地、深入地开展了"工业学大庆"运动，郝建秀小组在这个运动中再次发挥了它的"火车头的作用"。1978 年 5 月，它被纺织工业部评为"学大庆先进集体"。

1978 年 12 月，中共十一届三中全会在北京召开。这次全会作出了把党和国家工作中心转移到经济建设上来、实行改革开放的历史性决策。它实现了新中国成立以来党的历史的伟大转折，开启了我国改革开放历史新时期。[②] 这个"新时期"的到来，也意味着中共向工人阶级发出了新的号召。在此后的三四年里，郝建秀小组又积极响应了这些新的号召，阔步跨越了这个历史转折时期。

1982 年 5 月 31 日，青岛市纺织局党委和国棉六厂党委在国棉六厂隆重举行了郝建秀小组建组三十周年庆祝大会。这是官方首次正式为郝建秀小组建组多少周年举行庆祝活动。它的成功举行，具有多方面的重要意义。

 出席全国工业学大庆会议

在 1977—1978 年期间，郝建秀小组的先进性主要体现在积极响应中共中央发

---

① 中共中央党史研究室著：《中国共产党历史》第二卷（1949—1978）下册，中共党史出版社，2011 年，第 985 页。
② 中共中央党史研究室著：《中国共产党历史》第二卷（1949—1978）下册，中共党史出版社，2011 年，第 1061 页。

出的"工业学大庆"的号召上。1977 年,郝建秀小组组长(杨美珍)出席了全国工业学大庆会议。1978 年,郝建秀小组被评为"全国纺织工业学大庆先进集体"。

1959 年,我国发现了大庆油田。在此后几年的"石油大会战"过程中,大庆油田逐渐形成了一套独具特色的管理经验。因此,1964 年 2 月,毛泽东发出了"工业学大庆"的号召。此后,"工业学大庆"运动的发展大致经过了三个阶段,其中,第三个阶段,即从粉碎"四人帮"到 1977 年 4 月召开全国工业学大庆会议这个时期,是其发展的高潮阶段。①

1976 年 12 月,在北京召开了"工业学大庆"三个会议——全国"工业学大庆"会议筹备会、全国石油企业"工业学大庆"会议和全国化工、炼油企业"工业学大庆"会议。12 月 17 日晚上,时任中共中央主席、国务院总理的华国锋等领导人在人民大会堂接见了出席这三个会议的代表。② 其中,全国"工业学大庆"会议筹备会议宣布:为了动员全党,动员全国工人阶级,在深入揭发批判"四人帮"的基础上,掀起"工业学大庆"的高潮,进一步发展革命和生产的大好形势,中央决定于一九七七年五一节前召开全国人民盼望已久的全国工业学大庆会议。因此,该筹备会议"号召全国工业战线的广大干部、工人和技术人员,要在以华主席为首的党中央领导下,……;坚决贯彻执行毛主席制定的发展社会主义工业的路线、方针、政策,贯彻执行毛主席'工业学大庆'的英明决策和毛主席亲自批示的'鞍钢宪法',在全国进一步开展工业学大庆、普及大庆式企业的群众运动,迅速把它推进到一个新的阶段;……以革命和生产的优异成绩迎接全国工业学大庆会议的召开。"③在这个号召下,1977 年 1 月 14 日至 18 日,青岛市召开了学大庆先进代表会议。郝建秀小组所在的国棉六厂作为"先进单位"④、郝建秀小组作为"先进集体"⑤、郝建秀小组原组长牟秀美(此时组长是杨美珍)作为"先进人物"⑥出席了这次会议。在这次会议的闭幕式上,市委、市革委负责同志给学大庆的先进单位颁发了锦旗,给学大庆的先进集体、先进个人颁发了奖状,并一致通过了全体代表向全市职工发出的《热烈

---

① 杜显斌:《工业学大庆运动史略》,《大庆社会科学》2006 年第 2 期。
② 《对全国工业战线广大职工的亲切关怀和巨大鼓舞,华主席接见"工业学大庆"三个会议的代表,叶剑英李先念陈锡联纪登奎汪东兴陈永贵吴桂贤王震余秋里谷牧孙健同志一起接见》,《人民日报》1976 年 12 月 18 日,第 1 版。
③ 《中央决定明年五一节前开全国工业学大庆会议》,《人民日报》1976 年 12 月 19 日,第 1 版。
④ 《出席青岛市学大庆先进代表会议的先进单位》,《青岛日报》1977 年 1 月 19 日,第四版。
⑤ 《出席青岛市学大庆先进代表会议的先进集体》,《青岛日报》1977 年 1 月 19 日,第四版。
⑥ 《出席青岛市学大庆先进代表会议的先进人物》,《青岛日报》1977 年 1 月 19 日,第六版。

响应华主席的号召，深入揭批"四人帮"，为普及大庆式企业而奋斗》倡议书。[1]

1977 年 4 月 20 日，全国工业学大庆会议在大庆油田开幕。参加这次会议的代表多达 7000 人。在 4 月 18 日召开的预备会议上，华国锋说：在我们党历史上，召开工业方面这么大规模的会议还是第一次。中央是下了决心的，一定要把我们的工业搞上去，在本世纪内实现四个现代化。[2] 由此可见中共中央决定召开这次全国工业学大庆会议的基本意图。时任中共中央政治局委员、国务院副总理的李先念在这次会议上致了开幕词。李先念指出："大庆是毛主席亲自树立的一面红旗。在两个阶级、两条路线的激烈斗争中，大庆坚持毛主席的无产阶级革命路线，全面贯彻执行'鞍钢宪法'，走出了一条同资本主义、修正主义根本对立的我国自己工业发展的道路。……。认真推广大庆经验，普及大庆式企业，让大庆经验在全国遍地开花，就能够把巩固无产阶级专政的任务落实到基层，把每个企业都建设成为反修防修的战斗堡垒；就能够大大加快我国工业发展速度，更好发挥工业的主导作用，促进农业、国防和科学技术的现代化；就能够更好地贯彻落实备战、备荒、为人民的战略方针，大大增强我国的经济实力和国防实力。"[3]可见，李先念不但高度评价了"大庆经验"，而且对推广"大庆经验"的效果做了极为乐观的预期。

1977 年 4 月 27 日至 5 月 13 日，全国工业学大庆会议转移到北京举行。5 月 4 日，受党中央的委托，时任国务院副总理的余秋里在会上做了题为《全党、全国工人阶级动员起来为普及大庆式企业而奋斗》的长篇报告[4]。该报告在谈及"坚持走我国自己工业发展的道路"时，指出："在生产资料的社会主义公有制建立起来以后，无产阶级究竟应该怎样管理自己的工业，在这个问题上仍然存在着严重的两条路线的斗争。……第一个五年计划期间又照搬照抄了苏联的一长制、物质刺激、专家治厂那一套，把什么'马钢宪法'奉为神圣不可侵犯的东西。针对这种情况，毛主席不断地总结国际国内社会主义建设正反两个方面的经验，逐步提出了一整套办社会主义工业的理论、路线、方针、政策。毛主席一九六〇年关于'鞍钢宪法'的批示，系统地批判了'马钢宪法'，确立了坚持政治挂帅，加强党的领导，大搞群众运动，实行两参一改三结合，开展技术革新和技术革命等基本原则。毛主席在马克思主义

---

[1] 《本市学大庆先进代表会议胜利闭幕》，《青岛日报》1977 年 1 月 19 日，第 1、2 版。

[2] 中共中央党史研究室著：《中国共产党历史》第二卷（1949—1978）下册，中共党史出版社，2011 年，第 997 页。

[3] 中共中央政治局委员、国务院副总理李先念：《全国工业学大庆会议开幕词》，《人民日报》1977 年 4 月 23 日，第 2 版。

[4] 据电脑统计，该报告长达 1.73 万字。

发展史上,第一次全面地解决了按照社会主义原则办工业的道路问题。大庆油田的开发和建设,就是同旧传统、洋框框彻底决裂,老老实实地实践毛主席的教导,全面贯彻执行'鞍钢宪法'的榜样。""大庆走出了一条同资本主义、修正主义根本对立的我国工业发展的道路,这在社会主义工业发展史上具有划时代的伟大意义。它从理论和实践的结合上,回答了怎样按照无产阶级的面貌和社会主义原则改造和建设企业的问题。"在谈及"加快我国工业发展速度,努力赶超世界先进水平"时,该报告强调:"把我们无产阶级专政的社会主义国家建设得更加强大,在经济上赶上和超过最发达的资本主义国家,这是伟大领袖和导师毛主席的伟大号召,是全国人民梦寐以求的共同心愿,是无数革命先烈流血牺牲为之奋斗的崇高理想。普及大庆式企业,就是要加快我国社会主义建设的步伐,早日实现毛主席的伟大号召和革命先烈的崇高理想。"该报告最后提出了"普及大庆式企业"的目标和要求:"在第五个五年计划期间,要把全国三分之一的企业建成大庆式企业。从中央各有关部门到地方各级党委,都要作出把所属企业建成大庆式企业的具体规划,定出有力措施,组织实现。从一九七七年到一九八〇年,在全国大中型工业企业中,平均每年要建成四百多个大庆式企业。一九七七年应当建成的数字,要在这次会议上落实到各省、市、自治区和各有关部门。全国所有企业,都要提出建成大庆式企业的具体时间和措施。"①5月9日,华国锋在会上发表了讲话。在谈及我国工业发展的道路问题时,华国锋说:"学大庆,对于我国工业发展具有根本性的重要意义。这是因为,毛主席亲自树立的大庆红旗,是学习毛泽东思想,把无产阶级专政下继续革命的伟大理论运用于工业战线的典范,是用革命化统率工业化,走中国自己工业发展道路的典范。"华国锋还说:"大庆有一支在毛泽东思想教育下锻炼成长的铁人式的革命化队伍,这支队伍有一种革命加拼命的精神,有一种不干则已,一干就干到底的狠劲,有一种在任何困难面前坚忍不拔的毅力。这是最可宝贵的,最使人感动的。……。如果我们每一个企业、每一个工业部门,坚持毛主席的革命路线,又有大庆这么一支革命化队伍和这么一种革命精神、革命干劲、革命毅力,那就什么困难都一定能够克服,什么人间奇迹都可以创造出来。"②时任石油化学工业部部长的康世恩也在会上发了言,他也谈及关于"革命化队伍"的建设问题。他自问自答:"学大庆,普及大庆式企业,主要抓什么? 我们认为,要以马列主义、毛泽东思想为

---

① 国务院副总理余秋里:《全党、全国工人阶级动员起来为普及大庆式企业而奋斗(一九七七年五月四日在全国工业学大庆会议上的报告)》,《人民日报》1977 年 5 月 8 日,第 1、2、3、4 版。

② 《中国共产党中央委员会主席、国务院总理华国锋同志在全国工业学大庆会议上的讲话(一九七七年五月九日)》,《人民日报》1977 年 5 月 13 日,第 1、2 版。

指针，建设革命化的队伍。有了革命化的队伍，企业的一切工作就有了坚实的基础，就能保证毛主席革命路线的贯彻执行，保证走我国自己工业发展的道路。"那么，应该怎样建设革命化的队伍呢？康世恩认为："从根本上讲，就是用马列主义、毛泽东思想武装职工头脑，以阶级斗争为纲，坚持党的基本路线，运用毛主席的建军思想，学习解放军一整套传统的政治工作经验，教育、组织广大职工。根据我们的实践，解放军传统的政治工作经验，对于建设产业大军，是完全必要的，是非常宝贵的，用到哪里哪里灵。"他还认为："抓队伍建设，一个重要的方法，就是树立典型。这是毛主席一贯倡导的工作方法。要通过典型，把自己战线上如何执行毛主席革命路线，如何走大庆道路，具体地、生动地、集中地体现出来，鲜明地摆到群众的面前。"①

郝建秀小组组长杨美珍出席了这次全国工业学大庆会议。②

这次会议之后，郝建秀小组积极响应上级号召，又在"工业学大庆"尤其是在"革命化队伍"建设方面发挥了模范带头作用。1977 年，郝建秀小组提前 35 天全面完成了各项经济考核指标，产量、质量都创造了历史最好水平。③ 相应地，在这一年，它分别被评为国棉六厂学大庆模范小组和青岛市纺织工业局（学大庆）"标杆小组"。④ 1978 年 2 月 24 日，《青岛日报》第 4 版刊登了关于"学大庆，争上游，大干快上"的一组照片，其中一张是郝建秀小组的照片，其说明为："郝建秀小组的姐妹们，以实际行动深揭狠批'四人帮'，深入开展工业学大庆运动。最近，她们又制订出新的年度规划，决心以新的成绩，新的步伐，大干快上，夺取新胜利。"

二　被评为"全国纺织工业学大庆先进集体"

1978 年 5 月，纺织工业部在北京召开了全国纺织工业学大庆会议。华国锋主席、党中央和国务院十分重视纺织工业的发展和这次会议的召开，华国锋还为大会题词："努力增产农业原料，大力发展化学纤维，高速度发展纺织工业，更快更好地

① 《响应英明领袖华主席的号召，为建设起十来个大庆而奋斗——石油化学工业部部长康世恩在全国工业学大庆会议上的发言（摘要）》，《人民日报》1977 年 5 月 11 日，第 1 版。
② 参见厂宣传：《全家赞颂华主席——郝建秀小组组长杨美珍的家庭庆祝会》，《青岛日报》1977 年 8 月 22 日，第 9 版。
③ 《永远发挥火车头作用——郝建秀小组在严峻的斗争中前进》，《青岛日报》1978 年 9 月 15 日，第 4 版。
④ 参见王立永：《豪情满怀，阔步前进——记郝建秀小组职工欢度革命化春节》，《青岛日报》1978 年 2 月 11 日，第 2 版。

解决人民穿衣问题。"这次大会表彰了一批大庆式企业标兵、劳动模范、先进集体和先进个人,并颁发了奖旗、奖状和奖章。[①] 郝建秀小组在这次会议上被授予"全国纺织工业学大庆先进集体"称号,并获得了纺织工业部颁发的"学大庆先进集体"奖旗[②]。这次会议不但表彰了郝建秀小组,而且作出了在全国纺织行业建设 1000 个"郝建秀小组式班组"的决定。随后,青岛市总工会和青岛市纺织工业局也分别作出了在全市纺织系统开展创建郝建秀小组式班组活动的决定。[③]

郝建秀小组的党小组长张淑贞参加了这次会议,会议结束后,她在归来的当天就立即把大会的精神和盛况向全组同志作了传达,使大家受到了极大的鼓舞。"姐妹们激动地说,华主席为我们制订了新时期的总任务,又为纺织工业题了词,这是对我们纺织工人的最大的关怀、最大的信任。我们一定要在新的长征中,当好革命的火车头,为实现纺织工业现代化,尽快解决全国人民的穿衣问题作出自己的贡献。接着,大伙就小组生产水平还能不能提高、怎样提高等问题展开了具体而热烈的讨论,第三次修改了小组一九七八年的规划,每个人都写了决心书,力争在今年使小组的各项经济技术指标达到历史最好水平,并赶超全国纺织工业的先进水平。"[④]

相应地,在这个时期(1977—1978),郝建秀小组仍然是《青岛日报》报道的一个重要对象。《青岛日报》不但经常报道郝建秀小组的先进事迹,而且经常刊发郝建秀小组写的政治性表态文章。从前面几章的叙述可知,几乎在每个历史时期,郝建秀小组都有这种公开发表政治性表态文章的做法,这体现了郝建秀小组在思想、政治上的先进性,只是到了这个时期,这类文章比以往多了一些。下面试举几例。

1977 年 7 月 16 日至 21 日,中共十届三中全会在北京召开。这次会议最重要的成果,是邓小平再次复出,担任中央党政军领导职务。鉴于党的十大以来国内形势的重大变化,十届三中全会批准 3 月中央工作会议关于提前召开党的十一大的决定,并为大会的召开作了必要的准备。[⑤] 针对此事,1977 年 7 月 24 日,《青岛日

---

① 参见《全国纺织工业学大庆会议在北京闭幕》,《青岛日报》1978 年 5 月 25 日,第 1 版。

② 该奖旗上面的文字为"授予山东青岛第六棉纺织厂郝建秀小组　学大庆先进集体　中华人民共和国纺织工业部　一九七八年五月"。

③ 参见《纺联集团六棉公司党委书记王舟同志介绍郝建秀小组的主要事迹和经验》(2002 年 5 月 25 日),青岛市纺织总公司档案管理中心藏,国棉六厂文书档案永久类第 1173 卷。

④ 王立永:《郝建秀小组学习华主席光辉题词第三次修改规划,为解决人民穿衣问题做出更大贡献》,《青岛日报》1978 年 6 月 11 日,第 2 版。

⑤ 中共中央党史研究室著:《中国共产党历史》第二卷(1949—1978)下册,中共党史出版社,2011 年,第 1003 页。

报》发表了郝建秀小组写的文章，该文说："我们郝建秀小组的姐妹们，怀着无比喜悦的心情，连夜逐字逐句地收听了十届三中全会公报，人人心情舒畅，个个欢欣鼓舞。大家连夜举行了座谈讨论和庆祝游行活动。我们热烈欢呼、坚决拥护十届三中全会通过的各项决议！"该文还表态说："我们坚决响应英明领袖华主席和党中央在十届三中全会上向我们发出的伟大号召，我们决心永远高举毛主席的伟大红旗，……，进一步掀起工业学大庆群众运动的新高潮，战高温夺优质高产，以实际行动迎接党的第十一次全国代表大会的召开！"①

1977 年 8 月 12 日至 18 日，中共第十一次全国代表大会在北京召开。十一大政治报告宣布，以粉碎"四人帮"为标志，"文化大革命"宣告结束。这次大会的历史责任，是要调动党内外、国内外一切积极因素，团结一切可以团结的力量，为在本世纪把我国建设成为伟大的社会主义的现代化强国而奋斗。② 1977 年 8 月 22 日，《青岛日报》第 8 版发表了图片新闻，报道"青岛市军民隆重集会庆祝党的第十一次全国代表大会和十一届一中全会的胜利召开"，其中有郝建秀小组的集体照片，其说明为："参见本市庆祝大会的郝建秀小组姐妹们，兴高采烈地欢呼党的十一大和十一届一中全会的胜利召开。"两天后，《青岛日报》进一步发表了郝建秀小组写的《纵情欢呼党的十一大胜利召开》一文。该文一开头就说："当红色电波传来中国共产党第十一次全国代表大会胜利召开的消息时，全组姐妹们压抑不住内心的激动，热烈鼓掌，纵情欢呼党的十一大胜利召开！"之后，该文对郝建秀小组的发展历程做了一些回顾。最后，该文表态说："党的十一大向全党、全军和全国各族人民发出了新的战斗动员令。我们小组的姐妹们坚决表示，一定要认真贯彻执行党的十一大公报的精神，……，为努力完成党的十一大提出的各项战斗任务，为把我国建设成为一个伟大的社会主义强国贡献我们的一切力量。"③

鉴于国家形势发生的重大变化，第五届全国人民代表大会第一次会议提前于 1978 年 2 月 26 日至 3 月 5 日在北京举行。大会选举叶剑英为全国人大常委会委员长，决定华国锋为国务院总理，邓小平、李先念等 13 人为副总理。④ 相应地，1978 年 3 月 11 日，《青岛日报》发表了郝建秀小组写的《紧跟华主席完成新时期的总任务》一文。该文表态说："我们坚决拥护叶剑英同志任人大常委会委员长！坚决拥

---

① 国棉六厂郝建秀小组：《热烈欢呼毛主席革命路线的伟大胜利》，《青岛日报》1977 年 7 月 24 日，第 3 版。
② 中共中央党史研究室著：《中国共产党历史》第二卷（1949—1978）下册，中共党史出版社，2011 年，第 1004 页。
③ 国棉六厂郝建秀小组：《纵情欢呼党的十一大胜利召开》，《青岛日报》1977 年 8 月 24 日，第 8 版。
④ 中共中央党史研究室著：《中国共产党历史》第二卷（1949—1978）下册，中共党史出版社，2011 年，第 1006 页。

护华国锋同志任国务院总理！这次大会选举和决定的国家领导人,充分表达了全国人民的心愿,是党心所向,军心所向,民心所向。我们怎能不为有这样的国家领导人感到幸福,感到自豪！"①

1978年9月15日,《青岛日报》以《永远发挥火车头作用——郝建秀小组在严峻的斗争中前进》为题,又一次对郝建秀小组的先进事迹进行了报道。该文扼要回顾了郝建秀小组在"文革"期间的表现,以说明它"在严峻的斗争中"仍然不断前进。该文最后说:"郝建秀小组从命名到现在的二十六年里年年、月月超额完成生产计划,还试纺成功了三十多个棉纱新品种。郝建秀小组出人才,为党和国家输送了二十一名干部,培养了一百七十多名熟练的技术工人。去年,小组提前三十五天全面完成了各项经济考核指标,产量、质量都创造了历史最好水平"②此时,郝建秀小组"年年、月月超额完成生产计划"的先进事迹仍然是被报道的一个重点。

被评为"青岛市模范集体"

如前所述,全国工业学大庆会议闭幕之后,鉴于国内形势的重大变化,中共提前于1977年8月召开了第十一次全国代表大会。接着,我国又提前于1978年2月26日至3月5日召开了第五届全国人民代表大会第一次会议。与此同时(1978年2月24日至3月8日),又召开了中国人民政治协商会议第五届全国委员会第一次会议,这次会议选举产生了新一届政协领导成员,邓小平当选为第五届全国政协主席。③ 1978年9月至10月,被拖延了十多年的共青团、工会和妇联的全国代表大会也相继召开,选举了新一届领导成员,并根据社会主义现代化建设任务的需要制定了新的工作章程。这些会议的召开,使"文化大革命"中被打乱的党和国家政治生活的正常秩序逐步得到恢复,开始走上正常轨道。但党的指导思想仍然没有从根本上转变,党和国家的工作总体上还是处在徘徊中前进的局面。④

1978年12月18日至22日,在北京召开了中共十一届三中全会。这次会议作出了把党和国家工作中心转移到经济建设上来、实行改革开放的历史性决策。它

---

① 国棉六厂郝建秀小组:《紧跟华主席完成新时期的总任务》,《青岛日报》1978年3月11日,第3版。
② 《永远发挥火车头作用——郝建秀小组在严峻的斗争中前进》,《青岛日报》1978年9月15日,第4版。
③ 中共中央党史研究室著:《中国共产党历史》第二卷(1949—1978)下册,中共党史出版社,2011年,第1007页。
④ 中共中央党史研究室著:《中国共产党历史》第二卷(1949—1978)下册,中共党史出版社,2011年,第1008页。

结束了粉碎"四人帮"之后的两年中党的工作在徘徊中前进的局面,实现了新中国成立以来党的历史的伟大转折,开启了我国改革开放历史新时期。[①]

这个"新时期"的开启,也意味着中共向工人阶级发出了新的号召。这一点从1979年5月1日《人民日报》所发表的社论的标题"工人阶级要带头打好重点转移第一仗"中亦可见一斑。该社论指出:"实现全党工作着重点的转移,是党的十一届三中全会重大的战略决策。""当前,摆在我国工人阶级和劳动人民面前的一项光荣使命,就是要在全国范围内,在各行各业中,广泛地、深入地、持久地开展大规模的群众性的增产节约运动。经过三十年的努力,我们已经建设了几十万个全民和集体的工业企业。其中有一部分是用现代化的技术装备起来的,有一部分的技术装备是比较先进的,也有一部分装备比较陈旧、比较落后。这是我们实现四个现代化的主要阵地,是我们前进的出发点。为了实现四个现代化,建设一批新的工矿企业是完全必要的,但是我们的立足点还是应该放在现有企业上,主要靠现有企业的挖潜、革新和改造。"该社论还强调:"粉碎'四人帮'以后,广大职工中迸发出极大的建设社会主义现代化强国的积极性,我们要全心全意地依靠工人阶级,不断增强全体职工的团结,把他们的智慧和力量充分调动起来。要学习那些效率高、质量好、消耗低、贡献大的先进企业、先进个人,扎扎实实地组织比、学、赶、帮、超活动。"[②]这里所说的"组织比、学、赶、帮、超活动"是指在劳动竞赛过程中组织比先进、学先进、赶先进、帮后进、超先进的活动。由此可见,在《人民日报》社看来,此时充分调动工人阶级的"智慧和力量"的基本做法仍然是开展劳动竞赛——围绕"增产节约"来开展劳动竞赛。

在此之前,1978年5月1日,全国总工会发出了《关于召开中国工会第九次全国代表大会的通知》,决定于1978年10月举行工会"九大"。《人民日报》刊载了这个通知的全文,并发表了题为《广泛开展社会主义劳动竞赛》的社论。该社论认为:"劳动竞赛是社会主义制度下,充分发挥广大群众创造精神的好形式,是多快好省地发展国民经济的重要方法,是政治与经济统一的生动体现。群众的智慧和社会主义积极性是无穷无尽的。通过劳动竞赛就能很好地将群众中蕴藏着的极大的社会主义积极性调动起来,组织引导到生产建设上来。"因此,该社论强调:"城市、农村、各行各业都要开展社会主义劳动竞赛,掀起比学赶帮超[③]的热潮。各级党委要把劳动竞赛作为一件大事来抓,切实解决竞赛中的思想问题和实际问题。"该社论

---

① 中共中央党史研究室著:《中国共产党历史》第二卷(1949—1978)下册,中共党史出版社,2011年,第1061页。
② 《工人阶级要带头打好重点转移第一仗》,《人民日报》1979年5月1日,第1版。
③ "比学赶帮超"是"比先进、学先进、赶后进、帮后进、超先进"的缩写。——笔者注

还强调:"开展社会主义劳动竞赛,必须以增产节约为主要内容。""社会主义劳动竞赛,必须精心组织好。……加强竞赛的检查评比工作,认真总结推广先进经验,大搞评思想、比贡献、选模范、树标兵活动,充分发挥劳动模范、先进生产(工作)者的骨干、带头和桥梁作用,把劳动竞赛搞得轰轰烈烈扎扎实实,造成一个人人争上游、比学赶帮超的群众运动。"①

1978年10月,在北京召开了中国工会第九次全国代表大会。倪志福②在会上做了题为《中国工人阶级新的伟大历史使命》的工作报告。该报告在谈及"新时期工会工作的基本方针"时,认为:"工会工作要坚持以生产为中心,发动和组织广大职工开展社会主义劳动竞赛,努力做到优质、高产、低消耗,全面完成和超额完成国家计划,不断提高劳动生产率。""发展生产是工人阶级取得政权以后的根本利益,劳动竞赛是调动和发挥群众积极性和创造性的好形式。我们工会要理直气壮地抓好生产,把社会主义劳动竞赛提高到新的水平。"该报告还透露:"明年是建国三十周年,是许多部门和地区争取提前实现第五个五年计划的一年。为了表彰先进,鼓舞斗志,党中央、国务院已经决定,准备在明年举行一次工交、基建、农林、财贸、文教、科技战线的全国劳模大会。"③比较遗憾的是:该报告所说的"全国劳模大会"并未"在明年"即1979年举行。后来,1982年12月13日出台的《中华全国总工会党组、国家经委党组关于建议明年召开全国职工劳模大会的请示报告》解释说:"一九七八年党中央和国务院曾做出决定,在庆祝建国三十周年的时候召开全国劳模大会。这一决定由小平同志在一九七八年十月召开的工会九大上已正式向全国宣布,但未能实现。一九七九年八月,中共中央、国务院又以中发(1979)63号文件正式发出关于召开全国职工劳动模范代表大会的通知,并确定在一九八〇年国庆节前召开大会,但由于当时条件不成熟,延期至今未开。"④

尽管"至今未开"全国职工劳动模范代表大会,社会主义劳动竞赛运动以及企业层次、地方层次上的劳模(先进)评选活动却并未因此而停止,而是继续进行。

1979年5月初,中共青岛市委、市革委发出通知,决定于1979年6月召开全市职工劳模和先进集体、先进个人代表大会。该通知指出:"中共中央、国务院决定今

---

① 《广泛开展社会主义劳动竞赛》,《人民日报》1978年5月1日,第2版。

② 在这次大会上,倪志福当选为全国总工会主席。

③ 倪志福:《中国工人阶级新的伟大历史使命——在中国工会第九次全国代表大会上的工作报告(一九七八年十月十二日)》,《人民日报》1978年10月16日,第1、3、4版。

④ 《中华全国总工会党组、国家经委党组关于建议明年召开全国职工劳模大会的请示报告》(1982年12月13日),中华全国总工会《中国工会运动史料全书》总编辑部编:《中国工会运动史料全书(电子版):综合卷》第3章,中国职工音像出版社,新出音管【1997】51号。

年九月召开全国职工劳动模范代表大会，中共山东省委、省革委决定今年七月召开全省职工劳动模范代表大会。为了迎接全国和全省劳动模范代表大会，市委、市革委决定于今年六月召开我市职工劳模和先进集体、先进个人代表大会。"①实际上，原定六月召开的这次代表大会被延迟到 8 月 30 日才举行。② 在 9 月 1 日下午举行的这次大会的闭幕式上，市委副书记、市革委副主任赵明甫宣读了市委、市革委关于命名十三个模范集体和三十七名劳动模范的决定③，在被命名的 13 个"青岛市模范集体"中就有郝建秀小组。④ 这表明，进入"历史新时期"以后，郝建秀小组继续保持了它的"长期先进"状态。

四 "主人翁话语"的再度兴起

在第六章第五节，我们曾谈到：进入陕甘宁边区时期及以后，中共逐渐构建了两种非物质利益激励的方法来调动工人阶级（尤其是公营企业工人）的劳动积极性：第一种方法是采用"革命话语"，提倡工人做革命者；第二种方法是采用"主人翁话语"，提倡工人做主人翁。在边区时期，中共主要采用"革命话语"来激励、教育工人。到了解放区之后，尤其是 1948 年 2 月以后，则主要采用"主人翁话语"来激励、教育工人。大约从 1965 年以后，中共再次主要采用"革命话语"来激励、教育工人，即强调一切工作都是革命工作，强调每个岗位上的劳动者都应当用革命的精神自觉地为革命而劳动。这种状况一直持续到 1978 年。

1978 年 12 月，中共十一届三中全会的召开"实现了新中国成立以来党的历史的伟大转折，开启了我国改革开放历史新时期"⑤。事后来看，这个"历史新时期"的开启，也意味着"革命话语"的迅速衰落和"主人翁话语"的再度兴起。

这种"话语"的更迭与党和政府对下述问题的高度关注有关：进入"历史新时期"以后，应该采用什么方法来调动工人阶级的劳动积极性？针对这个问题，从 1979 年 12 月开始，《工人日报》开展了"靠什么调动职工的积极性"的讨论。这个

---

① 《中共青岛市委员会、市革命委员会发出通知，六月召开我市职工劳模和先进集体、先进个人代表大会》，《青岛日报》1979 年 5 月 6 日，第 1 版。

② 详见《青岛日报》1979 年 8 月 31 日第 1 版的报道。

③ 《我市职工劳模和先进集体、个人代表大会胜利闭幕》，《青岛日报》1979 年 9 月 2 日，第 1 版。

④ 参见《模范集体》名单，《青岛日报》1979 年 9 月 2 日，第 2 版。

⑤ 中共中央党史研究室著：《中国共产党历史》第二卷（1949—1978）下册，中共党史出版社，2011 年，第 1061 页。

讨论得到了企业领导和广大职工的高度关注。在讨论过程中,编辑部共收到来信来稿2700余件。从1979年12月10日开始到1980年5月20日为止,《工人日报》总共发表了108篇相关文章。① 1980年5月22日,《工人日报》发表了"本报特约评论员"写的《关于发挥职工积极性的若干问题》一文,作为这次讨论的总结。该文论述了下述四个相关的观点:一、发挥积极性的问题要从生产关系以至全部社会关系来考察;二、企业之间必须建立等价交换的商品经济关系;三、企业内部必须贯彻按劳分配原则;四、政治上层建筑的调整和完善也是十分重要的方面。在谈论第四点时,该文认为:"社会主义经济的成员,同时又是社会主义国家的公民,他们能否充分享有各项民主权利,在行使这些权利时,能否切实受到法律的保障,都在很大程度上影响到劳动者是否心情舒畅、意气风发。""在新的历史时期,企业的思想政治工作不是可以削弱,而是必须大大加强,这是肯定无疑的,不可动摇的。""我们要根据新的形势、新的任务和新的特点,向群众提供有益于四化建设的精神食粮,开阔他们的视野,坚定他们的信仰,鼓舞他们的斗志,带动他们为实现工人阶级的远大理想而努力奋斗。"②此后(大约从1980年5月起),党和政府进一步加强了对职工的教育,其主要目的之一是为了增强他们的主人翁责任感。

1980年5月,"全国职工教育管理委员会"正式成立,该委员会由国家经委、全国总工会、教育部等十四个单位派出人员担任。③ 1981年2月20日,中共中央、国务院作出了《关于加强职工教育工作的决定》。该决定首先指出:"建设四个现代化的社会主义强国,需要一支广大的有社会主义觉悟、有科学文化知识、有专业技术和经营管理经验的职工队伍,需要有一大批又红又专的专门人才。我国职工队伍的本质是好的,粉碎'四人帮'以来,这支队伍逐步恢复和发扬了奋发图强、积极进取的精神。但是,由于十年浩劫造成的灾难和我们多年来放松了职工教育工作,这支队伍现有的水平,同现代化建设的要求远远不相适应。在政治思想方面,有一部分职工对社会主义缺乏认识,思想不够健康,缺乏主人翁态度,劳动纪律性差。"相应地,该决定在谈及"职工教育的基本内容"时,强调:"在政治思想方面,要教育职工有共产主义理想,提高广大职工的社会主义觉悟;要树立主人翁责任感,培养高度的事业心,爱护国家财产,敢于和贪污浪费现象作斗争;要加强劳动纪律,克服落

① 本报特约评论员:《关于发挥职工积极性的若干问题》之"编者按",《工人日报》1980年5月22日,第1版。
② 本报特约评论员:《关于发挥职工积极性的若干问题》,《工人日报》1980年5月22日,第1、3版。
③ 《全国职工教育管理委员会正式成立》,《工人日报》1980年5月24日,第1版。

后思想和不良作风,不断发挥职工的积极性、主动性和创造性。"①

1981年4月29日,国务院各部委和首都的二百三十多名劳动模范、先进生产(工作)者,欢聚在中南海怀仁堂,向党中央、国务院汇报他们在生产和工作中取得的成绩,表达他们建设四化、建设首都的决心,庆祝"五一"国际劳动节。② 针对此事,5月1日,《人民日报》发表了《发扬主人翁的实干精神——庆祝五一国际劳动节》一文。该文认为:"增强主人翁责任感,发挥实干精神,同心协力,建设社会主义的物质文明和精神文明,为实现四个现代化的宏伟目标贡献最大的力量,是历史赋予中国工人阶级的重任。""工人阶级的觉悟,在夺取政权以前,主要表现为由自发的经济斗争走向有组织的政治斗争,用自己坚持不懈的努力,团结全体人民,推翻反动剥削阶级的统治;在夺取政权以后,主要表现为以主人翁的态度从事生产建设,参加管理,创造比资本主义更高的劳动生产率,最终战胜资本主义。我国工人阶级的优秀代表孟泰、王进喜以及千千万万活跃在工交财贸战线上的先进人物,无一不是以主人翁的态度对待劳动,对待生活的。""有了主人翁的态度,必然产生出艰苦奋斗的实干精神。……。这种基于主人翁的觉悟而迸发出的实干精神,是建设社会主义必不可少的条件。""现在,我们拨乱反正,来到新的起跑线上,有必要进行一次主人翁态度的教育,使广大工人群众,了解中国工人阶级的斗争历史,了解社会主义时期工人阶级的使命。"③

那么,如何提高工人阶级的主人翁责任感? 当时的基本做法之一是通过制定职工代表大会制度来开展"民主管理"活动。1981年5月29日至6月8日,全总、国家经委、中共中央宣传部在北京联合召开了全国企业民主管理座谈会。这次会议制订了《国营工业企业职工代表大会暂行条例》。7月13日,中共中央、国务院转发了这个暂行条例,其转发的"通知"指出:"职工当家作主,民主管理企业,是社会主义企业同资本主义企业的根本区别之一。职工代表大会正是提高职工群众主人翁责任感,发挥当家作主的积极性,办好社会主义企业的基本组织形式。"④

进入1982年以后,党和政府进一步强调要增强工人阶级的主人翁责任感,发扬其主人翁精神。1982年1月7日至12日,国家经委在天津召开了全国工交企业

---

① 《中共中央、国务院关于加强职工教育工作的决定》(1981年2月20日),中共中央文献研究室编:《三中全会以来重要文献选编》(下),人民出版社,1982年,第690—699页。
② 《二百三十多名劳模欢聚怀仁堂庆祝"五一"节》,《人民日报》1981年4月30日,第1版。
③ 本报评论员:《发扬主人翁的实干精神——庆祝五一国际劳动节》,《人民日报》1981年5月1日,第1版。
④ 《中共中央、国务院关于转发〈国营工业企业职代表大会暂行条例〉的通知》(1981年7月13日),全国总工会政策研究室编:《中国企业领导制度的历史文献》,经济管理出版社,1986年,第377—378页。

思想政治工作座谈会。会议提出：工交企业要适应新形势、新任务的要求,大力加强思想政治工作,教育职工保持和发扬工人阶级本色,以主人翁态度为国家建设多做贡献。[1] 1982 年 5 月 1 日,《人民日报》更是发表了题为《充分发扬工人阶级的主人翁精神》的社论。该社论指出："许多劳动模范、先进工作者在各自的岗位上,发扬主人翁精神,作出了卓越的贡献,受到人们的尊敬。"相应地,该社论认为："开展学先进、争当先进的活动,是进行革命理想教育,增强职工主人翁责任感的一种有效方式。……。先进工作者和劳动模范是工人阶级的优秀分子,他们继承和发扬工人阶级的革命传统和优良品质,爱厂如家,忘我劳动,以主人翁态度勇挑重担。……。向先进工作者和劳动模范学习,学习他们的主人翁责任感,像他们那样以主人翁态度为社会主义劳动,以主人翁精神对待国家大事,以主人翁思想处理各种问题,这对广大职工来说,是很生动、很实际的教育。"[2]大约至此,主人翁话语再度兴起,其基本内容有三：一是强调工人阶级应该以主人翁的态度从事生产建设,参加企业管理;二是强调要通过建立职工代表大会制度来提高工人阶级的主人翁责任感;三是强调要学习先进工作者和劳动模范的主人翁责任感。

这种主人翁话语的兴起,一方面关系到对郝建秀小组的先进性的重新定性——在内容上突出或进一步突出其主人翁精神(或主人翁态度、主人翁责任感);另一方面则关系到郝建秀小组未来的发展方向——将继续保持并进一步发扬其主人翁精神。

在这种强调要"充分发扬工人阶级的主人翁精神"的氛围中,迎来了郝建秀小组建组 30 周年庆祝活动。

五 庆祝建组 30 周年

1982 年,对郝建秀小组来说,是一个比较特殊的年份,因为在这一年的 5 月 31 日青岛市纺织局党委和国棉六厂党委在国棉六厂隆重举行了郝建秀小组建组三十周年庆祝大会。这是官方首次正式为郝建秀小组建组多少周年举行庆祝活动。[3]

为了开好这次庆祝大会,中共青岛第六棉纺织厂委员会于 1982 年 5 月 11 日

---

① 王渔等主编：《当代中国工人阶级和工会运动纪事》,辽宁大学出版社,1989 年,第 473 页。
② 《充分发扬工人阶级的主人翁精神》,《人民日报》1982 年 5 月 1 日,第 1 版。
③ 此后,又分别于 1987 年、1992 年、2002 年、2012 年和 2023 年举行了建组 35 周年、40 周年、50 周年、60 周年和 70 周年庆祝活动。详见后述。

出台了《关于对郝建秀小组建组三十周年纪念活动的安排意见》。该意见由指导思想、组织领导、具体安排和进度要求等四部分内容组成。其"指导思想"强调："郝建秀小组,建组三十年来,对于班组管理和班组建设,创造了一套基本的班组管理经验,是我国纺织战线上的标杆小组之一。进一步总结郝建秀小组的班组管理和班组建设的经验,搞好建组三十周年的纪念活动,对于推动郝建秀小组在新的形势下继续前进,以及推动我厂班组建设和比、学、赶、帮、超群众活动深入发展,将具有现实意义和深远的历史意义。"①由此可见,开展这次庆祝活动的主要目的之一,是进一步总结郝建秀小组的班组管理和班组建设的经验。我们可以把这种做法视为1975 年总结、推广、学习郝建秀小组的班组管理经验的一种延续。

1982 年 5 月 31 日,由青岛市纺织局党委和国棉六厂党委组织召开的郝建秀小组建组三十周年庆祝大会在国棉六厂礼堂举行。中共青岛市委副书记、副市长臧坤,省纺织厅副厅长左隈,青岛市总工会主席潘学林,市妇联主任牟秀美②,团市委副书记张先平,市经委副主任马建夫和市纺织局党委、六厂党委领导人等到会热烈祝贺并讲了话。纺织工业部生产司棉纺处处长史朴愿专程前来宣读了纺织工业部的贺信,会上还宣读了纺织工业部部长郝建秀的贺信、中国纺织工会的贺电和山东省经委的贺电。中共青岛市委副书记、副市长臧坤在讲话中说:郝建秀小组是全国纺织战线上的先进集体和模范小组,也是我市先进集体的一面旗帜,长期以来,在社会主义物质文明和精神文明建设中发挥了火车头作用。她们的模范事迹令人感动,先进经验极为可贵,闪烁着工人阶级的革命精神和崇高的品德。郝建秀小组在党中央、国务院和老一辈无产阶级革命家的亲切关怀下,在各级党组织的培养教育和广大职工的尊重、支持下,在各项工作中,特别是在班组管理上取得了优异的成绩和先进经验。她们的特点是,有高度的社会主义觉悟;有刻苦学习,提高技术,为国争光的志气;有严格的科学态度;有自觉的组织纪律;有精打细算的勤俭作风。我们应该很好地向她们学习,学习她们的主人翁责任感,像她们那样以主人翁态度为社会主义劳动,以主人翁态度对待国家大事,以主人翁思想搞好班组建设,在"四化"建设中贡献力量。最后,他衷心希望郝建秀小组戒骄戒躁,谦虚谨慎,刻苦学习,联系群众,不断前进。③

---

① 中共青岛第六棉纺织厂委员会:《关于对郝建秀小组建组三十周年纪念活动的安排意见》(1982 年 5 月 11 日),青岛市纺织总公司档案管理中心藏,国棉六厂文书档案永久类第 620 卷。
② 牟秀美是郝建秀小组原组长。
③ 详见《纺织局党委、国棉六厂党委隆重庆祝郝建秀小组建组三十周年》(作者为本报通讯员、本报记者),《青岛日报》1982 年 6 月 2 日,第 1、4 版。

国棉六厂党委也在会上发表了讲话,该讲话首先回顾了郝建秀小组不断前进的历程,然后提出了三点希望:第一、我厂的各级领导、全体干部和工会、共青团组织要组织广大职工认真学习郝建秀小组的班组管理经验,提高对抓好班组建设的自觉性,通过组织广大职工学习郝建秀小组的班组管理经验,掀起比、学、赶、帮、超的群众运动。第二、要通过对郝建秀小组先进事迹的宣传,对广大职工,特别是青年职工,进行国家主人翁的教育,使广大职工特别是青年职工成为有理想、有抱负、讲道德、守纪律的人。第三、对于郝建秀小组来说,应当看到,三十年来,我们做了一定的工作,取得了一定的成绩,党和人民也给了我们一定的荣誉,但是,我们的工作,离党和人民的要求,还有很大差距。小组的管理工作、操作技术,指标水平与全国先进小组相比,差距还很大。在总结自己的工作的同时,既要看到成绩,又要看到自己的不足。要把这次庆祝活动,当作自己的加油站,作为自己的新起点,迈开新的步伐,勇攀新的高峰,在四化建设的道路上,永远发挥"火车头的作用"。①

郝建秀小组组长杨美珍代表"郝建秀小组全体同志"在会上做了题为《继承和发扬光荣革命传统,在建设社会主义的轨道上不断前进》②的长篇发言。该发言系统地总结了郝建秀小组的班组管理制度。该发言说:"我们小组从建组开始,就建立了以生产组长为领导的管理制度。随着生产的发展,逐步形成了一套比较完整的班组管理制度,就是:在生产组长领导下,以'四长'为核心,以五大员为基础,以落实岗位责任制为重点,以完成九项生产指标为目的的小组工作制度。在五大员民主管理中,逐步形成了'四会四访、质量把关、勤学苦练、精打细算、关心生活'的二十字的管理方法。在具体工作中,我们又把二十字的管理方法概括为思想政治工作经常化、班组管理民主化、管理工作标准化三个方面加以实现。"之后,该发言对"思想政治工作经常化、班组管理民主化、管理工作标准化"的主要做法进行了详细介绍。其中,"思想政治工作经常化"的主要做法是:一是坚持政治理论学习;二是坚持"两史"教育,继承和发扬小组的光荣传统;三是坚持"四会四访"制度;四是正确对待荣誉,一分为二看自己;五是随着形势的发展和变化,根据不同时期的不同特点,开展"兴趣小组"活动,重点做好青年工人的思想教育工作。"四会四访"中的"四会"是指召开四种会议,即每天召开班前会、每周召开骨干会、每月召开思想、

① 《青岛第六棉纺织厂党委庆祝郝建秀小组建组三十周年大会报告》(1982 年 5 月 31 日),青岛市纺织总公司档案管理中心藏,国棉六厂文书档案永久类第 620 卷。
② 郝建秀小组全体同志:《继承和发扬光荣革命传统,在建设社会主义的轨道上不断前进——在庆祝郝建秀小组建组三十周年大会上的讲话(初稿)》(1982 年 5 月 31 日),青岛市纺织总公司档案管理中心藏,国棉六厂文书档案永久类第 620 卷。

生产分析会和每季召开民主生活会；"四访"是指在以下四种情况下小组的"四长"必须利用业余时间走访组员家庭：一是思想出现问题必访，二是工作情绪波动必访，三是家庭遇到困难必访，四是身体有病必访。该发言认为："通过'四会四访'能够全面掌握全组每个同志的思想脉搏，做到思想问题及时发现，及时解决。这是搞好小组思想工作的基本做法。""班组管理民主化"的主要做法是：一是各尽其能，各负其责，人人为班组，实行组织民主；二是利用多种形式，充分调动每个人的积极性，实行生产技术民主；三是带头人要有实干精神和民主作风。"管理工作标准化"的基本做法是：一是不断完善以小组责任制为中心的各项管理制度，使管理工作制度化；二是各项管理工作要逐步实现标准化，通过质量标准和计划标准，把小组各项质量指标和计划指标分别落实到每个人、每台车、每个落纱小组，并按日按月检查标准执行情况；三是积极开展社会主义劳动竞赛，实行奖评核算化。介绍完这些主要做法之后，该发言谦虚地说："我们小组在党培养教育下，三十年来做了一点工作，但与党和人民的要求相比还相差很远，与全市和全国的先进班组相比还有很大的差距。"针对这种"差距"，该发言表示了五点决心，其中第五点是：积极开展社会主义劳动竞赛，在组内开展"四赛、四比、四看"活动，即：赛学习、比成绩，看谁的进步快；赛工作，比干劲，看谁的贡献大；赛操作，比质量，看谁的操作技术好；赛团结，比协作，看谁的共产主义风格高。

1982 年 6 月 2 日，《青岛日报》在第一版报道了这次庆祝活动，同时，它还在同版发表了"本报评论员"写的《永远发挥火车头作用——祝贺郝建秀小组建组 30 周年》一文。该文指出："30 年的实践证明，郝建秀小组不愧为一个团结、战斗的先进集体。在 30 年的岁月里，这个小组高举毛泽东思想的旗帜，自觉地保持工人阶级的本色，发扬国家主人翁精神，出色地完成了党和国家交给她们的任务。"该文还强调："郝建秀小组值得我们学习的东西很多，但最主要的是要学习她们高度的政治觉悟、国家主人翁态度和忘我的实干精神。我们是社会主义国家，虽然大家的工作岗位不同，但是目标只有一个，那就是要把我国建设成为一个具有高度物质文明和高度精神文明的社会主义强国。要完成这样一个伟大的任务，需要更多的职工都具有像郝建秀小组工人这样的高度政治觉悟和国家主人翁的态度。"①

《青岛日报》在报道这次庆祝活动的同时，还全文发表了时任纺织工业部部长的郝建秀写给郝建秀小组的贺信。郝建秀在贺信中说："时间过得很快，30 年过去

---

① 本报评论员：《永远发挥火车头作用——祝贺郝建秀小组建组 30 周年》，《青岛日报》1982 年 6 月 2 日，第 1 版。

了,回顾小组的历史,小组走过的路程,小组所取得一点进步,无不是党教导和关怀的结果。""时代在前进,生产在发展,我们应该在庆祝小组成立 30 周年的日子里,认真总结经验,发扬成绩,克服缺点,虚心向全国先进小组学习,在建设高度物质文明和高度精神文明中,把我们思想水平、精神境界、生产技术提高到一个符合时代要求的新高度,为我们伟大的祖国四化建设作出新贡献。"①很显然,郝建秀又对郝建秀小组寄予了极大的希望。

笔者认为,这次庆祝郝建秀小组建组 30 周年活动的成功举行,具有以下五点重要意义:

首先,举行这种庆祝活动,其本身就是对郝建秀小组自成立以来所取得的优异成绩(或先进事迹)的一种公开的高度肯定,我们可以把它视为对郝建秀小组的另一种形式的公开表彰。这种来自官方的高度肯定对郝建秀小组而言,也是一种莫大的激励。

其次,举行这种庆祝活动,国棉六厂、郝建秀小组进一步加强了和纺织工业部、中国纺织工会、山东省经委、山东省纺织厅、中共青岛市委、青岛市政府以及时任纺织工业部部长的郝建秀等的联系,这对郝建秀小组的进一步发展是有利的。

再次,如上所述,中共青岛市委副书记、副市长臧坤在讲话中概括了郝建秀小组的"特点";郝建秀小组组长杨美珍在其发言中系统地总结了郝建秀小组自成立以来逐渐形成的班组管理制度。这种概括、总结,不但具有很强的实践意义,而且具有很强的理论意义。

第四,举行这种庆祝活动,将有利于进一步开展创建"郝建秀小组式班组"的活动。官方举行这种庆祝活动,一方面是为了肯定、表彰、激励郝建秀小组,另一方面则是为了宣传、推广郝建秀小组的先进经验,以便在更大范围之内培育出更多的郝建秀小组式的先进班组。从 1978 年起,青岛市纺织工业局就在全市纺织系统开展了创建郝建秀小组式班组的活动。截至 1982 年 6 月初,全市纺织系统已有 310 个班组被纺织局党委命名为"郝建秀小组式班组"。② 这种创建"郝建秀小组式班组"活动的开展和进一步开展,对郝建秀小组来讲,当然也是一种激励和鞭策。

最后,举行这种庆祝活动,将有利于郝建秀小组继续保持其先进状态。如前所述,纺织工业部部长郝建秀、中共青岛市委副书记臧坤、国棉六厂党委等都对郝建秀小组提出了新的希望和要求,郝建秀小组也公开表示了将要继续前进的决心。

---

① 《郝建秀同志给郝建秀小组的贺信》,《青岛日报》1982 年 6 月 2 日,第 1 版。
② 《向郝建秀小组学习,创郝建秀小组式班组》,《青岛日报》1982 年 6 月 3 日,第 1 版。

从后来郝建秀小组的实际发展进程来看，这次庆祝活动确实也起到了给郝建秀小组"加油"的作用。

这次庆祝大会结束之后，国内形势又发生了较大变化。1982年9月1日至11日，在北京召开了中国共产党第十二次全国代表大会（简称中共十二大），胡耀邦（时任中共中央委员会主席、总书记）在会上作了题为《全面开创社会主义现代化建设的新局面》的报告。该报告首先宣布："自从一九七六年十月粉碎江青反革命集团以来，特别是党的十一届三中全会以来，经过全党全军全国各族人民的艰苦努力，我们已经在指导思想上完成了拨乱反正的艰巨任务，在各条战线的实际工作中取得了拨乱反正的重大胜利，实现了历史性的伟大转变。"接着，该报告指出："这次代表大会的使命，就是要通过对过去六年历史性胜利的总结，为进一步肃清十年内乱所遗留的消极后果，全面开创社会主义现代化建设的新局面，确定继续前进的正确道路、战略步骤和方针政策。"该报告提出："中国共产党在新的历史时期的总任务是：团结全国各族人民，自力更生，艰苦奋斗，逐步实现工业、农业、国防和科学技术现代化，把我国建设成为高度文明、高度民主的社会主义国家。"该报告进一步提出："在全面开创新局面的各项任务中，首要的任务是把社会主义现代化经济建设继续推向前进。……。从一九八一年到本世纪末的二十年，我国经济建设总的奋斗目标是，在不断提高经济效益的前提下，力争使全国工农业的年总产值翻两番。"该报告还用较大篇幅来谈论"努力建设高度的社会主义精神文明"，强调我们在建设高度物质文明的同时，一定要努力建设以共产主义思想为核心的、高度的社会主义精神文明。"建设社会主义精神文明，是全党的任务，是各条战线的共同任务。……。经济战线的各级领导干部，在制定和执行政策中，在进行一切工作中，都不仅要考虑生产的发展，而且要考虑到社会主义精神文明的建设。我们在生产建设中不仅需要创造更多更好的物质产品，而且需要培育一代又一代的社会主义新人。"[1]这样，中共又提出了新的宏伟奋斗目标，这意味着又向工人阶级发出了新的号召。事后来看，郝建秀小组又积极响应了这一号召（详见下章）。

---

[1] 胡耀邦：《全面开创社会主义现代化建设的新局面——在中国共产党第十二次全国代表大会上的报告》（一九八二年九月一日），《人民日报》1982年9月8日，第1—6版。

第九章

积极面对国营企业改革（1983—1992）

1983 年以后的十年,不但是我国"全面开创社会主义现代化建设的新局面"的十年,也是对国营企业进行改革的十年。国营企业改革的主要内容之一,是在调动职工群众的劳动积极性上废弃以往"一不靠强制,二不靠物质刺激"的做法。

1978 年 5 月 7 日,国务院下发了《关于实行奖励和计件工资制度的通知》,要求"要有条件、有计划地实行奖励和计件工资制度"。[①] 经过试点,从 1979 年起,奖励和计件工资制度在全国范围内正式实行,这样做意味着从此就废弃了"不靠物质刺激"的做法。

在废弃"不靠强制"方面,其基本做法之一是扩大企业的自主权,赋予企业行政处分(包括开除)职工的权力。这种做法始于 1979 年 7 月 13 日国务院颁发的《关于扩大国营工业企业经营管理自主权的若干规定》。该规定规定:"企业有权根据职工的表现进行奖惩。对那些严重违反劳动纪律,破坏规章制度,屡教不改,造成重大经济损失的,可给予开除处分。"[②]1981 年 5 月 20 日,国家经济委员会、国务院体制改革办公室、国家计划委员会、财政部等十个单位联合制订了《贯彻落实国务院有关扩权文件巩固提高扩权工作的具体实施暂行办法》。该办法也规定:扩权企业"有权对严重违法乱纪、屡教不改的职工,根据情节轻重给以不同的处分,直至开除留用或开除。"[③]1982 年 4 月 10 日,国务院进一步发布了《企业职工奖惩条例》,

---

① 《国务院关于实行奖励和计件工资制度的通知(摘录)》,劳动部劳动科学研究所、全国总工会劳动工资社会保障部编:《中国劳动、工资、保险福利政策法规汇编》,海洋出版社,1990 年,第 670 页。

② 《国务院关于扩大国营工业企业经营管理自主权的若干规定》,劳动部劳动科学研究所、全国总工会劳动工资社会保障部编:《中国劳动、工资、保险福利政策法规汇编》,海洋出版社,1990 年,第 135 页。

③ 《贯彻落实国务院有关扩权文件巩固提高扩权工作的具体实施暂行办法》,劳动部劳动科学研究所、全国总工会劳动工资社会保障部编:《中国劳动、工资、保险福利政策法规汇编》,海洋出版社,1990 年,第 140 页。

该条例具体地规定了"应当分别情况给予行政处分或者经济处罚"的 7 类行为，并规定："对职工的行政处分分为：警告，记过，记大过，降级，撤职，留用察看，开除。"①

1984 年 10 月，中共十二届三中全会通过了《中共中央关于经济体制改革的决定》。该决定的出台，标志着当时业已开展的经济体制改革从此进入了以城市为重点的阶段，也即进入了以国营企业改革为重点的阶段。

那么，在国营企业改革过程中，郝建秀小组又是如何继续保持其先进典型形象长盛不衰的？

 一　开创班组思想政治工作新局面

在这个时期，郝建秀小组在先进性上的主要表现之一，是开创了班组思想政治工作新局面。

在上一章我们谈到：1982 年 9 月召开的中共十二大提出了中共在新的历史时期的总任务，还提出了未来 20 年我国经济建设总的奋斗目标——力争使全国工农业的年总产值翻两番。中共十二大还提出：我们在建设高度物质文明的同时，一定要努力建设高度的社会主义精神文明。社会主义精神文明以共产主义思想为核心，其建设大体可以分为文化建设和思想建设两个方面，"思想建设决定着我们的精神文明的社会主义性质。它的主要内容，是工人阶级的、马克思主义的世界观和科学理论，是共产主义的理想、信念和道德，是同社会主义公有制相适应的主人翁思想和集体主义思想，是同社会主义政治制度相适应的权利义务观念和组织纪律观念，是为人民服务的献身精神和共产主义的劳动态度，是社会主义的爱国主义和国际主义，等等。""建设社会主义精神文明，是全党的任务，是各条战线的共同任务。"②

具体到各个企业③，建设社会主义精神文明的重点之一，是进一步加强职工的"思想建设"工作。1983 年伊始（1 月 7 日至 22 日），中共中央书记处就委托中共中央宣传部、中共中央组织部、中共中央书记处研究室、国家经委、中华全国总工会、

① 《企业职工奖惩条例》，劳动部劳动科学研究所、全国总工会劳动工资社会保障部编：《中国劳动、工资、保险福利政策法规汇编》，海洋出版社，1990 年，第 699—700 页。
② 胡耀邦：《全面开创社会主义现代化建设的新局面——在中国共产党第十二次全国代表大会上的报告》（一九八二年九月一日），《人民日报》1982 年 9 月 8 日，第 1—6 版。
③ 当时的企业都是公有制企业（分为全民所有制企业和集体所有制企业两种类型）。

共青团中央、全国妇联在北京联合召开了全国职工思想政治工作会议。会上，中共中央书记处研究室副主任林涧青就加强和改进职工思想政治工作的有关文件作了说明。他说，实施党的十二大提出的宏伟纲领，一亿职工担负着极为光荣而艰巨的任务。工人阶级是我国当代先进生产力和先进生产关系的代表，它最少保守思想，最富于革新精神，在党所领导的各项改革事业中始终是最积极、最勇敢、最坚定的革命力量，在社会主义现代化建设中起着极为重要的主导作用。为完成肩负的伟大历史使命，必须加强对职工队伍的建设。① 这次会议结束后，1983 年 1 月 23 日，《人民日报》发表了题为《加强和改进职工思想政治工作》的社论，强调："思想政治工作要动员、组织和教育工人阶级，提高政治自觉性，以主人翁的姿态，在改革中发挥领导阶级应有的作用。工人阶级积极性的进一步高涨，对于农民以至全国人民将会有重大影响。因此，搞好职工思想政治工作，是关系全局的重要工作。""党的十二大提出了培养社会主义新人的庄严任务。在既生产又多又好的产品，又培养一代又一代有理想、有道德、有文化、守纪律的新人方面，社会主义企业应该走在其他战线、其他单位的前面，我们伟大的工人阶级应该成为全民族的表率。"②这次会议还讨论起草了《国营企业职工思想政治工作纲要（试行）》。1983 年 7 月 1 日，中共中央批转了这个纲要（试行），并提出："为了协调各有关方面的力量，加强对企业职工思想政治工作的领导，中央责成中央宣传部牵头，中央组织部、中央书记处研究室、国家经委、全国总工会、共青团中央、全国妇联参加，组成全国职工思想政治工作领导小组，在中央书记处领导下工作。"③《国营企业职工思想政治工作纲要（试行）》首先论述了工人阶级的历史地位和历史责任，强调："我国工人阶级，是先进生产力和先进生产关系的代表，是国家的领导阶级，是现代化建设的主力军，在发展和完善社会主义制度，把我国建设成为高度文明、高度民主的社会主义国家，并进一步向共产主义伟大目标前进的历史过程中，始终起着主导作用。工人阶级的政治觉悟高不高，组织性纪律性强不强，是否精通本职业务、掌握现代科学技术，决定着现代化建设的成败。工人阶级的每个成员都必须十分明确：工人阶级对国家的前途和命运肩负着重大的历史责任。"该纲要（试行）指出："职工思想政治工作，主要是指职工的思想政治教育。""各级党委特别是担负各级经济领导工作的干

① 参见《全国职工思想政治工作会议开幕，动员工人阶级站在改革前列》，《人民日报》1983 年 1 月 8 日，第 1 版。
② 《加强和改进职工思想政治工作》，《人民日报》1983 年 1 月 23 日，第 1 版。
③ 《中共中央关于批转〈国营企业职工思想政治工作纲要（试行）〉的通知》，中华全国总工会办公厅编：《建国以来中共中央关于工人运动文件选编》下册，工人出版社，1989 年。

部必须十分明确：我国社会主义企业，既担负着建设高度的物质文明的任务，又担负着建设高度的社会主义精神文明的任务。这是我们的企业区别于资本主义企业的标志之一。"该纲要（试行）还规定了企业职工思想政治工作的基本内容和对企业职工进行系统的共产主义思想教育的主要形式，强调："班组是企业的细胞，是职工日常教育的重要阵地。""共产主义思想体系的理论教育，应同开展各种形式的社会主义劳动竞赛（如争当劳动模范、新长征突击手、三八红旗手的活动）结合起来，同开展'五讲四美三热爱'①活动结合起来。"②

　　具体到国棉六厂，相关资料显示：到1982年4月，1958年以前进厂的老工人，仅占职工总数的11％；1958年至1966年进厂的中年职工，占职工总数的23％；1966年至1976年进厂的青年职工，占职工总数的22％；1977年以后进厂的年轻工人，则占职工总数的45％。越是生产第一线的工人，年轻工人越多，约占80％，这部分职工，绝大部分是从学校考工、下乡回城分配或顶替父母进厂的。1966年以后进厂的青年工人，特别是1976年以后进厂的年轻工人，他们生在新社会，长在红旗下，对旧社会没有感性认识。特别是最近几年进厂的新工人，他们年龄最小、工龄最短，在父母面前还是个孩子，他们天真、幼稚，不懂什么人生、理想、前途。在他们中，有的从出生之日起，正是十年内乱③，在他们的心灵上打上了十年内乱的各种烙印。他们进厂以后，经受不了厂规厂纪的约束，有的自由散漫，擅离职守，甚至破坏公物，有的打架斗殴，口说脏话，给工厂管理带来了一些困难。"以上这些情况说明，这些年来，我们职工队伍的年龄结构和政治素质发生了很大变化，这给政治思想工作带来了新的情况和新的问题，因此，对广大职工特别是青年职工进行艰苦细致的思想政治工作，提高广大职工的政治思想水平，改变职工队伍政治素质较差的状况，就成为我们政治思想工作的迫切任务。"④相应地，郝建秀小组如何在这方面做出优异成绩就成为郝建秀小组及其培养者面临的一个新的课题。

　　郝建秀小组不愧为"全面先进"的典型，在国棉六厂党委的大力支持和具体帮助下，它很快就开创了班组思想政治工作新局面，其基本做法（或先进经验）集中反

---

① "五讲"是指"讲文明、讲礼貌、讲卫生、讲秩序、讲道德"；"四美"是指"心灵美、语言美、行为美、环境美"；"三热爱"指"热爱祖国、热爱社会主义、热爱中国共产党"。——笔者注
② 《国营企业职工思想政治工作纲要（试行）》，中华全国总工会办公厅编：《建国以来中共中央关于工人运动文件选编》下册，工人出版社，1989年。
③ "十年内乱"指我国发生在1966年至1976年期间的"文化大革命"。——笔者注
④ 《青岛第六棉纺织厂党委张玉英同志在一九八二年政治思想工作座谈会上的发言》（1982年4月10日），青岛市纺织总公司档案管理中心藏，国棉六厂文书档案永久类第620卷。

映在它写于 1984 年 11 月的《运用科学化方法积极开创班组思想政治工作新局面》①一文之中。该文首先扼要介绍了近几年来郝建秀小组所取得的主要成绩,比如:从 1979 年 1 月至 1984 年 10 月累计生产棉纱 2909.5 吨,完成计划的109.86%,小组已连续保持 32 年零 5 个月全面超额地完成了生产计划。之后,该文从三个方面详细地介绍了郝建秀小组开创班组思想政治工作新局面的基本做法。第一种做法是"思想信息网络化",即逐步建立和完善家庭、社会、工厂三位一体的思想信息传递网。"它的组织形式是在小组'四长'(生产组长、党小组长、工会组长和团小组长)领导下,由小组政治宣传员、部分党团员和老工人与全组 19 个家庭、一间单身宿舍共同组成,其基本任务是按照生产、生活两个方面,小组、社会、家庭三个环节,全面准确、及时地收集掌握分析和研究小组每一个成员的思想动向,制订实施计划,做好思想政治工作。思想信息传递网的工作方式,是对小组每一个成员的思想信息做到天天有联系,周周有分析,吃透情况,抓准苗头,采取措施,及时解决各种思想问题。"该文指出:这种思想信息网络化的建立,使小组思想政治工作由被动转向了主动,使许多思想问题被及时地消灭在萌芽之中。第二种做法是"掌握规律抓变化"②,其具体做法有二:一是成立思想政治工作"兴趣小组",二是坚持运用"五二四"规律。思想政治工作兴趣小组是在小组领导下,针对组内出现的思想问题,由思想一致、观点相同、兴趣相投的同志以自愿结合为原则成立的临时组织。问题解决后,兴趣小组即行解散。所谓"五二四"规律是指:一天当中抓"五看",即上班看情绪,劳动看干劲,吃饭看饭量,下班看成绩,说话看态度;一月当中抓"两头",即月初根据上月各项指标完成情况,总结经验,制定措施,搞好思想发动,保证完成当月各项计划指标;月底则重点开展走访谈心活动,帮助有思想问题的同志分析原因,找出差距,树立信心;一年当中抓"四季",即春秋季节组织大家开展学雷锋、树新风等各种服务活动,为社会和群众做好事;夏季加强走访谈心活动,切实帮助解决各种实际问题;冬季则注意及时解决好总评中出现的各种思想问题,防止思想波动。第三种做法是"思想教育多样化",即除了采用传统化教育,还采用系统化教育、兴趣化教育等形式来全面加强班组思想政治工作。传统化教育的基本方法有三:(1)发扬光荣传统,搞好两个教育。一个是老工人在旧社会的苦难史和在新社会的幸福成长史教育;一个是小组不断开创新局面的创业史教育。(2)坚

---

① 青岛国棉六厂细纱车间郝建秀小组:《运用科学化方法积极开创班组思想政治工作新局面》(1984 年 11 月),青岛市纺织总公司档案管理中心藏,国棉六厂文书档案 30 年类第 469-1 卷。
② 这部分内容曾以《说说我们的"兴趣小组"》为题发表在《思想政治工作研究》1985 年第 3 期,其作者为时任郝建秀小组的工会组长的郭爱珍。

持每周一次马列主义、毛泽东思想和党的路线、方针、政策的学习，提高职工的政治理论水平。(3)坚持"四会四访"制度（其具体内容见第八章第五节）。在兴趣化教育方面，小组有十三名青工自愿组成了学雷锋小组，开展"为您服务"活动。两年多来，他们坚持为职工送温暖、送方便，先后裁衣服 195 套，登门为职工理发 450 余次，做各种家务劳动 163 次。

当时，郝建秀小组之所以能够开创班组思想政治工作新局面，除了它自身努力之外，还和以下两个因素有关：一是宏观环境因素：1979 年至 1983 年是我国纺织工业发展的一个黄金时期。"在党的十一届三中全会以来的五年里，纺织工业的发展是相当快的，对整个国民经济的发展和人民衣着水平的提高起了很大作用。这五年中，总产值平均每年增长百分之十一。布票不要了，所有纺织品敞开供应。花色品种推陈出新，人民穿着越来越漂亮。这五年为国家建设积累的资金等于前二十九年的百分之六十，出口纺织品换来的外汇相当于前二十九年的换汇总额。人们所喜爱的化纤纺织品的零售价格，下降了百分之四十。对于纺织工业所取得的成绩，我们党和人民是十分高兴的。"①在这种良好的发展氛围里开创班组思想政治工作新局面，遇到的困难可能会比较少，也可能容易取得理想的效果。二是微观环境因素：在开创班组思想政治工作新局面上，郝建秀小组也一如既往地得到了国棉六厂党委的大力支持与帮助。其实，上文提及的"四会四访"制度是国棉六厂党委协助郝建秀小组总结出来的，"五二四"规律或"五二四"班组思想工作法则是国棉六厂党委总结出来的。对此，后来的有关资料做了如下介绍："鉴于党的十一届三中全会后，面对改革、开放、搞活的新形势和小组成员发生了重大变化（六十年代以前的老工人仅剩一人，百分之八十九的人员是七十年代中期以后入厂的青年工人）的情况，为切实发挥思想政治工作对实现小组目标管理、执行工厂方针目标的保证作用，培养教育小组成员成为有理想、有道德、有文化、有纪律的一代新人，六棉公司②党委协助郝建秀小组总结了'四会四访'的制度。……。'四会四访'制度的实行，使小组的思想政治工作做到了经常化、制度化，使小组拼搏创新奉献的火车头精神得以传承。在此基础上，六棉公司党委又根据郝建秀小组实施'四会四访'制度的情况，并结合新形势下思想政治工作的新规律和纺织厂班组的生产特

---

① 郝建秀：《中共中央书记处候补书记郝建秀给全国纺织工业劳动模范先进集体会议的祝贺信》(1984 年 4 月 9 日)，《中国工会运动史料全书》总编辑委员会、《中国工会运动史料全书》纺织卷编委会编：《中国工会运动史料全书·纺织卷》下册，中国纺织出版社，1999 年，第 506—508 页。
② 1999 年 9 月，国棉六厂被改制为"六棉公司"（详见第十章）。——笔者注

点,总结出适合班组工作、能够充分体现人情化管理的'五二四'班组思想工作法。"①

二 被评为"全国纺织工业先进集体"

在 1983 年至 1984 年期间,郝建秀小组不但在班组思想政治工作上开创了新局面,而且在班组管理、技术学习等方面也取得了优异成绩,因而先后获得了全国妇联授予的"三八红旗集体"(1983 年)和纺织工业部授予的"全国纺织工业先进集体"(1984 年)等荣誉称号。

"三八红旗手"和"三八红旗集体"是中华全国妇女联合会(简称全国妇联)授予优秀女性的至高荣誉。为了更充分地发挥妇女的积极作用,鼓励妇女的创业热情,1960 年,在纪念"三八"国际妇女节 50 周年之际,全国妇联开展了三八红旗手和三八红旗集体的评选活动,在全国范围内表彰了近 1 万名妇女先进人物和以妇女为主体的先进集体,并分别授予"全国三八红旗手"和"全国三八红旗集体"的光荣称号。"文化大革命"期间,全国"三八红旗手(集体)"的评选表彰工作一度停止。1979 年,这一工作重新得到恢复。1979 年和 1983 年,全国妇联分别进行过两次"三八红旗手"和"三八红旗集体"表彰活动。② 在 1983 年进行的那次表彰活动中,"以妇女为主体的"③郝建秀小组被评为"全国三八红旗集体",被全国妇联授予上面写有"三八红旗集体"六个大字的红色锦旗。

1983 年 7 月 5 日,纺织工业部、纺织工会全国委员会出台了《关于开展社会主义劳动竞赛和筹备召开劳动模范、先进生产者座谈会的通知》。该通知号召:"纺织工业各部门、各企业和全体职工都要围绕生产建设,以提高经济效益为中心,把群众性的比学赶帮超的社会主义劳动竞赛既轰轰烈烈又扎扎实实地开展起来。"为此,该通知提出了以下五点要求:一、认真贯彻全国职工思想政治工作会议和全国纺织职工思想政治工作经验交流会议精神,以共产主义思想为核心,加强对职工,特别是对青工的思想教育;二、结合两个文明建设中的主要任务,开展多种形式的社会主义劳动竞赛;三、在社会主义劳动竞赛中,培养新一代的先进模范人物。要

---

① 《关于郝建秀小组有关情况的回复》(取自王立永的办公电脑,其作者与写作的具体时间不详)。
② 参见中华全国妇女联合会:《三八红旗手简介》(https://www.women.org.cn/col/col176/index.html)。
③ 在这个时期以及在此之前,郝建秀小组成员都是女工,后来才有个别男工。

善于发现、总结和宣传他们的先进思想和先进事迹,用榜样的力量鼓舞群众,教育群众;四、各级党委、行政、工会、共青团组织都要加强对劳动竞赛的领导,满腔热情地支持新思想和新经验,爱护广大职工的社会主义积极性;五、结合年终总结,开展评选先进模范人物和先进集体的活动。[①] 不出所料的是,郝建秀小组又积极响应了这一号召。1984 年 4 月 12 日至 15 日,纺织工业部、纺织工会全国委员会在陕西咸阳市召开了全国纺织工业劳动模范、先进集体会议,原组长杨美珍代表郝建秀小组参加了这次会议。[②] 会上,150 个班组、科室、车间被授予"全国纺织工业先进集体"称号,郝建秀小组名列其中(据所获奖状)。

在第三章我们曾谈到:1953 年上半年,中国纺织工会全国委员会与中央纺织工业部一起开展了评选"纺织工业全国劳动模范"和"纺织工业模范单位"活动,结果,郝建秀被评为"纺织工业全国劳动模范",郝建秀小组被评为"纺织工业模范单位"。中国纺织工会全国委员会副主席孙洪敏在这次全国纺织工业劳动模范、先进集体会议上致开幕词时也提到了 1953 年的那次评选活动,他说:"1953 年评选全国纺织工业劳模曾为发展纺织工业生产建设,全面完成国家第一个五年计划起到了动员和促进作用。通过这次会议,也一定能够动员纺织战线的广大职工,更好地完成党和人民交给我们的光荣任务,为实现四化宏业,为全面开创社会主义现代化建设新局面做出新的更大的贡献。"[③]1953 年是第一次评选全国纺织工业劳模,这次则是第二次评选。郝建秀小组在第一次评选中被评为"纺织工业模范单位",时隔 31 年之后,又在第二次评选中被评为"全国纺织工业先进集体"。这种蝉联全国纺织工业模范单位(或先进集体)的情况即使在全国来讲也是不常见的。[④] 郝建秀小组在这次会议上介绍了自己的先进经验。后来,《永远发挥火车头的作用——坚持三十多年优质高产的郝建秀小组》[⑤]一文转述了郝建秀小组所介绍的先进经验:

[①] 详见《纺织工业部、纺织工会全国委员会关于开展社会主义劳动竞赛和筹备召开劳动模范、先进生产者座谈会的通知》(1983 年 7 月 5 日),《中国工会运动史料全书》总编辑委员会、《中国工会运动史料全书》纺织卷编委会编:《中国工会运动史料全书:纺织卷》下册,中国纺织出版社,1999 年,第 503—504 页。

[②] 参见《我省出席全国纺织劳模大会代表昨由青启程,本市十三人光荣参加这次大会》,《青岛日报》1984 年 4 月 11 日,第 1 版。

[③] 孙洪敏:《中国纺织工会全国委员会副主席孙洪敏在全国纺织工业劳动模范先进集体会议上的开幕词》(1984 年 4 月 12 日),《中国工会运动史料全书》总编辑委员会、《中国工会运动史料全书》纺织卷编委会编:《中国工会运动史料全书:纺织卷》下册,中国纺织出版社,1999 年,第 504—506 页。

[④] 后来,郝建秀小组又在 1989 年(第三次)被评为"全国纺织工业先进班组"、1994 年(第 4 次)被评为"全国纺织工业先进集体"。详见后述。

[⑤]《永远发挥火车头的作用——坚持三十多年优质高产的郝建秀小组》(1984 年 5 月,作者不详),青岛市纺织总公司档案管理中心藏,国棉六厂文书档案 30 年类第 469-1 卷。

一、开展多样化的思想教育,提高人的政治素质。在坚持传统教育的同时,不断探索思想政治工作的新规律,运用科学工作方法进行思想政治工作。二、坚持"郝建秀工作法",不断提高技术素质。"郝建秀工作法"是小组的传家宝。三、坚持管理民主化、标准化、科学化,提高班组管理素质。近几年来,她们从班组建设需要出发,进一步健全了以生产组长为中心的"四长""五大员"民主管理体系以及"二十字"民主管理工作方法,即:四会四访、质量把关、精打细算、勤学苦练、关心生活。① 简而言之,就是郝建秀小组把其先进经验概括为不断提高小组成员的思想(政治)素质、技术素质和班组管理素质等三个方面。在此后较长时间里,有关机构和郝建秀小组自身几乎都是这样介绍郝建秀小组的先进经验,如后来发表在《青岛工运》1987 年第 1 期的《争当"双文明"建设的火车头》一文就是如此(详见本章第四节)。

三　又面临新的形势

这里所说的"新的形势",是指进入 1984 年以后我国工业发展特别是纺织工业发展所面临的新形势,其主要内容有二:一是进入 1984 年以后,我国纺织生产能力过剩,有些纺织产品滞销积压,企业效益下滑,纺织生产进入了一个转折时期。二是 1984 年 10 月中共十二届三中全会通过了《中共中央关于经济体制改革的决定》,这标志着当时业已开展的经济体制改革从此进入了以国有企业改革为重点的阶段。

如前所述,1984 年 4 月 12 日至 15 日,纺织工业部、纺织工会全国委员会在陕西咸阳市召开了全国纺织工业劳动模范、先进集体会议。会后(1984 年 4 月 27 日),中国纺织工会全国委员会就这次会议情况给全总书记处写了报告,该报告介绍了当时我国纺织工业发展所面临的新形势:"党的十一届三中全会以来,从 1977 年到 1983 年的五年中,纺织工业无论在生产规模上,品种质量上都得到全面的、持续的发展,总产值平均每年增长 11%。从去年 12 月份起,纺织品在全国敞开供应,免收布票,人民'衣被甚少'的状况得到了改变,这是纺织工业形势大好的重要标志。但在新的形势下,纺织工业的主要矛盾,已由过去数量供不应求,转化为人民

---

① 关于这三方面的先进经验的具体内容,详见上节《运用科学化方法积极开创班组思想政治工作新局面》和后述(本章第四节)《争当"双文明"建设的火车头》两篇文章,故此处从略。

对花色、品种、质量上的要求越来越高,部分纺织品出现了滞销积压,而人民喜爱的品种花色又往往不能满足需要,这是当前纺织品面临的第一个问题。其次,纺织品经过几次调整比价,利润下降,纺织已成为微利企业,经营不善就可能出现亏损。以上情况说明,纺织工业的发展已经进入一个新的转折时期,单纯靠扩大生产能力和提高产量来增加利润的老路子已经走不通了。出路在于改革,在于探索提高经济效益的新路子。"①那么,郝建秀小组如何继续在"新路子"上不断前进?

《中共中央关于经济体制改革的决定》指出:"我国建国三十五年来所发生的深刻变化,已经初步显示出社会主义制度的优越性。但是必须指出,这种优越性还没有得到应有的发挥。其所以如此,除了历史的、政治的、思想的原因之外,就经济方面来说,一个重要的原因,就是在经济体制上形成了一种同社会生产力发展要求不相适应的僵化的模式。这种模式的主要弊端是:政企职责不分,条块分割,国家对企业统得过多过死,忽视商品生产、价值规律和市场的作用,分配中平均主义严重。这就造成了企业缺乏应有的自主权,企业吃国家'大锅饭'、职工吃企业'大锅饭'的局面,严重压抑了企业和广大职工群众的积极性、主动性、创造性,使本来应该生机盎然的社会主义经济在很大程度上失去了活力。"因此,该决定强调:"增强企业的活力,特别是增强全民所有制的大、中型企业的活力,是以城市为重点的整个经济体制改革的中心环节。"至于增强企业的活力的具体做法,该决定认为:"为了增强城市企业的活力,提高广大职工的责任心和充分发挥他们的主动性、积极性、创造性,必须在企业内部明确对每个岗位、每个职工的工作要求,建立以承包为主的多种形式的经济责任制。"②"经济责任制"的实施始于 1981 年。当年 10 月 29 日,国务院批转了国家经济委员会、国务院体制改革办公室制订的《关于实行工业生产经济责任制若干问题的意见》。该意见指出:"经济责任制是在国家计划指导下,以提高社会经济效益为目的,实行责、权、利紧密结合的生产经营管理制度。它要求企业的主管部门、企业、车间、班组和职工,都必须层层明确在经济上对国家应负的重任,建立健全企业的生产、技术、经营管理各项专责制和岗位责任制,为国家提供优质适销的产品和更多积累。"该意见认为:"实行经济责任制要抓好两个环节。一个环节是国家对企业实行的经济责任制,处理好国家与企业之间的关系,解决企业经

---

① 《中国纺织工会全国委员会关于纺织劳模会议情况给全总书记处的报告》(1984 年 4 月 27 日)、《中国工会运动史料全书》总编辑委员会、《中国工会运动史料全书》纺织卷编委会编:《中国工会运动史料全书·纺织卷》下册,中国纺织出版社,1999 年,第 516—518 页。

② 《中共中央关于经济体制改革的决定》(中国共产党第十二届中央委员会第三次全体会议一九八四年十月二十日通过)、《人民日报》1984 年 10 月 21 日,第 1 版。

营好坏一个样的问题;另一个环节是建立企业内部的经济责任制,处理好企业内部的关系,解决好职工干好干坏一个样的问题。"①约一年以后,1982年10月,国家体改委、国家经委、财政部召开了十一省、市、自治区工业经济责任制座谈会,出台了《当前完善工业生产经济责任制的几个问题》一文。1982年11月8日,国务院批转了该文。该文认为,当前完善经济责任制,要把工作重点放在落实企业内部经济责任制上面,并提出要抓好七个方面的工作,其中第一个方面的工作是:"企业要根据国家宏观计划的要求和对国家承担的经济责任,制定一个以提高经济效益为中心的奋斗目标。按照责、权、利相结合,责字当头的原则,逐项分解,层层落实到科室、车间、班组直到个人。建立起一套纵横配套、上下结合的比较完整的岗位经济责任制。"第六个方面的工作是:"坚持思想领先的原则,做好深入细致的思想政治工作,把严格的经济责任制同高度的政治责任心结合起来。"②那么,郝建秀小组如何在实行经济责任制的过程中继续保持并创新其先进性?

事后来看,在"探索提高经济效益的新路子"上尤其是在实行经济责任制的过程中,郝建秀小组又有诸多优秀的表现,因此,1985年6月,郝建秀小组再次被青岛市人民政府评为"青岛市模范集体"。③ 之后,《青岛日报》和《经济日报》等报刊又对郝建秀小组进行了宣传报道。

1985年10月6日,《青岛日报》在第一版以《忘我劳动,艰苦奋斗,刻苦学习,不断创新,郝建秀小组坚持发挥"火车头"作用》④为题报道了郝建秀小组。该文首先指出:"青岛国棉六厂'郝建秀小组'坚持对工人进行'四种精神'教育,小组三十三年坚持发挥火车头作用。'四种精神'是一九五二年'郝建秀小组'成立时提出来的。三十三年前,郝建秀同志依靠四种精神,创出了'郝建秀工作法',为提高棉纺生产做出了重大贡献。之后,这个小组便以郝建秀为榜样,经常不断地对工人进行四种精神的教育。"该文所说的"四种精神"分别是指:忘我劳动、为社会主义甘当老黄牛的精神;精打细算、爱厂如家的艰苦奋斗精神;精益求精、刻苦学习操作技术的

---

① 《国家经济委员会、国务院体制改革办公室关于实行工业生产经济责任制若干问题的意见》,劳动部劳动科学研究所、全国总工会劳动工资社会保障部编:《中国劳动、工资、保险福利政策法规汇编》,海洋出版社,1990年,第180页。

② 《当前完善工业生产经济责任制的几个问题》,劳动部劳动科学研究所、全国总工会劳动工资社会保障部编:《中国劳动、工资、保险福利政策法规汇编》,海洋出版社,1990年,第190—191页。

③ 据所获得的奖状。其奖状上的文字为:"青岛国棉六厂郝建秀小组 在社会主义物质文明和精神文明建设中,做出了优异成绩,被评为青岛市模范集体。青岛市人民政府(公章) 一九八五年六月"。

④ 刘振华、王森:《忘我劳动,艰苦奋斗,刻苦学习,不断创新,郝建秀小组坚持发挥"火车头"作用》,《青岛日报》1985年10月6日,第1版。

精神；勇于探索、不断创新的改革精神。其实，从前面的论述可知，我们是无法证实这"四种精神"是1952年郝建秀小组成立时提出来的，在此（1985年）之前，也从未有人对郝建秀小组所具有的精神进行过类似这样的概括。介绍完这"四种精神"之后，该文接着说："近几年来实行奖金制度后，'郝建秀小组'没有单纯搞物质刺激，而是把'四种精神'教育和物质利益结合起来，以发扬'四种精神'为主，以物质鼓励为辅。厂里实行经济责任制记分发奖后，郝建秀小组由于工作标准要求高，检查制度严，有时奖金比其他班组少。有段时间个别同志受社会上'一切向钱看'的影响，不愿在这个小组干，小组及时进行'忆传统，想英烈，比贡献，甘当老黄牛'的教育，很快使这些同志思想转变过来。"如前所述，这里提及的"实行奖金制度""搞物质刺激""实行经济责任制记分发奖"等做法是最近几年才开始搞的，面对这些做法，郝建秀小组的一些工人的思想发生了动摇，甚至"不愿在这个小组干"。好在郝建秀小组毕竟不同于一般小组，它能及时把"这些同志思想转变过来"。该文最后说："三十三年来，她们先后六次被全国和纺织工业部评为先进单位，二十二次被省、市、局评为先进集体。去年，在新老组长交替的情况下，全组发扬'四种精神'，奋力拼搏，在全车间三十二个小组中仍然夺取总分第一名。今年一至七月份，她们又按月超额完成了生产任务，用实际行动保持着纺织工业部授予的'勇往直前的火车头'[①]的荣誉。"

上文说郝建秀小组能够很快地把"不愿在这个小组干"的工人的思想转变过来，那么，郝建秀小组是如何做到这一点的？1985年12月23日《经济日报》发表的《恒力来自何方——记青岛国棉六厂郝建秀小组》[②]一文给出了部分答案。该文首先指出：郝建秀小组"三十三年如一日保持着贡献的恒力。组长换了四任，人员进了五茬，但这种恒力始终没变。奖金可以少拿，但生产任务一两也不能少。三十三年，月月年年超额完成计划，……。1953年，中纺部和全国纺织工会授予他们'永远发挥火车头的作用'的锦旗，三十多年来，任凭风风雨雨，这个'火车头'从未停驰，始终是纺织行业的标杆。"然后，该文发问："那么，恒力来自何方？"该文力图回答这个问题。它主要从二个方面探讨了这种"恒力"的来源：（1）"建组初期的三十五名工人中有二十六名十一二岁就进了资本家工厂当童工，被老板称为'吃花毛的虫子'。'虫子'和主人之间的差别这个小组的工人们是有体会的，所以他们更珍惜

① 这种表述不准确。如第三章所述，1953年，中央人民政府纺织工业部和中国纺织工会全国委员会授予郝建秀小组的锦旗上的文字是"永远发挥火车头的作用"，而不是"勇往直前的火车头"。——笔者注
② 陈雷、王正训(本报记者)：《恒力来自何方——记青岛国棉六厂郝建秀小组》《经济日报》1985年12月23日，第1、2版。

今天的荣誉,小组每个成员都把报答党的恩情,维护小组声誉看成是至高无上的。这种群体观念,使他们忘记了疲劳,只知道创造。"(2)"要说小组中每一个人,每一时期都没有情绪波动、思想问题,那是神话。但经常性的思想政治工作,解开了人们思想上的锁。"(3)"永远不满足于取得的成绩,永远对自己苛求,是郝建秀小组保持恒力的又一重要因素。他们时刻提醒自己,全国学我们,我们怎么办? 他们不断找差距,技术上也不断有进展。"从该文的这种分析来看,"恒力"都来源于郝建秀小组自身所具备的某些素质。对此,我们还可以再追问一下:郝建秀小组和别的生产小组一样,如果没有某些外力的作用,是难以自然而然地具备那些素质的,那么,她们的那些素质又是如何获得的? 该报道似乎也意识到了这一点,在谈论上述第3点来源时,便补充说:"这是一个不满足现状的基层集体,也有不满足现状的上级领导。11 月 21 日国棉六厂党委专门研究了怎样使郝建秀小组在管理科学上更上一层楼,思想政治工作怎样与青年更相适应等问题。"从前面几章的论述可知,"也有不满足现状的上级领导"这一点十分重要,如果没有"不满足现状的上级领导"对郝建秀小组的持续帮助与培养,郝建秀小组也就不会持续拥有产生上述"恒力"的那些素质。同理,如果没有"不满足现状的上级领导"的帮助,估计郝建秀小组也难以把"不愿在这个小组干"的工人的思想转变过来。该文最后还指出:"'郝建秀小组'在青岛纺织行业中已不再是个人或一个小集体的名字,而是不怕苦,不怕累,不求索取,只讲贡献的象征。这种贡献的精神正在带动人们前进,她的火车头作用正得到发挥。目前,青岛纺织行业中,经市纺织总公司命名的'郝建秀小组式的先进班组'有二百六十五个,这二百六十五个班组像二百六十五节满载的车厢正随着郝建秀小组这一火车头向着二〇〇〇年迅跑。"

四　被评为"全国先进班组"

1986 年 4 月,第六届全国人民代表大会第四次全体会议通过了我国第七个五年计划(1986 年至 1990 年的国民经济和社会发展计划)。相应地,1986 年 4 月 13 日,全国总工会向全国职工发出了《全国职工积极动员起来,开展社会主义劳动竞赛,为实现"七五"计划献计出力,建功立业》的号召。该号召指出:第七个五年计划期间,是我国经济发展战略和经济体制进一步由旧模式向新模式转换的关键时期。实现第七个五年计划,对于更好地保证九十年代经济的振兴和繁荣,顺利实现本世纪末的宏伟目标,具有十分重要的意义。全国职工要发扬愚公移山精神,发挥主人翁作用，不断提高思想觉悟和科学文化水平，积极参加企业民主管理，广泛开展合理化建议和技术革新活动，推进社会主义物质文明和精神文明建设的发展。该号召号召全国职工积极行动起来，广泛开展做"四有"①职工、当改革主力、为四化立功的社会主义劳动竞赛，为实现第七个五年计划建功立业。该号召还向全国职工提了七点要求，其中第六点是："开展创先进班组的活动，大力培训班组长，提高班组的管理水平。在班组间开展比定额先进，降低物质消耗；比产品质量，执行工艺贯彻质量标准；比基础管理；比文明生产，安全操作，生产秩序；比共产主义风格，主人翁精神，做'四有'职工的劳动竞赛。通过班组竞赛创合格班组、信得过班组和先进班组，把班组建设提高到一个新的水平。"②

接着，1986年5月26日，全总办公厅又出台了《关于认真落实全国总工会关于开展社会主义劳动竞赛号召的通知》。该通知说："四月十三日全国总工会发出了《全国职工积极动员起来，开展社会主义劳动竞赛，为实现"七五"计划献计出力，建功立业》的号召。采取有效措施，把这一号召落到实处，是各级工会的一项重要任务。各地总工会、各产业工会已经作了大量的工作。为推进这一工作，特提出如下要求，供参照执行。"在所提出的"要求"中，包括："要抓好班组的劳动竞赛，把创三组③升级竞赛深入扎实地开展起来，提高班组的管理水平。各地和各行各业都要根据自己的特点，创造性地开展好班组竞赛。要深入调查研究，总结好典型经验，迎接九月召开的全国班组工作会议。"该通知还说："今年九月在全国班组工作会议上表彰200个左右先进班组和一批先进班组长，推广一批先进班组的经验。"④

在"全国班组工作会议"召开之前，1986年4月，山东省人民政府评选出了一批"先进班组"，其中包括郝建秀小组。⑤

1986年9月15日至18日，全国总工会和国家经委如期在北京召开了全国班组工作会议及表彰大会。会议表彰了296个全国先进班组和119个全国先进班组长，由全国总工会分别颁发"五一劳动奖状"和"五一劳动奖章"。郝建秀小组名列

---

① "四有"指有理想、有道德、有文化、有纪律。——笔者注

② 《中华全国总工会号召全国职工积极动员起来，开展社会主义劳动竞赛，为实现"七五"计划献计出力，建功立业》，《工人日报》1986年4月13日。

③ 根据前述《全国职工积极动员起来，开展社会主义劳动竞赛，为实现"七五"计划献计出力，建功立业》一文，"创三组"应该是指"创合格班组、信得过班组和先进班组"。——笔者注

④ 《全总办公厅关于认真落实全国总工会关于开展社会主义劳动竞赛号召的通知》（1986年5月26日），中华全国总工会《中国工会运动史料全书》总编辑部编：《中国工会运动史料全书（电子版）：综合卷》第十二卷第三章，中国职工音像出版社，新出音管【1997】51号。

⑤ 据所获得的奖状。该奖状上的文字为："授予青岛第六棉纺织厂细纱郝建秀小组为先进班组 山东省人民政府（公章） 一九八六年四月"。

被表彰的"全国先进班组"之中,时任郝建秀小组组长的仇美春则名列被表彰的"全国先进班组长"之中,因此,郝建秀小组和仇美春分别获得了全总颁发的"五一劳动奖状"和"五一劳动奖章"(据所获得的奖状和奖章)。

"五一劳动奖章"和"五一劳动奖状"是全国总工会于1985年2月做出决定颁发的。全总当时的决定是:"凡工业交通、基本建设、农林水利、财贸金融、文化、教育、新闻、出版、卫生、科研、体育、公安、机关团体等各行各业的职工和集体,在四化建设中贡献突出,由省、自治区、直辖市总工会和全国产业工会评定申报,经中华全国总工会审核批准,对个人颁发'五一劳动奖章',授予相应的荣誉称号;对集体颁发'五一劳动奖状',授予全国先进集体荣誉称号。""各行各业的企业、事业、机关、团体及其下属单位直至班组,在四化建设中,出色地完成任务,创造出优异成绩,达到或创造全国同行业先进水平,授予全国先进集体荣誉称号,颁发'五一劳动奖状'。"①

那么,郝建秀小组"在四化建设中"究竟创造出了哪些优异成绩才被评为了"全国先进班组"?《青岛工运》1987年第1期发表的《争当"双文明"建设的火车头》②一文回答了这个问题。该文是以郝建秀小组的名义写的,写于1986年10月。该文分别从深化班组思想政治工作、优化技术操作和强化班组管理工作等三个方面详细地介绍了郝建秀小组自中共十一届三中全会以来所取得的成绩或先进经验。在谈论"深化班组思想政治工作"时,该文首先介绍了前已述及的"四会""四访"制度和"五二四"规律,并说:"在解决小组成员各种思想问题方面,我们的基本方针是:灌输、启发、引导、感化、鼓励,以此培养小组全体成员做主人、爱本职的奉献精神。"之后,分别介绍了"灌输、启发、引导、感化、鼓励"的具体做法。在谈论"优化操作技术"时,该文说:"三十多年来,我们坚持在实践中运用郝建秀工作法的基本规律,不断提高操作技术水平,保证了生产任务的完成。在此基础上,积极学习全国各地细纱操作的先进技术和先进经验,使全组的操作技术迈了三大步,三次上水平。"其中,迈出的第一大步是:"到1981年底,小组操作优一级率由1979年的65%提高到100%。"迈出的第二大步是:"从1983年下半年开始,我们小组全部使用了国产新设备A513W型新细纱机。为了迅速掌握新机性能,不断提高45支涤棉纱的质量水平,我们成立了由保全技术员、小组保养员和落纱工三位一体的操作

---

① 《中华全国总工会关于颁发"五一劳动奖章"和"五一劳动奖状"的决定》(1985年2月25日),中华全国总工会《中国工会运动史料全书》总编辑部编:《中国工会运动史料全书(电子版):综合卷》第十二卷第三章,中国职工音像出版社,新出音管【1997】51号。

② 青岛第六棉纺厂郝建秀小组:《争当"双文明"建设的火车头》,《青岛工运》1987年第1期。

攻关兴趣小组,学习研究新机的操作规律,……,到 1985 年 7 月,全组操作优级手达到满堂红(100％)。现在,小组已连续十四个月保持了优级率百分之百。"迈出的第三大步是:最近几年,"为了迅速提高操作技术水平,我们先后一上西北,两下江南,学习各方先进操作技术经验,……,小组的操作技术水平有了迅速的发展和提高。七人获得了市级能手称号,五人获得了山东省操作能手称号,一人获得了全国青年操作能手称号。小组的操作技术开始跨入了全国先进水平的行列。"在谈论"强化班组管理工作"时,该文指出:"班组管理民主化,这是我们小组的光荣传统。近两年来,按照经济体制改革的要求,我们在班组管理的指导思想上立足改革创新,逐步实现了'两个转变',即由单纯行政管理,逐步转向目标管理;由封闭管理,逐步转向开放管理。通过'两个转变',使小组全体成员牢固树立当家作主的观念,各项专业管理都能落实到人,切实体现了小组指标人人扛,小组管理大家干,不断增强了班组的活力。在班组管理形式上,我们实行了群体共管的民主管理办法,按照统一领导,分头管理的原则,明确规定了生产组长的职责。按照小组管理五条线,设置政治宣传员、计划员、质量员、预算员、安全生活员,并以五大员为基础,组成了小组工作民主管理网。"该文所介绍的上述三个方面的先进经验,与前述《永远发挥火车头的作用——坚持三十多年优质高产的郝建秀小组》一文(见本章第二节)所转述的郝建秀小组的先进经验基本相同。

五　庆祝建组 35 周年

对郝建秀小组来说,1987 年是不平凡的一年,因为在这年的 5 月 22 日,国棉六厂隆重举行了庆祝郝建秀小组建组 35 周年活动。作为这次庆祝活动的"预热",1987 年 5 月 1 日《青岛日报》在第 2 版刊登了郝建秀小组的一张集体照片(照片中只有 7 个工人),其说明为:"青岛国棉六厂'郝建秀小组'的姐妹们同心协力,35 年来年年季季月月全面完成国家计划。图为小组的姐妹们在一起研究双增双节的实施办法。"这是《青岛日报》首次宣传郝建秀小组"35 年来"年年季季月月全面完成国家计划。几天之后,5 月 7 日《青岛日报》在第 2 版刊登了题为《为社会主义两个文明建设建功立业——青岛市 1987 年先模巡回报告团成员事迹简介》的图片报道,在被介绍的"先模"中只有一个集体,这就是郝建秀小组,其图片的说明为:"郝建秀小组建组于 1952 年。35 年来,该组为国家生产棉纱 5.4 万余吨,节约原棉 40余吨,创造产值 5.4 亿余元。35 年间,该组先后向本厂各级领导机关输送干部和专业管理人才 34 人,为全国各兄弟单位培养输送熟练操作技术工人 240 多名。曾被纺织工业部、全国妇联和国家经委等授予'全国标杆小组''三八红旗集体'和'全国先进班组'等光荣称号,先后有 13 人被评为全国和省、市操作能手,两人被授予'五一'劳动奖章。"

这次庆祝郝建秀小组建组 35 周年的活动虽然只是由国棉六厂组织的,但上级领导对此极为重视。时任中共中央书记处书记的郝建秀给郝建秀小组写来了贺信并题词'爱纺织多贡献'。郝建秀在信中说:"三十五年来,在党的正确领导及亲切关怀下,全体同志,不忘党的培养,不负人民的期望,……,为纺织工业的发展做出了贡献。这三十五年是全体姐妹们奋斗的三十五年,奉献的三十五年,也是不断成长的三十五年。"①时任纺织工业部部长的吴文英专程从北京赶来参加了这次庆祝活动并讲了话。纺织工会全国委员会副主席孙洪敏、山东省纺织工业厅厅长平茅芦、中共青岛市委副书记、市长郭松年等领导也出席了这次庆祝活动。从出席这次庆祝活动的上级领导的行政职务的级别来看,这次庆祝建组 35 周年的活动不但比上次庆祝建组 30 周年的活动更受上级领导的重视,而且比后来庆祝建组 40 周年和建组 50 周年的活动(分别见本章第七节和第十章第五节)都更受上级领导的重视。那么,在郝建秀小组建组并非"逢十"的年份,国棉六厂组织的这次庆祝活动为什么能够得到上级领导的如此高度重视? 我们认为,要解释这个问题,需要着重考虑以下四个方面的背景因素。

(一) 当时十分重视班组建设

如前所述,1986 年 9 月 15 日至 18 日,全国总工会和国家经委在北京召开了全国班组工作会议及表彰大会。会议表彰了 296 个全国先进班组(含郝建秀小组)和 119 个全国先进班组长(含郝建秀小组组长仇美春)。全国总工会副主席罗干、国家经委副主任袁宝华在会上讲了话。罗干在讲话中指出:班组是企业的"细胞",是企业一切工作的落脚点。加强班组建设是我国经济发展的战略要求,是完成"七五"计划和实现改革任务的重要保证。② 袁宝华在讲话中也指出:企业是国民经济的细胞,班组是企业的细胞,企业的兴衰,不仅经营者有责,班组同样有责。从根本

---

① 《郝建秀的贺信》,青岛市纺织总公司档案管理中心藏,国棉六厂文书档案 30 年类第 504 卷(庆祝郝建秀小组建组三十五周年活动专卷)。

② 参见刘桂清:《积极探索班组建设的新路子——全国班组工作会议在北京召开》,《企业管理》1986 年第 11 期。

上讲,加强班组建设正是改革的新形势所提出的要求。① 这次会议还讨论了《关于加强工业企业班组建设的意见》。经修改后,该意见由全国总工会、国家经委于1986年12月3日联合下发工会和经委系统实施。② 1986年12月1日,全国总工会、国家经委、劳动人事部、全国职工教育管理委员会联合发出通知,要求对全国700多万个班组的班组长进行文化、技术和班组工作基本知识等方面的培训,以适应企业抓管理、上等级、全面提高素质的需求。③ 在这种形势下,长期保持先进状态并且具有独特的班组管理经验的郝建秀小组可能更容易受到上级领导的高度关注。

（二）当时在经济领域正在开展增产节约、增收节支运动,要求劳动模范和先进人物在这项运动中充分发挥"带头、骨干和桥梁作用"

根据党中央、国务院的相关决定,1987年2月6日,全国总工会出台了《关于动员广大职工群众广泛开展增产节约、增收节支运动的通知》。该通知指出:"最近,党中央、国务院决定在全国范围内,在各行各业中广泛开展增产节约、增收节支运动,这是恢复和发展我们党艰苦奋斗的优良传统,适应社会主义有计划商品经济发展,深化企业改革,全面提高经济效益的一项重大措施,也是向我国工人阶级发出的加强'两个文明'建设,树立良好社会风尚的战斗号召。全国广大职工和各级工会组织要认识自己的重大责任,立即行动起来,热烈响应这一号召。"为此,该通知做出了六点"通知",其中第六点是:"充分发挥劳动模范和先进人物的作用。劳动模范和先进人物,是走在时代前列的光荣战士,他们的先进思想和模范行动,是推动我国社会主义现代化事业不断发展的动力。各级工会组织要认真做好劳动模范和先进人物的工作,充分发挥他们在增产节约、增收节支运动中带头、骨干和桥梁作用。同时要注意发现在这一运动中涌现出来的新的先进模范人物,总结和宣传他们的先进思想和先进事迹,推广他们的先进经验,并及时给予表彰和奖励。全国总工会将在'五一'节前夕,表彰一批在'两个文明'建设中做出突出贡献的先进个人和先进集体。"④

① 袁宝华:《加强班组建设,推进企业改革》,《经济工作通讯》1986年第20期。
② 王渔等主编:《当代中国工人阶级和工会运动纪事》,辽宁大学出版社,1989年,第603页。
③ 王渔等主编:《当代中国工人阶级和工会运动纪事》,辽宁大学出版社,1989年,第609页。
④ 《全国总工会关于动员广大职工群众广泛开展增产节约、增收节支运动的通知》(1987年2月6日),中华全国总工会《中国工会运动史料全书》总编辑部编:《中国工会运动史料全书(电子版):综合卷》第十二卷第三章,中国职工音像出版社,新出音管【1997】51号。

1987年4月12日,《人民日报》在相关社论中进一步强调:"特别值得重视的是,必须抓好增产节约、增收节支运动。这是长期以来我们搞好经济建设的一个重要法宝。在新的历史时期,必须继续发扬艰苦奋斗、勤俭建国、勤俭办一切事业的优良传统,紧密结合经济体制改革,把增产节约、增收节支运动广泛、深入、持久地开展下去,使之发挥更大的威力。"①

高度重视这次庆祝郝建秀小组建组35周年的活动,可以视为"认真做好劳动模范和先进人物的工作"的一种体现,故也是一种积极响应党中央、国务院发出的关于广泛开展增产节约、增收节支运动的号召的行为。

(三) 纺织工业的特殊性

当时,我国纺织工业需要承担出口创汇的重任。"国家建设需要外汇,主要靠轻纺工业,特别是纺织工业。纺织工业基础比较好,而且容易打出去。"②1986年,党中央、国务院作出了振兴纺织的战略决策,要求以扩大纺织品出口创汇为目标,以沿海城市为重点,带动纺织工业的全面振兴。纺织工会全国委员会负责人强调:"实现纺织工业的战略转移,同样是摆在各级纺织工会面前的中心任务,是我们义不容辞的责任,要求各级工会动员广大职工为扩大纺织品出口献才智、献力量。"为了完成这一中心任务,1987年3月,沿海12城市纺织工会发出了"开展出口创汇、双增双节,为振兴纺织建功立业活动"的倡议。③ 据1987年12月8日《人民日报》报道:"继去年我国纺织品跃为国家最大宗出口商品之后,今年出口持续大幅度增长。1月至10月,纺织品与服装出口额已达74亿美元,占全国商品出口总值的四分之一。"④由此可见当时纺织品出口对我国"创汇"的重要性。

在新中国成立初期乃至上个世纪五六十年代,青岛的纺织工业和上海、天津的纺织工业一样,在全国占有十分重要的地位,一起位居前列,被誉为中国纺织工业

---

① 《办好两件大事——祝贺六届全国人大五次会议和全国政协六届五次会议闭幕》,《人民日报》1987年4月12日,第2版。

② 《吴文英部长在青岛纺织系统党政负责干部会议上的讲话》(1987年5月23日),青岛市纺织总公司档案管理中心藏,国棉六厂文书档案30年类第504卷。

③ 参见《纺织工会全委副主席孙洪敏在全国纺织工业厅局长会议上的发言》(1987年12月22日),《中国工会运动史料全书》总编辑委员会、《中国工会运动史料全书》纺织卷编委会编:《中国工会运动史料全书:纺织卷》下册,中国纺织出版社,1999年,第838—840页。

④ 《纺织品出口增长快,1月至10月出口额达到74亿美元,占全国商品出口总值的四分之一》,《人民日报》1987年12月8日,第2版。

的"上、青、天"。相应地,青岛纺织工业也承担了出口纺织品换取外汇的重担。至1980 年,青岛纺织品的出口交货值和创汇额占山东省出口纺织品的主要份额,成为全国重要的纺织品出口基地。为了适应纺织品在国际市场上的激烈竞争,1981年 12 月,青岛方面还成立了"青岛纺织品联合进出口公司"（简称"青纺联"）。1982年 4 月,该公司正式对外营业。

在纺织工业发生这种"战略转移"的背景下,上级领导高度重视青岛纺织工业的发展并因此而高度重视这次庆祝活动,也就不令人感到意外了。

（四）郝建秀的影响

1977 年,郝建秀当选为中共第十一届中央委员会委员。[①] 1977 年 12 月至1981 年 3 月,郝建秀担任纺织工业部副部长、党组成员。1981 年 3 月至 1982 年 9月,郝建秀担任纺织工业部部长、党组书记。1982 年 9 月,在中共十二大上,郝建秀再次当选为新一届中央委员会委员[②],并在中共十二届一中全会上当选为中央书记处候补书记。[③] 1985 年 9 月,在中共十二届五中全会上,郝建秀被增选为中央书记处书记。[④] 因此,1987 年 5 月 23 日,纺织工业部部长吴文英在青岛纺织系统党政负责干部会议上讲话时强调说:"青岛纺织工业为国家培养了大批的领导干部,特别是郝建秀同志到中央书记处工作,是我们纺织职工的骄傲,青岛市的骄傲,我们要引以为荣,加倍工作,为纺织工业的振兴,做出无私的奉献。"[⑤]既然郝建秀"是我们纺织职工的骄傲,青岛市的骄傲",那么,以郝建秀的名字命名并且一直保持先进状态的"郝建秀小组"也应该"是我们纺织职工的骄傲,青岛市的骄傲"。考虑到这一点,吴文英等上级领导高度重视这次庆祝活动也就在情理之中了。

基于对上述四个背景因素的考虑,我们可以认为,上级领导高度重视这次庆祝活动的基本目的有二:一是为了进一步肯定、表彰、鼓励郝建秀小组,并结合新的形势要求,重新阐释郝建秀小组的先进性,进一步将它树立为其他班组学习的榜样。二是为了进一步加强和创新整个纺织行业的班组建设等方面的工作,以便进一步

---

① 参见《中国共产党第十一届中央委员会委员和候补委员三百三十三人名单》,《人民日报》1977 年 8 月 21日,第 3 版。

② 参见《十二届中央委员会正式委员名单》,《人民日报》1982 年 9 月 11 日,第 1 版。

③ 参见《在十二届一中全会上当选的政治局和书记处成员》,《人民日报》1982 年 9 月 13 日,第 2 版。

④ 参见《中共十二届五中全会公报》,《人民日报》1985 年 9 月 25 日,第 1 版。

⑤ 《吴文英部长在青岛纺织系统党政负责干部会议上的讲话》(1987 年 5 月 23 日),青岛市纺织总公司档案管理中心藏,国棉六厂文书档案 30 年类第 504 卷。

落实党中央、国务院提出的振兴纺织的战略决策。

国棉六厂党委负责人蔡文俊在这次庆祝大会上致了开幕词,他说:"三十五年来,在党中央、国务院和老一辈无产阶级革命家的亲切关怀下,在各级党组织的培养教育和各先进班组的爱护、支持下,郝建秀小组全体同志自觉地坚持党的领导,坚持社会主义方向,坚持马克思主义、毛泽东思想,维护安定团结的局面,做出了不懈的努力。无论形势多么复杂,条件多么艰苦,工作多么困难,人员怎么变动,始终以主人翁的精神对待党的事业,以主人翁的思想关心国家大事,以主人翁的态度搞好班组建设,以主人翁的觉悟做好本职工作,做到了传统不丢,本色不变,团结一心,奋力进取,出色地完成了国家交给的光荣任务。三十五年来,月月、季季、年年超额完成各项生产计划。"①

纺织工业部部长吴文英在这次庆祝大会上讲了话,她认为:郝建秀小组35年来,的确是发扬了主人翁的精神,在许多方面都起了带头作用,也的确值得我们全国班组向郝建秀小组学习。她还提了三点希望:一、希望我们所有的先进小组,要更好地发扬工人阶级的优良传统。现在我们正在开展增产节约、增收节支运动,希望我们这些先进小组都在这一活动中继续保持和发挥带头作用。二、希望所有的纺织工人要更好地热爱纺织、热爱本职工作,不断为四化建设做出贡献。三、希望大家都来积极探索,勇于改革。她说:"我们的班组建设要进一步创造新的经验,在深化和提高上下功夫。今天青岛举行这样一个活动,不仅对郝建秀小组是一个很大的鼓励,而且对我们整个行业的班组建设也将起到积极的作用。"②

中共青岛市委副书记、市长郭松年代表市委、市政府也在会上讲了话,他说:郝建秀小组是具有光荣传统的优秀集体。"他们在各条战线上都发挥了积极作用,并且把郝建秀小组的优良思想和操作技术广为传播开来。郝建秀小组既是青岛纺织行业的光荣,也是我们青岛市的光荣,我们希望郝建秀小组的同志们,发扬优良传统,争取更大的光荣,在发展纺织生产、扩大纺织品出口中,不断地建立新的功绩。希望全市纺织战线的广大干部职工,进一步推广郝建秀小组搞好两个文明建设的经验,坚持四项基本原则,在'双增双节'、深化改革和对外开放中,不断地创立新的

---

① 蔡文俊:《在庆祝郝建秀小组建组三十五周年大会上的讲话》(1987 年 5 月 22 日),青岛市纺织总公司档案管理中心藏,国棉六厂文书档案 30 年类第 504 卷。

② 《在庆祝郝建秀小组建组 35 周年大会上吴文英部长的讲话》(1987 年 5 月 22 日,根据讲话录音整理,未经本人审阅),青岛市纺织总公司档案管理中心藏,国棉六厂文书档案 30 年类第 504 卷。

成绩,为振兴我国纺织工业,为社会主义物质和精神文明建设,做出更大的贡献!"①

青岛纺织工业总公司党委书记陈龙章也在会上讲了话,他在讲话中提出了"郝建秀小组精神"这个概念,并把"郝建秀小组精神"概括为五点:一是顽强拼搏的精神,二是勤奋好学的精神,三是严细管理的精神,四是团结友爱的精神,五是无私奉献的精神。他认为:"以上五种精神,是小组兴旺发达的强有力的内在因素。这就是郝建秀小组的小组精神。有了这种精神,班组工作就能立于不败之地。这也是郝建秀小组能永远发挥火车头作用的根本原因。"②如果说在庆祝郝建秀小组建组30周年时,其重头戏是总结郝建秀小组的班组管理经验,这基本上是对郝建秀小组的某些先进性做一种有形的制度层面的总结,那么,5年之后,"郝建秀小组精神"这个概念的提出,则意味着进一步提炼、升华了郝建秀小组的先进性,即已经把它提升到无形的精神层面了。这是一个值得我们注意的变化。

第二天(5月23日),《青岛日报》在第1版以《国棉六厂庆祝郝建秀小组建组35周年》为主标题,对这次庆祝活动进行了报道。《大众日报》《工人日报》和《中国纺织报》也及时报道了这次庆祝活动。

六 被评为"全国纺织工业先进班组"

1987年10月25日至11月1日,在北京召开了中共第十三次全国代表大会。会后,《人民日报》发表文章指出:"我国经济领域中几十年习以为常的计划经济模式,在改革的9年中发生了不寻常的变化:高度集中的计划经济,已由9年前的百分之百变为现在的50%左右;各类技术、金融、劳务、物资以及人才市场也在各地蓬勃兴起。这一深刻变化,意味着给生产和经济活动注入了新鲜活力的市场调节形式,正在我国国民经济建设中发挥着日趋重要的作用。""据悉,近年来我国农业沿袭了多年的对粮食、棉花等重要农产品的播种面积和产量下达指令性计划的做法已全部改为指导性计划。……。在工业方面,由国家计委管理的指令性计划产品已从过去的300多种减少到今年的约60种;国家统配物资从1984年规定的256

---

① 《在庆祝郝建秀小组建组35周年大会上郭松年市长的讲话》(1987年5月22日》,青岛市纺织总公司档案管理中心藏,国棉六厂文书档案30年类第504卷。
② 《发扬郝建秀小组精神,热爱纺织,无私奉献——青岛纺织工业总公司党委书记陈龙章同志在庆祝郝建秀小组建组35周年大会上的讲话》,青岛市纺织总公司档案管理中心藏,国棉六厂文书档案30年类第504卷。

种减少到 26 种,而且统配物资在社会总资源中所占的比重也逐年下降。由于在物资供应渠道、产品销售渠道等方面开始依赖各类市场,企业的生产从过去处于完全被动的状态变为有了一定的主动权,使组织生产更加合理;同时,它还为企业内部改善生产经营机制创造了良好的外部环境。"①

然而,伴随这些重大变革,在我国纺织企业却出现了比较严重的企业凝聚力不强、职工队伍不稳定等问题。根据纺织工会全国委员会于 1988 年 10 月所做的调查,产生这些问题的原因主要有以下四点:(1)纺织企业生活苦和累,长年三班倒,且劳动条件差,劳动强度大,工人 8 小时工作紧张而繁忙,而工资报酬相对又比较低,对职工缺乏吸引力。(2)纺织系统老企业多,厂房破旧,装备落后,缺乏后劲。加工水平上不去,经济效益出不来,企业利润比较低,职工感到没有盼头,十分向往设备先进、经济效益好的现代化企业。(3)纺织企业生活上欠债多,集体福利事业比较差,特别是职工住房问题,矛盾非常突出。企业留利少,建筑材料昂贵,又加深了这个矛盾。现在许多老企业不仅青年职工结婚分不到房住,甚至工龄一二十年的老职工,孩子十几岁了有的还住集体宿舍,二代三代同居一室的现象更是屡见不鲜。(4)生活消费品和原材料价格上涨不仅冲销了国家对纺织企业减免税赋的优惠,而且超过了企业的承受能力。生活消费品的大幅度涨价,不仅加重了企业的负担,同时损害了职工的实际利益,抵消了前几年纺织企业推行岗位工资制给职工带来的一点实惠,引起了职工的不满。②

进入 1989 年以后,纺织工业的发展遇到了更加严重的困难。纺织工会全国委员会的调查显示:当时,我国纺织工业生产面临以下七个方面的"严峻形势":(1)纺织生产出现的严重困难,直接关系到国家、企业、职工三者利益,加重了纺织职工的承受能力。具体表现为:部分地区和企业经济效益下降,职工福利受到冲击;亏损企业增加,部分职工生活水平下降,引起思想波动。据纺织工业部对 1303 个国营纺织工业企业的统计,1—7 月累计,亏损企业达到 123 个;一些企业受原料、能源的限制,全厂或部分车间、机台停产、转产,职工正常工作和生活受到侵扰,部分职工被迫回家待业,基本工资受到影响,奖金、浮动工资等全部取消,基本生活受到威胁。(2)企业增支减利因素日益上升,负担越来越重,难以消化承受,纺织工业后劲

---

① 《我国计划经济模式发生深刻变化,指导性计划范围和市场调节逐步扩大》,《人民日报》1987 年 11 月 9 日,第 1 版。
② 《纺织工会全委关于深化改革,提高纺织企业凝聚力的调查报告(节录)》(1988 年 10 月 20 日),《中国工会运动史料全书》总编辑委员会、《中国工会运动史料全书》纺织卷编委会编:《中国工会运动史料全书·纺织卷》下册,中国纺织出版社,1999 年,第 785—788 页。

不足的问题更为严重。(3)纺织职工劳动强度大、工资收入偏低的矛盾进一步突出。(4)忽视职工主人翁地位，侵犯职工合法权益的现象还时有发生。(5)外部环境没有理顺，加重了经营者的负担和压力。(6)社会的影响和党的思想政治工作削弱，造成职工思想混乱，不利于群策群力，克服困难。企业思想政治工作的削弱和职工受社会分配不公、"经商热"以及党内腐败现象的影响，使相当一部分职工的主人翁意识单薄，雇佣观念、利己主义抬头。(7)部分金融部门硬行储蓄和管理混乱（如强迫群众集资），使生活困难户增多，引起职工不满。①

就在上述背景下，1988 年 12 月 18 日，纺织工业部、纺织工会全国委员会出台了《关于 1989 年召开全国纺织工业劳动模范表彰会的通知》。该通知说："为了表彰先进，树立榜样，深化改革，促进实现纺织工业战略转移，全面提高职工队伍素质，定于 1989 年 4 月召开全国纺织工业劳动模范表彰会。""全国纺织工业劳动模范按全国纺织职工总数万分之一比例产生，初步计算为近 700 名。由纺织工业部、全国纺织工会命名，颁发奖章和荣誉证书，并委托所在地纺织厅、局、公司给予物质奖励。从近 700 名劳模中，选拔出 33 名作为劳模代表，参加全国纺织工业劳模大会。""还评选和表彰先进班组，其中班组长是劳动模范的可考虑作为先进班组代表进京。"②

不过，这次"全国纺织工业劳动模范表彰会"的举办方式后来发生了一些变化。1989 年 3 月 17 日，纺织工业部、纺织工会全国委员会出台了《关于召开全国纺织系统电话会议的通知》。该通知说："今年是国家调整经济的关键性一年，也是纺织工业发展面临很大困难的一年。为了进一步激发广大纺织职工的社会主义劳动热情和主人翁责任感，发扬艰苦奋斗、无私奉献的精神，顾全大局，克服困难，全面完成生产任务，保证纺织工业稳定发展，适应国内市场和出口创汇的需要，定于 4 月 9 日 19 时召开电话会议。届时将表彰一批为纺织工业发展作出突出贡献的劳动模范和先进集体。遵照国务院办公厅 3 月 8 日通知精神，原定 4 月召开全国纺织工业劳动模范表彰会取消。"③

1989 年 4 月 9 日，纺织工业部、纺织工会全国委员会召开了电话会议，并出台

①《纺织工会全委副主席孙洪敏等关于纺织工业遇到的严重困难及其对职工具体利益的影响的调查报告（节录）》，《中国工会运动史料全书》总编辑委员会、《中国工会运动史料全书》纺织卷编委会编：《中国工会运动史料全书：纺织卷》下册，中国纺织出版社，1999 年，第 788—790 页。

②《纺织工业部、纺织工会全国委员会关于 1989 年召开全国纺织工业劳动模范表彰会的通知》(1988 年 12 月 18 日)，《中国工会运动史料全书》总编辑委员会、《中国工会运动史料全书》纺织卷编委会编：《中国工会运动史料全书：纺织卷》下册，中国纺织出版社，1999 年，第 691—692 页。

③《纺织工业部、纺织工会全国委员会关于召开全国纺织系统电话会议的通知》(1989 年 3 月 17 日)，《中国工会运动史料全书》总编辑委员会、《中国工会运动史料全书》纺织卷编委会编：《中国工会运动史料全书：纺织卷》下册，中国纺织出版社，1999 年，第 692 页。

了《关于命名全国纺织工业劳动模范和先进班组的决定》,决定授予 744 人为"全国纺织工业劳动模范",其中包括郝建秀小组组长郭爱珍;79 个班组为"全国纺织工业先进班组",其中包括郝建秀小组。①

郝建秀小组曾在 1953 年和 1984 年分别被评为全国纺织工业模范单位和全国纺织工业先进集体(详见本章第二节),这次它又被评为全国纺织工业先进班组。像它这种在长达 36 年的时间里连续三次都被评为全国纺织工业模范单位(或先进集体、先进班组)的情况即使在全国来讲也是十分少见的。

对评选、表彰劳模、先进人物而言,1989 年是很不平凡的一年,因为在这一年我国还召开了全国劳动模范和先进工作者表彰大会。上一次召开这种全国性的群英盛会还是在 1959 年。

1989 年 9 月 28 日,全国劳动模范和先进工作者表彰大会在北京人民大会堂隆重开幕。国务院副总理田纪云在大会上宣读了国务院关于表彰全国劳动模范和先进工作者的决定:1987 名同志被授予"全国劳动模范"光荣称号,803 名同志被授予"全国先进工作者"光荣称号。② 郝建秀小组组长郭爱珍出席了这次表彰大会,被授予"全国劳动模范"光荣称号。③ 会上,国务院总理李鹏代表党中央和国务院发表了长篇讲话。他对与会的全国劳动模范和先进工作者给予了极高的评价。他说:"在你们身上,凝聚了中华民族的优秀品质,反映了中国共产党的优良传统,也正是你们带头推动了这十年来的改革开放,取得了丰硕成果。你们不愧为民族的英杰,人民的脊梁,社会的中坚,人民共和国的支柱。在你们身上,我们看到了祖国的希望,看到了中华民族的方向和未来。"李鹏还说:"我国各条战线上的劳动模范和先进工作者,是社会主义现代化建设事业中最积极、最活跃的因素。劳动模范和先进工作者的积极因素,不仅体现在你们以自己的卓越成就为现代化建设作出了贡献,更重要的是你们能够在群众中起带头作用,起示范作用,起桥梁作用,能够影响和带动广大群众一起前进。这种积极因素当前尤其应当受到党和政府的极大重视,受到全社会的尊敬。全国各民族人民,广大干部尤其是各级领导干部,都应该很好地向你们学习。如果全国广大干部和群众都能够达到你们的精神状态,像你

① 《纺织工业部、纺织工会全国委员会关于命名全国纺织工业劳动模范和先进班组的决定》(1989 年 4 月 9 日),《中国工会运动史料全书》总编辑委员会、《中国工会运动史料全书》纺织卷编委会编:《中国工会运动史料全书·纺织卷》下册,中国纺织出版社,1999 年,第 692—693 页。
② 《弘扬革命精神,献身祖国四化,全国劳模先进工作者表彰大会开幕》,《人民日报》1989 年 9 月 29 日,第 1 版。
③ 参见《向劳模学习,为实现四化努力奋斗——我市出席全国劳模先进工作者表彰大会的劳模和先进工作者事迹简介》,《青岛日报》1989 年 10 月 1 日,第 2 版。

们那样勇于开拓，努力发挥自己的积极性、创造性，都能够像你们那样勤奋学习、忘我工作，我们还有什么困难不能克服，还有什么困难能够阻挡得了我们祖国前进的步伐呢！今天，党中央、国务院在北京隆重召开全国劳动模范和先进工作者表彰大会，就是要充分肯定你们的带头作用、骨干作用和桥梁作用，就是要坚决支持你们在各条战线上的创造性劳动和无私奉献，就是要动员和号召全国人民向你们学习。"李鹏也指出："遗憾的是，多年来我们对劳动模范和先进工作者的地位和作用讲得少了，对自力更生、艰苦创业的精神讲得少了。这一点，是我们工作中的一个严重失误，也是资产阶级自由化思潮泛滥所带来的轻视人民群众创造性劳动的一个恶果。"①关于李鹏指出的这一点"遗憾"，有必要提及在这次表彰大会开幕前夕《人民日报》发表的相关社论。该社论指出："这些年我们虽也宣传表彰了一些先进模范人物，但总的是宣传不力，重点不突出，缺乏连续性，缺乏号召力，引不起震动。其原因是，一个时期以来，由于赵紫阳②同志指导思想上的失误，抓经济一手硬，抓思想政治工作一手软，淡化了对先进模范人物的宣传。一些顽固坚持资产阶级自由化的人在极力美化西方资本主义的同时，拼命地诋毁、攻击我们的社会主义制度，否定党的优良传统和作风。这就造成人们思想上的混乱，特别是对涉世未深的青年人产生极为有害的影响。"该社论强调："世界上任何一种制度的国家，都需要树立自己的理想人物，来为自己的主义、思想和经济基础服务。我们是社会主义国家，更应该大力表彰先进模范人物，宣传社会主义，宣传革命英雄主义。如果不是这样，就不能鼓舞先进，教育人民。"③

在全国劳动模范和先进工作者表彰大会和上述社论等制造的氛围下，1990年5月1日，《青岛日报》用较长篇幅以《构筑新的荣誉丰碑——来自郝建秀小组的报告》为题宣传、报道了郝建秀小组。该文首先指出："郝建秀小组"诞生至今已经整整38年了。"在这38年中，组长换了八茬，组员换了三代，然而，工人阶级优秀儿女无私奉献的精神在这个小组中却没有丝毫改变，她们日复一日、年复一年地维护着小组的荣誉；一茬茬、一代代地弘扬着小组的光荣传统。38年来，这个小组保持天天、月月、年年完成国家计划，累计生产棉纱57540多吨，节约棉花15万多公斤，

---

① 《在全国劳动模范和先进工作者表彰大会上李鹏同志的讲话》，《人民日报》1989年9月29日，第1版。

② 赵紫阳（1919—2005），1987年11月在中共十三届一中全会上当选为中共中央总书记，1989年6月在中共十三届四中全会上被撤销他所担任的中共中央总书记、中央政治局常务委员、中央政治局委员、中央委员和中央军事委员会第一副主席的职务。——笔者注

③ 《弘扬革命英雄主义精神——热烈祝贺全国劳动模范和先进工作者表彰大会开幕》，《人民日报》1989年9月28日，第1版。

为国家创造财富 6 亿多元。"这里说郝建秀小组 38 年来"天天、月月、年年完成国家计划",和以往的类似说法相比,这种说法有两点变化:一是将时间跨度由以往的最多 35 年增加到了 38 年;二是将以往常说的"月月、季季、年年"改为了"天天、月月、年年"。之后,该文用以下三个小标题,分别从三个方面介绍了郝建秀小组的先进事迹:(1)守住思想阵地,才能保证红旗不倒,荣誉不丢。文中说:"改革开放的浪潮,敲开了封闭的国门。毋庸讳言,西方一些腐朽思想也趁虚而入。事事讲价钱,处处要报酬。伴随着淡化思想政治工作的浊流,使小组如何弘扬工人阶级的光荣传统面临着挑战。然而,小组并没有迷失方向。她们努力培植起自己的'小气候',有效地抵御着'社会冲击波'的影响。""1987 年学潮①初,某大学的十几名学生找上门来座谈,针对个别学生的资产阶级自由化倾向,组长郭爱珍代表全组义正辞严地进行了'反击'。""牢牢地守住思想阵地,这便是郝建秀小组在 30 多年的风雨历程中能够昂首前进的保证。"(2)在个人前途与集体利益这架天平上,砝码如何投放?她们选择了后者。文中说:"在郝建秀小组里,似乎有一种神奇的力量,净化着姐妹们的灵魂,撞击出为集体事业无私奋斗的火花。""多年来,她们坚持天天提前半小时上岗;她们坚持每月 4 次义务劳动,每年共义务献工 400 多小时;小组'四长'坚持业余时间走访组员家庭,每年达 100 次以上。"(3)传统不仅仅是继承,更须开拓创新。文中说:"在荣誉面前,这个小组却没有丝毫自满。伴随着改革开放的催人步伐,她们又张起风帆,向新的彼岸发起了冲刺。"②

七　庆祝建组 40 周年

1989 年以后,我国纺织工业遇到了原材料涨价、成本增加、产品积压、价格不到位等一系列严重困难,经济效益连续下滑。1991 年与 1988 年相比,系统内利税总额从 186.7 亿元下降到 73.8 亿元,下降 60.47%;人均创利税从 2958 元下降到 1057 元;亏损金额从 1.86 亿元上升到 43.42 亿元,增长 23.34 倍;亏损企业由 366 户增加到 2604 户,增长 6 倍。③ 这种大面积亏损状况,青岛纺织企业也未能幸免。

① "1987 年学潮"可能是指 1986 年 12 月至 1987 年初出现在一些高校的"争民主"学潮。——笔者注
② 马季(本报记者):《构筑新的荣誉丰碑——来自郝建秀小组的报告》,《青岛日报》1990 年 5 月 1 日,第 1、3 版。
③ 《纺织工会全委副主席李来喜在全总召开的全国产业工会工作座谈会上的发言(节选)——在纺织工业扭亏增盈中积极发挥作用》(1992 年 9 月 1 日),《中国工会运动史料全书》总编辑委员会、《中国工会运动史料全书》纺织卷编委会编:《中国工会运动史料全书:纺织卷》下册,中国纺织出版社,1999 年,第 720—722 页。

有记者曾用下述文字来描述 1991 年青岛纺织企业的"惨状"："翻开青岛纺织 1991
年的履历，首先映入眼帘的，是一连串'灾难'性数字。头两个月，全行业亏损就逾
2000 万元，仅 2 月份便亏损 1200 万元；到 6 月末，亏损已突破 5000 万元大关。亏
损企业达 43 户，占全系统的 64％，占全市亏损企业的 50％。……。青岛纺织，这
个积 70 年历程的磨难和 10 年改革开放的风尘所铸成的大支柱产业形象，在一夜
之间出现了'崩塌'。"① 面对这种严峻形势，国务院领导同志要求纺织工业三年打
一个翻身仗，即 1992 年遏止经济效益滑坡，1993 年实现经济效益全面回升，1994
年走上正常发展。②

　　1992 年 2 月 18 日，纺织工业部针对全系统连续三年经济效益滑坡、企业亏损
严重和国务院领导同志要求纺织工业三年打一个翻身仗的指示，召开了全国纺织
工业扭亏增盈电话会议，进一步布置扭亏增盈工作，明确提出 1992 年扭亏增盈目
标。几天之后，纺织工会全国委员会就出台了《关于认真贯彻纺织工业部扭亏增盈
工作电话会议的通知》。该通知强调："扭亏增盈，实现纺织工业经济效益的全面回
升，是纺织系统党、政、工当前的首要任务。各级纺织工会要紧紧围绕扭亏增盈工
作，充分发挥自身的优势和作用，全力以赴动员全行业职工团结一致，艰苦奋斗，制
止经济效益滑坡，确保扭亏增盈目标的实现。"③

　　在这种要求纺织工业"扭亏增盈"的氛围之中，1992 年 5 月 26 日，国棉六厂举
行了庆祝郝建秀小组建组四十周年大会。全国总工会办公厅给国棉六厂并郝建秀
小组全体同志发来了贺电，纺织工业部生产司副司长吴国强到会并讲了话，中国纺
织工会全国委员会给郝建秀小组发来了贺电，山东省总工会副主席李庶聪到会并
讲了话，青岛市副市长王增荣到会并讲了话，青岛纺织工业总公司党委副书记徐淑
贞等领导也出席了这次庆祝大会。④ 值得一提的是：时任国家计划委员会副主任、
党组成员的郝建秀给这次庆祝活动题了词，其内容为"四十历程，默默奉献，改革开

---

① 马季(本报记者)：《拍动沉重的翅膀——关于青岛纺织的回顾与展望》，《青岛日报》1992 年 1 月 8 日，第
　　2 版。
② 《纺织工会全委副主席李来喜在全总召开的全国产业工会工作座谈会上的发言(节选)——在纺织工业扭
　　亏增盈中积极发挥作用》(1992 年 9 月 1 日)，《中国工会运动史料全书》总编辑委员会、《中国工会运动史
　　料全书》纺织卷编委会编：《中国工会运动史料全书：纺织卷》下册，中国纺织出版社，1999 年，第 720—
　　72 页。
③ 《纺织工会全委关于认真贯彻纺织工业部扭亏增盈工作电话会议的通知》(1992 年 2 月 24 日)，《中国工会
　　运动史料全书》总编辑委员会、《中国工会运动史料全书》纺织卷编委会编：《中国工会运动史料全书：纺织
　　卷》下册，中国纺织出版社，1999 年，第 711—712 页。
④ 详见《庆祝郝建秀小组建组 40 周年大会来宾签到簿》和相关的贺电、讲话稿，青岛市纺织总公司档案管理
　　中心藏，国棉六厂文书档案永久类第 906 卷。

放,勇攀高峰"。①

纺织工业部生产司副司长吴国强在讲话中高度赞扬了郝建秀小组所做的贡献,称赞郝建秀小组的同志们永远发挥着火车头的作用,为伟大的中国工人阶级争得了荣誉。他强调:我们庆祝郝建秀小组成立四十周年,就是要使这种火车头的精神和作用,继续发扬光大,继续使这种勇往无前的精神,在全国纺织战线广为传播。不过,他没有谈及"火车头的精神"的具体内涵。他还说:最近,国务院领导要求我们,纺织工业要在1992年内实现良性循环的发展轨道。要实现这个目标,任务十分艰巨,需要我们付出更大的努力。当前,我们的中心工作就是要在党的领导下,全心全意地依靠工人阶级,依靠各级党政组织,依靠众多的像郝建秀小组里那样的优秀工人,共同地搞好纺织生产,创造出更大的效益,实现我们的扭亏增盈目标。②

会上,郝建秀小组组长程波代表小组作了题为《继承光荣传统,不断发挥火车头作用》的长篇发言。程波首先对郝建秀小组的基本情况进行了介绍:现有职工15人,平均年龄30岁,其中党员5人,团员4人,看管29台A513W型细纱机,生产45支涤棉纱。之后,程波用以下三个小标题,分别从三个方面汇报了郝建秀小组的先进事迹:一、继承光荣传统,培育献身纺织的事业精神;二、优化操作技术,练就过硬本领;三、运用"五大员"民主管理的形式,搞好班组的管理工作。程波在发言中还强调说:"到今年四月底为止,我们小组已连续四十年月月年年完成国家计划,累计生产棉纱5.5万吨,节约白花44吨。同时,还向本厂和各级领导部门输送干部和专业管理人员36人,为本厂和全国各兄弟单位培养和输送熟练的操作技术工人250余人,保持了既出产品又出人才的光荣传统。为此,党和人民也给予了我们很高的荣誉和奖励。"③程波的发言把郝建秀小组的先进事迹主要分为三个方面,其全文结构和基本内容与前述(见本章第四节)《争当"双文明"建设的火车头》(写于1986年10月)一文大同小异,如果再考虑到《争当"双文明"建设的火车头》一文所介绍的郝建秀小组的先进经验又与前述(见本章第二节)《永远发挥火车头的作用——坚持三十多年优质高产的郝建秀小组》(写于1984年5月)一文所转述的郝建秀小组的先进经验基本相同,那么,我们可以认为:大约自1984年以后,郝

---

① 《郝建秀题词》(1992年5月26日),青岛市纺织总公司档案管理中心藏,国棉六厂文书档案永久类第906卷。

② 《纺织工业部生产司副司长吴国强同志讲话》(根据录音整理),青岛市纺织总公司档案管理中心藏,国棉六厂文书档案永久类第906卷。

③ 程波:《继承光荣传统,不断发挥火车头作用》,青岛市纺织总公司档案管理中心藏,国棉六厂文书档案永久类第906卷。

建秀小组向外界所介绍的先进性就基本上定型了。或者说，在 1984 年至 1992 年期间，郝建秀小组在先进性上的表现主要是坚守或进一步发扬其既有的先进性，而不是创造新的先进性。

这次庆祝活动的一个亮点是：国棉六厂厂长（于国智）在会上宣读了国棉六厂党委、厂部做出的《关于进一步推广郝建秀小组工作经验，深入开展向郝建秀小组学习的决定》。该决定认为：“当前，在转换经营机制，深化企业改革中，进一步推广郝建秀小组工作经验，深入开展向郝建秀小组学习的活动，对于加强班组建设，强化企业基础管理，不断增强企业整体素质，具有十分重要的指导意义。”[①]

这次庆祝活动的另一个亮点是：郝建秀小组工会组长盛桂兰代表小组在大会上向“全厂兄弟班组、职工同志们”发出了一份“倡议书”。该倡议书说：“回顾 40 年的历程，小组走过的每一步、取得的每一点成绩，都倾注着党和国家及各级领导的关怀。这是我们党全心全意依靠工人阶级的具体体现，是小组全体姐妹不断前进的巨大动力。我们决不辜负党和人民的鼓励和期望，在振兴纺织、重振六厂雄风的奋斗中，我们郝建秀小组愿同兄弟班组和全厂职工紧密团结，共同前进，再创两个文明建设的新成绩。为此，特提出如下倡议……”其倡议的内容有以下四点：一、加强学习，更新观念，积极参与企业改革；二、苦练技术，争创一流，为实现工厂方针目标努力奋斗；三、深化管理，群体共管，加强班组建设；四、增收节支，提高效益，为国家创造更多的物质财富。[②]

青岛市副市长王增荣在讲话中提及郝建秀小组的这份倡议书，认为：“这个倡议非常好。它不仅是对六厂班组、职工的倡议，也是对全市班组、职工的倡议。”他还说：“我希望不仅在六厂，而且在全市所有的班组、职工中，再次掀起一次学习郝建秀小组的热潮，把我市企业管理水平，推向一个新台阶。”他强调：在学习和推广郝建秀小组的先进经验的过程中，“要坚持实现三个转变，学习四种精神，做好两个结合。”他所说的“学习四种精神”是指要学习郝建秀小组的四种精神：一是爱厂尽责，无私开拓，献身本职的主人翁精神；二是埋头苦干，苦练技术，争创一流，勇攀高峰的拼搏精神；三是对质量一丝不苟，对技术精益求精的严细精神；四是以身作则，

---

① 《关于进一步推广郝建秀小组工作经验，深入开展向郝建秀小组学习的决定》（1992 年 5 月 26 日），青岛市纺织总公司档案管理中心藏，国棉六厂文书档案永久类第 906 卷。
② 郝建秀小组全体职工：《倡议书》（1992 年 5 月 26 日），青岛市纺织总公司档案管理中心藏，国棉六厂文书档案永久类第 906 卷。

团结互助,积极参与民主管理,与企业同舟共济、荣辱与共的奉献精神。① 他所说的这四种精神,虽然与上述青岛纺织工业总公司党委书记陈龙章所说的"郝建秀小组精神"的内涵大同小异,但也是进一步总结、提炼、升华郝建秀小组的先进性的一种尝试。

当时,对郝建秀小组的先进性所做的进一步总结、提炼、升华,是把郝建秀小组所发挥的"火车头的作用"提升为"火车头精神"。这种做法正式见于 1992 年 6 月 2 日《青岛日报》发表的《"火车头精神"再放光彩,"郝建秀小组"进入不惑之年》②一文之中。该文首先指出:"国棉六厂'郝建秀小组'在新一轮改革开放大潮中树立新观念,以无私贡献的'主人翁'姿态参与改革,以'火车头'精神汇入商品经济洪流,使老传统注进新的活力,更加发扬光大。"接着,该文自问自答:"被誉为我国工人阶级'火车头'班组的'郝建秀小组',40 载春秋,保持天天、月月、年年完成国家生产计划,日复一日、年复一年地维护着小组荣誉,一茬茬、一代代地弘扬着小组光荣传统。新一轮改革开放大潮涌起后,'火车头'精神怎样继承?老传统怎样发扬光大?是小组面临的新课题和新挑战。为此,他们认真学习领会党中央关于加快对外开放的指示精神,立足岗位,更新观念,把传统精神与改革意识、商品意识结合起来,继续弘扬'火车头精神'。"比较遗憾的是,该文并没有明确界定"火车头精神"的具体内涵。尽管如此,从此之后,"火车头精神"这个词就和郝建秀小组捆绑在一起了(详见后述)。

开完这次庆祝大会之后,郝建秀小组又面临了新的发展形势——我国将进入一个旨在"建立社会主义市场经济体制"的新的发展阶段。

1992 年 10 月 12 日至 18 日,在北京召开了中共第十四次全国代表大会。江泽民在大会上作了题为《加快改革开放和现代化建设步伐,夺取有中国特色社会主义事业的更大胜利》的报告。该报告指出:"我国经济体制改革确定什么样的目标模式,是关系整个社会主义现代化建设全局的一个重大问题。这个问题的核心,是正确认识和处理计划与市场的关系。传统的观念认为,市场经济是资本主义特有的东西,计划经济才是社会主义经济的基本特征。十一届三中全会以来,随着改革的深入,我们逐步摆脱这种观念,形成新的认识,对推动改革和发展起了重要作用。……。特别是邓小平同志今年初重要谈话进一步指出,计划经济不等于社会

---

① 《青岛市副市长王增荣同志讲话》(根据录音整理),青岛市纺织总公司档案管理中心藏,国棉六厂文书档案永久类第 906 卷。
② 马季(本报记者):《"火车头精神"再放光彩,"郝建秀小组"进入不惑之年》,《青岛日报》1992 年 6 月 2 日,第 1 版。

主义,资本主义也有计划;市场经济不等于资本主义,社会主义也有市场。计划和市场都是经济手段。计划多一点还是市场多一点,不是社会主义与资本主义的本质区别。这个精辟论断,从根本上解除了把计划经济和市场经济看作属于社会基本制度范畴的思想束缚,使我们在计划与市场关系问题上的认识有了新的重大突破。……。实践的发展和认识的深化,要求我们明确提出,我国经济体制改革的目标是建立社会主义市场经济体制,以利于进一步解放和发展生产力。"该报告还指出:"建立社会主义市场经济体制,要认真抓好几个相互联系的重要环节。一是转换国有企业特别是大中型企业的经营机制,把企业推向市场,增强它们的活力,提高它们的素质。这是建立社会主义市场经济体制的中心环节,是巩固社会主义制度和发挥社会主义优越性的关键所在。"[1]"以邓小平同志一九九二年年初重要谈话和党的十四大为标志,我国改革开放和现代化建设事业进入了一个新的发展阶段。……。在本世纪末初步建立起新的经济体制,是全党和全国各族人民在新时期的伟大历史任务。"[2]

　　后来的事实表明,我国进入旨在"建立社会主义市场经济体制"的新的发展阶段之后,郝建秀小组仍然一再被表彰(详见后述),那么,这些被表彰事件又是如何形成的? 旨在解释郝建秀小组"前 40 年"的被表彰事件的形成过程的解释框架能否用于解释其"后 30 年"的被表彰事件的形成过程? 后面第十章至第十二章将回答这些问题。

---

[1] 江泽民:《加快改革开放和现代化建设步伐,夺取有中国特色社会主义事业的更大胜利——在中国共产党第十四次全国代表大会上的报告》,《人民日报》1992 年 10 月 21 日,第 1 版。

[2]《中共中央关于建立社会主义市场经济体制若干问题的决定》(中共十四届三中全会 1993 年 11 月 14 日通过),《人民日报》1993 年 11 月 17 日,第 1 版。

第十章 ▶▶▶

积极面对市场化改革（1993—2002）

进入 1980 年代尤其是进入 1990 年代以后,青岛市政府对国营(国有)纺织企业的经营、管理体制进行了一系列改革,为了后文叙述方便,有必要先介绍一下这些改革。

新中国成立后,青岛纺织企业承担了出口纺织品为国家换取外汇的重任。为了适应国际市场竞争,1981 年 12 月,经国家进出口管理委员会批准,青岛纺织品联合进出口公司(简称"青纺联公司")成立,并于 1982 年 4 月正式对外营业。1984 年 7 月,青岛市纺织工业局被改称为青岛市纺织工业总公司。1985 年 10 月,青岛市政府决定:青纺联公司与青岛市纺织工业总公司合并,实行一个机构,一套领导班子,但挂两块牌子。1988 年 10 月,青岛市政府又决定:青纺联公司与青岛市纺织工业总公司实行政企分开,青纺联公司作为青岛市纺织工业总公司下属的一个独立的外贸公司对外开展工作。1995 年 4 月,青岛市纺织工业总公司被转变为资产经营公司,并被更名为青岛市纺织总公司。1996 年,青岛市政府又决定:以青纺联公司为核心与第一、第六和第八棉纺织厂等 8 家企业组成青岛纺联集团。1998 年 10 月 28 日,青岛纺联集团正式揭牌。1999 年 8 月,青岛纺联集团被更名为青岛纺联集团有限公司。1999 年 9 月,青岛纺联集团一棉、五棉、六棉有限公司等子公司成立,也即到 1999 年 9 月,郝建秀小组所在的国棉六厂被整体改制为"青岛纺联集团六棉有限公司"(简称"六棉公司"或"六棉")。

如上章最后所述,1992 年 10 月中共召开"十四大"之后,我国就进入了旨在"建立社会主义市场经济体制"的新的发展阶段。由于建立社会主义市场经济体制的中心环节,是转换国有企业特别是大中型国有企业的经营机制,并把国有企业推向市场。因此,在当时,所谓建立社会主义市场经济体制的过程,主要是一个转换国有企业的经营机制并把国有企业推向市场的过程。无疑,这是一个导致一系列剧烈的社会变革的过程,中共当然希望工人阶级尤其是国有企业职工能够理解、支持并积极参与这个过程。事后来看,郝建秀小组在这个过程中的表现依然可圈可点。

一　中共再次对工人阶级寄予高度期待

当我国进入旨在"建立社会主义市场经济体制"的新的发展阶段之后,或者说,当郝建秀小组进入它的"后 30 年"之后,原先的解释框架是否适用于解释发生在这个时期的"被表彰事件"的形成过程? 对这个问题的回答,需要从中共高度期待工人阶级能够理解、支持并积极参与相关的改革(特别是国有企业改革)说起。

上一章说到,1984 年 10 月中共十二届三中全会通过了《中共中央关于经济体制改革的决定》,这标志着经济体制改革从此进入了以国有企业改革为重点的阶段。大约经过 4 年改革之后,1988 年 9 月,中共十三届三中全会决定把改革和建设的重点突出地放在治理经济环境和整顿经济秩序上来。治理经济环境,主要是压缩社会总需求,抑制通货膨胀;整顿经济秩序,是要整顿在新旧体制转换中出现的各种混乱现象。然而,三年多的治理整顿,不但没有取得预期的效果,国营企业反而更加缺乏活力。全国预算内工业企业从 1989 年开始经济效益连续三年大幅度下降。1991 年与 1989 年相比较,实现利润下降 67.8%,企业留利下降 43.1%,资金利润率下降到 2.2%,下降幅度为 78.4%,企业亏损额上升 3.92 倍,高达 310.4 亿元。企业亏损面由 12% 扩大到 29.7%,增加 147.5%。实际情况比上述统计数字还要严重,主要是大量企业存在着潜亏,根据有关方面估计,大约占整个国营企业数的 1/3。企业明亏加潜亏的面已经高达 2/3。[1] 面对这种局面,中共中央、国务院决定转换国有企业的经营机制,把国有企业推向市场,让它们在市场中增强活力。

1992 年 1 月 25 日,劳动部、国务院生产办、国家体改委、人事部和全国总工会联合出台了《关于深化企业劳动人事、工资分配、社会保险制度改革的意见》。该意见认为:党的十一届三中全会以来,尽管企业劳动人事、工资分配和社会保险制度改革取得了一定成效,"但从整体看,企业内部'铁交椅'、'铁饭碗'和'铁工资'的弊端没有完全破除,影响了职工主人翁责任感和积极性的充分发挥。深化企业劳动

---

① 李忠凡:《深化企业改革急需有突破性的改革措施》,《经济管理》1992 年第 8 期。

人事、工资分配和社会保险制度改革,在企业内部真正形成'干部能上能下、职工能进能出、工资能升能降'的机制,成为当前转换企业经营机制的重点任务"。有鉴于此,该意见对深化企业劳动人事、工资分配和社会保险制度改革提出了 12 点意见。① 在这个意见出台之前的 1991 年下半年,徐州市曾采取一系列的强硬措施来打破国有企业中的"三铁":以经济效益定升迁、定去留,打破"铁交椅";以企业收益定收入,打破"铁工资";以个人技能工效定岗位,打破"铁饭碗"。不少企业还提出要以"三铁"破"三铁",即以铁的心肠、铁的面孔和铁的手腕来打破"铁交椅""铁饭碗"和"铁工资"。通过破"三铁"、换机制,徐州市很快就扭转了经济滑坡的被动局面。② 进入 1992 年以后,各地纷纷效仿徐州市的做法,围绕破"三铁"、转换企业经营机制展开了深化国有企业改革的"攻坚战",但都不同程度地遭到了广大职工群众的反对,结果在不少国有企业里出现了国家搬厂长的"铁交椅"、厂长砸职工的"铁饭碗"、职工不支持改革的恶性循环。

在这种局势下,1992 年 5 月 27 日,《人民日报》发表了题为《论企业改革与工人阶级》的社论。该社论首先指出:"在企业改革中,工人阶级具有什么样的地位? 发挥什么样的作用? 这是一个关系到企业改革成败的重大问题。""我国的经济体制改革,首先在农村取得突破性进展。没有广大农民的支持,就没有十多年来农村改革的巨大成就。同样,如果没有工人阶级的支持,没有广大工人、干部、知识分子的支持,企业改革也根本没法进行。"然后,该社论分别对"各级党政领导同志"和"职工群众"进行了一番劝导。它对前者说:"企业改革要全心全意依靠工人阶级,这是一个必须明确的指导思想。我们的改革,不是少数领导者的改革,也不是一部分人的改革,而是以整个工人阶级和全体人民群众为主体的改革。""改革是艰苦细致的工作,靠大轰大嗡是不行的。各级党政领导同志要十分注意理顺广大工人、干部、知识分子的情绪,不要说一些惹职工不高兴的话,做引起人们反感的事。比如说什么用'三铁'(铁心肠、铁面孔、铁手腕)破'三铁'(铁交椅、铁工资、铁饭碗)之类。对涉及群众利益的事,要耐心做思想政治工作。要让群众充分认识到,改革的矛头所向,是对着旧体制的弊端,绝不是对着广大干部群众的。"它对后者(职工群众)说:"改革的目的是解放和发展生产力,增强综合国力,提高人民群众的生活水平,当然也包括提高广大职工群众的生活水平。……。如果说,改革打破的是职工的'铁饭碗',那么,他们得到的将是'银饭碗'、'金饭碗'。""企业改革是工人阶级自己的事

---

① 详见《关于深化企业劳动人事、工资分配、社会保险制度改革的意见》(1992 年 1 月 25 日)(https://law.esnai.com/view/5995)。

② 详见《经济日报》1992 年 2 月 9 日、2 月 10 日、2 月 12 日、2 月 13 日的相关报道。

业。企业改革的过程,是解放和发展生产力的过程,也是工人阶级又一次自己解放自己的过程。"该社论最后强调:"改革为了工人阶级,也必须依靠于工人阶级,依靠工人阶级的理解、参与和支持。工人阶级是企业的主人,是国家的主人,自然也是改革的主人。若问企业改革谁主沉浮? 我们响亮地回答:是工人阶级!"①从中可见,在国有企业改革过程中,中共是很在意工人阶级的情绪和感受的,也是很在意工人阶级对待企业改革的态度的,或者说,是对工人阶级寄予了很高的期待的,即高度期待工人阶级能够理解、支持、参与企业改革。

大约 11 个月以后,1993 年 5 月 1 日,《人民日报》再次发表了强调依靠主力军(工人阶级)的社论。该社论指出:"从十四大到八届全国人大一次会议,主旋律都是:抓住机遇,加快改革开放和现代化建设步伐,争取国民经济再上一个新台阶。……。抓机遇,上台阶,必须全心全意依靠工人阶级和广大劳动群众,充分发挥工人阶级主人翁精神和主力军作用。……。没有工人阶级的理解、参与和支持,机遇难以抓住,改革难以成功,经济发展也就上不了新台阶。""肯定工人阶级在新的历史时期的地位和作用,把广大职工群众的积极性引导好、保护好、发挥好,这是搞好改革,特别是搞好企业改革的根本保证。……。在大刀阔斧进行企业改革时,必须明确认识,广大工人是改革的主体和动力,决不是改革的对象和包袱。"②《人民日报》发表这篇社论的基本背景是:一系列改革措施的推行并没有取得预想中的效果。1992 年,独立核算的国有工业企业的亏损面为 22.7%,1993 年进一步上升为 29.8%。③ 具体到纺织企业,则面临更为严峻的困境:一是增本减利因素增加,企业难于消化;二是棉花价格调高,企业难以承受;三是企业面临亏损,职工生活更加困难。"几年来,纺织企业一直处于微利和亏损状态,今年(1993 年)生产经营形势虽有好转,但亏损面仍达 45.4%(8 月份)。""由于企业亏损,职工收入过低,长期拖欠工资和医药费,一些职工生活十分困难,甚至基本生活得不到保障,冬季没钱买煤,春节吃不上饺子,生病没钱医治,令人心酸。"④相应地,"企业亏损使职工心灵受到了激烈震荡。"职工思想普遍存在下述"阴影":一是对社会分配不公强烈不满;二是情绪低落,对企业复苏失去信心;三是消极抵触,队伍不稳。企业领导普遍

---

① 《论企业改革与工人阶级》,《人民日报》1992 年 5 月 29 日,第 1 版。
② 《依靠主力军更上一层楼——庆祝五一国际劳动节》,《人民日报》1993 年 5 月 1 日,第 1 版。
③ 周叔莲:《二十年来中国国有企业改革的回顾与展望》,《中国社会科学》1998 年第 6 期。
④ 《纺织工会全委关于纺织行业经济效益严重滑坡企业处境困难给全总书记处的报告》(1993 年 10 月 12 日),《中国工会运动史料全书》总编辑委员会、《中国工会运动史料全书》纺织卷编委会编:《中国工会运动史料全书:纺织卷》下册,中国纺织出版社,1999 年,第 794—796 页。

反映,企业亏损,职工教育难搞,管理难抓,致使纪律涣散,管理水平下降,职工牢骚多,怨气大。①

那么,国有企业的出路在哪里?中共十四届三中全会回答了这个问题。1993年11月14日,中共十四届三中全会通过了《中共中央关于建立社会主义市场经济体制若干问题的决定》。该决定指出:"以公有制为主体的现代企业制度是社会主义市场经济体制的基础。""建立现代企业制度,是发展社会化大生产和市场经济的必然要求,是我国国有企业改革的方向。"②

1994年5月1日,《人民日报》又一次发表了强调依靠工人阶级的社论。该社论指出:"今年是我国加快建立社会主义市场经济体制的关键一年。……。必须坚定不移地依靠工人阶级,在深化改革、促进发展和保持稳定中充分发挥工人阶级主力军作用。""在改革中发挥工人阶级主力军的作用,就要广泛深入地宣传党的十四大精神和十四届三中全会决定,使广大职工理解改革,支持改革,参与改革,推进改革。……。转换企业经营机制,建立现代企业制度,是实行体制转轨的重要一环。它与企业职工的切身利益息息相关,也只有得到广大职工的理解和支持才能成功。"该社论强调:"我国是工人阶级领导的、以工农联盟为基础的人民民主专政的社会主义国家,工人阶级对于国家的长治久安、兴旺发达负有重大的责任。要讲理想,讲纪律,讲团结,讲大局,自觉地以个人利益服从集体利益,以局部利益服从整体利益,以眼前利益服从长远利益,努力维护社会稳定,维护安定团结的政治局面。""处在伟大社会变革当中的中国工人阶级,要肩负起重大的历史使命,就要加强学习,全面提高自身的素质。"③

《人民日报》社论如此一而再、再而三地强调企业改革必须依靠工人阶级,表明中共对工人阶级寄予了很高的期待,即高度期待工人阶级(尤其是国有企业职工)能够理解、支持、参与企业改革。同时,也高度期待工人阶级全面提高自身的素质,使自己能够肩负起重大的历史使命。我们可以认为,中共对工人阶级的这种高度期待,在一定程度上,也是向工人阶级发出的一种号召,即号召工人阶级去实现"全党和全国各族人民在新时期的伟大历史任务"——在20世纪末初步建立起社会主

---

① 《纺织工会全委关于部分城市纺织亏损企业职工生活状况的调查》(1993年10月),《中国工会运动史料全书》总编辑委员会、《中国工会运动史料全书》纺织卷编委会编:《中国工会运动史料全书:纺织卷》下册,中国纺织出版社,1999年,第803—806页。
② 《中共中央关于建立社会主义市场经济体制若干问题的决定》(中共十四届三中全会1993年11月14日通过),《人民日报》1993年11月17日,第1版。
③ 《工人阶级是改革、发展和稳定的主力军——庆祝五一国际劳动节》,《人民日报》1994年5月1日,第1版。

义市场经济体制。

基于以上分析，我们可以认为，我国进入旨在"建立社会主义市场经济体制"的新的发展阶段之后，或者说，郝建秀小组进入它的"后30年"之后，就解释关于郝建秀小组的被表彰事件的形成过程的基本逻辑框架而言，首要的变化是中共提出的"宏伟奋斗目标"发生了很大变化：概括地讲，以往主要是尽快实现国家的社会主义工业化，现在则主要是建立社会主义市场经济体制，这需要转换国有企业的经营机制、把国有企业推向市场。相应地，中共向工人阶级（尤其是国有企业职工）发出的号召的基本内容也发生了很大变化：以往主要是号召大家完成和超额完成国家生产计划，现在则主要是号召大家理解、支持、参与国有企业改革。与此相关的变化是：以往中共需要采取统一的政策措施（如组织劳动竞赛、对职工群众进行思想政治教育）来调动广大职工群众的劳动积极性，现在再这么做的意义就大大降低了。同理，如果再用原先的解释框架来解释发生在"后30年"里的被表彰事件的形成过程，其解释力也会大大降低。不过，尽管如此，考虑到我国的社会转型是在政体连续、权力连续和主导性意识形态连续的背景下以渐进的方式进行的[1]，再考虑到郝建秀小组作为工人阶级队伍中的先进典型，其积极响应上级号召的基本品质始终未变，故我们仍然可以遵循原先的基本研究思路，即"上级号召→郝建秀小组积极响应"的基本思路来解释关于郝建秀小组的被表彰事件的形成过程。

 二 **再次被评为"全国纺织工业先进集体"**

在上一章第七节我们谈到：在上级要求纺织工业"扭亏增盈"的氛围之中，1992年5月26日，国棉六厂举行了庆祝郝建秀小组建组四十周年大会。从我们收集的相关资料来看，对这次庆祝大会，《青岛日报》并没有像以往那样及时予以报道，而只是在几天之后发表的《"火车头精神"再放光彩，"郝建秀小组"进入不惑之年》[2]一文的最后提了一下。不仅如此，我们查阅《青岛日报》后发现，此后，一直到1994年6月24日，该报都没有专门报道过郝建秀小组及其成员的先进事迹。在这两年有余的时间里，《青岛日报》只在1993年8月21日发表的《郝建秀看望纺织姐妹》一文中提及郝建秀小组。该文说：1993年8月19日，时任国家计委副主任

---

① 孙立平：《社会转型：发展社会学的新议题》，《开放时代》2008年第2期。
② 马季(本报记者)：《"火车头精神"再放光彩，"郝建秀小组"进入不惑之年》，《青岛日报》1992年6月2日，第1版。

的郝建秀 "回到'娘家',与姐妹们畅叙别情,鼓励姐妹们在改革开放中再做新贡献"。文中还说:"郝建秀同志身任要职后,每次来青岛所做的第一件事就是回到'娘家'看望姐妹们。此次回到'娘家',郝建秀尤其关心作为全国班组的'样板',是否还继续保持着老组员们一茬茬、一代代传下来的无私奉献的崇高荣誉,在改革开放中是否又做出了新贡献。当她得知小组姐妹们在各项工作中仍保持着最高水平,仍弘扬着小组 41 年前的光荣传统时,她从内心里表示感激,并对姐妹们说,你们现在文化水平、素质都比我们当年高,一定能做出更大的贡献。"①

不过,这种较长时间未被《青岛日报》报道的局面到 1994 年 6 月 25 日就被打破了,因为在这一天,《青岛日报》在第 1 版和第 3 版发表了《青春之歌——记国棉六厂"郝建秀小组"组长程波》一文。此文虽然是专门报道组长程波的(程波于 1992 年 5 月担任组长),但也让我们从中感知到了"厂党委和车间支部"等对培养组长的高度重视以及组长所肩负的重大使命和责任。文中说:"历史的脚步催人进发,尤其是改革开放大潮的不断前涌,为小组提出了新的要求。……。看着程波的成长,厂党委和车间支部开始有意识地培养她,让她考学深造,希望有一天她能接过这杆光辉的大旗,挑起小组'领头羊'的担子。"文中还说:"都说'郝建秀小组'是一座熔炉,谁投身进去,谁就会被熔化,谁就会丢掉一切私心杂念,为维护小组的荣誉,更为维护这个中国工人阶级'火车头班组'的使命,而去默默地、无私地奉献。""在接任第七任组长的日日夜夜里,程波没有辜负党和工人阶级对她的期望。她仍然坚持用'两史'教育的传统方式,使姐妹们不忘老一代纺织工人在旧社会的苦难史和社会主义新时代的幸福成长史;仍然坚持对新组员讲述白求恩、张思德、雷锋的故事,组织她们开展人生价值等问题的讨论,……。因为她深知,'郝建秀小组'之所以能 40 年红旗不倒,荣誉不丢,靠的就是这个永不倒塌的精神'支柱'。"②《青岛日报》之所以发表此文,可能也与当年底郝建秀小组被评为"全国纺织工业先进集体"、程波被评为"全国纺织工业特等劳动模范"有关。

1994 年 12 月 28 日,中国纺织总会③、中国纺织工会全国委员会做出了《关于

---

① 马季(本报记者):《郝建秀看望纺织姐妹》,《青岛日报》1993 年 8 月 21 日,第 1 版。

② 马季(本报记者):《青春之歌——记国棉六厂"郝建秀小组"组长程波》,《青岛日报》1994 年 6 月 25 日,第 1、3 版。

③ 1993 年 8 月 3 日,国务院办公厅批准了经中央机构编制委员会办公室审核的《中国纺织总会机构组建方案》。该组建方案决定:"根据第八届全国人民代表大会第一次会议通过的国务院机构改革方案,撤销纺织工业部,组建中国纺织总会。"中国纺织总会是国务院直属事业单位。参见《国务院办公厅关于印发中国纺织总会机构组建方案的通知》(http://www.gov.cn/xxgk/pub/govpublic/mrlm/201012/t20101208_63099.html)。

表彰全国纺织工业劳动模范和先进集体的决定》。该决定说："为了进一步坚持党的全心全意依靠工人阶级的指导方针，充分调动广大职工的积极性，实现纺织工业调整、改革、改造的任务，发挥模范人物的榜样作用，表彰在纺织工业改革发展中做出优异成绩的先进集体和先进个人，特决定授予北京毛纺织厂等 94 个单位为全国纺织工业先进集体，授予黄德娟等 808 名同志为全国纺织工业劳动模范，其中鲁爱华等 25 名同志为全国纺织工业特等劳动模范的光荣称号"该决定还说："这次表彰命名的全国纺织工业劳动模范和先进集体，是 1989 年以来，在改革调整、生产建设、科技攻关中作出突出贡献的先进典型，是全国纺织战线的优秀代表。……。他们的先进事迹和模范行动凝聚了我国工人阶级的优秀品质，集中体现了纺织职工的时代风貌和主人翁精神，这是我们纺织事业得以发展和振兴的动力所在。"[1]在这次被表彰的"全国纺织工业先进集体"中有郝建秀小组；在这次被表彰的"全国纺织工业特等劳动模范"中有郝建秀小组组长程波。[2] 1995 年 4 月中旬，在北京隆重召开了全国纺织行业劳动模范、先进集体表彰大会。这是自 1989 年以来，全国纺织行业的又一次群英盛会。至此，由纺织工业部（或中国纺织总会）与中国纺织工会全国委员会共同评选全国纺织工业劳动模范、先进集体的活动已举办了 4 次。在这四次活动中，郝建秀小组先后被评为全国纺织工业模范单位（1953 年）、全国纺织工业先进集体（1984 年）、全国纺织工业先进班组（1989 年）和全国纺织工业先进集体（1994 年）。像它这种在长达 41 年的时间里连续四次都被评为全国纺织工业模范单位（或先进班组、先进集体）的情况即使在全国来讲也是绝无仅有的。

那么，郝建秀小组到底是因为作出了哪些"突出贡献"才再次被评为了"全国纺织工业先进集体"？对这个问题，我们不妨看看一份出台于 1995 年 2 月的"全国纺织工业劳动模范集体宣传材料"，其题目叫《继承光荣传统，不断发挥火车头作用——记青岛国棉六厂郝建秀小组的简要事迹》。我们估计这是国棉六厂提交给于 1995 年 4 月召开的"全国纺织行业劳动模范、先进集体表彰大会"的材料，旨在介绍郝建秀小组的先进事迹。此文内容和郝建秀小组组长程波在庆祝郝建秀小组建组 40 周年大会上的发言稿（见第九章第七节）基本相同，二者不但主标题相同，文中的三个小标题也都相同，分别是：继承光荣传统，培育献身纺织的事业精神；优化操作技术，练就过硬本领；运用"五大员"民主管理的形式，搞好班组的管

---

① 中国纺织总会、中国纺织工会全国委员会：《关于表彰全国纺织工业劳动模范和先进集体的决定》（1994 年 12 月 28 日），《中国纺织报》1995 年 4 月 19 日第 1 版。

② 参见《全国纺织工业劳动模范、先进集体名单》，《中国纺织报》1995 年 4 月 19 日，第 1 版。

理工作。① 这在一定程度上说明,郝建秀小组在进入其"后 30 年"的最初几年里,它在先进性上的表现仍然主要是坚守或进一步发扬其既有的先进性,而不是创造新的先进性。

谈及在先进性上的创新,有必要提及于 1995 年 4 月 29 日在北京召开的全国劳模和先进工作者表彰大会。这是继 1989 年以后由党中央、国务院召开的又一次全国劳模和先进工作者表彰大会。时任中共中央总书记的江泽民在大会上发表了重要讲话,他指出:"发展社会主义市场经济的任务很繁重,一个重大而突出的问题就是如何在新形势下搞好国有企业,加快形成和发展国有企业的新优势。国有企业是我国社会主义经济的命脉和支柱,国有经济搞好了,才能充分发挥它的主导作用,带动整个国民经济顺利向前发展。……。依靠广大职工,充分发挥广大职工的主人翁精神和创造精神,是搞好国有企业的根本原则。"在谈及"依靠工人阶级"时,他强调:"工人阶级是我们党的阶级基础,是我们国家的领导阶级。我们党所领导的改革和社会主义现代化建设的全部活动与整个进程,都必须全心全意地依靠工人阶级,这在任何时候、任何情况下都不能动摇。我们必须认真研究在新的历史条件下坚持这一方针遇到的新情况新问题,有效地保障这一方针的贯彻落实。"②时任全国总工会主席的尉健行也在大会上发表了重要讲话,他也谈及"依靠工人阶级"的问题,他说:"全心全意依靠工人阶级,是我们党和国家的性质、工人阶级的历史地位和作用所决定的,是我们党和政府一贯坚持的根本方针,也是我国宪法所明确规定的。……。现在我们把这个问题再一次提出来加以强调,一方面是由于在发展社会主义市场经济过程中,特别是在劳动关系、利益格局发生变化的新情况下,确有一些同志有这样那样的模糊认识。另一方面,就是我们对新的历史条件下全心全意依靠工人阶级所面临的一些新情况、新问题研究得不够深入。"③无疑,中共必须坚持"全心全意依靠工人阶级"的方针。坚持这个方针,意味着中共需要采用相应的政策措施来调动工人阶级的政治积极性和劳动积极性,以便实现中共提出的宏伟奋斗目标。如前面几章所述,在计划经济体制下,中共所采用的相关基本政策措施主要有二:一是组织工人群众的劳动竞赛;二是对工人群众进行共产主义

---

① 详见《继承光荣传统,不断发挥火车头作用——记青岛国棉六厂郝建秀小组的简要事迹》(全国纺织工业劳动模范集体宣传材料),青岛市总工会、青岛纺织总公司、青岛纺联集团六棉有限公司编:《永远发挥火车头作用——郝建秀小组成立五十周年材料汇编》(未公开出版),2002 年。

② 《在庆祝"五一"国际劳动节暨表彰全国劳动模范和先进工作者大会上江泽民同志的讲话》(一九九五年四月二十九日),《人民日报》1995 年 4 月 30 日,第 1 版。

③ 尉健行:《弘扬劳动模范的崇高思想为改革发展稳定再立新功——在庆祝"五一"国际劳动节暨表彰全国劳动模范和先进工作者大会上的讲话(摘要)》,《人民日报》1995 年 4 月 30 日,第 2 版。

教育（或广义的思想政治教育）。然而，进入 1993 年也即进入旨在"建立社会主义市场经济体制"的新的发展阶段之后，面对所遇到的"新情况、新问题"，原先的政策措施的适用性不强了甚至不再适用了，而相关的新的政策措施又尚未出现或尚未完全出现，在这种情况下，郝建秀小组在响应"上级号召"上未能创新其先进性也是情有可原的。其实，在新的历史条件下，郝建秀小组还能够坚守甚至还能够进一步发扬其既有的先进性（或曰"继承和发扬小组的光荣传统"）就已经难能可贵了。

三　积极面对压锭、减员

所谓"压锭"是指压缩、淘汰落后的纺纱机上的锭子（纱锭）。细纱锭子是计量细纱生产的基本单元，其数量的多少可表示纺纱厂规模的大小。我国由于长期受计划经济的影响，低水平重复建设导致棉纺生产能力严重过剩，1996 年全国棉纺生产能力达 4171 万锭，大大超出市场需求。早在 1992 年，我国纺织工业就开始实行压锭改造，计划压缩淘汰 500 万落后的棉纺锭。然而，在 1992 年至 1996 年的 5 年中，实际只压掉了 21 万锭。究其原因主要是利益驱动，在没有经济手段加以控制的情况下，锭子很难被压掉。①

1997 年末，党中央、国务院决定把纺织行业作为国有企业改革的突破口，时任中国纺织总会会长的石万鹏代表纺织行业 1300 万职工表态：三年压锭 1000 万，完成中央提出的纺织业率先解困、起到示范作用的任务。② 石万鹏认为，党中央、国务院之所以选择纺织行业作为国有企业改革解困的突破口，主要是因为："近年来纺织工业面临的严重困难受到党中央和国务院的高度重视。首先，纺织工业的困难在国有工业中表现得最为突出。国有纺织工业已连续 5 年亏损，1996 年亏损额达 106 亿元，1997 年预计亏损 80 亿元，亏损面达 53%，涉及职工 180 万人，资产负债率高达 82%，均居全国各行业之首。其次，纺织工业的困难所反映的问题在国有工业中很有代表性。具体表现是，低水平重复建设相当突出，历史包袱沉重，富余人员过多。如果能在困难最严重、矛盾最集中的纺织行业重点突破，率先扭转困难局面，就能为其他行业提供经验，增强解困的信心和决心。"③为了使纺织行业在

---

① 李争艳（新华社记者）：《为什么要把纺锭砸掉》，《青岛日报》1998 年 4 月 20 日，第 3 版。

② 《纺织业压锭扭亏进入倒计时》，《青岛日报》1998 年 2 月 9 日，第 3 版。

③ 彭嘉陵（人民日报记者）、李争艳（新华社记者）：《突破口能突破吗——纺织总会会长石万鹏谈打好纺织解困攻坚战》，《青岛日报》1998 年 1 月 4 日，第 3 版。

改革和解困方面取得较大的突破,国务院及有关部门先后出台了一系列政策措施,其中第一条是对压锭实行财政补贴。"为搞好压缩淘汰落后棉纺锭工作,每压一万锭给予300万元补贴,中央和地方财政各承担一半,提供200万元贴息贷款,贴息由地方财政承担。"这次压锭,党中央、国务院是下了很大决心的。过去压锭是以厂为单位,事实证明效果不好。这次压锭是纺织行业的整体调整,是以地区、省、市为单位,总体规划,整体调整,以优势企业为龙头,兼并其他企业。哪个厂该下,如何重新组合,由省长、市长决定。① 不仅如此,"为真正实施压锭,国家纺织局称此次'压锭'为'敲锭',意思是落后的锭子必须被敲掉、销毁、回炉,绝不能再让锭子全国'大游行'。从'压'到'敲',一字之改,表明的是纺织行业压缩生产能力、优化产业结构的坚定决心。"②

相应地,山东省纺织厅、经贸委联合下达了指令性压锭任务:1998年全省压64万锭,1999年压17万锭,到2000年共压100万锭,将全省棉纺规模控制在450万锭。③

具体到青岛市,它被确定为全国6个压锭重组试点城市,计划从1998年开始,淘汰18.1万枚落后棉锭,其中青岛市纺织总公司企业压锭14.1万锭,各区市压锭4万锭。纺织总公司计划1998年完成压锭任务的80%,到1999年基本完成整个压锭任务。④ 1998年3月17日,青岛纺织正式打响压锭调整战役,10368枚落后棉纺锭同时在国棉四厂、五厂被彻底拆除。⑤

"压锭"意味着需要有一些职工下岗、分流、再就业。据测算,当时全国每压1万锭大约需要下岗分流600人,而青岛则为800人。以此推算,仅1998年一年青岛市实施压锭就需要分流一万人左右。在这一万人中,纺织公司内部可安置分流4000人左右,大约还有五六千人在一段时间内需要社会分流。⑥

那么,在这个"压锭"过程中,郝建秀小组有何积极表现?

1998年3月,郝建秀小组在某次会议上提交了一份题为《继承传统,建功育

① 彭嘉陵(人民日报记者)、李争艳(新华社记者):《突破口能突破吗——纺织总会会长石万鹏谈打好纺织解困攻坚战》,《青岛日报》1998年1月4日,第3版。
② 李争艳(新华社记者):《为什么要把纺锭砸掉》,《青岛日报》1998年4月20日,第3版。
③ 《纺织业压锭扭亏进入倒计时》,《青岛日报》1998年2月9日,第3版。
④ 辛梅(本报记者):《"壮士断臂"求新生——对青岛纺织解困攻坚战的思考》,《青岛日报》1998年3月16日,第1、5版。
⑤ 辛梅(本报记者):《青岛纺织:压锭战役打响了》,《青岛日报》1998年3月18日,第1版。
⑥ 辛梅(本报记者):《"壮士断臂"求新生——对青岛纺织解困攻坚战的思考》,《青岛日报》1998年3月16日,第1、5版。

人，不断发挥火车头作用》的发言稿。该发言稿的基本内容与前述（见本章第二节）《继承光荣传统，不断发挥火车头作用——记青岛国棉六厂郝建秀小组的简要事迹》一文基本雷同，文中的三个小标题分别是：一、坚持思想领先的原则，培育良好的职业道德意识；二、提高职业技能，立足本职建功立业；三、抓管理、抓素质，不断开拓班组建设新局面。明显不同的一点是，该发言稿还谈及郝建秀小组对待"压锭调整"的态度："1998 年是纺织行业三年解困攻坚战的关键一年。现在，全国纺织压锭攻坚战已全面展开，青岛纺织也已打响了压锭调整的战役，我厂将面临着压锭1 万枚的任务。对此，我们小组同志认为，结构调整、压锭调整对纺织来说，是机遇也是挑战。在今后的工作中，我们将进一步解放思想，转变观念，继续发扬小组的火车头精神，在深化企业改革，进行二次创业的进程中，不断探索新路子，创造新成绩，以实际行动投身改革，促进改革，迎接纺织行业的新曙光。"①由此可见，郝建秀小组对"压锭调整"是持理解和支持态度的，并对纺织行业的未来抱有乐观的期待。

四　给郝建秀写信

进入这个时期（1993—2002）之后，国棉六厂（六棉公司）在培养、宣传郝建秀小组上所发生的主要变化之一，是以郝建秀小组的名义主动给郝建秀写信。这种信均由国棉六厂（六棉公司）宣教处负责代笔。据曾先后担任过六棉公司宣教处副处长、处长的姜才先介绍，宣教处的主要职责之一是撰写对外介绍郝建秀小组及其成员的材料、郝建秀小组及其成员的发言稿以及以郝建秀小组的名义正式发表的文章。此外，宣教处还负责以郝建秀小组的名义给郝建秀写信，一般是在重大节日（如国庆节）之前写，至于这种做法具体始于何时，姜才先说他也说不准。我们见到的最早的一封这样的信写于 1999 年 10 月，当时，郝建秀担任中共第十五届中央委员会委员、国家发展计划委员会副主任等职务。该信②的基本内容有三：一是提及郝建秀与郝建秀小组之间的特殊关系。信中说："47 年来，小组的成员换了一茬又一茬，但一代代小组成员不忘您的嘱托，继承和发扬小组优良传统，扎根纺织，无私

---

① 《继承传统，建功育人，不断发挥火车头作用》（郝建秀小组发言稿），青岛市总工会、青岛纺织总公司、青岛纺联集团六棉有限公司编：《永远发挥火车头作用——郝建秀小组成立五十周年材料汇编》（未公开出版），2002 年。

② 详见《建国五十周年之际小组姐妹写信给郝建秀》，青岛市总工会、青岛纺织总公司、青岛纺联集团六棉有限公司编：《永远发挥火车头作用——郝建秀小组成立五十周年材料汇编》（未公开出版），2002 年。

奉献,使小组精神得到了不断创新和发展。郝大姐,尽管您工作繁忙,但作为郝建秀工作法的创立者和郝建秀小组的铺基人,您还时常挂念小组情况,给我们的工作以极大鼓舞。"二是汇报小组所取得的主要成绩。信中说:"无论在压锭减员、品种翻改、新产品的试纺,还是在产量、质量、效率、技术等方面,小组始终发挥着火车头作用,勇当企业内部改革的排头兵,并且以优异的成绩带动其他班组,从而使全厂30余个'郝建秀小组式班组'如雨后春笋般涌现出来,为企业的生产与发展做出了突出的贡献。1997年以来,根据市场需求,小组所在的细纱车间品种翻改达5173次,新产品上机406个,试纺新品种128个,各项产质量指标均达到客户的要求。今年,小组根据厂党委、厂部的工作要求,率先向全厂生产班组发出了'质量在我手中,客户在我心中'的倡议,得到全厂200多个班组的积极响应。"信中还说:"在完成生产任务的同时,塑造优秀人才是小组担负的另一项光荣职责。47年来,小组先后向本厂和各级部门输送领导干部和专业管理人员36人,为本厂及公司一些兄弟单位培养和输送优秀技术工人250余人。小组还先后涌现出全国劳模1人,全国纺织特等劳模1人,山东省劳模4人,获全国'五一'劳动奖章3人,山东省优秀党员1人,青岛市劳模3人。"三是向郝建秀表示决心并表达期盼。信中说:"郝大姐,小组这面旗帜今天传到我们手中,我们决不会辜负您的期望,我们将发扬您留下的优良传统,开拓创新,不断进取,使这面旗帜永远飘扬,使郝建秀小组精神世代相传,尤其是在国有企业的扭亏解困的攻坚战中,我们将积极参与支持企业的各项改革,争取以更优异的成绩向您汇报,我们盼望着您在百忙中,能来小组指导我们的工作。"

1999年11月28日,郝建秀给郝建秀小组回了信[①],其内容如下:

亲爱的小组姐妹们:

你们好,我以十分激动的心情,读了你们亲切而感人的来信。在举国同庆中华人民共和国成立五十周年之际,回顾小组走过的胜利和艰辛的47年,是非常有意义的。我对小组的全体同行继承和发扬优良传统,为纺织工业的发展所表现的坚韧不拔的献身精神始终是敬佩和赞美的。

进入九十年代,在计划经济向市场经济转轨的变革中,你们勇敢的面对现实,经受考验,以高度的责任感和荣誉感奋战在第一线,战胜种种困

---

① 《郝建秀同志给小组姐妹们回信》,青岛市总工会、青岛纺织总公司、青岛纺联集团六棉有限公司编:《永远发挥火车头作用——郝建秀小组成立五十周年材料汇编》(未公开出版),2002年。

难,继续发挥火车头和排头兵作用,为企业的生产和纺织工业发展做出了新的贡献。我真为你们高兴,衷心的祝贺你们。

我作为一个小组亲姐妹和老纺织工作者,时刻在想着你们,盼望你们的喜报。在这个经济全球化和科学技术突飞猛进的年代,希望你们进一步学习理论,学习新技术和新本领,创造新经验,与全厂兄弟姐妹们一起,认真贯彻落实十五届四中全会精神,担负起历史赋予的重任,改革创新,为开创纺织工业发展的新局面而共同努力。

最后,我还要祝愿你们全家幸福,身体健康,万事如意。

你们的战友和姐妹　郝建秀

99.11.28

郝建秀的回信,尤其是郝建秀对小组的亲善、称赞和期盼,无疑会令小组成员感到欣慰和鼓舞。

五　庆祝建组 50 周年

进入 2002 年,迎来了郝建秀小组建组 50 周年庆祝活动。和以往举行的三次庆祝活动相比,这次庆祝活动有三点特殊之处:一是它的组织者不再是以往的青岛市纺织局党委和国棉六厂党委(庆祝建组 30 周年时)以及国棉六厂(庆祝建组 35 周年和 40 周年时),而是升格为中共青岛市委宣传部、中共青岛市委工交工作委员会和青岛市总工会;二是组织者做出了在全市深入开展学习郝建秀小组活动的决定;三是郝建秀小组的"火车头精神"得到了进一步概括。在很大程度上,这些特殊性是由郝建秀(时任全国政协常委)决定亲自参加这次庆祝活动所带来的。

为了搞好这次庆祝活动,早在 2002 年 3 月 20 日,中共青岛纺联集团六棉有限公司委员会就给"青岛纺织总公司党委"写了《关于庆祝郝建秀小组建组五十周年活动的请示》。该请示讲了举办这次庆祝活动的主要理由:"今年五月二十六日是青岛六棉郝建秀小组建组五十周年。五十年来,小组的组长换了一任又一任,成员换了一茬又一茬,但小组始终保持着年年月月超额完成生产计划,各项指标一直居各生产班组之首的火车头精神。在全国纺织行业产生了巨大而深远的影响。在新的历史时期,纺织业面临着日趋严峻的困难,但小组的成员一如既往地牢记'爱纺织、多奉献'的座右铭,以创新的精神迎接着市场经济的挑战,为企业的振兴不断做着新的贡献。经过五十年的磨练,郝建秀小组已经成为青岛纺织的一个知名品牌,青岛六棉的一张精美的名片。我们认为,在纺织面临重重困难和进行结构调整的历史时期,通过庆祝郝建秀小组建组五十周年的活动,在企业内乃至青岛纺织行业内掀起学习郝建秀小组的高潮,对加强企业基础管理,弘扬纺织优良传统,调动广大职工爱纺织、多奉献的积极性,实现纺织走出困境、再现辉煌的目标有着重要意义。同时,庆祝活动将在社会上产生积极影响,可以让社会各界进一步了解青岛不仅有'海尔'等新时期涌现出的先进典型,还有五十年代在全国产生巨大影响,五十年来始终保持崇高荣誉的郝建秀小组这样的先进集体,进一步认识青岛纺织的历史地位和对国家的突出贡献。"该请示最后说:"纪念活动将如何定位,届时将邀请哪级领导参加,鉴于企业现状总公司是否给予资金支持等,需要总公司党委研究决定,给予指导。"①

当时,如该请示所言,郝建秀小组已经成为青岛纺织的一个知名品牌、六棉公司的一张精美的名片,"许多与六棉公司做生意的国内外客户,听说郝建秀小组就在该公司,心里觉得格外踏实,并主动表示愿意与公司长期合作,共图发展。一些来该公司谈生意的客户总要提出到郝建秀小组去走走、看看,甚至主动与小组的姐妹们合影留念。"②出于扩大郝建秀小组这个"品牌"和"名片"的影响的考虑,六棉公司当然希望这次庆祝活动不但能在六棉公司乃至青岛纺织行业内部产生积极影响,而且能"在社会上产生积极影响"。因此,对于"邀请哪级领导参加"这个问题,对六棉公司党委和青岛市纺织总公司党委来说,他们最想邀请的"领导"很可能就是时任全国政协常委的郝建秀。从相关资料来看,青岛纺织总公司党委接到这个"请示"后,很可能马上就联系了郝建秀,向她表达了邀请她来青岛参加这次庆祝活动的意愿,郝建秀应该是接受了这个邀请的。这样,该请示中提出的"如何定位"这次庆祝活动的问题也就迎刃而解了。相应地,这次庆祝活动的组织者就不再是六棉公司,而是升格为中共青岛市委宣传部、中共青岛市委工交工作委员会和青岛市总工会。

2002年4月5日,中共青岛市委宣传部、青岛市总工会、中共青岛市委工交工作委员会和中共青岛市纺织总公司委员会一起向中共青岛市委办公厅写了《关于

① 中共青岛纺联集团六棉有限公司委员会:《关于庆祝郝建秀小组建组五十周年活动的请示》(2002年3月20日),青岛市纺织总公司档案管理中心藏,国棉六厂文书档案永久类第1173卷。
② 青岛市总工会:《永远发挥火车头作用——写在郝建秀小组成立50周年之际(代序)》,青岛市总工会、青岛纺织总公司、青岛纺联集团六棉有限公司编:《永远发挥火车头作用——郝建秀小组成立五十周年材料汇编》(未公开出版),2002年。

纪念郝建秀小组建组 50 周年活动筹办情况的意见》。该意见说："今年 5 月 26 日，是全国纺织工业战线的火车头——郝建秀小组建组 50 周年纪念日，全国政协常委、原国家计委副主任郝建秀同志拟来青参加这次活动。市委张旭升副书记、市政府宗和副市长对此非常重视，并专门就搞好纪念活动一事亲自向市委工交工委副书记高志喜和纺织总公司董事长、党委书记、总经理王磊同志作过具体指示，并提议由市委宣传部、市总工会、市工交工委和纺织总公司联合组织这次活动。为此，市委宣传部、市总工会、市委工交工委、市纺织总公司党委及郝建秀小组所在单位纺联集团六棉有限公司党委本着'热烈、隆重、俭朴'的原则，研究制定出纪念郝建秀小组建组 50 周年活动的总体方案及筹备工作的具体内容。现报告如下……"该意见所报告的具体内容共有六项，其中第一项的内容是"加大宣传力度，扩大郝建秀小组的政治影响"，其内容为："由市委宣传部总体协调，于近期召集本市各新闻单位的记者专门就搞好郝建秀小组先进事迹及纪念活动的宣传报道事宜，进行一次通报，以征得各新闻单位的大力支持。1、拟在青岛电视台播出《永远发挥火车头作用——纪念郝建秀小组建组 50 周年》的专题新闻。2、经与青岛人民广播电台协商，拟在《经济论坛》为郝建秀小组做一个专题节目；对庆祝大会进行现场直播；另做一个专访节目。3、在《招商周刊》上发一组郝建秀小组通栏文字报道。4、在《青岛日报》上发一篇郝建秀小组 50 年事迹的综合报道。"第二项至第六项的内容分别是：二、开好庆祝大会。时间暂定在 5 月 25 日上午，地点拟租借人民会堂主会场；三、组织一场座谈会；四、办好郝建秀小组图片展；五、出刊郝建秀小组 50 周年汇编和文化手册；六、其他相关事项。"其他相关事项"谈了两个事项，其中第一项是关于"成立纪念活动领导小组及专门工作班子"事宜，第二项是"关于郝建秀同志来青参加庆祝活动的接待事宜"，其具体内容为："市工交工委副书记高志喜和纺织总公司党委副书记孙淑珍同志准备与六棉公司有关人员近期专程去北京向郝建秀同志发邀请，同时汇报整个纪念活动的安排情况，并征询其来青后活动的意见。"①

2002 年 4 月 23 日，受青岛市领导的委托，由青岛市工交工委副书记高志喜、青岛市纺织总公司党委副书记孙淑珍、六棉公司党委书记王舟、宣教处副处长姜才先组成的一行四人，专程去北京就青岛市庆祝郝建秀小组建组 50 周年活动的筹办情况及庆祝大会的程序安排向郝建秀进行了汇报。汇报结束后，他们于 4 月 26 日专门写了《赴京向郝建秀同志汇报庆祝小组建组 50 周年活动的谈话纪要》一文。该

---

① 中共青岛市委宣传部、青岛市总工会、中共青岛市委工交工作委员会、中共青岛市纺织总公司委员会：《关于纪念郝建秀小组建组 50 周年活动筹办情况的意见》(2002 年 4 月 5 日)，青岛市纺织总公司档案管理中心藏，国棉六厂文书档案永久类第 1173 卷。

纪要说:"24 日上午 9:00,在国家计委郝建秀同志的办公室,青岛市工交工委高书记、青岛纺织总公司孙书记向郝主任作了工作汇报。高书记说:青岛市对这次小组建组 50 周年,各级领导都非常重视,认为这不光是青岛纺织的事,而是青岛市的一件大事,青岛市一定要将这次庆祝活动搞好。同时代表市领导诚挚地邀请郝建秀同志参加这次庆祝活动,郝建秀同志愉快地接受了邀请。"①

遗憾的是:由于身体原因,郝建秀最终没有前往青岛参加这次庆祝活动。令人欣慰的是,在这次庆祝活动举行之前,郝建秀专门为郝建秀小组建组五十周年题了词,其内容为"让火车头精神代代相传"。这意味着郝建秀正式认同了把郝建秀小组的"火车头的作用"进一步提炼、升华为"火车头精神"的做法。

2002 年 5 月 25 日,庆祝郝建秀小组建组 50 周年大会如期在青岛市人民会堂召开。出席这次大会的领导主要有中共青岛市委副书记张旭升、青岛市副市长、市委工交工委党组书记宗和、青岛市人大常委会副主任朱庆兰、山东省纺织工业办公室副主任李植树、青岛市总工会主席邢厚仁、中共青岛市委宣传部副部长姜正轩、青岛市市长助理、市经委主任孙加顺等。

青岛纺联集团六棉公司党委书记王舟在会上做了长篇发言。该发言首先认为:"今天,青岛市召开大会隆重庆祝郝建秀小组成立五十周年,这既是对郝建秀小组五十年所走过的光荣历程的肯定,也是对处于改革、调整中的纺织职工的关心和支持。"之后,该发言扼要介绍了郝建秀小组在不同历史时期所取得的主要成绩和先进经验,并评价说:"五十年来,郝建秀小组经历了许多风风雨雨……无论形势多么复杂,条件多么艰苦,工作多么繁重,小组姐妹们为纺织事业执着拼搏、创新奉献的精神和意志毫不动摇,她们以超常的毅力和干劲在自己挚爱的岗位上努力地工作着。在火车头精神激励下牢记着毛主席的嘱托,走过了五十年极其光荣的路程,留下来一串串闪光的足迹。"该发言最后表态说:"青岛纺联集团六棉有限公司是郝建秀工作法的诞生地,也是小组的诞生地。拥有这样一个先进的小组,是我们企业的光荣。大会之后,我们决心乘这次大会的东风,继续在公司内广泛深入开展向郝建秀小组学习的活动,使小组的好思想、好作风、好经验在全体职工中发扬光大,不断培养和创建更多的郝建秀小组式班组,使六棉的两个文明建设再上一个新台阶。"②

会上,青岛市市长助理、市经委主任孙加顺宣读了中共青岛市委宣传部、中共

---

① 《赴京向郝建秀同志汇报庆祝小组建组 50 周年活动的谈话纪要》(2002 年 4 月 26 日),青岛市纺织总公司档案管理中心藏,国棉六厂文书档案永久类第 1173 卷。

② 《纺联集团六棉公司党委书记王舟同志介绍郝建秀小组的主要事迹和经验》(2002 年 5 月 25 日),青岛市纺织总公司档案管理中心藏,国棉六厂文书档案永久类第 1173 卷。

青岛市委工交工作委员会、青岛市总工会关于深入开展学习郝建秀小组活动的决定。该决定说：

> 青岛纺联集团六棉有限公司郝建秀小组自 1952 年被命名至今，已走过了整整 50 个年头。50 年来，郝建秀小组在小组带头人换了几任，组员换了几茬的情况下，始终保持了小组光荣传统和"火车头"精神代代相传，而且得到了不断创新和发展。……
>
> 郝建秀小组的"火车头"精神，是我国工人阶级精神的集中体现，也是新时代所需要的精神支柱。为使这种精神在全市得到进一步弘扬，特做出在全市深入开展学习郝建秀小组活动的决定：
>
> 一、学习郝建秀小组五十年如一日，兢兢业业的拼搏精神，像她们那样，始终坚持两个文明一齐抓，既出产品，又出人才，努力做实践"三个代表"重要思想的排头兵；始终把自己的全部身心和毕生精力用在工作上，甘愿出大力流大汗，拼命干；像她们那样，再大的困难也敢上，再重的任务也敢接，以自身的行动来实践"勇挑重担，敢打硬仗"的誓言。
>
> 二、学习郝建秀小组不求索取，执著纺织的无私奉献精神。像她们那样不为外部环境所动，不为物质利益所惑，硬是咬定青山，无怨无悔地挚爱自己的岗位。为了献身自己所从事的工作，不惜牺牲一切。
>
> 三、学习郝建秀小组艰苦奋斗，勤俭节约的优良传统。像她们那样，始终把厉行节约作为传家宝，从小处着眼，从点滴做起，经常开展增产节约和修旧利废活动。
>
> 四、学习郝建秀小组"管理工作人人抓，集体事情大家干"的民主科学管理方法。像她们那样，人人都是主人翁，个个都当管理者，使"四长、五大员"管理体系更有利于提高劳动生产率，更有利于提高班组建设的水平。
>
> 五、学习郝建秀小组奋发进取，永无止境的开拓创新精神。像她们那样，时刻把集体的荣誉视为生命，不管环境怎么变，人员怎么变，生产条件怎么变，始终保持小组的光荣传统不变，"火车头"精神代代相传。像她们那样，始终把提高自身的思想素质、操作水平、产品质量、创造更好的生产水平，作为永无止境的追求。①

---

① 《中共青岛市委宣传部、中共青岛市委工交工作委员会、青岛市总工会关于深入开展学习郝建秀小组活动的决定》(2002 年 5 月 25 日)，青岛市纺织总公司档案管理中心藏，国棉六厂文书档案永久类第 1173 卷。

　　该决定的出台具有两点重要意义:(1)该决定由中共青岛市委宣传部、中共青岛市委工交工作委员会和青岛市总工会共同做出,这是自郝建秀小组建组以来从未有过的做法,由此足见中共青岛市委对郝建秀小组的高度肯定与关爱。(2)该决定所确定的五点学习内容,尤其是"五十年如一日,兢兢业业的拼搏精神""不求索取,执著纺织的无私奉献精神"和"奋发进取,永无止境的开拓创新精神",是对"郝建秀小组精神"或者说"郝建秀小组的火车头精神"的一种新的概括。

　　在这次庆祝大会的最后,市委副书记张旭升讲了话,他说:"郝建秀小组的奋斗历史证明,她不愧为全国纺织系统班组建设的'火车头'小组,不愧为全国工业战线的一面旗帜。这不仅是纺织工人的光荣,也是青岛人民的光荣。""青岛作为重要的沿海开放城市和经济中心城市,面临着繁重而艰巨的改革和发展任务。在这种情况下,尤其需要我们继承郝建秀小组的光荣传统,大力发扬建秀小组的'火车头'精神。希望全市各行各业、各企业基层班组和广大职工,积极响应市委宣传部、市委工交工委、市总工会关于开展向郝建秀小组学习活动的号召,迅速行动起来,深入学习郝建秀小组的好思想、好作风、好经验,以郝建秀小组为榜样,爱岗敬业,拼搏奉献,在推进企业改革和发展中勇立新功。"①

　　从这次庆祝活动的举办情况来看,此时,热衷于宣传郝建秀小组的主要是六棉公司、青岛市纺织总公司、青岛市总工会、中共青岛市委和青岛市政府等青岛市市域内的机构,而不是更高层级的有关机构。据此,我们也可以认为,到了这个时期,推动郝建秀小组不断前进的基本动力来自青岛市内部,更具体一点来说,这种动力主要来自青岛市(尤其是青岛市纺织总公司)想进一步扩大"郝建秀小组"这个"知名品牌"的影响的强烈愿望。从下一章第五节我们将进一步看到:进入2009年之后,青岛市纺织总公司党委更是专门出台了《关于郝建秀小组品牌的推广方案》,极力把郝建秀小组作为一个"品牌"来推广。

---

① 《张旭升同志在青岛市庆祝郝建秀小组建组50周年大会上的讲话》,青岛市纺织总公司档案管理中心藏,国棉六厂文书档案永久类第1173卷。

第十一章

积极面对企业重组改造（2003—2012）

在本章论述的时期（2003—2012），青岛纺织企业经历了调整、重组、改造、破产、搬迁等一系列的剧烈变化。

在 20 世纪 50 年代，青岛市拥有 9 个国营棉纺织厂，它们分别是国营青岛第一棉纺织厂至国营青岛第九棉纺织厂（简称"国棉一厂"至"国棉九厂"。国棉九厂原名华新纱厂）。1982 年国棉九厂分厂易名为国棉十厂，1983 年国棉七厂转产毛纺织，这样，1983 年以后，青岛市仍然拥有 9 个国营棉纺织厂，它们都是大中型企业。到 1988 年末，这 9 个国营棉纺织厂共有职工 37404 人。[①]

青岛市的这些国营棉纺织厂一直存续至 1990 年代末期。2000 年 10 月，国棉九厂宣告破产。2005 年 12 月，青岛纺联集团五棉有限公司（原国棉五厂）实施破产。此后，青岛市政府对尚存的棉纺企业进行了重组改造，青岛纺联集团一棉、六棉和八棉有限公司（分别简称"一棉""六棉"和"八棉"）成为被重组改造的重点。

2003 年 10 月，为加快青岛市纺织总公司的职能转换，青岛新纺实业有限责任公司成立，2006 年该公司被更名为青岛纺联控股集团有限公司（简称"青岛纺联控股集团"），与青岛市纺织总公司实行一套班子，两块牌子。

2009 年 1 月，青岛市纺织总公司（青岛纺联控股集团有限公司）组建了"青岛纺联纺织（集团）有限公司"。该公司对一棉、六棉和八棉的设备、技术等资源进行了优化、组合，分别组建了青岛纺联银龙纺织有限公司（简称"银龙公司"）和青岛纺联齐意纺织有限公司（简称"齐意公司"）。银龙公司专门织布，公司地址选在胶州市胶东镇的"纺织染整工业园"；齐意公司专门纺纱，公司地址选在"青纺联都市工

[①] 曾繁铭主编：《青岛市纺织工业志（1900—1988）》，青岛海洋大学出版社，1994 年，第 10—11 页。

业园",即原青岛国棉五厂①厂区。

由于兴建青岛火车北站②,位于该站旁边的六棉公司被迫重组、搬迁。在 2011 年至 2012 年 2 月期间,六棉公司的纺纱设备被逐渐搬往位于"青纺联都市工业园"的齐意公司,齐意公司专门为此组建了一个纺纱分厂,即纺纱二分厂。相应地,郝建秀小组也被迁往纺纱二分厂,继续从事细纱生产。

在上述企业调整、重组、改造、搬迁等一系列变革过程中,郝建秀小组一如既往地积极配合、支持了这些变革,并继续发挥了"火车头的作用",相应地,又进一步获得了一些荣誉称号。

 一　两次受到郝建秀的看望

在上一章我们谈到:1999 年 10 月,郝建秀小组全体成员曾给郝建秀写信,在那封信的末尾,她们表示:盼望郝建秀"能来小组指导我们的工作"。遗憾的是,她们未能如愿。更为遗憾的是,2002 年 4 月,郝建秀接受了青岛方面的邀请,答应前往青岛参加庆祝郝建秀小组建组 50 周年的活动,可是,由于身体原因,她最终未能成行。也许是为了弥补这一遗憾,2003 年 4 月,已当选为全国政协副主席的郝建秀来青岛视察时,不但去视察了六棉公司(原国棉六厂),而且亲切看望了郝建秀小组全体成员。当时,郝建秀高度赞扬郝建秀小组全体成员为纺织工业的发展所表现出的坚韧不拔的献身精神,勉励大家进一步学习理论、学习技术和新本领,担负起历史的重任,为开创纺织工业发展的新局面共同努力。郝建秀的亲切嘱托,给郝建秀小组和公司员工以极大的鼓舞。通过对郝建秀小组的宣传,在全公司各生产班组中形成了你追我赶、争当"郝建秀小组式班组"的良好氛围。③

2006 年 9 月 1 日,"2006 中国(青岛)国际时装周"开幕式暨第六届青岛国际服装纺织品交易博览会开馆仪式在青岛国际会展中心举行,郝建秀来青岛出席了这个开幕式。④ 在开幕式前夕,郝建秀再次去六棉公司看望慰问了郝建秀小组历任

① 青岛国棉五厂的前身为日商上海株式会社青岛工场,始创于 1934 年 3 月,1935 年 5 月开工生产。详见曾繁铭主编:《青岛市纺织工业志(1900—1988)》,青岛海洋大学出版社,1994 年,第 51 页。
② 青岛火车北站于 2010 年 3 月开工建设。
③《青岛纺联集团六棉有限公司申报市级文明单位标兵工作自查总结报告》(2004 年 9 月)(取自王立永的办公电脑)。
④《2006 中国(青岛)国际时装周开幕》,《青岛日报》2006 年 9 月 2 日,第 1 版。

组长、小组成员。对此,《中国纺织报》发表了如下报道：

> 8月28日上午,2006中国（青岛）国际时装周前夕,全国政协副主席郝建秀在青岛市副市长吴经建、市政协副主席闵祥超等陪同下,专程到青岛纺联集团六棉有限公司看望慰问"郝建秀小组"历任组长、小组成员,并向纺织行业广大干部职工表示亲切的问候。
>
> 郝建秀认真听取了青岛市纺织总公司领导的工作汇报。在青岛市委市政府的关心支持下,棉纺企业调整重组正在积极推进并取得了阶段性成果。"十一五"前三年,纺织总公司通过产业转移、退市进园和招商引资,将全面完成对现有棉纺企业的重组改造,逐步形成以胶州青岛纺织面料产业基地和现代化都市工厂为标志的新兴纺织工业框架。……
>
> 郝建秀对青岛棉纺企业改造重组给予了充分肯定并寄予殷切希望。在六棉新产品样品前和她曾经工作过的细纱车间,郝建秀详细了解该厂近年来应用新型纤维、开发新产品和提高纺织工艺技术水平等情况,特别看望了正忙碌在纺机旁的"郝建秀小组"的姐妹们。郝建秀所到之处,受到六棉职工的热烈欢迎,职工们激动地指着郝建秀当年题写的"爱纺织、多贡献"和"郝建秀小组永远发挥火车头作用"等醒目标语,纷纷向郝建秀汇报工作情况并表达敬业爱岗的心声。
>
> 有着光荣历史和传统的青岛六棉,1951年就创造了"郝建秀工作法"并创立了"郝建秀小组",在新的历史时期又赋予"郝建秀小组"新的内涵,在技术进步和产品创新方面仍然走在行业前列。郝建秀希望全厂干部职工在改革发展的新形势面前,继续发挥优良传统,积极开拓创新,齐心协力克服困难,促进企业实现更快的发展。她还勉励"郝建秀小组"结合新形势的要求,在产量、质量、技术等方面继续发挥表率作用,为企业的发展和振兴青岛纺织行业做出新的贡献。[①]

可见,郝建秀当选为全国政协副主席之后,两次来六棉公司看望了郝建秀小组。她的这种看望尤其是她对郝建秀小组的赞扬和勉励,对进一步提升郝建秀小组的社会地位、扩大郝建秀小组的社会影响、促使郝建秀小组继续积极响应上级号

---

① 刘玉刚（记者）：《郝建秀视察青岛六棉,勉励"郝建秀小组"为振兴青岛纺织做出新贡献》,《中国纺织报》2006年8月31日,第1版。

召所具有的重要意义应该是不言而喻的。尤其是 2006 年那次,郝建秀是在青岛市副市长吴经建、市政协副主席闵祥超等的陪同下去看望郝建秀小组的,并被《青岛日报》《中国纺织报》等公开报道,其意义就更为重大。

 二　率先签订"改三班"意见书

　　新中国成立后,我国纺织企业一律废除了童工制和 10 小时工作制,实行三班运转八小时工作制(简称"三班制")。1970 年代末,由于纺织产品国内外需求旺盛,供不应求,于是,便采取了"歇人不歇马"的做法,将"三班制"改为"四班三运转"连续生产(简称"四三制")。所谓"四班三运转"就是把所有上班人员分为四个班,每天安排三个班的人员上班(每班工作 8 小时),一个班的人员休息。这样就可以做到在每天和每天的 24 小时里都有人上班,每月的生产时间由原来的 25.5 天增加到 29.5 天,而工人每月的工作时间则由原来的 25.5 天减少到 22.4 天。由于这种工时制度既提高了设备利用率,促进了生产发展,又增加了工人的休息时间,夜班天数也有所减少,因此深得职工的欢迎和拥护,工人们称这是又一次"解放"。① 1979 年 7 月,纺织工业部和国家劳动总局向国务院提出了《关于拟在纺织企业中实行"四班三运转"的报告》,得到了国务院领导的同意。同年 10 月,纺织工业部和国家劳动总局联合下达了《关于纺织企业实行"四班三运转"的意见》,此后,全国纺织企业就普遍实施了"四三制"。然而,到了 1980 年代末和 1990 年代初,一些地区的纺织企业由于生产经营遇到了多重困难,便将"四三制"改回为原来的"三班制",由此引起了广大生产一线工人的不满,工人的生产积极性受到影响。因此,1991 年 12 月,纺织工会全国委员会"建议有关部门重申纺织企业实行'四三制'的重要性"。②

　　不过,到了 1993 年 4 月,纺织工会全国委员会的相关态度就变了,他们提出了通过减少生产班数来缓解供求矛盾的主张:"近十年来纺织生产规模急剧膨胀,产

---

① 《纺织工会全委关于纺织企业开班工时制度改革情况的调查(节录)》(1993 年 4 月),《中国工会运动史料全书》总编辑委员会、《中国工会运动史料全书》纺织卷编委会编:《中国工会运动史料全书:纺织卷》下册,中国纺织出版社,1999 年,第 755 页。

② 《纺织工会全委关于纺织一线工人对"四三制"改为"三班制"的呼声应引起政府有关部门重视给全总书记处、纺织工业部的报告》(1991 年 12 月 5 日),《中国工会运动史料全书》总编辑委员会、《中国工会运动史料全书》纺织卷编委会编:《中国工会运动史料全书:纺织卷》下册,中国纺织出版社,1999 年,第 754 页。

品由供不应求变为供过于求。以棉纺工业为例，1991 年折合生产能力达 4350 万锭，而目前国内外市场年需求量仅为 2500 万件纱，即只需 3100 万锭，30％ 的生产能力富余。在生产能力严重过剩和市场需求难以大幅度上升的情况下，国家要求纺织工业限产压库、减锭控能。此时如果仍然坚持'四三制'，不仅无法限产压库，反而会加剧产销矛盾，造成生产越多，库存积压越多，资金周转困难，继续生产难以进行。减少生产班数，是目前解决纺织产品超量生产行之有效的办法。"① 尽管如此，郝建秀小组所在的国棉六厂细纱车间并没有马上将"四三制"改为"三班制"，直到 2004 年，在郝建秀小组的带头下，才把工作制改了过来。"随着市场需求的变化和改革调整的深入，企业打破了许多传统的生产管理模式，以应对社会环境变化给企业带来的困难。2004 年为缓解人员紧张的状况，郝建秀小组毅然决然地率先签订了由四班改为三班的意见书，给其他班组带了个好头，为全车间顺利实施改三班奠定了基础。"②

郝建秀小组在"应对社会环境变化"方面，还有一事值得一提。2005 年，六棉公司在产品品种方面，加大了新原料、新工艺、新技术的开发力度，扩大了天丝、木代尔的生产规模，开发了超细旦木代尔、羊绒、维劳夫特、羊毛、绢丝、竹纤维、亚麻、苎麻、固体晴纶及膨体晴纶、超细旦涤纶等。全年共开发高新品种 911 个，其中棉纱新品种 541 个，棉布 370 个，较好地适应了市场和竞争的需求。③ 高新品种的大量开发，也对生产流程提出了新的要求。针对自动落纱机造成锭子歪斜从而严重影响成纱质量的问题，六棉公司决定对生产流程实施再造。郝建秀小组主动请缨试点，经过反复研究、试验之后，她们提出了一个大胆的想法：取消使用了四十多年④ 的自动落纱机，改为用手拔纱。为此，小组骨干成员不厌其烦地试验用手拔纱，常常累得腰酸臂痛，双手磨破也不停息，最终探索出了用手拔纱替代自动落纱机的工艺，在不增加工作人员、不降低工作效率的前提下，解决了以前纱易断、易变形的难题，为全车间推广用手拔纱起到了关键的示范作用，确保了企业产品质量提高，满足了客户对高新品种的质量要求。⑤

---

① 《纺织工会全委关于纺织企业开班工时制度改革情况的调查（节录）》（1993 年 4 月），《中国工会运动史料全书》总编辑委员会、《中国工会运动史料全书》纺织卷编委会编：《中国工会运动史料全书：纺织卷》下册，中国纺织出版社，1999 年，第 755 页。

② 《火红的旗帜——青岛纺联集团六棉有限公司郝建秀小组》（2009 年）（取自王立永的办公电脑）。

③ 《青岛纺联集团六棉有限公司》（取自王立永的办公电脑）。

④ 1960 年下半年，国棉六厂制成第一台转盘式半机械化落纱机，当时领导上确定在郝建秀小组试用这台落纱机（详见第六章第一节）。这里所说的"使用了四十多年"可能是从 1960 年下半年算起的。——笔者注

⑤ 《火红的旗帜——青岛纺联集团六棉有限公司郝建秀小组》（取自王立永的办公电脑）。

三 面临企业重组改造

进入 2006 年后,青岛市政府决定对尚存的棉纺企业进行重组改造,重组改造的主要对象是一棉、六棉和八棉。当时设想的重组改造的基本方案是:通过重组改造,用 3 到 5 年时间建立为世界名牌服装配套的纺织面料产业基地,即建立一个"纺织染整工业园"和两个"都市工厂"。"纺织染整工业园"建在胶州市①胶东镇,占地 1500 亩,园内分为四大产业板块,其中之一是以六棉为核心项目的棉纺板块,也即六棉将被搬往该工业园。两个"都市工厂"分别是一棉和八棉,其中,一棉将被搬往原五棉厂区(原五棉已于 2005 年 12 月破产),通过资产优化调整和技术设备改造,建立现代都市型棉纺企业;八棉则保持稳定,充分利用现有发展空间等优势,就地蓄势择机发展。②

那么,当时,青岛市政府为什么要对一棉、六棉和八棉等棉纺企业进行这样的重组改造?其实,上述"重组改造的基本方案"已基本上回答了这个问题:把一棉搬往原五棉厂区、把六棉搬往位于胶州市胶东镇的"纺织染整工业园"之后,就把原一棉和原六棉的厂区腾出来了,接着,就可以把这两个厂区的土地等资源变现为资金。有了这些资金,就可以解决棉纺企业的冗员问题、债务问题以及生产技术和设备更新等问题。当时,青岛市纺织总公司在解释"为什么要对棉纺企业进行重组改造"时例举了以下五点理由(有较多删节),这五点理由都谈到了这一点:

(1)棉纺企业的重组改造是大势所趋,势在必行,完全符合时代发展的潮流,符合青岛建设全国重点中心城市和世界知名特色城市的需要,更重要的是给青岛纺织长远的发展提供了一个良好的平台。这样做,不仅可以更好地集中和整合青岛纺织在资产、人力、技术、管理和市场等方面的资源优势,为今后取得更大的发展奠定基础,铺平道路,还可以利用政府给予的政策和土地等资源变现的资金,来解决历史遗留的包袱和问题,来装备壮大我们企业。

(2)市政府决定对棉纺企业进行重组改造,目的是为了把青岛纺织

① 胶州市是由青岛市代管的县级市。——笔者注
② 参见《青岛市纺织总公司关于棉纺企业重组改造的宣传提纲》(2006 年 6 月)(取自王立永的办公电脑)。

做大做强。……。市政府利用这次重组改造之机，把棉纺企业搬迁腾出的土地通过变现，用来统筹解决棉纺企业的冗员问题、债务问题以及生产技术和设备更新问题，这是目前来说一个最好的办法，也从中体现了市政府对我们的全力支持。通过这个办法，我们棉纺企业历史遗留的问题可以得到彻底解决，可以轻装上阵地向更高层次去发展，……

（3）从目前 3 个棉纺企业的状况看，无论是经济运行情况和经营情况，还是体制状况、人员现状和债务包袱，企业想维持现状都很困难，十分吃力，如果不调整肯定是不行的，不调整就没有出路，不调整只会陷入更加困难的地步，根本谈不上发展。市政府决定通过重组改造来解决棉纺企业遗留的历史问题，以求得传统产业的更大发展，这是非常实际的，也是非常果断的。

（4）这次棉纺企业的重组改造，承载着纺织几代人的期望。借助这次重组改造的机会，我们可以从根本上解决棉纺企业遗留的各种问题，这是大家都非常渴望的，也是对纺织后来人的负责或者说一个交代。从另一个角度讲，作为一个有着百年历史，曾经有过"上青天"美誉的传统产业，一棉、六棉、八棉 3 个企业是很有代表性的，我们相信这些企业的干部职工能够担负起这个历史重任，能够通过上下齐心协力，顺利完成这次重组改造任务。……

（5）要解决棉纺企业重组改造所需要的资金问题，还有一个重要渠道，就是通过引进外资和合作伙伴来落实。从目前的情况看，棉纺企业的重组改造已引起许多投资者、合作者的关注。……。随着工业园和两个都市工厂建设的全面展开，将会有更多的外商、外资、经营管理团队参与进来，到那时招商引资 5 个亿的目标将会成为现实，从而为纺织染整工业园和 2 个都市工厂的建设提供资金保证。[①]

不过，后来，八棉并没有被搬往"纺织染整工业园"，其纺纱设备也是被搬往了原五棉厂区（详见本章第八节）。

郝建秀小组在这次棉纺企业的重组改造中又发挥了"火车头的作用"，其主要表现之一，是小组中的全体共产党员于 2006 年 6 月 25 日向"总公司系统全体共产党员"发出了一份倡议书。该倡议书首先指出："今年是中国共产党成立 85 周年，

---

① 《青岛市纺织总公司关于棉纺企业重组改造的宣传提纲》（2006 年 6 月）（取自王立永的办公电脑）。

是'十一五'规划的开局之年,也是青岛纺织全面实施改革调整、推进一个工业园、两个都市工厂建设的重要一年。在这至关青岛纺织长远发展的关键时期,我们郝建秀小组全体共产党员,决心继承和发扬郝建秀小组'爱纺织、多奉献'的优良传统,以创新的精神和昂扬的斗志全身心地投入青岛纺织改革调整的辉煌事业中,努力在实现青岛纺织更快、更高、更强的发展进程中,使纺织工人的优良传统和郝建秀小组的火车头作用继续得以发扬光大。"接着,该倡议书"向全系统共产党员"发出了五点倡议,其中第一点是:"青岛纺织的改革调整凝聚了全系统职工渴望发展、再铸辉煌的愿望。我们每个党员一定要在这项承载纺织几代人理想的伟大工程中,勇挑重担,当好排头兵,切实把思想认识统一到青岛纺织'十一五'发展规划上来,统一到总公司党委的部署上来,自觉地从大局出发,摆正位置,听从组织召唤,服从调整重组的需要。同时,要积极协助党组织解决好调整重组过程中遇到的问题和矛盾,做好职工思想工作,身先士卒地带领广大职工完成调整重组的各项任务。"①

四 被命名为"工人先锋号"

在积极面对"企业重组改造"的过程中,郝建秀小组迎来了由全国总工会倡导的创建"工人先锋号"活动。

2007 年 8 月,全国总工会下发了《关于深入开展创建"工人先锋号"活动的实施意见》。该意见指出:工人阶级是我国社会主义经济建设、政治建设、文化建设、社会建设的主力军。当前,我国发展正处在新的历史起点上。全面落实科学发展观,构建社会主义和谐社会和全面建设小康社会的战略任务,既为工人阶级实现自身利益带来了新的发展机遇,也为工人阶级更好地发挥作用提供了广阔舞台。多年来,各级工会紧密结合本地区、本行业实际,围绕促进经济社会发展,开展创建"工人先锋号"活动,有效调动了广大职工的积极性、主动性和创造性,取得了很好的效果,在社会上产生了良好反响。实践证明,开展创建"工人先锋号"活动,有利于激发职工热爱本职、钻研技术、创新管理、提高效益的工作热情和创造活力,不断发展工人阶级的先进性;有利于发挥我国工人阶级在国家经济社会发展中的主力

---

① 青岛纺联集团六棉有限公司郝建秀小组全体共产党员:《郝建秀小组全体党员的倡议书》(2006 年 6 月 25 日)(取自王立永的办公电脑)。

军作用,推动全心全意依靠工人阶级指导方针的贯彻落实。该意见规定:"工人先锋号"的授予对象是全国各类企事业单位中为推动经济社会发展做出突出贡献,并具有时代性、先进性和示范性的车间、工段、班组;全国"工人先锋号"在各省(区、市)总工会命名的"工人先锋号"中产生,每年命名表彰一次,由全国总工会颁发牌匾和证书。①

2008 年,郝建秀小组先后被青岛市总工会、山东省总工会和全国总工会命名为"工人先锋号"。2008 年 10 月 29 日,六棉公司工会召集郝建秀小组全体成员进行了座谈并举行了挂牌仪式。座谈中,郝建秀小组的成员踊跃发言,纷纷感谢各级领导对小组的关怀和爱护,并表示要以创新的意识和行为迎接青岛纺织新一轮调整重组,更加牢固地树立"学技术、练技能、多贡献"的理念,争做"有理想、有知识、有技能、有绝活"的新型员工,为六棉公司的进一步发展、为青岛纺织的调整重组再立新功。②

五 被作为一个品牌来加以推广

有关机构把"郝建秀小组"视为一个品牌并着力宣传、推广这个品牌的做法,大致始于 2002 年。在第十章第五节我们谈到:2002 年 3 月 20 日,六棉公司党委在给青岛市纺织总公司党委写的《关于庆祝郝建秀小组建组五十周年活动的请示》一文中说:"经过五十年的磨练,郝建秀小组已经成为青岛纺织的一个知名品牌,青岛六棉的一张精美的名片……庆祝活动将在社会上产生积极影响,可以让社会各界进一步了解青岛不仅有'海尔'等新时期涌现出的先进典型,还有五十年代在全国产生巨大影响,五十年来始终保持崇高荣誉的郝建秀小组这样的先进集体。"可见,六棉公司党委之所以提出要搞那次庆祝活动,目的之一就是为了扩大"郝建秀小组"这个知名品牌的社会影响。后来,那次庆祝活动的组织者之所以被升格为中共青岛市委宣传部、中共青岛市委工交工作委员会和青岛市总工会,并邀请时任全国政协常委的郝建秀出席那次庆祝活动,应该也有这方面的考虑。

2005 年以后,青岛市委、青岛市纺织总公司等更加注意了对"郝建秀小组"这

---

① 《中华全国总工会关于深入开展创建"工人先锋号"活动的实施意见》,《中国职工科技报》2007 年 9 月 7 日,第 3 版。

② 《荣获全国和省市"工人先锋号"称号的郝建秀小组座谈表示,在新一轮调整重组中当好火车头》,《青纺联》2008 年 11 月 24 日,第 4 版。

个品牌的宣传、推广。

2005 年 12 月 22 日下午,中共青岛市委先进性教育活动①领导小组副组长、市委常委、组织部长王书坚等一行 6 人到纺联集团六棉公司,专门就建立基层党组织和党员服务群众长效机制情况进行了调研。王书坚对纺织总公司和六棉建立长效机制的情况作了基本评价,并就建立企业党组织和党员服务职工长效机制一事作了进一步的强调。王书坚说,青岛纺织和六棉在全国纺织是一个好牌子,是出劳动模范、出先进典型的地方。在典型作用的发挥上,你们要好好地研究和利用郝建秀小组这块牌子,要选好的职工充实到这个小组中去,保证郝建秀小组的荣誉,保证这个小组作用的进一步发挥。②

青岛市纺织总公司等积极回应了王书坚的建议,其采取的重大举措之一,是青岛市纺织总公司党委于 2009 年 8 月 7 日出台了《关于郝建秀小组品牌的推广方案》③。

该推广方案首先阐明了出台这个方案的缘起以及宣传推广"郝建秀小组"这个品牌的重要性:"根据纺织总公司关于在实施青岛纺织调整重组、转型升级战略中,要打出'青纺联'和'郝建秀小组'两块品牌的意见,7 月 15 日,总公司党委有关领导同青纺联纺织集团以及纺纱二分厂(原六棉公司)有关人员,专门就郝建秀小组品牌的推广方案进行了座谈和探讨。一致认为,在青岛纺织的品牌和宝贵资源——郝建秀小组的宣传推广上,应同'青纺联'牌子一同推出,冠以'青岛纺联纺织(集团)有限公司(原青岛纺联集团六棉有限公司)郝建秀小组'。这样,既可以展示青岛纺织转型升级后青岛纺联纺织集团的新组织构架和企业新模式,彰显调整后的'青纺联'的新面貌,又明确标明经过调整的青纺联,仍保留并将继续发挥郝建秀小组这个优秀团队的火车头作用。"然后,该推广方案分别提出了"关于提升郝建秀小组知名度的舆论宣传意见""关于在系统内部推广郝建秀小组品牌的意见"和"关于郝建秀小组自身更上一层楼的意见"。

其中,"关于提升郝建秀小组知名度的舆论宣传意见"的内容如下:

① 2004 年 11 月 7 日,中共中央发布了《关于在全党开展以实践"三个代表"重要思想为主要内容的保持共产党员先进性教育活动的意见》,决定从 2005 年 1 月开始,用一年半左右的时间,在全党开展以实践"三个代表"重要思想为主要内容的保持共产党员先进性教育活动。——笔者注
② 《王书坚在六棉公司调研时强调,坚持党的活动经常化,不断完善服务职工长效机制》(取自王立永的办公电脑)。
③ 《关于郝建秀小组品牌的推广方案》(2009 年 8 月 7 日)(取自王立永的办公电脑)。

借助庆祝新中国成立 60 周年的机会,通过新闻媒体宣传介绍郝建秀小组(1952 年建组)的成长史,颂扬祖国 60 年的伟大成就,以此展示郝建秀小组在新时期的火车头作用,在实施青岛纺织调整重组、转型升级战略中的新风貌、新形象,进一步扩大其在青岛地区的影响力。

(1) 拟于近期与市委宣传部有关领导联系沟通,协调落实庆祝新中国成立 60 周年期间郝建秀小组在青岛新闻媒体(以《青岛日报》和青岛电视台为主)的宣传报道一事。

(2) 初步确定以《郝建秀小组与共和国一起成长》为题,组织纺织总公司、棉纺事业部和六棉有关人员或聘请新闻媒体资深记者撰写通讯稿件,并联系《青岛日报》《中国纺织报》等主流媒体刊登,借此向青岛市和全国纺织行业展示郝建秀小组这面旗帜。

(3) 在全省举办的庆祝新中国成立 60 周年大型展览中,按照省纺织工业协会的要求,及时提供反映郝建秀小组成长的事迹材料和照片电子版,以在全省展览中推出郝建秀小组这面旗帜。

(4) 在 8 月 21 日晚市总工会于青岛国信体育馆主办的"我们与共和国同行"2009 青岛职工艺术节开幕式上,推出以郝建秀小组品牌为宣传内容的文艺节目(郝建秀小组组长姜玲参加演出),以展示郝建秀小组传承"爱纺织、多奉献"精神、在纺织调整重组、转型升级中继续发挥"火车头"作用的风貌。

可见,上述"意见"不但涉及的内容比较多,而且牵扯到"青岛市纺织总公司"之外的一些相关机构,如中共青岛市委宣传部、青岛市总工会、青岛日报社、青岛电视台等。为了更好地落实上述"意见",2009 年 9 月 4 日,青岛市纺织总公司党委又给中共青岛市委宣传部写了《关于恳请市委宣传部协调市新闻媒体落实纪念新中国成立 60 周年期间郝建秀小组宣传报道的报告》。该报告提出:"最近,青岛市纺织总公司(青岛纺联控股集团)党委根据青岛纺织调整重组、转型升级战略的需要,以及进一步彰显郝建秀小组在其中的火车头作用,特做出关于在系统内推广全国纺织系统班组品牌——郝建秀小组的方案。方案中第一条'关于提升郝建秀小组知名度的舆论宣传意见'中,确定在庆祝新中国成立 60 周年期间,通过新闻媒体宣传报道郝建秀小组(1952 年建组)的成长史,展示郝建秀小组的火车头精神以及在实施调整重组、转型升级战略中拼搏创新奉献的新风貌、新形象。为此,特请市委宣传部协调市新闻媒体落实此事,一是把郝建秀小组列入新中国成立 60 周年期间全市先进典型宣传报道之列。二是请新闻媒体资深记者采写郝建秀小组与共和国一起成长的通讯。"①

"关于在系统内部推广郝建秀小组品牌的意见"共有两点,分别是:

(1) 在郝建秀小组已向青岛纺联纺织(集团)有限公司所属班组发出开展百日劳动竞赛、以优异成绩向建国六十周年献礼活动倡议书的基础上,发动基层班组响应郝建秀小组的倡议,并借鉴纺织集团党委的做法,在纺织总公司所属企业开展"响应郝建秀小组倡议、向建国六十周年献礼活动",把竞赛活动不断推向高潮。同时,《青纺联》报积极配合,进行宣传报道。

(2) 在认真总结纺织总公司过去开展创建郝建秀小组式班组活动经验的基础上,研究探讨制定新形势、新组织构架下创建活动的新标准、新方法,把创建郝建秀小组式班组活动继续开展起来,以带出更多的郝建秀小组式班组,为实现青纺联纺织(集团)公司班组管理科学化、制度化、规范化夯实基础。

在前面第九章第七节我们谈到:在 1984 年至 1992 年期间,郝建秀小组在先进性上的表现主要是坚守或进一步发扬其既有的先进性,而不是创造新的先进性。在第十章第二节我们也谈到:1993 年以后,郝建秀小组在先进性上的表现仍然主要是坚守或进一步发扬其既有的先进性。尽管在新的历史条件下郝建秀小组还能够维持其既有的先进性也是难能可贵的,但如何使"郝建秀小组自身更上一层楼",或者说,如何使郝建秀小组创新其先进性,应该也是有关机构比较关注的一个话题。也许正因为如此,该推广方案还提出了"关于郝建秀小组自身更上一层楼的意见",其内容有二,其中第一条意见是:"鉴于目前细纱设备主要部件更新、各工种工作流程变更较大、专业化程度更高的实际,拟请青岛纺织工程学会、棉纺事业部以及六棉部分专家和专业技术人员,协同郝建秀小组在传承郝建秀工作法的基础上,总结创新值车工、落纱工、清洁工等主要工种和岗位的新工作标准和新操作法,进行工作流程再造,并将此作为青纺联纺织(集团)公司生产一线班组的工作标准和各岗位、各工种规范的工作法。"第二条意见是:"纺织总公司(青岛纺联控股集团)、

---

① 青岛市纺织总公司党委:《关于恳请市委宣传部协调市新闻媒体落实纪念新中国成立 60 周年期间郝建秀小组宣传报道的报告》(2009 年 9 月 4 日)(取自王立永的办公电脑)。

青岛纺联纺织集团、六棉公司党政、工会组织以及郝建秀小组所在的车间应把抓好郝建秀小组这个先进典型提到议事日程，给予高度重视。要在抓好小组建设的同时，关心小组姐妹们的工作、生活、学习和文化娱乐，使郝建秀小组健康成长，成为带动集团发展的排头兵；要安排好郝建秀小组的各项活动，重视活动资料的积累，并为之提供必要的条件和服务。"

可见，青岛市纺织总公司党委在推广"郝建秀小组"这个品牌上真是用心竭力。

六　被评为"社会主义劳动竞赛先进班组"

2008 年出现了国际金融危机。相应地，2008 年 12 月 30 日，全国总工会出台了《关于在全国职工中广泛开展"同舟共济保增长，建功立业促发展"竞赛活动的决议》。该决议强调："2008 年下半年以来，受国际金融危机影响，我国经济运行中的困难增加，经济下行压力加大，企业经营困难增多。面对严峻形势，党中央、国务院总揽全局、审时度势，作出了一系列重大决策。工人阶级是国家的领导阶级，是改革开放和现代化建设的主力军。认真贯彻落实中央的决策部署，是各级工会组织和广大职工义不容辞的重要职责。在广大职工中开展'同舟共济保增长，建功立业促发展'竞赛活动，是落实中央经济工作会议精神，在促进经济平稳较快发展中发挥工人阶级主力军作用的具体举措；是贯彻落实科学发展观，走中国特色社会主义工会发展道路的必然要求。各级工会要站在服从服务于党和国家工作大局的高度，充分认识开展竞赛活动的重要意义，切实增强做好这项工作的使命感和责任感。"该决议还对广大职工提出了如下要求："全国广大职工要认真学习、深刻领会中央经济工作会议精神，进一步把思想统一到中央对国际国内形势的分析判断上来，把行动统一到中央的决策部署上来，坚定信心，振奋精神，迎接挑战。要以主人翁的姿态、饱满的热情和昂扬的斗志，积极参加'同舟共济保增长，建功立业促发展'竞赛活动，在促进经济平稳较快发展中进一步展示工人阶级的时代风采，以优异的成绩迎接新中国成立 60 周年！"[1]

2009 年 4 月 28 日，在北京人民大会堂举行了庆祝"五一"国际劳动节暨保增长促发展劳动竞赛推进大会，时任中共中央政治局常委、中央书记处书记、国家副主

---

[1] 《关于在全国职工中广泛开展"同舟共济保增长，建功立业促发展"竞赛活动的决议》（2008 年 12 月 30 日中华全国总工会第十五届执行委员会第二次全体会议通过），《中国工运》2009 年第 2 期。

席的习近平出席大会并发表了重要讲话。习近平说:"去年12月,由中华全国总工会发起开展的'同舟共济保增长、建功立业促发展'劳动竞赛活动,是贯彻落实科学发展观、坚持走中国特色社会主义工会发展道路新的载体,是我国工人阶级贯彻中央决策部署,在积极应对国际金融危机冲击、保持经济平稳较快发展中发挥主力军作用的创新举措,……。中央充分肯定和高度评价这一劳动竞赛活动,希望及时总结经验、发扬成绩,再接再厉、乘势而上,把劳动竞赛活动搞得更加生动活泼、扎实有效。"①

2009年5月25日,全国总工会又出台了《关于广泛深入开展社会主义劳动竞赛的决定》。该决定首先指出:"中共中央政治局常委、中央书记处书记、国家副主席习近平同志在庆祝'五一'国际劳动节暨保增长促发展劳动竞赛推进大会上的重要讲话,充分肯定和高度评价工会组织开展的劳动竞赛,为新形势下的劳动竞赛进一步指明了方向,特别是对在当前应对国际金融危机中充分发挥工会组织作用,广泛深入开展保增长促发展劳动竞赛提出了明确要求。为贯彻落实习近平同志重要讲话精神,推动劳动竞赛不断向广度和深度发展,现作出如下决定。"它所作出的决定共有四点:一、组织开展劳动竞赛是工会服从服务于党和国家工作大局的重要举措。二、掀起"同舟共济保增长、建功立业促发展"劳动竞赛新热潮。"开展'同舟共济保增长、建功立业促发展'劳动竞赛,是工会贯彻落实科学发展观、坚持走中国特色社会主义工会发展道路的重要载体,是我国工人阶级贯彻中央决策部署,在积极应对国际金融危机冲击、保持经济平稳较快发展中发挥主力军作用的创新举措。"三、以创新求实精神推动劳动竞赛不断向广度和深度发展。四、切实加强对劳动竞赛的组织领导。"要加强劳动竞赛委员会的建设。建立健全由党委、政府(行政)或工会领导为主任、相关部门为成员单位的劳动竞赛委员会,是推进劳动竞赛广泛深入发展的有效措施。"②

接着,中华全国总工会又和工业和信息化部、国务院国有资产监督管理委员会、中华全国工商业联合会一起开展了评选"社会主义劳动竞赛先进班组"活动。

2010年8月25日,中华全国总工会、工业和信息化部、国务院国有资产监督管理委员会、中华全国工商业联合会联合做出了如下决定:"改革开放以来,全国企业班组自觉肩负起时代赋予的光荣使命,紧紧围绕企业改革与发展,积极组织职工以

---

① 习近平:《习近平在庆祝"五一"国际劳动节暨保增长促发展劳动竞赛推进大会上的讲话》(2009年4月28日)。中央政府门户网站(http://www.gov.cn),2009年4月28日。
② 《中华全国总工会关于广泛深入开展社会主义劳动竞赛决定》(2009年5月25日),平顶山工会网(https://www.pdsgh.org/node/207)。

国家主人翁姿态参加多种形式的建功立业劳动竞赛活动,为我国社会主义现代化
建设做出了突出贡献。为表彰先进,进一步激发广大职工为推动科学发展、促进社
会和谐贡献智慧和力量,中华全国总工会、工业和信息化部、国务院国有资产监督
管理委员会、中华全国工商业联合会决定,授予北京铁路局丰台机务段'毛泽东号'
机车组等 103 个班组'社会主义劳动竞赛先进班组'荣誉称号。"①在这 103 个"社会
主义劳动竞赛先进班组"中,就有郝建秀小组。② 2010 年 9 月 7 日,由中华全国总
工会、工业和信息化部、国务院国有资产监督管理委员会、中华全国工商业联合会
联合举办的全国班组建设工作会议在辽宁抚顺召开。会上,对上述 103 个"社会主
义劳动竞赛先进班组"颁发了相应的牌匾(见下图)和证书。③

2010 年 9 月,郝建秀小组被中华全国总工会、工业和信息化部、国务院国有
资产监督管理委员会、中华全国工商业联合会评为"社会主义劳动竞赛先
进班组"

(此照片由郝建秀小组原组长姜玲提供)

考虑到"社会主义劳动竞赛先进班组"是由中华全国总工会、工业和信息化部、
国务院国有资产监督管理委员会和中华全国工商业联合会等四个部门联合评选出
来的,当时全国只有 103 个班组获得了这个荣誉称号,并且后来没再开展这种评选

① 详见《中华全国总工会、工业和信息化部、国务院国资委、中华全国工商业联合会关于表彰社会主义劳动
竞赛先进班组的决定》(https://www.66law.cn/tiaoli/70993.aspx)。
② 参见《四部门联合表彰 103 个社会主义劳动竞赛先进班组名单》,《现代班组》2010 年第 10 期。
③ 从牌匾和证书的实物来看,牌匾上写的是"社会主义劳动竞赛先进班组",证书上写的则是"社会主义劳动
竞赛优秀班组"。这种差别可能是证书的制作方造成的。

活动,我们认为,这个荣誉称号应该是在郝建秀小组所获得的所有荣誉称号中"级别"最高的。

那么,郝建秀小组究竟凭什么获得了这个最高级别的荣誉称号?对此,我们从王立永的办公电脑里收集到了一份关于郝建秀小组的《劳动竞赛先进班组推荐表》(其最后的修改日期是 2010 年 7 月 29 日)。该表中设有"企业工会推荐意见"、"省(市、区)总工会推荐意见"和"全国总工会审批意见"等栏目,由此可知该表是全国总工会制作并下发的。我们猜测,这个推荐表很可能是用于这次评奖的。在这个推荐表中,填写了以下"班组先进事迹"(有较多删节):

> 2008 年被评为"全国工人先锋号"集体后,郝建秀小组在青岛纺织调整重组、战略升级的新形势下,传承光荣传统,不断创新发展,逐步培育出"模范带头、团结协作、拼搏进取、不断创新、敬业奉献、永葆一流"的敬业精神,进一步完善了"四长""五大员"管理体制,形成了以"四会""四访""五二四工作制度"为内容的小组管理文化,从而使小组的班组建设、科学管理、操作技术水平以及各项生产指标始终位居车间 32 个班组之首,为推动青岛纺织工人先锋号活动的深入开展起到了榜样和示范作用。
>
> 一、强化传统教育,导入新理念,发扬光大奉献创新精神。在小组成员结构多元化的情况下,坚持传统教育,激励小组员工扎根纺织,无私奉献,激发员工的荣誉感和责任感,特别是在青岛纺织大调整、大发展的关键时期,不辱使命,做青岛纺织产业升级的排头兵。……
>
> 二、强化技能培训,挖掘创新潜能,创一流工作业绩。近年来,小组担负天丝、木代尔、羊绒、骨架纱等多组份、差别化产品的试纺生产任务,生产工艺难度大,质量要求高,车间每月生产四百多个品种,翻改车 1200 台次,小组强化技能培训,挖掘创新潜能,以一流业绩完成各项生产指标。把质量作为小组生产的永恒主题。小组成员牢固树立质量意识和竞争意识。坚持每天班后一次质量讲评;每周一次质量达标成绩公布;每月一次质量总结评比;每季一次生产、思想分析。把强化操作培训作为保证质量的基础,坚持开展"四练兵"①活动,……。在新产品试纺过程中,小组员工不光靠干劲和闯劲,还不断探索提高新产品质量和产能的操作方

---

① 根据其他相关资料,"四练兵"是指班前、班后业余练,新老工人结对练,落纱空隙交叉练,重点辅导个别练。——笔者注

法，……

三、强化班组建设，搭建管理平台，促进小组工作科学发展。不断完善"四长""五大员"民主管理体系，从而形成了小组的事情人人管，小组的指标人人扛的管理模式。创新"一制、二管理、三培养"管理体系，一制即实行五联（联产量、联质量、联消耗、联安全、联管理）为主的经济责任制；二管理即实行表格化管理和全面质量管理，对每个人的工作实行"六定"（定岗位、定指标、定操作、定规程、定检查、定考核）；三培养即培养提高全组员工的文化、技术和管理素质。……

四、强化温暖工程，关爱每位员工，创建和谐小组。思想工作一直是小组的优良传统，小组始终坚持"四会四访"和灌输、启发、引导、感化、鼓励相结合的思想政治工作方法，关心、教育、帮助、督促每个成员，始终保持了小组团结和谐奋进的局面。大家都能像爱护自己的生命一样爱护小组的声誉，自觉以个人利益服从小组的整体利益，……

从前面几章的论述可知，郝建秀小组的这些"先进事迹"基本上都是以前就有的，并不是最近几年才"创新"出来的。据此，我们可以认为，郝建秀小组之所以能够获得"社会主义劳动竞赛先进班组"荣誉称号，主要是因为它长期以来的优秀表现。

七　再次给郝建秀写信

在上一章第四节，我们谈及郝建秀小组曾于 1999 年 10 月给郝建秀写过信。约十年后，郝建秀小组再次给郝建秀写了信，郝建秀也再次回了信。

该信[1]写于 2009 年 9 月初，此时郝建秀已从全国政协副主席岗位上退了下来。该信首先强调了小组与郝建秀之间的关系："五十七年来，尽管小组的成员换了代又一代，但小组姐妹们却始终不忘您的嘱托，继承和发扬小组老一辈的优良传统，热爱纺织、扎根纺织、无私奉献，让小组的火车头精神代代相传。郝大姐，尽管您年事已高，已从国家领导人的岗位上退下来，但作为小组的创始人和铺路人，您仍然十分挂念小组的情况，您经常以各种方式关心鼓励我们，为小组的成长与进步

---

[1] 该信取自王立永的办公电脑。

指明了方向。"然后,该信分三个方面向郝建秀"汇报"了近几年来小组所取得的主要成绩。信中说:"近几年,企业加快了产品结构的调整和技术创新的步伐,为适应市场发展的需求,公司提出了'小批量、多品种、快交期、高质量、优服务'的差别化经营战略,小组姐妹们以高度的责任感和使命感,充当了企业品种调整、新品种开发的排头兵,我们先后参与试纺了天丝、木代尔、大豆纤维、羊绒、绢丝、骨架纱、氨纶包芯纱等多组份高附加值产品,为提升企业的市场竞争力做出了贡献。……。我们小组不管在品种翻改、新产品试纺,还是在质量效率、节约增效等方面,始终发挥着火车头作用。"信中还说:"在完成生产任务的同时,我们坚持既出优质产品又出优秀人才的传统,注重对青年工人,特别是新市民农合工的培养教育,使小组精神的传承后继有人。"再后,该信向郝建秀表示了决心:"郝大姐,小组的未来任重而道远。我们将继承发扬小组的优良传统,开拓进取,让小组的精神代代相传,绝不辜负您对我们的期望。我们一定在青岛纺织调整重组和实现青岛纺织又好又快发展中继续发挥排头兵作用,以更加优异的成绩向您汇报。郝大姐,衷心地期盼您能在适当的时机再来小组指导我们的工作。"

郝建秀接到这封信之后,马上就于9月15日回了信。接着,9月28日,《青纺联》(报纸)不但在第1版刊登了这封回信,而且添加了如下编者按:"9月初,正在全力投入'大干100天,以优异成绩向国庆60周年献礼'竞赛活动的郝建秀小组全体姐妹,向从全国政协副主席职位上退下来的老大姐——郝建秀写去一封热情洋溢和充满感激之情的信,把小组近几年的情况以及小组姐妹在实施青岛纺织调整重组、转型升级战略中的决心向郝大姐作了汇报。仅仅10多天的时间,郝建秀便给小组回了信,信的字里行间不仅体现了郝建秀对小组的关注和关心,更多的是对小组姐妹的鼓舞和激励。现将郝建秀来信的全文刊登如下……"

小组的姐妹们:

你们好!来信收到。感谢你们为传承和发扬"小组"精神所付出的无私奉献和努力,为你们工作取得的成绩和进步感到高兴。

我们的祖国欣欣向荣、繁荣富强,与六十年前相比发生翻天覆地的变化。小组自成立以来,一直伴随着我们国家工业发展的步伐,一路同行,一起成长。在新时期你们能够面对历史荣誉不骄傲、外部诱惑不离弃、新的挑战不服输、生产变革不消极,并且坚信纺织事业能再创辉煌,充分体现出当代纺织工人谦虚、坚定、不断进步、积极创新的时代风貌。我很赞赏你们的这种精神和干劲。

当前纺织业还面临着不少困难，但困难和机遇并存。希望小组的同志们在继承光荣传统的同时，与时俱进、开拓创新，学习新知识，掌握新技能，关心和培养好接班人，把小组的"让火车头精神代代相传"发扬光大的同时，不断注入新的活力，增添新的时代意义，为共和国六十华诞献上一份贺礼，为经历五十七载的小组再交上一份满意答卷。

最后，祝小组的姐妹和你们的家人工作顺利、身体健康！

郝建秀

2009 年 9 月 15 日

《青纺联》在刊登郝建秀的这封回信的同时，还刊登了青岛市纺织总公司党委写的《鼓励与鞭策》一文。该文说：郝建秀的"这封来信既是对郝建秀小组的鼓励与鞭策，也是对纺织总公司系统全体员工的鼓励与鞭策。当前，青岛纺织的调整重组、转型升级正处于关键时期，我们面临着巨大的压力与挑战。郝建秀同志的来信，对我们克服困难、迎接挑战，尽快打造'特色纺织、科技纺织、健康纺织'的战略目标，将起到强大的推动作用。为此，纺织总公司党委要求所属各企业认真组织员工学习郝建秀同志的来信，深入领会来信的含义与实质，以新中国六十华诞为契机，继承和发扬青岛纺织工人拼搏创新奉献精神，全力投入调整重组、转型升级战略中，为实现青岛纺织又好又快的发展做出新的贡献。"[①]

八　组织方式发生深刻变化

如本章引言所言，2009 年，青岛市纺织总公司（青岛纺联控股集团有限公司）组建了"青岛纺联纺织（集团）有限公司"。该公司对一棉、六棉和八棉的设备、技术等资源进行了优化、组合，分别组建了青岛纺联银龙纺织有限公司（简称"银龙公司"）和青岛纺联齐意纺织有限公司（简称"齐意公司"）。其中，齐意公司专门纺纱，公司地址选在"青纺联都市工业园"，即原国棉五厂厂区。由于兴建青岛火车北站，位于该站旁边的六棉公司被迫重组、搬迁。在 2011 年至 2012 年 2 月期间，六棉公司的纺纱设备被逐渐搬往位于"青纺联都市工业园"的齐意公司，齐意公司专门为此组建了一个纺纱分厂，即纺纱二分厂。相应地，郝建秀小组也被迁往纺纱二分

[①] 青岛市纺织总公司党委：《鼓励与鞭策》，《青纺联》2009 年 9 月 28 日，第 1 版。

厂,继续从事细纱生产。

时任郝建秀小组组长的姜玲介绍说:这项搬迁工作耗费的时间比较长,它于 2011 年初启动,到 2012 年 2 月才全部结束。当时是边拆卸老厂的设备边安装新厂的设备,设备安装好了之后,马上开车生产。由于郝建秀小组成员不但技术水平高,而且认真负责,故其成员往往被优先派往新厂工作。这样,郝建秀小组成员就被分割为两部分:一部分成员去新厂看管重新安装后的细纱机,另一部分成员则留在老厂继续看管仍在生产的细纱机。当老厂的设备被全部搬入新厂之后,郝建秀小组成员被进一步分散化,这主要是因为:细纱车间经常生产新品种,生产新品种需要进行试纺,郝建秀小组成员常常被派往几个生产小组里充当试纺新品种的排头兵。考虑到郝建秀小组难以再像以往那样保持为一个在行政上独立的生产小组,细纱车间干脆就不那么做了,于是,从此之后,"郝建秀小组"的成员就分散在几个不同的生产小组里。这是"郝建秀小组"在组织方式上发生的一个深刻变化。因此,可以大致认为,进入 2011 年以后,尽管"郝建秀小组"的名称依然存在,但它不再是一个传统意义上的生产小组,也许说它是一个由"郝建秀小组成员"组成的工人群体更为合适。姜玲还介绍说:原六棉公司的细纱生产车间拥有 10 万纱锭,搬到"青纺联都市工业园"之后,由于生产场地的限制,细纱生产车间被分为三个车间(三个车间的纱锭数分别为 1.5 万锭、1.7 万锭和 5.5 万锭),相应地,郝建秀小组成员也被分散在三个车间里劳动,当下班之后小组开会时,往往要等上半个小时人数才能到齐。在这种状况下,郝建秀小组原有的某些先进性也就难以为继了。

九　纪念建组 60 周年

对郝建秀小组来说,2012 年是令人难忘的一年,因为在这一年里,郝建秀亲自参加了纪念郝建秀小组建组 60 周年的活动。

2012 年 6 月 8 日,在青岛隆重举行了纪念郝建秀小组建组 60 周年活动。与以往的纪念或庆祝活动相比,这次纪念活动有以下三个基本特点:

(1)它的主办者变为中国纺织工业联合会,中共青岛市委宣传部和青岛市总工会则变为"协办"者,而其"承办"者则变为中国纺织职工思想政治工作研究会、青岛市纺织总公司和青岛纺联控股集团有限公司。中国纺织工业联合会由原先的纺织工业部演变而来。1993 年,纺织工业部被撤销后,组建了中国纺织总会。1998 年,中国纺织总会被改组为国家纺织工业局。2001 年,国家纺织工业局被撤销后,成立了中国纺织工业协会。2011年,中国纺织工业协会被更名为中国纺织工业联合会,简称"中纺联"。中国纺织职工思想政治工作研究会成立于1983年5月,是由全国纺织行业企事业单位、社会团体自愿组成的学术性、非营利性、全国性的社会团体。它具有独立法人资格。它的主要任务是组织开展纺织职工思想政治工作和企业文化建设工作调查研究、先进典型选树及成果交流推广等各类实践活动。① 值得一提的是,该研究会不但参与承办了这次纪念郝建秀小组建组60周年活动,而且后来在2013年至2017年期间独自承办了4次"创建郝建秀小组式全国纺织先进班组活动"(详见第十二章第一节)。

（2）原全国政协副主席郝建秀亲自参加了这次纪念活动。相应地,一些来自青岛市以外的相关领导干部,如中国纺织工业联合会会长王天凯、名誉会长杜钰洲,山东省政协副主席陈光,原对外经济贸易部副部长王文东,中国财贸轻纺烟草工会主席王晓峰等,也参加了这次纪念活动。

（3）新闻媒体对它进行了"空前规模的宣传报道"。比如:在纪念活动当天(6月8日),《青岛日报》不但在头版并转第7版刊发了《郝建秀小组跨越一甲子,科学工作法常干也常新》一文,还分别在第2、3版(整版)刊发了《郝建秀小组深刻影响那个时代中国纺织业》和《六十年间,织梭光景去如新,九任组长,荣光承继写传奇》两篇长文(文中配发了多张图片)。纪念活动第二天(6月9日),《青岛日报》又在第7版发表了《"郝建秀小组"的当代启示——读者热评"郝建秀小组"建组60周年专题报道》。6月12日,《中国纺织报》在头版头条并转第4版刊发了题为《火车头作用代代相传,郝建秀小组喜迎建组60周年》的新闻报道。该报道最后说:"60年来,小组先后荣获'全国五一劳动奖状'、'全国三八红旗集体'、'全国模范小组'、'全国工人先锋号集体'等89个市级以上集体荣誉称号,涌现出全国劳模2人、全国纺织劳模3人、4人获'五一劳动奖章'、山东省劳模3人等。6月19日,《中国纺织报》又在第4版(整版)以《拼搏创新,无私奉献,永远发挥火车头作用——郝建秀小组建组60周年纪念活动精彩瞬间》为题,对这次纪念活动作了图片报道。

这次纪念活动分为郝建秀小组文化展厅揭牌和纪念郝建秀小组建组60周年座谈会两个议程。郝建秀不但亲自为郝建秀小组文化展厅揭牌,而且在座谈会上讲了话。郝建秀在讲话中说:"作为在青岛工作过的纺织人,我非常高兴来参加这

---

① 详见《中国纺织职工思想政治工作研究会(中国纺织企业文化建设协会)简介》,中国纺织职工思想政治工作研究会网站(http://www.zfqw.com.cn/gybh/bhgk/)。

次活动。""小组自 1952 年命名以来,无论是在中国的建设时期,还是在改革开放的大潮中,小组的姐妹们都始终传承着'拼搏创新、无私奉献'的精神,在各方面发挥着火车头的作用,为青岛纺织做出了突出的贡献。""作为家乡人,我一直在关注着青岛纺织发展和小组的成长。……。我为青岛纺织取得的成绩感到欣慰,为小组的成长和进步感到自豪!"①

中国纺织工业联合会会长王天凯也在座谈会上讲了话。在讲话中,王天凯首先认为:"今天,我们在这里隆重纪念郝建秀小组命名 60 周年,弘扬'劳动光荣、知识崇高、人才宝贵、创造伟大'的时代新风,这对于激励全行业广大职工为建设纺织强国而不懈奋斗,具有十分重要的现实意义。"接着,他扼要叙述了 60 年来郝建秀小组所取得的主要成就,并指出了郝建秀小组"长盛不衰"的原因:"60 年来,郝建秀小组与时俱进、长盛不衰,源自于这一群体灵魂深处的强大的凝聚力,这就是始终支撑起一代又一代小组成员工作与生活的火车头精神。"他还说:"人是要有一点精神的。今年五月,中国纺织工业联合会《建设纺织强国纲要(2011—2020)》正式颁布,实现我国几代纺织人梦寐以求的纺织强国梦,更需要一种精神力量的支撑。"接着,王天凯把郝建秀小组的"火车头精神"的基本内涵概括为以下四个方面:(1)火车头精神就是勇挑重担的精神。勇挑重担就是要勇于承担建设纺织强国的历史责任,敢想、敢干、敢闯,敢啃硬骨头,敢在急、难任务中挺身而出。(2)火车头精神就是拼搏创新精神。拼搏创新就要朝着既定的奋斗目标,咬定青山不放松,不气妥、不动摇、不放弃,持之以恒、脚踏实地、一步一步地沿着目标前进。(3)火车头精神就是乐于奉献的精神。乐于奉献就要不斤斤计较个人得失,不怕吃亏,不怨天尤人,以劳动为荣,以创造为荣,以奉献为荣,在建设纺织强国的征程中奉献自己的辛勤汗水和聪明才智,实现人生价值。(4)火车头精神就是争创一流的精神。争创一流就要坚持高标准、严要求,在工作上认真负责,勇于争先,精益求精,追求卓越;在事业上奋力进取,勇攀高峰,倾心用力,保持一流的工作状态,按照一流的工作标准,创造一流的工作业绩,作出一流的贡献。事后来看,王天凯对"火车头精神"的基本内涵的这种概括得到了广泛的认同,此后未再更新。在讲话的最后,王天凯说:"弘扬郝建秀小组的火车头精神,重要的就是要将其落实到班组建设中去。这次纪念活动后,我们还将在全行业组织开展创建'郝建秀小组式班组'活动,让火车头精神融入班组建设的内核,凝聚全行业的力量,为纺织强国建设奠定坚实的基

---

① 《纪念郝建秀小组建组 60 周年座谈会》之郝建秀发言,《青纺联》2012 年 6 月 20 日,第 2 版。

础。"①王天凯此言不虚,进入 2013 年以后不久,创建"郝建秀小组式班组"活动就在全行业②组织开展了起来(详见第十二章)。

---

① 《纪念郝建秀小组建组 60 周年座谈会》之王天凯发言,《青纺联》2012 年 6 月 20 日,第 2 版。
② 培养"郝建秀小组式班组"的活动始于 1975 年(详见第七章第七节),但当时只是在国棉六厂开展这项活动。1978 年以后,在青岛市纺织系统也开展了创建郝建秀小组式班组的活动(详见第八章第二节)。

第十二章 ▶▶▶

被易地再造（2013—2022）

在上一章第七节我们曾说：对郝建秀小组来说，2012 年是令人难忘的一年。其实，对青岛纺联控股集团有限公司来说，2012 年也是令人难忘的一年，这是因为：到 2012 年 2 月，原六棉公司的纺纱设备就顺利地被全部搬入了位于"青纺联都市工业园"的齐意公司；到 2012 年 4 月，在山东省枣庄市台儿庄区新建的"青纺联台儿庄产业园"就正式投产运行了（详见本章第二节）。此后，郝建秀小组所在企业所发生的最深刻的变化就是：2013 年 8 月以后，齐意公司的纺纱设备又被陆续搬往"青纺联台儿庄产业园"，大约到 2015 年底，齐意公司就不再从事纺纱生产了，从此，就从事纺纱生产而言，"郝建秀小组"也就不复存在了。

2016 年 3 月，郝建秀小组组长姜玲奉命前往"青纺联台儿庄产业园"，在那里重新组建了一个从事细纱生产的"郝建秀小组"并悉心培养之，此谓本章所说的郝建秀小组"被易地再造"。

一 被授予"全国纺织班组建设卓越贡献奖"

在上一章的最后，我们谈到：中国纺织工业联合会会长王天凯在纪念郝建秀小组建组 60 周年座谈会上说：这次纪念活动之后，将在全行业组织开展创建"郝建秀小组式班组"活动。进入 2013 年以后不久，这项活动就在全行业组织开展起来了。

2013 年 4 月 15 日，中国纺织工业联合会出台了《关于开展创建郝建秀小组式全国纺织先进班组活动的通知》及其附件。该通知说："为加强企业基础管理，提高班组管理水平，培育适应现代纺织产业发展的高素质、高技能员工队伍，加快纺织人才强国发展战略的实施，中国纺织工业联合会决定在全行业开展创建郝建秀小组式全国纺织先进班组活动,活动具体工作由中国纺织职工思想政治工作研究会承担。"该通知的附件《2013 开展创建郝建秀小组式全国纺织先进班组活动工作方案》列出了"郝建秀小组式全国纺织先进班组申报条件",共 7 条,分别是:"1. 管理制度健全,岗位职责明确,激励制度完善,并形成了自身民主和谐的管理特色;2. 勇于承担生产工作重任,连年安全、优质、高效地完成或超额完成年度生产工作任务,特别是在完成急、难任务中敢于拼搏,表现突出;3. 团队作战能力强,成员间互帮互助,团结协作,创造性地共同完成工作任务;4. 班组曾获得省部级以上政府部门、机构和行业等认可的技术、管理等创新成果。班组成员操作技术水平整体上处于全国纺织同岗位前茅,班组成员曾在省或全国岗位操作技术比赛中获得优异成绩。5. 班组具有与本单位相一致的文化理念和愿景,并形成了自身独特的文化氛围;注重班组思想政治工作,班组凝聚力强。6. 班组长善于解决班组管理中的各种实际问题,在政治思想、知识技能、品德素质等各方面成为班组成员表率,做到公开、公正、秉公办事,自觉接受班组成员监督,团结和带领班组成员一道工作并发挥核心和凝聚作用;7. 班组长或班组成员(包括调离)曾获省、部级以上表彰,或班组集体曾受到过省、部以上有关部门的表彰。"①很显然,如果一个班组能同时满足这七条"申报条件",那它就已经很"先进"了。该通知还附了《郝建秀小组式全国纺织先进班组名额分配表》,从中可见,总共只设置了 40 个名额,分到每个省(市、区)只有 1 至 2 个名额。由此可知,要在这种"创建"活动中胜出,是很不容易的。毫无疑问,开展这种创建活动,也对被关联的郝建秀小组提出了更高的要求。

2013 年 6 月 28 日,青岛纺联控股集团召开了庆祝中国共产党成立 92 周年暨先模人物座谈会。郝建秀小组代理组长王冬梅参加了这次座谈会,她在会上谈及这次"创建郝建秀小组式全国纺织先进班组活动"时说:"这对我们是极大的鼓舞,也对我们提出了更高的要求,我们小组决心在这次创建活动中,进一步弘扬小组'拼搏创新,无私奉献'的火车头精神,带动更多的班组携手并进,为实现纺织梦多做贡献!"她还谈了小组参与这次创建活动所采取的四点措施:一是加强自身素质建设,提高干事创业的本领。二是完善班组管理,树立班组建设的旗帜。三是增强创新意识,提高创新能力。四是加强班组建设,增强班组凝聚力和战斗力。②事后来看,郝建秀小组采取这些措施取得了不错的效果。

---

① 《关于开展创建郝建秀小组式全国纺织先进班组活动的通知》及其附件,中国纺织经济信息网(http://xiehui. ctei. cn/xh_gonggao/201305/t20130503_1530684. html)。
② 《部分先模人物在青纺联控股集团庆祝建党 92 周年暨先模人物座谈会的发言(摘录)》之王冬梅的发言,《青纺联》2013 年 7 月 28 日,第 2 版。

2013 年 11 月 12 日,中国纺织工业联合会做出了《关于授予全国纺织班组建设卓越贡献奖及命名郝建秀小组式全国纺织先进班组的决定》。该决定说:"自 2012 年中国纺织工业联合会在郝建秀小组建组 60 周年纪念活动中提出创建更多的郝建秀小组式班组以来,各地纺织企业以提升班组管理水平为核心,以建设爱岗敬业、文明和谐的班组为目标,以弘扬郝建秀小组的火车头精神为主线,以培养高素质、高技能的员工队伍为重点,大力推进班组建设制度化、规范化、科学化和民主化,不断提高班组工作水平,涌现出了一批具有创造力、竞争力和凝聚力的优秀班组。为褒奖在我国社会主义建设各个时期为我国纺织工业发展进步做出突出贡献的先进典型,深化郝建秀小组式全国纺织先进班组创建活动,⋯⋯决定授予青岛纺联齐意纺织有限公司郝建秀小组等 3 个企业基层班组全国纺织班组建设卓越贡献奖;命名北京光华纺织集团五洲佳泰新型涂层材料有限公司蓬房研发小组等 47 个纺织企业基层班组为郝建秀小组式全国纺织先进班组。"①

从前述《关于开展创建郝建秀小组式全国纺织先进班组活动的通知》及其附件可知,这项活动最初并没有正式提出要授予某些先进班组以"全国纺织班组建设卓越贡献奖",这个奖项可能是后来特意加上去的。

2013 年 11 月 29 日,中国纺织工业联合会、中国纺织职工思想政治工作研究会在江苏省常州市召开了"郝建秀小组式全国纺织先进班组经验交流会"。原全国政协副主席郝建秀向大会发来了贺信。会上,47 个班组被授予"郝建秀小组式全国纺织先进班组"称号并获表彰,郝建秀小组、西北一棉纺织股份有限公司赵梦桃小组和黑牡丹(集团)股份有限公司邓建军科研组被授予"全国纺织班组建设卓越贡献奖"。②

此后,又分别于 2014 年③、2015 年④和 2017 年(参见中纺联函[2017]51 号文件)继续开展了三次"创建郝建秀小组式全国纺织先进班组活动",但其主办者都已变为中国纺织工业联合会和中国财贸轻纺烟草工会,其具体承办者则仍然是中国纺织职工思想政治工作研究会。可见,自 2012 年以后,中国纺织职工思想政治工

---

① 《关于授予全国纺织班组建设卓越贡献奖及命名郝建秀小组式全国纺织先进班组的决定》,中国纺织经济信息网(http://xiehui. ctei. cn/xh_gonggao/201312/t20131202_1653986. html)。

② 《班组建设促"纺织细胞"生长,郝建秀小组式全国纺织先进班组经验交流会举行》,《纺织服装周刊》2013年第 45 期。

③ 参见《关于开展创建郝建秀小组式全国纺织先进班组活动的通知》,中国纺织职工思想政治工作研究会网站(http://www. zfqw. com. cn/zyhttgz/201405/t20140527_1750742. html)。

④ 参见《关于 2015 年开展创建郝建秀小组式全国纺织先进班组活动的通知》,中国纺织职工思想政治工作研究会网站(http://www. zfqw. com. cn/tz/201504/t20150409_1931798. html)。

作研究会已深度介入宣传、推广"郝建秀小组"这个品牌的活动之中。

 二 终结于"青纺联都市工业园"

在 2010 年至 2015 年期间，青岛纺联控股集团有限公司所采取的一项影响深远的经营决策是在山东省枣庄市台儿庄区新建了一个"青纺联台儿庄产业园"，并把齐意公司的生产设备搬往了该产业园。等其生产设备都被拆除、搬走之后，位于青岛市区"青纺联都市工业园"（原国棉五厂厂区）的齐意公司就不再从事纺纱生产了。

谈及"青纺联台儿庄产业园"的兴建，有必要提及枣庄市第五棉纺织厂。该厂原先是一家公有制企业。2000 年，该厂被改制为民营企业，并被改名为枣庄鲁棉纺织有限公司（简称"鲁棉公司"）。后来，它又被改名为枣庄弘丽锦纺织有限公司。2010 年 4 月 7 日，青岛纺联控股集团有限公司与鲁棉公司签订了合作协议。据当时的报道，鲁棉公司位于枣庄市台儿庄区西部，是当地重要的纺织企业，拥有 10 万枚环锭纺纱锭（其中精梳纱锭 2.1 万枚）和先进的纺纱及产品检测配套设备，在职员工 1500 多人，技术后备力量雄厚。此次合作，青岛纺联控股集团将充分发挥管理、技术、品牌和市场渠道优势，结合鲁棉公司的工厂规模、职工队伍、动力能源成本及区位优势，在台儿庄建设青纺联纺织产业基地。项目规划总体规模为 20 万纱锭及配套工程和相关产业，目标是建成国内一流的多组份、差别化、功能性纺织品生产研发基地。项目将分期实施，一期建设规模为 10 万纱锭。①

青岛纺联控股集团在台儿庄建设的青纺联纺织产业基地后来叫"青纺联台儿庄产业园"。该产业园是完全新建的，占地 850 亩，总投资 15 亿元。支撑该产业园的实体企业叫青纺联（枣庄）纺织有限公司，该公司为青岛纺联控股集团的全资子公司，后来被改名为青纺联（枣庄）纤维科技有限公司。

青岛纺联控股集团为什么要走出青岛、去遥远的台儿庄建设"产业园"？主要原因有二：一是青岛市区纺织市场人力资源十分稀缺，而台儿庄年轻人多，人力资源十分丰富。二是"当地政府对我们非常重视，枣庄市委书记多次与闫总②会面，市区级相关领导也很关心我们在当地的投资"。③

青纺联台儿庄产业园的建设颇为顺利。2011 年 12 月，就将枣庄弘丽锦纺织有

---

① 《青纺联—鲁棉公司合作项目正式启动》，《青纺联》2010 年 4 月 28 日，第 1 版。
② "闫总"指青纺联控股集团董事长、总经理闫勇。——笔者注
③ 《朱建平：抓住机遇，顺势而为》（记者吴佳），《青纺联》2012 年 3 月 28 日，第 4 版。

限公司的生产设备搬入了该产业园。① 到2012年4月,该产业园就正式投产运行了。

2013年8月以后,齐意公司的5.7万纱锭也被陆续搬往了青纺联台儿庄产业园。② 据报道,2013年12月10日,从齐意公司转移至青纺联(枣庄)纺织有限公司的5.7万纱锭生产出的第一包成品纱入库,这标志着台儿庄产业园一期项目10万纱锭全部投产,各项工作圆满完成。③

此后,位于青岛市区青纺联都市工业园(原国棉五厂厂区)的齐意公司的生产设备被进一步拆除,其生产规模逐渐减少,相应地,齐意公司的职工逐渐被买断工龄④而被解除了与齐意公司之间的劳动关系。与此同时,青纺联都市工业园被逐渐改造成为了不再具有纺织生产功能的"纺织谷"⑤。2014年12月4日,"纺织谷"正式开园。⑥

齐意公司的细纱生产设备正在被拆卸

(笔者摄于2016年1月11日)

---

① 《青纺联台儿庄工厂搬迁产业园正式启动》,《青纺联》2011年12月26日,第1版。

② 《齐意公司启动5.7万纱锭搬迁工作》,《青纺联》2013年8月28日,第2版。

③ 《青纺联(枣庄)纺织有限公司5.7万纱锭正式投产》,《青纺联》2013年12月28日,第2版。

④ "买断工龄"是国有企业在改革过程中安置富余人员的一种办法,即参照员工在企业的工作年限、工资水平、工作岗位等条件,结合企业的实际情况,经企业与员工双方协商,报有关部门批准,由企业一次性支付给员工一定数额的货币,从而解除企业与员工之间的劳动关系,把员工推向社会。

⑤ "纺织谷"力求打造一个以服务贸易为主体,以研发创新、文化创意为两翼的产业园区。详见《闫勇:从情结到情怀》,《青纺联》2015年3月28日,第4版。

⑥ 《"纺织谷"隆重开园》,《青纺联》2014年12月30日,第1版。

大约到 2015 年底,位于青纺联都市工业园的齐意公司就不再从事纺纱生产了。[①] 此时,除了 3 名劳模(含组长姜玲)被继续留在青岛纺联控股集团工作以外,郝建秀小组的其他工人都被解除了与齐意公司之间的劳动关系。这意味着,从此,就从事纺纱生产而言,"郝建秀小组"也就不复存在了。

被易地再造

这里所说的"易地再造",是指在青纺联台儿庄产业园里重新组建并培养一个从事纺纱生产的"郝建秀小组"。如前所述,支撑青纺联台儿庄产业园的实体企业叫青纺联(枣庄)纺织有限公司,后来,该公司被改名为青纺联(枣庄)纤维科技有限公司(简称"枣庄公司")。枣庄公司的一部分生产设备和一部分生产工人都来自原鲁棉公司。枣庄公司最初拥有 1700 多名员工,后来,员工人数逐渐减少。到 2018 年 11 月我们第一次去调查时,该公司拥有前纺一车间、前纺二车间、细纱一车间、细纱二车间和后纺车间等五个生产车间,共有员工 1100 余人,生产规模为 12 万纱锭。重新组建的"郝建秀小组"设在细纱二车间丙班。

郝建秀小组的易地再造始于 2016 年 3 月上旬,负责这项工作的是姜玲。姜玲生于 1973 年,1990 年进入青岛国棉六厂工作,几个月以后,她被选入郝建秀小组。她先后担任过郝建秀小组的团小组长和工会组长。从 2007 年 8 月起,她担任郝建秀小组组长。2016 年 2 月,青岛纺联控股集团决定在枣庄公司重新组建并培养一个"郝建秀小组",并委派姜玲去完成这项工作。2016 年 3 月 2 日,姜玲以郝建秀小组组长的身份前往枣庄公司,她用了将近半年的时间,终于在该公司再造出来了一个全新的"郝建秀小组"。以下是姜玲对她去枣庄公司重新组建并培养"郝建秀小组"的基本过程所做的叙述[②]。

2016 年 3 月 2 日,我离开青岛,前往枣庄公司组建郝建秀小组生产组[③]。

---

① 齐意公司不再从事纺纱生产之后,它仍然存在,直到 2022 年 12 月才被注销。
② 在笔者建议下,姜玲写了题为《初心为经,使命作纬,精编细织的青春梦、纺织梦》的回忆文章,该文第三部分叙述了她去枣庄公司重新组建并培养"郝建秀小组"的基本过程。笔者在此引用她的"叙述"时,对其内容做了较多的删节和必要的文字上的修改。
③ 当时,青岛纺联控股集团的说法是:郝建秀小组的成员被分成了两部分:一部分成员,即继续留在青岛纺联控股集团工作的那 3 名成员(她们都是劳模),组成了青岛市区的团队,其工作以产品研发、市场营销和弘扬郝建秀小组的精神为主;另一部分成员,即从事纺纱生产的工人,暂时没有了,因此,姜玲说她是去枣庄公司组建"郝建秀小组生产组"。——笔者注

按照青岛纺联控股集团有限公司的要求,枣庄公司事先把郝建秀小组设在了细纱二车间丙班,人员进组不是按照传统的方式提前进行考察和技术比赛,而是由枣庄公司和细纱二车间根据现有人员情况提前将小组18个人①筛选确定。

到达枣庄的第二天,我便进入车间,和18个新组员一一见面并留下了联系方式。第三天,我安排了和所有成员的见面会,这是新团队的第一次全体大会。按照我提前制定的组建计划,我先将郝建秀及郝建秀小组的成长史以PPT的形式进行了介绍,重点讲了郝建秀小组的火车头精神。大家静静地听我讲解,并没有提出异议。我趁热打铁,提出本周每天利用下早班时间学习1小时,循序渐进。一腔热血的我充满了信心,第四天早早地静候在会议室,可是,在下班后的半个小时里,陆陆续续地只来了6个人。还处在考察期的新组长许琳②告诉我说:"组长,您不用等了,其他成员已经找车间主任③了,要求退组。"我一脸茫然,对许琳说:"为什么?能成为这个优秀团队的一员是多么幸运的事情,从我进入这个团队开始,我就知道历任组长在选拔新成员时的慎重与认真,如果不是品德高尚、技术精湛的工人,根本就不可能进入小组。就是进入了这个团队,还要有三个月的考察期呢!"许琳解释说:"组长,可能是昨天听您介绍了郝建秀小组之后,我们压力很大,除了自己不优秀不能承担急、难、重、新任务以外,其实我们每个人都有自己的困难。"而当我问她们有什么困难时,所有人都闭口不言。为了缓解尴尬、紧张的局面,营造一下轻松的氛围,我便放下PPT同她们聊天,希望通过这种方式找到和每个人拉近距离的切入口。

第五天,我按照小组成员名单,利用上班时间开始找她们单独谈话,以便了解每个人的工作情况和生活状态。因车间人员紧张,挡车工看台较多,遇到难纺的车,她们忙得连饭都吃不上,清洁工作也只能留到下班时来做。来到生产车间,我的第一步就是直接进入车档,拿起清洁工具帮她们把车整理得干净利索。看到落纱长落纱工因支数相近造成停台,我

---

① 原先在齐意公司的郝建秀小组共有18名员工,故在枣庄公司重新组建郝建秀小组时,也要求拥有18名员工。——笔者注

② 许琳,女,1977年生,初中文化,原先在鲁棉公司细纱车间工作。——笔者注

③ 时任细纱二车间主任的是张善侠女士。张女士原先也在鲁棉公司工作,并且也是鲁棉公司细纱车间的主任,她当时就对许琳的情况很了解。——笔者注

便戴上手套帮助她们拔纱、接头，从而减少了停台时间，保证了生产计划的顺利完成。看到这些，她们给我竖起了大拇指。每天，我重复同样的工作，很快组员们放下戒备开始慢慢接近我，主动同我聊天。在生活上，我也尽力给组员们提供一些帮助，特别是对家庭中遇到困难和家属身体有病的组员，我都亲自带领小组骨干利用休息时间去走访、看望，并给予经济上的帮助。在这方面，我得到了枣庄公司工会的大力支持。[①] 在我的努力下，我和组员们开始像朋友一样相互敞开心扉。

在熟悉每个人的基本情况后，我对小组成员进行了重新筛选。对那些不符合进小组条件的人员，如负能量多、抱怨多、工作没有积极性、对待工作不认真负责、得过且过的人，或者有离职意向的人，我都停止了对她们的考察。这样，在车间又形成了有竞争力才有机会进小组的局面，公司其他员工对小组的敬意也油然而生。

在筛选过程中，我根据每个人的性格特点直接划分好"四长""五大员"[②]。比如，备选新组长许琳，虽然在工作中是全能手，但是在管理上缺乏经验，组织力、协调力不够，我就在每天的班前会、班后会中，鼓励她多发言，让她自己主持会议，督促她每天写会议记录，总结经验查找不足。小组成员韩建红[③]是个热心肠，性格温和，有耐性，特别符合干工会工作，所以，我就按照工会组长的职责重点培养她。张荣梅[④]性格活泼，是小组最年轻的组员，特别适合团小组长的角色。因小组还没有党员，在选党小组长的时候，我们保留了这个职务。"三长"选出来以后，我建议她们同时是"五大员"的管理者，由她们自行选出自己的"五大员"成员，"五大员"的职责也由她们自己组织学习，以此来提高她们的组织能力、协调能力以及工作积极性。

说实话，在枣庄公司，面对新的生产基地、新的小组成员、新的地域文化与风俗，我其实一时难以适应。但是，为了小组的旗帜不倒、传承不丢，我不仅主动融入当地环境，与员工同吃同住，而且还跟三班连轴转。下班

---

① "枣庄公司工会的大力支持"包括每月给郝建秀小组 500 元经费，用于小组开展相关活动，如走访看望困难职工或职工家属。——笔者注
② "四长"是指郝建秀小组内部的生产组长（也叫行政组长）、党小组长、工会组长和团小组长。对郝建秀小组"五大员"民主管理经验的详细介绍，请见第七章第六节。——笔者注
③ 韩建红，女，1982 年生，原先在鲁棉公司工作。——笔者注
④ 张荣梅，女，1987 年生，原先在鲁棉公司工作。——笔者注

后,我还要陪组员练兵,利用业余时间走访谈心,真是忙得不可开交。为了让组员们尽快接受我、认可我,有时在业余时间里我还跟着她们下农田①掰玉米、挖野菜。随着时间的推移,我和组员们的关系越来越亲密。

小组班组管理有"四访"②,其中包括职工身体有病必访,在枣庄公司,无论是组员还是组员的家属,只要身体有病住院的,我都组织小组骨干前去看望,让组员们对这个团队充满了依恋,也让她们的家属感受到了我们团队的温暖。

为了进一步促进工作的顺利开展,我还建立了小组微信群,并把青岛的郝建秀小组优秀组员邀请进来,让她们分享一些工作经验并传授给组员。

"感情牌"打好后,我开始培养、提高她们的操作技术水平。5月份,我和公司技术部一起组织了细纱操作技术春季比武大赛,并且增加了理论考试环节。我要求小组全员参与,目的是在提高操作水平之外,培养她们的集体荣誉感。小组组员孙晋英③是车间操作能手,挡车技术一流,我就指认她为指导员,全员进行赛前练兵。我向她们承诺:这次操作比武,除了公司奖励技术能手以外,凡是在此次比武中获得前6名和自我技术提高一个级别的,小组再进行二次奖励。在我的激励下,组员们积极性很高,除了在不落纱的空隙练兵外,下班后也主动留在车档练兵。在她们的带动下,全车间很快就形成了大练兵的高潮。功夫不负有心人,在这次比武中,孙晋英获得了挡车工第一名的好成绩,谷艳④、张雪童⑤分别获得了第三、第四名的好成绩,落纱工获得了集体组第二名的好成绩。

在所有工作都有序进行的同时,我向公司工会申请给小组单独设立更衣室和会议室⑥,让小组每天的班前会、班后会有个安静独立的空间。公司工会同意了我的申请。为了尽快让组员了解小组历史,传承小组精神,除了每天班前会、班后会的前半个小时学习以外,我还把小组的班组

---

① 在郝建秀小组成员中,有不少都是"农民工",即她们都来自附近的农村地区。——笔者注
② 关于"四访"的具体内容,详见第八章第五节。——笔者注
③ 孙晋英,女,1984年生,原先在鲁棉公司工作。——笔者注
④ 谷艳,女,1975年生,原先在鲁棉公司工作。——笔者注
⑤ 张雪童,女,1991年生。——笔者注
⑥ 细纱车间的温度比较高,工人进入细纱车间工作之前需要更换单薄的衣服或工作服。单独给郝建秀小组设立更衣室(兼做会议室),是原先青岛国棉六厂、六棉公司、齐意公司的做法。其他生产小组都没有单独的更衣室,她们都是共用一间很大的更衣室。——笔者注

建设、班组文化和六十多年来获得的主要荣誉称号以宣传板的形式挂在更衣室里，希望通过这种方式潜移默化地加深她们对小组的印象。有时候，我也会突然问某个组员"小组的四长、五大员和小组的精神是什么"之类的问题来督促她们自主学习。最让我感动的是，组员们主动把小组的"全家福"照片挂在了会议室墙上，说是为了增加组员的荣誉感和责任感。

　　在我们的共同努力下，不到半年时间，新的郝建秀小组就进入了正常轨道。2016 年 10 月，我把接力棒完整地交给了新组长许琳。

　　从以上叙述可知，姜玲去枣庄公司再造一个全新的"郝建秀小组"的基本过程，其实是试图复制原先有关机构塑造国棉六厂的"郝建秀小组"的一些做法的过程。她这样做的主要目的是"为了小组的旗帜不倒、传承不丢"。

　　需要强调的是，在第十一章第八节我们谈到，进入 2011 年以后，郝建秀小组的成员被分散在同一个班的几个不同的生产小组里，也即它不再是一个传统意义上的、在行政上独立的生产小组。当姜玲来到枣庄公司组建新的"郝建秀小组"时，她延续了这种做法，也即把新组建的郝建秀小组的成员分散在同一个班的几个不同的生产小组里。2018 年 11 月我们去枣庄公司调查时，得知细纱二车间执行三班工作制（分为甲班、乙班和丙班，每班工作 8 小时），每班有 5 个生产小组在干活，郝建秀小组成员被分散在丙班的 5 个生产小组里，他们同时接受所在生产小组和郝建秀小组的管理，许琳既是郝建秀小组的组长，也是丙班第四小组的组长。2020 年 10 月底我们再去枣庄公司调查时，得知该公司的工人数量又减少了，相应地，细纱二车间每班通常只有 4 个生产小组在干活，郝建秀小组成员就被分散在丙班的 4 个生产小组里。那么，为什么不在枣庄公司组建一个在行政上独立的"郝建秀小组"？车间主任解释说：主要原因之一，是当时细纱二车间的每个生产小组的人数都不多，一般也就十人左右，再加上工人的流动性比较大，就算一时从丙班挑选出来了所需的 18 名工人，他们也不可能都集中在同一个生产小组里，更不可能长期稳定地集中在同一个生产小组里，因此，只好让他们分散在丙班的几个生产小组里。这样做还有一个好处：他们可以分别在几个生产小组里发挥模范带头作用。

　　由于新组建的郝建秀小组并不是一个在行政上独立的生产小组，这意味着，这个新组建的郝建秀小组并不会像 2011 年以前的郝建秀小组那样经常面临着车间分配给小组的生产任务，因此，从姜玲的上述叙述可知，在培养新的郝建秀小组的过程中，她通常并不需要考虑如何动员小组成员以集体的方式和集体的力量去完成甚至超额完成某项生产任务之类的问题，她考虑的重点是如何把分散在几个生产小组里的小组成员团结起来、凝聚起来,让他们经常地、充分地意识到自己是"郝建秀小组"的成员,从而相应地改变其劳动态度与劳动行为。

2016年12月26日,青岛纺联控股集团有限公司向青纺联(枣庄)纤维科技有限公司做出了《关于许琳等同志任免职的建议》。该建议说:"推荐许琳同志自2016年10月起,担任第十任'郝建秀小组'组长,主要职责:负责'郝建秀小组'生产及班组建设、小组管理提升、小组文化建设、培养后备人才等工作,为小组、为公司输送更多的生产、管理人才。姜玲同志担任'郝建秀小组'顾问,不再担任'郝建秀小组'组长,主要职责:负责指导'郝建秀小组'抓好班组建设,提出建设性意见;协助做好'郝建秀小组'对外宣传等工作。"①这样,姜玲就正式"把接力棒完整地交给了新组长许琳"。

从前述姜玲的叙述可知,姜玲去枣庄公司组建并培养新的"郝建秀小组"还是留有一点遗憾的,那就是在"四长"中,只选出了"三长",由于当时小组里还没有中共党员,故设立"党小组长"之事还无从谈起。不过,在她的多次争取下,这个问题后来还是比较顺利地解决了。2018年11月下旬,姜玲陪同我们去枣庄公司对郝建秀小组进行了调查,在我们返京的路上,姜玲告诉我们一个好消息:当天下午,枣庄市台儿庄区有关部门去枣庄公司考察了党员发展情况,原则上同意给郝建秀小组两个入党名额。2020年10月底,当我们再次去枣庄公司调查时,得知组长许琳和工会组长韩建红均已成为了预备中共党员。后来,韩建红被选为郝建秀小组的党小组长,原团小组长张荣梅则被选为郝建秀小组的工会组长,韩建红和张荣梅分别于2021年和2022年被评为山东省轻纺行业金牌职工。

许琳接任组长之后,姜玲、细纱二车间的主要领导、枣庄公司的相关领导等都对她进行了悉心的培养、教育,使她在思想认识、操作技术、班组管理能力等各方面都取得了很大的进步,相应地,她也获得了不少荣誉称号。2016年4月,她被枣庄市人民政府授予"枣庄市劳动模范"荣誉称号;2018年4月,她被枣庄市总工会授予"枣庄市五一劳动奖章"荣誉称号;同时(2018年4月),她又被山东省轻工纺织工会委员会授予"山东省轻纺行业五一劳动奖章"荣誉称号;2019年12月,她又被枣庄市总工会命名为"枣庄市创新能手";2021年10月,她进一步获得了由中国纺织工业联合会、中国纺织职工思想政治工作研究会授予的"全国纺织行业创新型班组(团队)带头人"荣誉称号,当时,在全国纺织行业只有10名组长获此殊荣。

---

① 青岛纺联控股集团有限公司文件(青纺控股政任字[2016]16号):《关于许琳等同志任免职的建议》(此文件由郝建秀小组原组长姜玲提供)。

2019年,在由中国工人出版社和中国工业报社共同主办的评选"新中国70年最具影响力班组"活动中,郝建秀小组被评定为"新中国70年十大经典班组"(据所获得的证书)。

组长许琳一再获奖,小组被评定为"新中国70年十大经典班组",两位组员被评为山东省轻纺行业金牌职工,所有这些,在一定程度上表明,郝建秀小组的"被易地再造"取得了成功。

四　庆祝建组70周年

2022年适逢郝建秀小组建组70周年,有关机构决定在这年5月举行庆祝郝建秀小组建组70周年活动。

2022年2月,中国纺织工业联合会党委书记兼秘书长高勇、中国纺织职工思想政治工作研究会会长邢冠蕾、中国财贸轻纺烟草工会纺织工作部部长赵武等去青岛进行了考察调研。高勇一行首先来到"纺织谷"进行了调查研究。在专题座谈研讨会上,青岛纺联控股集团有限公司党委书记、董事长兼纺织谷发展有限公司董事长闫勇详细汇报了郝建秀小组建组70周年纪念活动方案,邢冠蕾和与会领导、专家逐一对活动方案的组织机构、重大意义、活动内容、时间地点及活动主题等进行了研讨交流,并形成了工作共识。在听取汇报后,针对郝建秀小组建组70周年纪念活动,高勇强调指出:郝建秀小组自1952年5月成立至今,凭着拼搏创新、无私奉献的"火车头精神",创造了一个个优异成绩,成为全国纺织行业的标杆小组。"火车头精神"是纺织行业精神的重要组成部分之一,进入新时代,要在全行业继续大力弘扬传承"火车头精神"。要把郝建秀小组建组70周年纪念活动作为行业的一项重要工作来抓,各方要做好组织落实工作,在全行业、全社会营造良好舆论氛围。① 由此足见中国纺织工业联合会、中国纺织职工思想政治工作研究会和中国财贸轻纺烟草工会等对郝建秀小组建组70周年纪念活动的重视。

有关机构原计划于2022年5月27日举行庆祝郝建秀小组建组70周年大会,遗憾的是,由于受新冠病毒疫情的影响,该庆祝大会未能如期举行。它首先被推迟至2022年11月22日举行,但由于继续受新冠病毒疫情的影响而再次未能如愿。

① 《高勇一行到青岛考察调研,勉励老纺织基地焕新"火车头精神"》,中国纺织职工思想政治工作研究会网站(http://www.zfqw.com.cn/dt/202202/t20220225_4237651.html)。

最终,该庆祝大会被推迟至 2023 年 3 月 20 日才得以举行。

这次庆祝大会的主办者多达四个,它们分别是中国纺织工业联合会、中国财贸轻纺烟草工会全国委员会、山东省工业和信息化厅和青岛市人民政府。这次庆祝大会的承办者也多达四个,它们分别是中国纺织职工思想政治工作研究会、青岛市总工会、青岛市工业和信息化局和青岛市市北区人民政府。此外,这次庆祝大会还有多达 6 个的协办者,它们分别是山东省纺织服装行业协会、青岛市市北区工会、青岛市市北区工业和信息化局、青岛市北建设投资集团有限公司、青岛纺联控股集团有限公司、纺织谷发展有限公司。① 这么多机构参与这次庆祝大会的举办,这在一定程度上反映了有关机构对这次庆祝大会的重视。

这次庆祝大会在青岛市"纺织谷"隆重举行。中国纺织工业联合会会长孙瑞哲,中国纺织工业联合会原会长杜钰洲、王天凯,中国财贸轻纺烟草工会主席王倩等领导以及前来参加"2022 年全国纺织行业创新型班组工作经验交流会"②的代表等 200 余人出席了大会。

大会正式开始后,首先由中国纺织工业联合会原会长王天凯宣读郝建秀向大会发来的贺信。之后,由中国财贸轻纺烟草工会二级巡视员吕杰宣读中华全国总工会办公厅向大会发来的贺信。接着,青岛市人大常委会副主任、市总工会主席张建刚和山东省工业和信息化厅党组成员、副厅长王晓分别向大会致辞。再之后,郝建秀小组现任组长许琳在大会上发言,她在发言中表态说:"我们小组将以郝建秀小组建组 70 周年为契机,以新担当、新作为始终牢记小组的光荣传统,永远发挥火车头作用,弘扬劳模精神、劳动精神、工匠精神,决不辜负各级领导的厚望和嘱托,继续继承和发扬光大'火车头精神',加强班组建设和技术创新,争做新时代最美奋斗者,为我国纺织工业高质量发展再立新功!"③

大会最后,由中国纺织工业联合会会长孙瑞哲讲话。孙瑞哲首先指出:"作为中国近代工业重要的起源地,青岛既是一座制造底蕴深厚的城市,也是一座产业英雄辈出的城市。郝建秀同志就是从青岛走出的第一代纺织工人的杰出代表。在全面贯彻落实党的二十大精神的开局之年,我们齐聚在这座百年纺织名城,共同庆祝'郝建秀小组'建组 70 周年,具有重要的现实意义和深刻的时代价值。"他还进一步指出:"70 余年来,一代代纺织人……创造出了无愧于党、无愧于人民、无愧于时代的锦绣事业。以郝建秀同志命名的'郝建秀小组'正是其中的杰出代表,不仅为青

① 详见《庆祝"郝建秀小组"建组 70 周年大会会议手册》。
② 该交流会由中国纺织工业联合会主办、中国纺织职工思想政治工作研究会等承办。
③ 许琳:《传承"火车头精神"、锚定科技创新做新时代最美奋斗者》(由许琳提供给笔者)。

岛纺织留下了浓墨重彩的一笔，更成为中国纺织行业一面永不褪色的旗帜。"接着，他从四个方面对郝建秀小组所做的贡献进行了如下评价：70 年勇挑重担，小组在攻坚克难中彰显时代担当；70 年拼搏创新，小组在创新实践中走在发展前列；70 年乐于奉献，小组在薪火相传中营造产业生态；70 年争创一流，小组在追求卓越中引领价值创造。[①] 孙瑞哲所说的这四个方面即"勇挑重担，拼搏创新，乐于奉献，争创一流"，其实是十年前王天凯在纪念郝建秀小组建组 60 周年座谈会上所说的"火车头精神"的主要内涵（详见第十一章第八节）。显然，孙瑞哲认同了王天凯对郝建秀小组之"火车头精神"的主要内涵的概括。

至此，关于郝建秀小组为什么能够保持其先进典型形象长盛不衰的故事也就讲完了，就以孙瑞哲对郝建秀小组的这番评价作为这个故事的结尾吧。

[①]《孙瑞哲会长在庆祝"郝建秀小组"建组 70 周年大会上的讲话》，中国纺织信息中心网站（http://www.ctic. org. cn/site/content/8069. html）。

第十三章 ▶▶▶

研究总结与进一步讨论

 一　研究总结

本书的研究对象是成立于 1952 年并存续至今的"郝建秀小组",不过,我们并不是研究"郝建秀小组"的所有方面,而主要是研究或解释它"为什么能够在长达70 年的时间里保持其先进典型形象长盛不衰"这个问题。研究这个问题时,我们把郝建秀小组的七十年发展历程大致划分为两个阶段,即从 1952 年到 1992 年的"前 40 年"和从 1993 年到 2022 年的"后 30 年"。我们分别用七章和三章的篇幅对发生在"前 40 年"和"后 30 年"里的诸多关于郝建秀小组的"被表彰事件"进行了深入研究。行文至此,有必要对研究过程与基本结论等做一个总结。

(一)关于郝建秀小组的"前 40 年"历程的研究

我们首先研究了郝建秀小组的"前 40 年"的发展历程,主要研究它为什么能够在此期间保持其先进典型形象长盛不衰?对这个问题的研究,我们是分三步进行的:第一步是把它转换为一个比较具体的、容易操作的学术性问题,即郝建秀小组何以被表彰?第二步是提出一个解释关于郝建秀小组的"被表彰事件"的形成过程的理论框架;第三步是用这个解释框架来解释发生在此期间的诸多"被表彰事件"的形成过程。

第一步是研究思路上的一种转变。我们之所以说郝建秀小组长盛不衰,主要是因为:在不同的历史时期,郝建秀小组都能被评为青岛市级(含)以上的先进典型,因而受到表彰。我们把郝建秀小组的每次被表彰都视为一个历史事件(简称为"被表彰事件"),这样,郝建秀小组的"长盛"之路其实主要是由众多的被表彰事件所构成的,我们研究郝建秀小组何以长盛不衰,其实主要是研究郝建秀小组何以一再被表彰。经过这种研究思路上的转变之后,关于郝建秀小组的被表彰事件就成为了我们研究的重点,或者说,我们要做的主要研究工作就是描述和解释这些被表彰事件。由于在有关机构开展的相关表彰活动中,并非只有郝建秀小组被表彰,同时被表彰的还有其他集体或个人,因此,对被表彰事件的研究其实是对一个一般性问题的研究。当然,限于本研究的主题,我们只研究了关于郝建秀小组的被表彰事件。

接着(第二步),我们提出了一个解释关于郝建秀小组的被表彰事件的形成过程的理论框架。针对每个关于郝建秀小组的被表彰事件,我们主要做了两个方面的研究工作:一是描述郝建秀小组所具有的先进性,二是解释郝建秀小组所具有的那些先进性是如何形成的。相对而言,后者是我们研究的重点,这意味着我们更为关注关于郝建秀小组的先进性或被表彰事件是如何形成的。我们研究这个问题的基本做法是把郝建秀小组的先进性的形成与中共针对工人阶级发出的号召关联起来。构建起这种关联,不但意味着把郝建秀小组的先进性的形成过程与中共力求实现其提出的宏伟奋斗目标(如尽快实现国家的社会主义工业化)的历史进程关联了起来,而且意味着把中共力求实现其提出的宏伟奋斗目标的坚强意志视为推动郝建秀小组不断前进的基本动力。这样做,是本研究十分关键的一步。

我们把中共力求实现其提出的宏伟奋斗目标的基本过程抽象化为以下因果链条:①中共提出宏伟奋斗目标(如尽快实现国家的社会主义工业化)→②中共向工人阶级发出相应号召→③中共及其领导的工会等采取两类基本的政策措施(即组织工人群众的劳动竞赛和对工人群众加强共产主义的教育)来调动工人阶级的积极性→④发现、培养、表彰、宣传积极响应中共的号召的先进人物,并大力推广他们的先进经验。鉴于郝建秀小组是积极响应中共的号召的先进集体,当我们把它的先进性也即把关于它的被表彰事件和中共的号召关联起来进行研究时,其实是把被表彰事件的形成放入这个因果链条中来加以解释。当我们根据郝建秀小组的具体情况,把上述因果链条中的第④个环节扩展为两个相关环节时,就把关于郝建秀小组的每个被表彰事件的形成过程抽象化为以下因果链条:①中共提出宏伟奋斗目标(如尽快实现国家的社会主义工业化)→②中共向工人阶级发出相应号召→③中共及其领导的工会等采取两类基本的政策措施(即组织工人群众的劳动竞赛和对工人群众加强共产主义的教育)来调动工人阶级的积极性→④有关机构着重培养郝建秀小组,从而使郝建秀小组积极响应党的号召→⑤郝建秀小组具备相应的先进性,因而被表彰。这个因果链条便是我们解释关于郝建秀小组的每个被表彰事件的形成过程的理论框架(简称"解释框架")。

这个解释框架当然是对复杂的社会现实的一种高度抽象与简化。对我们解释关于郝建秀小组的被表彰事件的形成过程而言,这个解释框架的提出主要具有以下三点作用:首先,有了它,我们就统一并规范了解释的基本模式,也就能够避免出现赵鼎新所说的"意见式的解释和奇思妙想式的理解"①。其次,有了它,我们就能够清晰地看到从"中共提出宏伟奋斗目标"到"郝建秀小组被表彰"之间的内在关联性。对这种关联性的揭示,一方面解释了关于郝建秀小组的被表彰事件的形成过程,另一方面也让我们看到了有关机构着重培养郝建秀小组的重要意义(尤其是其政治意义)。再次,有了它,我们还能够建立起不同的被表彰事件之间的内在联系,使对不同的被表彰事件进行比较分析成为可能。因此,这个解释框架的提出是本研究的一项主要学术贡献。

第三步,我们用上述解释框架解释了发生在 1952 年至 1992 年期间的诸多关于郝建秀小组的被表彰事件的形成过程。从第三章至第九章的论述可知,上述解释框架不但成立,而且具有较强的解释力。

按照上述解释框架所显示的因果逻辑,我们对每个被表彰事件的研究主要是一个沿着其基本环节从⑤→④→③→②→①进行追溯的过程。考虑到在 1952 年至 1992 年期间(尤其是在 1952 年至 1982 年期间),就针对工人阶级而言,中共提出的宏伟奋斗目标主要是尽快实现国家的社会主义工业化,那么,这种追溯其实也是探讨中共努力调动工人阶级的积极性、竭力构建良好的工业生产秩序,从而力求尽快实现国家的社会主义工业化的基本过程。因此,在一定程度上可以认为,与其说我们是在解释郝建秀小组在其"前 40 年"里何以一再被表彰,不如说我们是在解释在此期间中共是如何另辟蹊径、坚持不懈地推进我国工业化的进程的。打个比方来说,如果说关于郝建秀小组的被表彰事件是一个一个的"窗口"的话,那么,这种追溯意味着,对这些"窗口"的外表进行描述和分析只是我们开展研究工作的第一步,接下来要做的更为重要也是更为艰难的研究工作是透过这些"窗口"去进一步探索另一个世界,即"窗"外的世界。如果说笔者写作本书意味着给谁"立传"的话,那么,这既是给郝建秀小组立传,也是从一个特定的角度给新中国的工业化进程尤其是纺织工业的发展历程立传。这种以小见大式的解释是本研究的另一项主

① 赵鼎新:《证据、论点与叙事:社会科学方法检讨》,《中国社会科学报》2011 年 12 月 13 日,第 014 版。

要学术贡献。

（二）关于郝建秀小组的"后30年"历程的研究

1993年以后，我国进入了旨在建立社会主义市场经济体制的新的发展阶段。由于建立社会主义市场经济体制的中心环节，是转换国有企业特别是大中型国有企业的经营机制，并把国有企业推向市场，故当时建立社会主义市场经济体制的过程主要是一个转换国有企业的经营机制并把国有企业推向市场的过程。事后来看，这是一个对国有企业进行深入改革、改造、重组、搬迁甚至破产的过程。在这个过程中，中共继续向工人阶级尤其是国有企业职工发出了相关号召，有关机构也一如既往地着重培养郝建秀小组从而使之积极响应了党的号召。因此，上述解释框架仍然具有一定的解释力，不过，其解释力已大大降低。为了弥补这种解释力的下降，我们在解释发生在这个时期（尤其是2002年以后）的关于郝建秀小组的被表彰事件的形成过程或解释郝建秀小组在这个时期为什么仍然能够不断前进时，我们除了继续考虑"中共的号召"对郝建秀小组的影响之外，还着重考虑了另外两种外在因素——全国纺织工业主管机构（先后为纺织工业部、中国纺织总会、国家纺织工业局、中国纺织工业协会、中国纺织工业联合会）和青岛市市域内的有关机构（主要是六棉公司及其上级公司、青岛市纺织总公司、青岛市总工会、中共青岛市委和市政府等），对郝建秀小组的不断发展的影响。

 二 进一步讨论

有三个相关的主要问题值得进一步讨论：一是关于郝建秀小组长盛不衰的主要原因；二是关于有关机构培养郝建秀小组的特别做法；三是关于社会主义劳动范式的形成与演变。

（一）关于郝建秀小组长盛不衰的主要原因

对郝建秀小组长盛不衰的主要原因的分析，仍然需要区别对待其"前40年"和"后30年"。

（1）对其"前40年"的分析

从我们提出的关于郝建秀小组的被表彰事件的形成过程的解释框架(因果链条)可知,"中共提出宏伟奋斗目标(如尽快实现国家的社会主义工业化)"位于因果链条的首端,它是推动郝建秀小组最终"被表彰"的基本动力的源头。换句话说,中共力求实现其提出的宏伟奋斗目标的坚强意志是推动郝建秀小组不断前进的基本动力。接下来的"中共向工人阶级发出相应号召""中共及其领导的工会等采取两类基本的政策措施来调动工人阶级的积极性""有关机构着重培养郝建秀小组"等环节则是这种基本动力的外显及其具体的运作过程。由于中共长期执政,这使得这种基本动力会反复发生作用,相应地,上述因果链条也会反复出现在不同的历史时期,这就为郝建秀小组一再被表彰(长盛不衰)提供了可能性。

当然,我们只能说这种基本动力的反复作用为郝建秀小组一再被表彰提供了可能性。如果要想提高这种可能性的等级甚至要把这种可能性变为必然性,我们还需要思考另外一个相关问题:在上述解释框架(因果链条)中,第四个基本环节是"有关机构着重培养郝建秀小组",那么,有关机构为什么会着重培养郝建秀小组呢?我们的研究表明:要解释这个问题,还需要考虑另外三种主要外力对郝建秀小组的发展的积极影响:一是来自青岛市内的有关机构的影响力;二是来自全国纺织工业主管机构的影响力;三是来自郝建秀的影响力。

在计划经济体制时期,"树典型"曾是我国政府进行经济和社会管理的一种普遍化的行为模式。有学者从利益驱动的角度分析了这种行为模式普遍化的根源,认为:成功地树立一个先进典型,是上级领导的功劳和政绩的重要体现,会获得种种回报。判断一个地区、一个部门的经济建设、社会管理和领导工作成绩的好坏主要看有没有先进典型,所以各级领导千方百计地制造典型以显示自己的政绩之所在,显示本地区、本部门的实力、竞争力之所在。"上级领导一方面会努力发现、树立、宣传典型,另一方面还会努力去保护、维持已经树立的典型。"①还有学者认为:1949年以后我国建立了"新德治政体"。在新德治政体中,官员的升迁不是取决于群众,而是取决于上级领导。在这种情况下,下级主动向上级展示自己的政绩就至为关键。"通过树立典型,可以简洁而又形象地展示自己的政绩。自己属下的典型越多,自己的政绩就越突出,上级获悉的可能性就越大,自己升迁的可能性也就越大。因此之故,一些官员非常热衷于不惜成本地树典型。典型一旦树起来,官员和典型成了系在一条绳上的蚂蚱。因为典型一旦倒下去,作为其后台的那些官员和

① 刘林平、万向东:《论"树典型"——对一种计划经济体制下政府行为模式的社会学研究》,《中山大学学报》(社会科学版)2000年第3期。

部门的政绩就会遭到质疑,失误就会昭然若揭。所以,有关部门和领导自然会从各方面对典型进行特殊照顾,千方百计进行维护。""还有一种情况是,典型不是某个部门自己树立起来的,而是上级树立起来的,或者得到了上级的肯定。这个时候,下级有关部门也必须对典型进行特意栽培。这样做,既能展示自己的政绩,也能表明自己对上级的忠诚。"①据此,这里所说的青岛市内的有关机构和全国纺织工业主管机构对郝建秀小组的发展的积极影响,主要是指这些机构及其主要领导对已成为先进典型的郝建秀小组进行"特殊照顾"与"特意栽培"。

在现实社会中,尽管得到了有关机构及其主要领导的"特殊照顾"与"特意栽培",曾被树立起来的绝大多数先进典型还是未能长盛不衰,它们往往没过多久就趋于平庸了。那么,郝建秀小组为什么会与众不同? 换句话说,有关机构及其主要领导为什么会特别地、长期地对郝建秀小组进行"特殊照顾"与"特意栽培"呢? 要回答这个问题,我们需要着重考虑郝建秀小组的特殊性——它是以郝建秀的名字命名的小组,也即需要着重考虑郝建秀的不断成长、不断进步对郝建秀小组的不断发展的积极影响。从第三章到第九章的论述可知,郝建秀的不断成长、不断进步对郝建秀小组的不断发展确实产生了积极影响,这种影响可以是直接的,也可以是间接的。我们可以从中得出以下结论:郝建秀小组之所以长期被有关机构着重培养甚至长期被有关机构"特殊照顾"与"特意栽培",主要原因之一是因为存在"爱屋及乌"效应——随着郝建秀的不断成长以及她在仕途上的不断进步,郝建秀小组也持续地被有关机构高度关注和重点栽培,从而也得以不断成长和不断进步。

需要强调的是:上述三种主要外力虽然对郝建秀小组的不断发展产生了积极影响,但这种积极影响都是以上述"基本动力"即"中共力求实现其提出的宏伟奋斗目标的坚强意志"的强大与稳定为基本前提的,它们难以独立地发挥作用。

(2)对其"后30年"的分析

1993年以后,我国进入了旨在建立社会主义市场经济体制的新的发展阶段,相应地,国有企业被推向了市场,并被要求"建立现代企业制度",与此同时,地方政府在经济发展过程中扮演了日益重要的角色,一些学者甚至用"地方政府公司化"来描述这种现象。早在1992年,奥伊(J. C. Oi)就发现,财政体制改革导致地方政府竭力支持、协调其辖区内的各种企业的发展,地方政府就像一个从事多种经营的实业公司。奥伊把政府与经济合二为一的这种运作方式称为地方的国家法团主

---

① 冯仕政:《典型:一个政治社会学的研究》,《学海》2003年第3期。

义。① 华尔德(A. G. Walder)也认为地方政府就像一个庞大的工业公司,主导着当地经济的发展。② 洪银兴认为地方政府的行为具有准企业性,地方政府同本地的企业实际上形成了利益共同体,地方政府越是靠近基层,其行为越是靠近企业。③ 曹正汉和史晋川更是认为,2000 年以后,地方政府在主导经济发展的方式上发生了如下战略转移:从原来直接经营一家一户企业,转向把所辖区域当成一家企业来经营。④ 在"地方政府公司化"的背景下,上述"基本动力"尽管仍然存在,但相对而言,其作用已有所降低,而来自青岛市内的有关机构的影响力则迅速增大。2009 年以后,青岛市纺织总公司等机构更是把"郝建秀小组"作为一个知名品牌来宣传、推广。在青岛市内的有关机构的大力配合和支持下,全国纺织工业主管机构(中国纺织工业联合会)也积极参与到了宣传、推广"郝建秀小组"这个品牌和郝建秀小组的"火车头精神"的队伍之中,如参与主办庆祝郝建秀小组建组 60 周年和 70 周年活动。与此同时,来自身居高位的郝建秀的影响力也越来越大。据时任郝建秀小组组长的姜玲回忆:2012 年 6 月 8 日,在纪念郝建秀小组建组 60 周年座谈会上,郝建秀讲完话之后从台上下来找到姜玲,拉着姜玲的手问小组团队怎么样、小组成员怎么样……郝建秀最后说:"我觉得特别对不起大家,因为我的名字让你们辛苦了。"⑤虽然这可能是郝建秀说的客气话,但也反映出郝建秀是十分清楚"郝建秀"这三个字对"郝建秀小组"的不断发展的影响的。

总之,是在这些外部力量的共同作用下,郝建秀小组才得以长盛不衰。

(二) 关于有关机构培养郝建秀小组的特别做法

前面讨论了"有关机构为什么会着重培养郝建秀小组"的问题,与此相关的另一个问题是:有关机构是如何着重培养郝建秀小组的? 其实,前面各章的论述已回答了这个问题,在这里,我们只是进一步归纳、总结前面的相关论述,而且主要是归

① J.C. Oi, 1992, "Fiscal Reform and the Economic Foundations of Local State Corporatism in China." World Politics, Vol.45, No.1.
② A. G. Walder, 1995, "Local Governments as Industrial Firms." American Journal of Sociology, Vol.101, No.2.
③ 洪银兴:《地方政府行为和中国市场经济的发展》,《经济学家》1997 年第 1 期。
④ 曹正汉、史晋川:《中国地方政府应对市场化改革的策略》,《社会学研究》2009 年第 4 期。
⑤ 姜玲(口述):《郝建秀工作法与郝建秀小组,弘扬新时代"火车头"精神》,山东省政协文史馆网站(http://www. sdzx. gov. cn/sdszxwsg/articles/ch00928/202209/d5003376-ef95-4bfc-9f79-9837df7151b1. shtml. 发布日期:2022 年 9 月 15 日)。

纳、总结有关机构培养郝建秀小组的特别做法。

这里所说的"特别做法",其含义基本上相当于前述冯仕政所说的"特殊照顾"与"特意栽培",但不包括通常意义上的在"大力支持郝建秀小组积极参加劳动竞赛"上的特别做法。从前面的论述可知,我们在解释关于郝建秀小组的每个被表彰事件的形成过程时,是把郝建秀小组的先进性的形成与中共针对工人阶级发出的号召关联起来的。构建起这种关联,意味着把郝建秀小组的先进性的形成与中共力求实现其提出的宏伟奋斗目标(如尽快实现国家的社会主义工业化)的历史进程关联了起来,相应地,也意味着与劳动竞赛关联了起来。在"前40年",更是如此。因此,有关机构采用某些特别手段来支持郝建秀小组积极参加劳动竞赛(包括在其中扮演挑战者、倡议者的角色)是其培养郝建秀小组、发挥郝建秀小组的模范带头作用的基本做法,前面对此已有充分论述,在此无须赘述。

概括全书的论述可知,有关机构培养郝建秀小组的特别做法主要有以下四种:

(1)三次调查郝建秀小组

如第三章所言,"郝建秀工作法"于1951年6月上旬被正式总结出来并被大力推广以后,郝建秀所在的生产小组不但被改称为"郝建秀小组",而且被作为"典型小组"来培养。然而,在当时,国棉六厂的主要领导在先进小组是否应该永远先进、先进小组是否要领导上培养、应该怎样培养等问题上"缺乏坚定而明确的认识",一直存在争议。[①] 研究表明,有关机构通过三次调查郝建秀小组才彻底解决了这些争议。

第一次调查发生在1954年,其基本背景是郝建秀小组在完成生产计划等方面的表现欠佳,于是,国棉六厂工会便派人对郝建秀小组进行了专门的调查研究,并于1954年4月11日完成了题为《关于郝建秀小组目前的基本情况和意见》的调查报告。该报告着重指出了郝建秀小组中存在的4点主要问题,并针对这些问题提出了"对今后工作的意见"。这些意见其实是对当时存在争议的关于先进小组是否应该永远先进、先进小组是否要领导上培养、应该怎样培养等问题的一个初步回答(详见第四章第二节)。

第二次调查发生在1955年,其基本背景是:从1954年下半年到1955年上半年,郝建秀小组在完成生产计划等方面走了下坡路。1955年8月,中共中央书记处第三办公室青岛市工作组来国棉六厂调查了解"工厂企业管理问题"时,过问了

[①] 李克锐(时任国棉六厂党委书记)、杨琳(时任国棉六厂厂长):《国营青岛第六棉纺织厂报告》(中共中央办公厅机要室于1956年9月6日印发),青岛市纺织总公司档案管理中心藏,国棉六厂文书档案永久类第117卷。

关于郝建秀小组的问题,于是,国棉六厂党委责成工会对郝建秀小组的情况做了专门检查。经过调查之后,国棉六厂工会出台了《国棉六厂工会对郝建秀小组的检查报告》。该报告的出台,扭转了郝建秀小组走下坡路的局面(详见第四章第三节)。

第三次调查发生在 1959 年 6 月,其基本背景是:1959 年 5 月 19 日《大众日报》、5 月 23 日《青岛日报》分别用较大篇幅报道了郝建秀小组的先进事迹,与以往不同的是,这两篇报道都特别强调郝建秀小组七年来月月完成了国家计划,在长期保持先进上做出了榜样。于是,由中共山东省委工业部、山东省总工会和青岛市工会联合会组成的工作组便去国棉六厂对郝建秀小组进行了调查,并于 1959 年 6 月 11 日出台了题为《郝建秀小组在党的培养和关怀下继续前进》的调查报告。该报告不但总结了有关机构培养郝建秀小组的基本经验,解释了郝建秀小组何以能够"长期保持先进",而且指出了"需要领导上解决的几个问题"(详见第五章第五节)。

通过这三次调查,有关机构一次又一次地加深了对培养郝建秀小组不断前进的重要意义(包括政治意义)的认识,从而逐渐解决了在先进小组是否应该永远先进、先进小组是否要领导上培养、应该怎样培养等问题上的争议。

(2) 同意、支持甚至授意郝建秀小组公开表态

这里所说的"公开表态"是指针对劳动竞赛以外的事情公开表明自己的看法和打算采取的行动。这种情况主要发生在"前 40 年",其具体做法主要有以下几种:一、给毛主席写信,并公开发表。在信中,除了向毛主席报告小组所取得的主要成绩,还表示了对共产党、毛主席的感恩之情,并表示了相关的决心(详见第三章)。二、在《青岛日报》等报刊上发表政治性表态文章,公开表示坚决拥护中共中央做出的重大决策、毛主席的重要指示等(主要见第七章和第八章)。三、参加相关重要会议并在会上发言,在发言中表明自己的态度。四、给郝建秀写信,并公开郝建秀的回信(详见第十章和第十一章)。考虑到国棉六厂所制订的"培养和不断提高郝建秀小组的方案"中曾规定"凡向外报导材料,必须经党总支、厂长室、工会、青年团负责同志审阅,方待发表"(详见第五章第五节),郝建秀小组的这些公开表态应该是经过多位"负责同志审阅"之后才得以发表的,或者说,郝建秀小组的这些公开表态是在有关"负责同志"的同意、支持甚至授意之下才得以进行的。有关"负责同志"之所以同意、支持甚至授意郝建秀小组公开表态,一方面是为了显示郝建秀小组在思想政治等方面的先进性;另一方面,也是为了鼓励郝建秀小组再接再厉,不断前进。因此,我们也可以把这种做法视为有关机构培养郝建秀小组的一种方式。

(3) 开展创建"郝建秀小组式班组"活动

这种活动的开展始于 1975 年,当时只是在国棉六厂开展了这种活动(详见第

七章第七节)。1978 年 5 月,纺织工业部在北京召开了全国纺织工业学大庆会议。这次会议不但表彰了郝建秀小组,而且作出了在全国纺织行业建设 1000 个"郝建秀小组式班组"的决定。随后,青岛市总工会和青岛市纺织工业局也分别作出了在全市纺织系统开展创建郝建秀小组式班组活动的决定(详见第八章第二节)。不过,从我们掌握的相关资料来看,当时,这种活动并没有在全国纺织行业认真地开展起来。真正在全行业组织开展这项活动发生在 2013 年,其主办者为中国纺织工业联合会,其具体承办者则为中国纺织职工思想政治工作研究会。郝建秀小组也积极参加了这项创建活动,并被授予"全国纺织班组建设卓越贡献奖"。此后,又分别于 2014 年、2015 年和 2017 年继续开展了三次这种活动,其主办者都是中国纺织工业联合会和中国财贸轻纺烟草工会,其具体承办者则仍然是中国纺织职工思想政治工作研究会(详见第十二章第一节)。这种创建"郝建秀小组式班组"活动的开展和进一步开展,既是对郝建秀小组的一种宣传和肯定,也是对它的一种鞭策和促进,故我们也可以把这种做法视为有关机构培养郝建秀小组的一种方式。

(4) 举办庆祝郝建秀小组建组多少周年的活动

官方正式举办这种活动始于 1982 年,即庆祝郝建秀小组建组 30 周年。在分析当时举办这种活动的重要意义时,我们谈了五点(详见第八章第五节)。此后,又分别于 1987 年、1992 年、2002 年、2012 年和 2023 年举办了庆祝郝建秀小组建组 35 周年、40 周年、50 周年、60 周年和 70 周年活动。事后分析这些庆祝活动的意义(尤其是对郝建秀小组的激励作用),有三点值得强调一下:

首先,举行这种庆祝活动,都是对郝建秀小组自成立以来所取得的优异成绩(或先进事迹)的一种高度肯定和表彰,都是对郝建秀小组的一种宣传,也都是对郝建秀小组的一种激励。这是显而易见的。

其次,每次举行这种庆祝活动都和郝建秀进一步建立了联系,或者说,郝建秀都直接或间接参与了这种庆祝活动。1982 年庆祝建组 35 周年时,时任纺织工业部部长的郝建秀写来了贺信;1987 年庆祝建组 35 周年时,时任中共中央书记处书记的郝建秀再次写来了贺信并题词"爱纺织多贡献";1992 年庆祝建组 40 周年时,时任国家计划委员会副主任、党组成员的郝建秀题词"四十历程默默奉献,改革开放勇攀高峰";2002 年庆祝建组 50 周年时,时任全国政协常委的郝建秀本来打算来青岛参加庆祝活动,只是因为身体原因而未成行,虽然如此,她还是题词"让火车头精神代代相传";2012 年庆祝建组 60 周年时,已从全国政协副主席岗位上退下来的郝建秀亲自来青岛参加了庆祝活动;2023 年庆祝建组 70 周年时,郝建秀发来了贺信。很显然,郝建秀的直接或间接参与使这种庆祝活动的喜庆氛围、社会影响力以及对郝建秀小组的激励作用等,都增色了许多。

再次,每次举行这种庆祝活动都对郝建秀小组的先进性(或其火车头作用)进行了总结与进一步总结甚至提升。在 1982 年首次举行这种庆祝活动时,主要是对郝建秀小组的班组管理经验进行了总结。到 1987 年庆祝建组 35 周年时,青岛纺织工业总公司党委书记陈龙章在讲话中提出了 "郝建秀小组精神" 这个概念。这个概念的提出,意味着郝建秀小组的先进性被进一步总结和提升了,即把它提升到精神层面了。到 1992 年庆祝建组 40 周年时,青岛市副市长王增荣在讲话中也强调要学习郝建秀小组的四种精神。他所说的 "四种精神" 与陈龙章所说的 "郝建秀小组精神" 的内涵大同小异。在此后的庆祝活动中,郝建秀小组的先进性被进一步总结、提炼和升华,其最终结果是把郝建秀小组所发挥的 "火车头的作用" 升华为 "火车头精神"。这种做法不但具有很强的实践意义,而且具有很强的理论意义,相应地,它对郝建秀小组的激励作用也可能越来越强。

因此,我们认为,举行这种庆祝活动,不失为培养郝建秀小组的一种良好方式。

我们在此进一步归纳、总结有关机构着重培养郝建秀小组的特别做法,主要是想进一步说明:郝建秀小组之所以能够长盛不衰主要是有关机构着重培养它而出现的结果。这正如国棉六厂书记李克锐、厂长杨琳在他们合写的《国营青岛第六棉纺织厂报告》中所言:"领导经常重视和适当帮助是一个典型小组成败的关键。"①也正如前述《郝建秀小组在党的培养和关怀下继续前进》一文中所言:"郝建秀小组所以能够继续保持先进(模范)小组光荣称号,是与党的关怀培养和各级领导的具体帮助分不开的。"②这也说明:要让一个先进小组不断保持其先进状态其实是一件很不容易做到的事情。如果没有不断地得到 "党的培养和关怀" 以及 "各级领导的具体帮助",先进典型长盛不衰的现象恐怕就不可能出现。

(三) 关于社会主义劳动范式的形成与演变

较大规模的工业生产活动需要资方雇佣工人进行生产。资方(雇主)所面临的

---

① 李克锐(时任国棉六厂党委书记)、杨琳(时任国棉六厂厂长):《国营青岛第六棉纺织厂报告》(中共中央办公厅机要室于 1956 年 9 月 6 日印发),青岛市纺织总公司档案管理中心藏,国棉六厂文书档案永久类第 117 卷。

② 中共山东省委工业部、山东省总工会、青岛市工会联合会工作组:《郝建秀小组在党的培养和关怀下继续前进》(1959 年 6 月 11 日),青岛市纺织总公司档案管理中心藏,国棉六厂文书档案永久类第 240 卷。

一个基本的劳动问题是：他在劳动力市场上购买到的只是工人的劳动力，即工人的劳动潜力，他需要在具体的劳动过程中把工人的劳动潜力充分地转变为能给他创造利润的实际劳动。① 在国营企业，雇主同样面临这个基本问题。时任中华全国总工会副主席、党组书记的李立三认为："在国营企业中既然还有工资制度存在，那么雇佣关系的形式也就仍然存在"，只是在这种雇佣关系中，"雇主是全体人民，被雇者是全体人民中的一分子"。② 在生产设备、工人的技术水平等客观条件一时难以改善的情况下，这个基本问题又主要是一个如何提高工人的劳动积极性的问题。对这个问题的解决，西方市场经济国家积累了不少经验③，其中包括使用"强制（或压迫）"的方法和"物质刺激"的方法。

李立三认为：在资本主义和官僚资本主义下，要想提高工人的生产积极性，"只有一个方法就是压迫，使得工人不努力不行。"李立三还认为："假如我们新民主主义的管理方法，照样采取压迫，照样建筑在广大群众的恐惧心理上，那我们和国民党就没有差别。"④因此，新中国成立后，在国营企业就不再对工人使用"压迫"的管理方法。

笔者研究表明，在新中国成立之前的每个历史时期（指苏维埃时期、边区时期和解放战争时期）的早期，中共都曾主要采用物质利益激励的方法来调动工人阶级的政治积极性与劳动积极性，但这种做法的弊端很多，其中显而易见的弊端是：由于用于激励工人的物质利益取之于资本家，故这种激励的力度越大，资本家就越难以承受，最终往往会产生严重的不良社会后果。⑤ 因此，新中国成立后，在国营企业就逐渐废弃了这种激励方法，其中包括不再实行计件工资制度（详见第七章第一节），以致后来《人民日报》发表社论指出："我们发展生产的办法，同帝国主义和现代修正主义是完全不同的。我们一不靠强制，二不靠物质刺激……"⑥那么，在废弃使用"强制"和"物质刺激"之后，我们靠什么办法来"发展生产"呢？或者说，我们

---

① 这种劳动潜力与实际劳动的区分是《资本论》第一卷的方法论基础。参见 H. Gintis, 1976, "The Nature of Labor Exchange and the Theory of Capitalist Production," Review of Radical Political Economics, Vol. 8, No. 2.

② 李立三，1992，《关于中华人民共和国工会法草案的几点说明》（1950 年 6 月 28 日），《人民日报》1950 年 6 月 29 日，第 2 版。

③ 对资方所采取的抽取工人的剩余劳动的机制的类型的划分，可见 M. Burawoy and E. O. Wright, 1990, "Coercion and Consent in Contested Exchange." Politics Society, Vol. 18, No. 2.

④ 李立三：《怎样把官僚资本的旧企业改造为新民主主义的新企业》（1949 年 9 月 7 日），中国工运学院编：《李立三赖若愚论工会》，档案出版社，1987 年，第 96—97 页。

⑤ 游正林：《主人翁话语的兴起（1930—1949）》，《学海》2020 年第 1 期。

⑥ 《迎接工矿企业文化大革命的高潮》，《人民日报》1966 年 12 月 26 日，第 1 版。

靠什么方法来调动广大工人群众的劳动积极性呢？

如第一章第二节所言,新中国成立后,中共为了实现其提出的宏伟奋斗目标(当时主要是尽快实现国家的社会主义工业化),主要采取了三类基本的政策措施来调动工人阶级的积极性与创造性,一是组织工人群众的劳动竞赛,二是对工人群众加强共产主义教育(或广义的思想政治教育),三是关心工人群众的生活状况。在这三类政策措施中,第一类和第二类政策措施不但颇具中国特色,而且影响深远。其中,劳动竞赛更是值得我们高度关注,这是因为,劳动竞赛不但被誉为"是建设我们祖国的基本方法"[1],而且还被认为具体共产主义教育的功能:劳动竞赛"是工人阶级共产主义劳动态度的具体表现,同时又是对工人群众的一种最好的共产主义教育"。[2] 因此,新中国成立后,我国不断地把劳动竞赛向前推进的过程,既是一个不断发动工人群众来建设社会主义的实践过程,也是一个对工人群众进行共产主义教育从而改造其思想观念的过程。这样,当劳动竞赛于1956年5月被推进至其发展的最高水平时,不但意味着在生产实践的意义上劳动竞赛已成为工人群众的经常的劳动方式,而且意味着工人群众已普遍树立与劳动竞赛相适应的思想观念。这种局面的出现,意味着在我国已形成了一种以经常性的劳动竞赛为其核心内容的新的劳动范式。[3]

"劳动范式(work paradigm)"是兰瑟姆(Paul Ransome)使用过的概念。兰瑟姆把劳动范式的内涵划分为实践层面(practical aspect)和观念层面(conceptual aspect),认为当这两个层面得到令人满意的组合并达到一种均衡、和谐状态时,则构成一个特定时期的劳动范式。[4] 我们把这种新兴的劳动范式的基本内涵也划分为实践层面和观念层面,它的实践层面就是经常性的劳动竞赛的实践形态,它的观念层面则主要是与劳动竞赛相适应的思想观念。鉴于这种劳动范式的形成和我国当时进行的社会主义改造与社会主义建设之间存在特殊的关联性,故我们把这种劳动范式称为"社会主义劳动范式"。它的形成是当年中共以及中共领导的工会不

---

[1] 《中华全国总工会关于在国营厂矿企业中进一步开展劳动竞赛的指示》(1954年1月27日中华全国总工会第七届执行委员会第二次会议通过),工人出版社编:《开展技术革新运动,把劳动竞赛向前推进一步》,工人出版社,1954年,第4页。

[2] 《中共中央对全国总工会党组关于劳动竞赛等几个问题的答复》(1954年8月30日),中央档案馆、中共中央文献研究室编:《中共中央文件选集(1949年10月—1966年5月)》第十七册,人民出版社2013年,第104页。

[3] 详见游正林:《社会主义劳动范式的形成(1949—1956)——基于对劳动竞赛推进过程的解读》,《学海》2022年第4期。

[4] P. Ransome, 1996, The Work Paradigm: A Theoretical Investigation of Concepts of Work. Aldershot: Ashgate Publishing Limited. p. 3 - 4, 12.

断推进劳动竞赛而导致的一种累积性后果。从大的历史进程来看,它的形成既是当年我国进行社会主义改造与社会主义建设的一个产物,也是社会主义社会制度已在我国基本建立起来的一个主要标志。①

社会主义劳动范式的形成具有多方面的重要意义,其中之一是改变了工人的日常生产劳动的基本性质。如前所述,组织劳动竞赛是中共为了实现其提出的宏伟奋斗目标(当时主要是尽快实现国家的社会主义工业化)而采取的旨在调动工人阶级的积极性与创造性的一项基本政策措施,它被誉为"是建设我们祖国的基本方法""是全党的事业"②,因此,劳动竞赛是与中共提出的宏伟奋斗目标、"建设我们祖国""全党的事业"等紧密联系在一起的。很自然地,劳动竞赛不但是一个生产运动,而且是一个政治运动③,它是政治与经济统一的生动体现。④ 因此,当劳动竞赛成为工人群众的经常的劳动方式也即社会主义劳动范式形成之后,就不但使工人的日常生产劳动具有了崇高的意义,就像当年《大众日报》的社论所指出的那样,"社会主义的劳动是一种伟大、光荣和英雄豪迈的事业"⑤,而且使工人的日常生产劳动具有了明显的政治意蕴。此外,社会主义劳动范式的形成意味着工人群众已普遍树立与劳动竞赛相适应的思想观念,相应地,自觉地努力劳动便成为一种被推崇的劳动行为,具有这种劳动行为的工人往往会成为劳动竞赛的优胜者而受到表彰。这样,工人的日常生产劳动还具有了明显的道德意蕴。因此,我们可以认为,社会主义劳动范式的形成,意味着工人的日常生产劳动已被崇高化、政治化和道德化。

前面说到,如果说关于郝建秀小组的被表彰事件是一个一个的"窗口"的话,那么,当我们按照前述解释框架所显示的因果逻辑对诸多被表彰事件的形成过程进行追溯时,意味着我们一次又一次地看到了另一个世界,即"窗"外的世界,我们所看到的精彩内容之一便是这种社会主义劳动范式的形成与演变过程。

社会主义劳动范式于 1956 年形成之后,其演变主要体现在"观念层面"上,也即主要体现在中共对工人阶级进行的共产主义教育或广义的思想政治教育的基本

---

① 游正林:《社会主义劳动范式的形成(1949—1956)——基于对劳动竞赛推进过程的解读》,《学海》2022 年第 4 期。
② 《中华全国总工会关于在国营厂矿企业中进一步开展劳动竞赛的指示》(1954 年 1 月 27 日中华全国总工会第七届执行委员会第二次会议通过),工人出版社编:《开展技术革新运动,把劳动竞赛向前推进一步》,工人出版社,1954 年,第 4 页。
③ 参见《广泛开展比学赶帮活动,争做五好企业五好职工》,《人民日报》1964 年 2 月 2 日,第 1 版。
④ 参见《广泛开展社会主义劳动竞赛》,《人民日报》1978 年 5 月 1 日,第 2 版。
⑤ 《共产主义的劳动精神》,《大众日报》1959 年 6 月 5 日,第 1 版。

内容上。在郝建秀小组的"前 40 年"里,这种思想政治教育在其基本内容上的演变主要体现为中共极力倡导的相关话语体系的演变:首先由"主人翁话语"演变为"革命话语",再由"革命话语"演变为"主人翁话语"。

在第六章第五节我们谈及:进入陕甘宁边区时期及以后,中共逐渐构建了两种非物质利益激励的方法来调动工人阶级(尤其是公营企业的工人)的劳动积极性:一是将工人的日常劳动与中共领导的革命的远大目标联系起来,强调工人是为革命而劳动,努力劳动是工人为革命应尽的义务。二是宣称工人是公营(或国营)企业的主人,强调工人的利益与公营企业的利益是一致的,工人应该以主人翁的态度自觉地努力劳动。简单来讲,第一种激励方法是采用"革命话语",提倡工人做革命者;第二种激励方法是采用"主人翁话语",提倡工人做主人翁。在边区时期,中共主要采用"革命话语"来激励、教育工人;到了解放区之后,尤其是 1948 年 2 月以后,则主要采用"主人翁话语"来激励、教育工人。不管是采用"革命话语"还是采用"主人翁话语",其基本目的都是希望工人能够自觉地努力劳动。

新中国成立之后,中共继续主要采用"主人翁话语"来激励、教育工人。为了把工人群众培养成为具有主人翁责任感的自觉的劳动者,在新中国成立之后的七八年时间里,党和政府采取了多种多样的相关政策措施。不过,其效果并不十分理想。此后,尤其是 1965 年以后,中共逐渐改用"革命话语"来激励、教育工人(或职工)群众,它强调广大职工要把日常工作同革命的远大目标联系起来,强调一切工作都是革命工作,强调每个岗位上的劳动者都应当用革命的精神自觉地为革命而劳动(详见第六章第五节)。这种状况一直持续到 1978 年。

1978 年 12 月,中共十一届三中全会的召开"实现了新中国成立以来党的历史的伟大转折,开启了我国改革开放历史新时期"[①]。事后来看,这个"历史新时期"的开启,也意味着"革命话语"的迅速衰落和"主人翁话语"的再度兴起。此时,主人翁话语的基本内容有三:一是强调工人阶级应该以主人翁的态度从事生产建设,参加企业管理;二是强调要通过建立职工代表大会制度来提高工人阶级的主人翁责任感;三是强调要学习先进工作者和劳动模范的主人翁责任感(详见第八章第四节)。

在这种"话语"的转变过程中,郝建秀小组都能紧跟当时的政治形势,始终保持了在思想政治上的先进性。这实属难能可贵!

1993 年以后,我国进入了旨在建立社会主义市场经济体制的新的发展阶段,

---

① 中共中央党史研究室著:《中国共产党历史》第二卷(1949—1978)下册,中共党史出版社,2011 年,第 1061 页。

国有企业被推向了市场,其经营机制随之发生了巨大变化。在这种状况下,尽管在实践层面我国的劳动竞赛活动一直没有停歇,但它已不再是工人群众的经常的劳动方式了。更为重要的是,原先与劳动竞赛相适应的"观念层面"已发生了深刻变化,不但"革命话语"不再适用了,"主人翁话语"也越来越难以发挥其原有的效力。相应地,工人的日常生产劳动被逐渐去除了崇高的意义和政治意蕴。这样,整体而言,社会主义劳动范式也就不断地走向了衰落。在这个变革过程中,郝建秀小组顽强地坚守着小组的某些"光荣传统",这不能不令人肃然起敬!

后　记 ▶▶▶

　　我对"郝建秀小组"的关注始于 2015 年 10 月下旬。当时,我主持的教育部人文社会科学研究项目《地方政府对劳资关系的软性调控及其效果研究》已结项,想做些别的研究工作,便打算研究"郝建秀小组"。在青岛市总工会王萍女士的热心帮助下,我和时任青岛纺联控股集团有限公司党委副书记的牛海琴女士取得了联系,我向她谈了研究"郝建秀小组"的基本设想,并向她承诺我将用一年半左右的时间写一本关于"郝建秀小组"的学术著作,研究费用则由我自理。她和相关领导商量以后,决定支持我从事这项研究工作。

　　青岛市纺织总公司档案管理中心保存了青岛纺联集团六棉有限公司(原国棉六厂)于 2012 年 4 月 27 日移交的所有档案材料,其中包括从 1949 年至 2009 年期间的 2117 卷册文书档案。2016 年 1 月,我首次前往青岛纺联控股集团有限公司调查了"郝建秀小组"。调查期间,当我看到已装订成厚厚一册的这些档案的目录以后,我决定马上以拍照的方式收集相关的档案资料。在该公司王立永先生的具体帮助下,并在我指导的两名研究生的协助下,这项工作进展得很顺利。之后,我又分别于 2016 年 3 月和 5 月两次前往该公司继续调查了"郝建秀小组"。在王立永先生的具体帮助下,我和我指导的两名研究生一起继续去该档案管理中心以拍照的方式收集了大量的有关"郝建秀工作法""郝建秀小组"和国棉六厂基本情况等的档案资料。在这三次调查期间,王立永先生还给我们提供了一些他收藏的相关纸质资料,并允许我们从他使用的办公电脑里下载了不少相关的电子文件。在王立永先生的具体安排下,我们还对"郝建秀小组"原组长杨美珍女士、郭爱珍女士和仇美春女士进行了深入访谈。此外,在王立永先生和青岛市总工会王萍女士的陪同下,我们还去青岛市档案馆收集了一些相关资料。

　　接下来的主要工作便是整理、解读所收集的各类相关资料,这是一项十分耗费时间和精力的工作。随着阅读的深入,我有了更多的想法:一是觉得我原先的承诺过于轻率了,我是无力在未来一年左右的时间里写出一本相关的学术著作的;二是想把这项研究工作做得更加深入一些,主要是不想就"郝建秀小组"论"郝建秀小组",还是希望能够以小见大,尤其希望能够透过它去探讨新中国成立以来中共在力求实现其提出的宏伟奋斗目标(如尽快实现国家的社会主义工业化)的过程中是如何调动工人阶级的劳动积极性和政治积极性的。于是,我把所收集的档案资料等大致浏览一遍之后,便把注意力暂时转向了延安时期,想看看当时中共是如何调动公营工厂工人的劳动积极性的,其研究成果主要体现在拙作《革命的劳动伦理的兴起》(载《社会》2017年第5期)之中。此后,我又进一步关注了苏区时期和解放战争时期,还想看看在这两个时期里中共是怎么做的。与此同时,我决定申请国家社会科学基金的资助。2018年6月,我申请的题为《"郝建秀小组"研究》的课题终于被立为2018年度国家社会科学基金项目。这样,我就不但有条件而且也有必要把这项研究工作做得比最初设想的更加细致而深入了。结果,从打算写书,到最终把书写就,竟然花费了八个春秋!

在将书稿交给出版社之际,我首先要感谢前面提到的王萍女士、牛海琴女士和王立永先生,如果没有他们最初的鼎力支持与帮助,我是不可能开展这项研究的。

当《"郝建秀小组"研究》课题被立为国家社会科学基金项目以后,我于2018年8月下旬再次前往青岛纺联控股集团有限公司调查了"郝建秀小组"。在"郝建秀小组"原组长姜玲女士的具体帮助下,并在我指导的两名研究生的协助下,我们再次去青岛市纺织总公司档案管理中心以拍照的方式进一步收集了相关档案资料(主要是补充收集"文革"期间的档案资料)。在这次调查期间,在姜玲女士的具体安排下,我们访谈了4位郝建秀小组原组员和原国棉六厂(六棉公司)宣教处处长姜才先生。在姜玲女士、王立永先生和穆晓婷女士的陪同下,我们还去看望并访谈了"郝建秀小组"原组长牟秀美女士和杨美珍女士。后来,又是在姜玲女士的陪同和帮助下,我和我指导的几位研究生一起先后两次前往位于山东省枣庄市的青纺联(枣庄)纤维科技有限公司对"郝建秀小组"进行了调查。不仅如此,姜玲女士还多次接受了我的访谈,解答了我的不少疑问。因此,书成之际,我要特别感谢姜玲女士。

我还要感谢接受过我们访谈的所有人士,包括"郝建秀小组"原组长、现任组长、原组员和现任组员,以及时任青纺联(枣庄)纤维科技有限公司副总经理兼公司工会主席的黄杰女士、时任该公司细纱二车间主任的张善侠女士、时任该公司工会副主席的田硕女士,还有前面提及的姜才先生。

最后，我要感谢我指导的七位研究生，他们分别是李涛、赵熹城、高畅、周春婷、黄昕欣、马筱迪和刘萱。在前往青岛市和枣庄市调查"郝建秀小组"的过程中，尤其是在收集相关档案资料的过程中，我得到了他们的协助。

当然，文责自负。

游正林

2023 年 11 月 28 日

于北京

图书在版编目(CIP)数据

号召与响应:"郝建秀小组"的七十年/游正林著.—上海:
上海三联书店,2024.6
ISBN 978 - 7 - 5426 - 8493 - 6

Ⅰ.①号… Ⅱ.①游… Ⅲ.①工作方法-研究 Ⅳ.①B026

中国国家版本馆 CIP 数据核字(2024)第 090900 号

号召与响应——"郝建秀小组"的七十年

著　　者 / 游正林

责任编辑 / 郑秀艳
装帧设计 / 一本好书
监　　制 / 姚　军
责任校对 / 王凌霄

出版发行 / 上海三联书店
　　　　　(200041)中国上海市静安区威海路 755 号 30 楼
邮　　箱 / sdxsanlian@sina.com
联系电话 / 编辑部:021 - 22895517
　　　　　发行部:021 - 22895559
印　　刷 / 上海惠敦印务科技有限公司

版　　次 / 2024 年 6 月第 1 版
印　　次 / 2024 年 6 月第 1 次印刷
开　　本 / 710 mm×1000 mm　1/16
字　　数 / 360 千字
印　　张 / 20.5
书　　号 / ISBN 978 - 7 - 5426 - 8493 - 6/B·904
定　　价 / 98.00 元

敬启读者,如发现本书有印装质量问题,请与印刷厂联系 021 - 63779028